HUMAN DEVELOPMENT

인간발달

양철수 · 김명희 · 김 방 · 김상희 · 김성은 · 김천성 · 김희진 · 문홍남 공저

양 성 원

머리말

최근 들어 생경하기만 했던 생애주기라는 용어가 부쩍 언급되는 횟수가 잦아졌다. 생애주기란 학문적으로 인간발달단계를 의미한다. 인간발달은 종단적 연구와 횡단적 연구가 서로 보완적 관계로 발전하며, 사회 각 분야에서 유의미한 존재로 부각되고 있다.

인간발달이란, 태내기로부터 노년기에 이르는 생애주기 전 과정을 일컫는다. 즉, 인간이 수태되는 순간부터 전 생애에 걸쳐 지속적으로 변화하는 과정을 말한다고 볼 수 있다. 지금까지의 연구는 인간발달단계별로 각 단계에 국한하여 왔던 것 또한 사실이다. 그러나 인간발달은 결코 어느 세대나 시기에 특정하지 않는다는 사실에 주목하고 전포괄적인 측면으로 연구의 방향이 바뀌고 있다.

인간이 세상 속에서 살아가는 행태는 다양한 변화의 측면을 가지고 있으나, 전 생애를 조명하여 볼 때, 일정한 패턴을 보일 수밖에 없으며, 이러한 현상은 학문적 연구 발전에 좋은 동기화를 이룬다. 특히, 인간의 발달은 각 단계마다 독특한 양상을 보이면서도 단절되지 않고 다음 단계로 이어지며, 연속적으로 발전하는 가운데 또 다른 양상을 나타낸다. 여기서 발생하는 각 구성원과의 관계는 사회변화를 촉진하는 원동력이 되기도 한다. 그 이유는, 인간발달의 원리와 인간을 둘러싼 환경에 대한 이해를 통해 한 개인이 겪어온 발달사는 현재의 인간 행동이나 발달을 이해할 수 있도록 하며, 앞으로의 삶을 예측하고 대처할 수 있기 때문이다. 또한, 인간발달은 사회변화와 밀접한 관계가 있다. 사회변화는 가족의 변화와 직결되기 때문에 인간발달은 각 개인이 속해 있는 가족, 그리고 시대적 상황과 사회적 · 문화적 환경 등 다양한 맥락에 대한 이해가 필요하다. 인간발달에 대한 지식은 자신에 대한 이해는 물론 다른 사람에 대한 이해를 돕고 나아가 인간 상호 간 이해증진에 기여할 수 있다.

본 서는 인간발달을 학습하는 데 있어서 두 가지 점에 중점을 두고 논의하고자 한다. 즉, 인간발달에 대한 이론적 구성과 생애주기에 따른 인간발달단계별 인간의 변화이다. 인간발달 이론과 단계별 논의는 구분하여 학습하기보다는 상호보완을 통해 인간 전 생애에 대한 이해의 폭을 넓힐 수 있다. 따라서 본 서의 학습을 통해 심리학이나 상담학은 물론 사회복지 각 분야에 대한 이해를 한층 용이하게 하는 밑거름이 될 것이다. 본 서의 구성을 살펴보면,

제1부 인간발달의 기초
Chapter 1. 인간발달의 기초

제2부 인간발달이론
Chapter 2. 심리성적 발달　　Chapter 3. 심리사회적 발달
Chapter 4. 인지발달　　Chapter 5. 기타 발달이론

제3부 생애주기와 인간발달단계
Chapter 6. 태내기　　Chapter 7. 영아기
Chapter 8. 유아기　　Chapter 9. 아동기
Chapter 10 청소년기　　Chapter 11. 성인기
Chapter 12. 중년기　　Chapter 13. 노년기

본 서가 출판되기까지 공동저자들로서는 필설로 표현하기 어려운 고통의 여정이었지만 이제 탈고를 하고 보니 그저 독자 여러분들께 죄송함과 부끄러움이 앞선다. 독자 여러분들께 감사드리면서 많은 지도편달을 부탁드린다. 본 서가 출판되기까지 수고를 아끼지 않으신 양성원 강철원 사장님과 관계자 여러분들의 노고에 진심으로 감사드린다.

2018년 8월
공동저자 대표 양철수

차 례

Part 01

인간발달의 기초

인 간 발 달

Chapter 01

인간발달의 기초

학습목표

인간발달에 대한 이론적 완성도를 높이고, 각론 학습에 필요한 기초적 지식을 학습한다.

학습내용

1. 발달의 개념
2. 발달의 원리
3. 발달의 성격
4. 발달의 단계 및 과업
5. 인간발달의 연구방법론

개 요

인간에 관한 한 발달이란 상향적 · 지향적으로 변화하는 것을 의미한다. 즉, 양적으로 더 증대되고, 기능적으로도 더 유능해지고 세련될 때 발달이라고 한다. 신체의 구조나 신경구조 및 정신구조 등이 전보다 정밀해질 때, 신체적 · 정신적 행동이 전보다 더 다양화되고 다채로워지고 능숙해질 때, 그리고 행동구조 역시 전보다 더 정밀해지며 정교해지는 변화가 나타낼 때 발달이라고 할 수 있다. 본 장에서는 인간발달의 기초에 관한 논의를 하고자 한다.

1. 발달의 개념

1) 발달의 정의

인간은 수정되는 순간부터 죽음에 이르는 전 생애에 걸쳐 정체되어 있는 것이 아니라, 역동적 변화를 거듭하는 존재이다. 인간은 태어나는 즉시 말도 못하고 몸도 제대로 움직이지 못하여, 실제로는 스스로 아무것도 할 수 없다. 그러나 생후 1년 후에는 서고, 걷고, 가족들을 알아보며, 웃기도 한다. 자신이 기쁠 때는 손뼉도 치고, 가족과 가족이 아닌 타인들도 구별할 수 있게 된다. 3, 4세쯤 되면 언어를 구사하여 자기 의사를 밝힐 줄 알고, 사극이나 사람을 보고 자기 나름대로 사고할 수도 있다. 어른의 행동을 모방할 수 있고, 자기감정을 노래로 표현하며, TV나 라디오에서 노래를 따라 부를 수 있고 결정행동을 모방하며 즐거워한다. 이러한 행동변화는 출생 후에만 일어나는 것이 아니라, 출생 전 태내부터 큰 행동의 변화와 신체조직의 변화가 나타난다. 이러한 출생 전 및 후에 나타나는 행동변화를 '발달'이라고 한다. 그러나 모든 변화를 발달이라고는 할 수 없다(김혜선 · 유안진, 2011: 4).

인간에 관한 한 '발달'이란 상향적 · 지향적으로 변화하는 것을 의미한다. 즉, 양적으로 더 증대되고, 기능적으로도 더 유능해지고 세련될 때 '발달'이라고 한다. 신체의 구조나 신경구조 및 정신구조 등이 전보다 정밀해질 때, 신체적 · 정신적 행동이 전보다 더 다양화되고 다채로워지고 능숙해질 때, 그리고 행동구조 역시 전보다 더 정밀해지며 정교해지는 변화가 나타낼 때 '발달'이라고 할 수 있다

이러한 인간의 역동적 변화를 설명해줄 수 있는 개념이 바로 '발달'(development)이다. 발달이란, 어원적으로는 유기체 내에 잠재해 있는 본질 또는 가능성이 점차 그 모습을 드러내는 현상을 의미한다. 사전적 의미로는, 심신의 형태와 재능의 상승적인 변화과정이다. 이는 개체의 발육을 정의하는 성장과 매우 유사한 개념이나, 발육 등의 양적인 변화뿐 아니라, 구조나 재능이 분화 · 복잡화 · 정밀화 · 유능화 · 통합화되어 가는 것으로 기술하는 경우에 사용한다(표갑수 외, 2016: 14).

발달에 대한 정의를 근거로 볼 때, 발달은 일생에 걸쳐 점진적으로 일어나는 체계적인 변화이며, 신체적 · 심리적 · 사회적 영역에서 일어나는 전체적 변화를 의미한다. 그리고 발달은 양적 변화와 질적 변화를 포함한다. 양적 변화는 크기 또는 양에서의 변화를 의

미하고, 질적 변화는 본질, 구조, 비율, 기능의 변화가 포함된다. 또한 발달은 유기체나 기관이 양적으로는 증대하고, 구조적으로는 분화, 정밀화 그리고 통합되고, 기능적으로는 유능화되는 현상과 관련된 상승적 변화와 아울러 양적 감소, 구조의 단순화, 기능의 무능화 현상과 관련된 퇴행적 변화를 모두 포함한다(권중돈, 2014: 30).

인간발달은 모든 인간에 관한 것이고 동시에 개개인에 관한 것이다. 발달학자들은 호모 사피엔스(Homo sapiens) 공통의 발달 패턴에 관심을 두고 있다. 그러나 그 종(種)을 이룬 개개인은 독자성을 갖고 있기 때문에 발달론자들은 어떤 요인으로 인해 한 개인이 다른 개인과 차이가 나게 되는지를 알고자 한다. 어떤 인간은 대량학살자가 되고 또 어떤 인간은 인본주의자가 되게 하는 요인은 무엇인가? 무엇이 그를 그의 이웃사람들과 다르게 만들고 더구나 그의 형제자매와 다르게 만드는가? 인간의 욕구에는 어떤 것이 있으며, 인간에게 미치는 어떤 영향이나 환경에 인간이 어떻게 반응하는가? 인간은 어떻게 개개인 또는 인간이라는 종으로서의 가능성을 최대한 발휘할 수 있는가를 알게 된다(Papalia and Olds, 2008).

이러한 발달에 대한 기존 학자들의 정의를 종합하여 보면, 발달이란 인간의 수정에서부터 죽음에 이르기까지의 전 생애에 걸쳐서 신체, 심리 그리고 사회적 측면에서 나타나는 질서정연하고 연속적이며 상승적 또는 퇴행적 변화과정을 의미한다. 발달학자들은 대개 발달은 모두 천성이거나 모두 육성이 아니고, 모두 안정이거나 모두 변화가 아니며, 모두 연속적이거나 모두 불연속적이지는 않다는 것을 인정한다. 천성과 육성, 안정과 변화, 연속성과 불연속성은 전 생애 발달의 특징이다(Santrock, 2015).

일반적으로 발달과 유사한 의미로 사용되는 개념으로 성장, 성숙, 학습 등이 있다.

첫째, 성장(growth)은 유전에 의해서 결정되고 인간의 발달적 변화를 가져오는 요인으로서 양적 변화를 가져오는 것을 말한다. 즉, 나이가 들면서 키가 크고 몸무게가 느는 것과 같은 양적 변화를 가져오는 요인으로서 기능적 변화를 가져오는 것을 말한다(최옥채 외, 2015: 34-35). 성장이란, 용어는 본질적으로 발달과 동의어로 사용되고 있지만 개념과 기술적인 측면에서 차이가 있다. 그 예로, 성장은 신체적 발달의 긍정적인 변화를 강조하는 개념으로 시간의 경과와 연령의 증가에 따라 나타나는 신체적 크기나 기능의 양적인 증가를 의미하며, 주로 신장, 체중, 골격 등의 외적 증가를 나타낼 때 사용한다. 이에 반하여, 발달은 신체뿐만 아니라, 심리적 측면과 사회적 측면에서의 변화를 모두 포함하여, 양과 질에서의 상승적 퇴행적 변화를 모두 포함하기 때문에 발달이 성숙보다 넓은 개념이다.

둘째, 성숙(maturation)은 유전적 요인에 의하여 발달적 변화들이 통제되는 생물학적 과정을 말한다(이주희, 2013: 96). 즉, 환경과는 무관하게 유전적 특성에 의해 이루어지는 발달적 변화에 국한해서 사용하는 개념이다. 따라서, 훈련이나 경험 등 환경의 영향보다는 유전에 따른 생득적인 특성의 변화를 강조한다. 그 예로, 태아의 발달이나 사춘기에 나타나는 2차 성장 등과 같이 발달단계별로 순서적으로 진행되는 모든 변화를 성숙이라고 하며, 생리적 요인에 의한 신체적 측면의 변화와 심리적 현상에 적용되고 있다. 그러나 인간의 발달과정의 환경이 전적으로 성숙에 의존하는 변화가 가능한지에 대해서는 논란의 여지가 있다. 이와 함께 인간발달에서 환경의 중요성과 함께 포함하고 있다. 이에 반해, 발달은 유전과 환경 사이의 상호작용에 의해 이루어지는 변화를 의미하므로, 발달이 더욱 광의의 개념이다.

셋째, 학습(learning)은 훈련이나 연습에 의한 발달적 변화를 의미하며, 후천적인 학습의 결과로 나타나는 직접 또는 간접 경험의 산물이다(이주희, 2013: 95). 따라서, 학습이란 생물학적 환경과 심리적 환경 속에서 개인이 경험하게 되는 모든 영역을 포함하는 광범위한 개념으로 유기체의 성장, 성숙 및 발달에 중요한 역할을 하며, 학습 결과에 따라 개별적이고 특수하게 발달하게 된다. 이에 비해, 발달이란 경험이나 훈련은 물론 유전적 요인에 의해 일어나는 변화까지도 포함하고 있으며, 내적인 변화뿐만 아니라, 외적인 변화까지도 포함하고 있기 때문에 발달이 더욱 넓은 의미를 지니고 있다.

이와 같은 성장, 성숙, 학습은 상호 분리되어 있는 것이 아니라, 서로 연결되어 있으며, 인간의 발달은 성장, 성숙, 학습이라는 세 가지 과정이 공존할 때 비로소 이루어진다. 즉, 일생을 통한 성장, 성숙, 학습에 의해 이루어지는 복합적 과정이 바로 인간발달이다(권중돈, 2014: 30). 인간발달의 주요 관심영역은 다음과 같다.

〈표 1-1〉 **인간발달의 주요 관심영역**

관심영역 / 인간발달단계	생물학적 측면	심리적 측면	사회적 측면
태내기	불임문제, 임산부의 건강문제, 선천성 장애 발생의 예방	낙태문제, 임신과 출산에 대한 정보와 지식제공	아동발달과 가족의 사회 경제적 안정성과의 관련성

인간발달단계 \ 관심영역	생물학적 측면	심리적 측면	사회적 측면
영아기	선천성 질병과 장애문제, 운동발달, 지체	감각 및 지각의 발달문제	애착관계
유아기	신체적 발달, 질병 예방, 유아 안전사고 사전방지	인지교육, 조기교육 및 보육시설의 확충	타인에 대한 감정이입적 이해 성 역할 기준의 융통성 자아존중감 고양
아동기 (학령기)	비만, 장애아 통합교육 지원, 아동학대	인지발달, 학습장애 아동, 부정적 자아개념과 연관된 열등감	아동의 사회성 발달 지원, 품행장애
청소년기	성교육, 성폭력문제	자아정체감 형성, 정신장애 가능성 증가	청소년 비행
성인기 (청년기)	중도장애의 발생, 금주 및 금연, 스트레스 관리	군대생활, 사랑과 결혼생활에 대한 정보 제공, 친밀감 획득, 부부갈등의 해결	원만한 대인관계 형성, 직장 적응, 자녀양육과 관련된 역할 분담 문제, 여가, 교육 및 상담 프로그램
중년기 (장년기)	성인병 증가, 우울 및 불안 등의 정신장애	생리적 변화, 직업에서의 실패, 부부갈등과 이혼	고용관련 서비스, 약물치료, 작업훈련과 교용알선 사업
노년기	노인성 질환	고독과 소외를 극복, 치매노인	은퇴준비교육, 안정적 소득기반 확충, 장기요양보험제도 도입

2) 발달의 요인

인간의 발달과정과 현상을 연구하는 학자들의 주요 관심 중에 하나는 발달의 요인에 관한 것이다. 이와 함께 많은 학자들은 유전과 환경이 인간에게 미치는 영향 정도와 내용에 관해 연구해 왔으며, 서로 다른 입장에서 열띤 논쟁과 함께 상이한 이론들을 주장하였다. 인간발달에 있어서 유전과 환경 중 어느 것이 더 결정적인 영향을 미치는가 하는 문제에 대해 현재까지 끊임없이 이어진 논쟁 중의 하나이다(이주희 외, 2013: 95). 다시 말해서, 일생 동안 진행되는 인간의 다양한 발달적 변화들은 유전(heredity)에 의한 것인지 또는 환경(environment)에 의해 발달하는지에 관한 문제이다. 그 예로, 인간의 전성설을 주장하는 학자들은 인간은 유전적 · 선천적으로 완전한 형상을 갖추고 있기 때문에, 발달은 이미 결정된 순서와 일정에 따라 발달하며 환경의 영향을 받지 않는다고 말한다. 반면에, 아동을 '백지상태'(tabular rasa)에 비유하는 환경론자들은 발달은 생물학적 기초보다는 환경이 중요하며 환경이 발달을 결정하는 요인이라고 주장한다. 그러나 최근에는 인간발달에서 유전과 환경의 상대적인 영향력을 엄격하게 구분할 수 없으며, 또한 발달영역에 따라 두 요인의 영향에 차이가 있다는 주장이 확산되면서 인간발달은 유전과 환경이 상호작용하는 정에서 진행되는 것으로 설명하고 있다.

(1) 유전적 요인

인간발달에 생물학적 요인을 강조하는 유전설은 발달을 규정하는 원동력이 개체 내에 있다고 보는 입장으로 생득설(nativism) 또는 선천설이라고 한다. 즉, 유전설은 발달의 본질로 생득적인 요인인 유전을 강조하며, 인간의 모든 발달특성은 부모로부터 유전된다고 보는 것이다. 인간은 유전인자를 포함하고 있는 46개의 염색체로 구성되어 있으며, 수정되는 순간에 부모로부터 물려받아 개개인의 독특한 체질과 특성에 의해 발달하는 것이다. 따라서, 유전론을 주장하는 학자들은 발달에 있어서 선천적으로 타고나는 태생적인 요인을 강조하고 환경 요인은 발달에 거의 영향을 미치지 않는 것으로 설명한다. 또한 발달이나 변화의 과정을 생물학적으로 예정된 순서와 계획에 의해 단계적으로 일어나는 현상으로 보고 성숙 요인과 생득적 요인을 중시한다. 그 예로, 모든 영아들이 성숙 이정표에 따라 앉고, 서고, 걷는 등 보편적으로 발생하는 발달현상이나 사춘기의 성적 발달, 또는 일란성 쌍생아들이 다른 형제자매에 비해 발달의 영역에서 상관관계가 높다는 사실들은 유전이 개개인의 발달에 중요한 작용을 하고 있음을 입증하는 것이다. 인간발달을 주장하는 학자들은 가계연구나 쌍생아 연구, 입양아 연구의 결과를 통해 자신들의 입장을 증명하고 있다(강경미, 2016: 14).

또한 발달의 유전적 요인을 주장하는 학자들은 입양아를 대상으로 양부모 · 친부모 간의 유사성의 차이를 비교해서 설명하였다. 그 예로, 입양아의 발달특성이 자신의 친부모 및 친형제 · 자매 간의 특성과 흡사하다면 이것은 유전의 영향으로 볼 수 있다. 또한 일란성 쌍생아가 입양되어 서로 다른 환경에서 양육된 경우에 두 쌍생아 간의 공병률이 높다고 하면, 이는 유전적 영향에 대한 강력한 증거가 되는 것이다. 따라서, 입양아 연구는 발달의 유전적 요인과 환경적 요인을 분리할 수 있는 방법으로 가계 연구와 쌍생아 연구의 단점을 보완할 수 있는 우수한 연구법이라고 할 수 있다.

〈표 1-2〉 다양한 개인상의 지능점수 간 평균 상관관계

구 분	공동양육	분리양육
일산성 상생아	.86	.72
이란성 쌍생아	.60	.52
생물학적 형제자매	.47	.24
생물학적 부모와 자녀	.42	.22
모계형제자매/부계형제자매	.31	-
입양된 형제자매	.34	-
입양부모와 입양된 자녀	.19	-
관련 없는 형제자매 (동일 연령, 동일 가정)	.26	-

자료: 이순형 · 성미애(2014: 15) 재인용.

위의 연구를 살펴보면, 유전적인 특질을 많이 공유하는 사이일수록 두 명의 지능점수의 유사성이 높다. 특히, 타고난 유전형이 동일한 일란성 쌍생아는 분리양육된다 하더라도 이란성 쌍생아나 다른 개인의 상에 비해 지능점수의 유사성이 높다. 이는 지능에 대한 유전의 영향력이 높다는 점을 시사한다.

(2) 환경적 요인

인간은 일생 동안 지속적으로 외부적 조건인 환경의 영향을 받게 된다. 인간발달의 요인을 환경이라고 주장하는 학자들은 인간발달의 모든 변화는 유전보다는 환경에 의한 것이라고 설명하였다.

환경의 유형은 크게 세 가지로 물리적 환경과 자연환경, 그리고 사회적 환경이 있다. 물리적 환경은 개인적으로 작용하는 외적 조건과 자극이 일정한 규칙에 의해 조직화 · 체계화되어 있는 환경이며, 자연환경은 자연과학의 대상이 되는 외부환경을 포함해서 동 · 식물 등 인간 이외에 모든 생물들이 존재하는 세계를 의미한다.

사회적 환경은 개인에 의해 구성되는 가정과 집단, 사회, 국가 등이 포함되어 있는 환경이며, 한 사회의 제도적 · 문화적 · 정치적 · 경제적 조건과 변인들을 말한다. 이와 같이 환경은 단순히 물리적인 조건만을 의미하는 것이 아니라, 인간발달에 영향을 미칠 수 있

는 모든 외적인 조건들을 말한다. 발달의 측면에서 보면 물리적 환경 자체보다는 사회적 환경들이 인간의 마음에 작용하는 심리적 환경에 더 많은 영향을 미치는 것으로 인식되고 있다.

환경론과 함께 외부에서 주어진 자극에 의해 인식하게 되는 경험이 발달에 영향을 미치게 된다고 주장하는 경험론이 있다. 이 설은 로크(John Locke, 1632~1704)에 의해 발전되어 온 인식론으로 발달심리학적 입장에서는 환경론에 해당된다. 환경이 인간발달에 영향을 미치는 것은 임신하는 순간부터 시작된다(이주희 외, 2013: 95). 그 예로, 임신 중에 모체가 약물을 복용하거나 음주, 흡연을 하게 되면 그 영향이 태아에게 미치게 되면서 신체기형이나 장애를 초래할 수 있다. 또한 가정환경이나 부모의 자녀양육태도 등은 아동의 발달에 긍정적 · 부정적 영향을 미치게 된다. 따라서, 생득설이 주장하는 것처럼 발달의 가능성은 개체의 내부에 있다고 해도 환경이 변화되면 개인의 발달에 다양한 변화를 초래할 수 있기 때문에, 외부적 환경이 발달에 주요 영향 요인이라고 주장하는 것이다.

(3) 상호작용론

최근 생애발달적 관점과 발달적 맥락주의에 근거해서 발달은, 유기체에 이미 존재하고 있는 유전적 가능성과 함께 발달과정에서의 환경조건에 따라 차이가 있다는 새로운 관점이 제시되었다. 이와 함께 현재 대다수의 심리학자들은 인간의 발달을 유전과 환경 간의 역동적인 상호작용의 결과로 이해하고 있다. 그 예로, 성격은 유전적 요인에 의해 기초가 형성되지만, 환경적 경험이나 자극의 의해 수정될 가능성도 있기 때문이다. 따라서, 동일한 유전적 요인을 가지고 있더라도 주어지는 환경조건이나 심리적 자극에 따라 성격과 행동의 양상이 달라질 수 있는 것이다.

인간의 발달에 유전과 환경 중 어느 것이 더 큰 영향을 미치는가에 대한 논의는 옛부터 계속되었다. 유전과 환경이 발달에 미치는 영향을 설명하는 조망 중 하나는 유전과 환경이 상호작용한다는 것이다. 이 조망에서는 두 요인의 상호작용이 역동적으로 이루어지기 때문에 두 요인이 발달에 미치는 영향을 분리할 수 없다.

환경요인의 질이나 양의 차이가 여러 행동이나 기능에 똑같이 작용하지는 않는다. 환경조건이 매우 나빠도 어느 정도의 수준 이상이면 특정 행동이나 기능의 발달에 이상이 없을 수도 있고, 반대로 환경조건이 아무리 좋다 하더라도 발달의 한계가 있을 수 있다.

최근에는 인간발달의 관점이 생물학적 · 사회적 · 문화적 과정의 변화로 나타난다고 보며, 상호작용을 하는 두 요인은 직접적으로 상호작용하지 않는 것으로 간주되고 있다. 즉, 문화와 지식의 축적, 경험, 학습 등의 요인을 통해 생물체와 환경의 상호작용이 중재되는 것이다(조복희 외, 2016: 20).

3) 발달의 유형

발달의 유형을 살펴보면 다음과 같이 몇 가지 유형으로 나눌 수 있다(Bigner, 1983).

(1) 계속적 변화

일생에 걸쳐 일어나는 변화는 계속해서 일어난다. 수태의 순간에서부터 죽을 때까지 변화는 계속된다. 변화는 누적적이고 부가적인 특성이므로 개인은 연령이 증가함에 따라 더욱 복잡해지고 조직적인 행동을 하게 된다. 이 견해에서의 발달적 진보는 언덕을 기어오르는 것과 같아 사람은 목적지와 가까워지려고 한 발자국씩 옮겨 간다. 변화는 지속적으로 일어난다고 생각되나 마지막 목적지에는 도달하지 못한다. 목적을 온전히 달성하는 것은 환상이라 할 만큼 지극히 어려운 일이다.

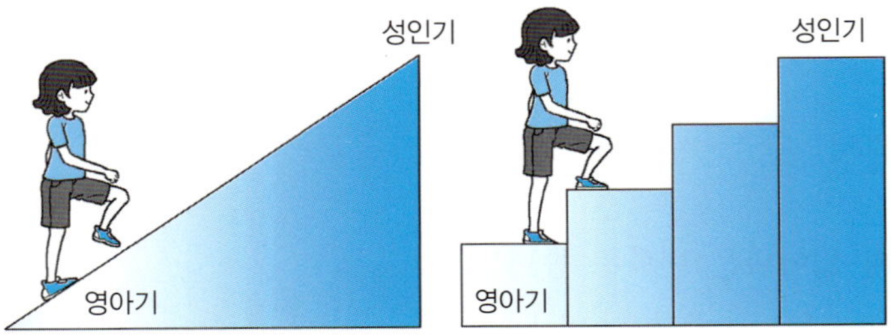

자료: Berk(1994).

[그림 1-1] 계속적 변화(왼쪽)와 단계적 변화(오른쪽)

(2) 단계적 변화

발달을 단계적 변화로 보는 견해는 발달을 불연속성의 개념으로 설명하고 있다. 변화가 층계의 계단을 오르는 것과 같은 방식으로 일어나는 것으로 간주한다. 변화과정의 각 단계는 다른 단계와 구분되고 독특하다. 각 개인은 각각의 단계에서 성취해야 하는 과업이 있다. 이 과업을 달성해야만 다음 단계도 무난히 맞게 되고 바람직한 발달의 양상을 띠게 된다.

(3) 점성적 파도 모형

변화를 설명하는 또 다른 견해로는 점성성(epigenesis)이 있다. 점성성(epi는 upon의 뜻이며, genesis란 emergence의 뜻이다)이란, 생물학적 용어로서 발달의 과정 동안 나타나는 특성, 성질, 기능들을 묘사하는 데 사용되고 있다.

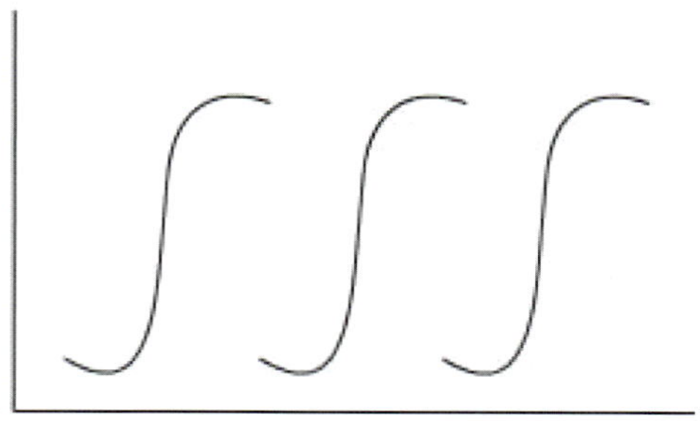

자료: 조복희 외(2016: 22).

[그림 1-2] **점성적 모형**

발달의 이런 견해는 단계적 견해와 유사하여 한 단계에서의 발달 특질과 본질은 다음 단계에 발생하는 특성에 영향을 미친다. 이 모델에 따르면, 발달이란 일생을 통해 일련의 파도처럼 진행된다고 제시하고 있다.

4) 발달적 곡선

전 생애에 걸쳐 일어나는 변화는 종 모양의 곡선으로 표시된다. 발달을 인생의 특수지점까지는 변화가 증가되었다가 그 이후는 감소되는 연속적 과정으로 본다. 일생의 전반부에서의 발달은 그 속도가 느리지만 변화의 비율은 서서히 증가한다. 중반부에서는 발달의 속도가 빨라지고 발

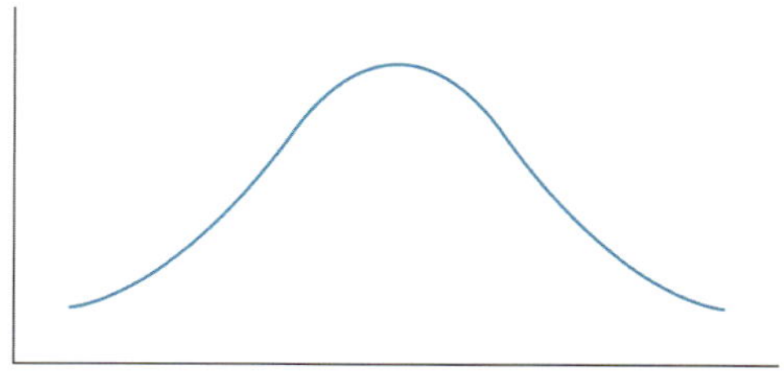

자료: 조복희 외(2016: 22).

[그림 1-3] **발달적 곡선**

달의 정도도 정점을 이루게 된다. 후반부에서의 변화는 급속하게 하강하면서 주기의 끝에 이르면 변화는 매우 느린 속도로 떨어진다.

2. 발달의 원리

인간발달은 전 생애를 통하여 계속적이고 점진적인 과정을 거쳐 이루어지며, 일반적이고 보편적인 순서와 방향성에 따라 진행된다. 모든 인간은 유전적 요소와 환경적 요인에 따라 발달에 있어서 개인적인 차이가 나타나며, 이러한 발달은 각각의 측면이 상호 간에 밀접히 관련되어 있다. 또한 인간발달은 분화와 통합의 과정을 거쳐 이루어지며, 인간과 환경 간에 이루어지는 상호작용의 산물인 것이다. 이러한 인간발달의 보편적인 원리는 다음과 같다(이순형 · 성미애, 2014: 10-14).

1) 연속성

인간발달은 어느 시기에 특정한 부분이 급격히 이루어지기도 하지만 그 시기 이후에 중지되는 것은 아니며, 서서히 계속적으로 나타나는 점진적이고 연속적인 변화과정인 것이다(Santrock, 2015). 즉, 인간은 어느 한 시기에 발달한 부분이 다음 시기에 발달하지 않고 멈추는 것이 아니라 발달은 계속적인 과정이지만 그 속도(speed)는 일정한 것이 아니라 계속적으로 발달이 진행되며, 발달의 속도는 일정하지 않지만 시간의 경과에 따라 발달이 점진적이고 계속적으로 이루어진다.

발달은 계속적인 과정이지만 그 속도(speed)는 일정한 것이 아니라 연속적이고 계속적인 과정이라는 것이다. 다시 말해서, 신체의 부분에 따라 발달의 속도는 다르며, 정신기능에 따라서도 발달의 속도는 각기 다르다. 뿐만 아니라, 특정부분의 발달에서도 발달의 단계에 따라 그 속도는 일정하지 않다. 예를 들어, 신체부위의 발달은 영아기와 사춘기에 급격히 증가되나 다른 시기에는 비교적 발달의 속도가 느리다. 또한 2~5세 때에는 급격히 어휘량이 증가하지만, 추리력은 서서히 발달한다. 그러다가 성인기에 이르면 추리력의 발달은 현저해지고 완숙한 경지에 이른다.

2) 순서

인간발달은 일정한 순서에 따라 이루어진다. 즉, 인간발달은 일반적이고 보편적인 순서와 방향성에 따라 진행되며, 순서가 뒤바뀌지 않고 일정하게 이루어진다. 인간발달의 순서는 상체에서 하체로, 중심에서 말초로, 그리고 전체활동에서 특수활동으로 이루어지며, 한 단계의 발달은 보다 높은 차원의 다음 단계 발달로 이어진다. 구체적인 발달순서는 다음과 같다.

첫째, 인간발달은 상체에서 하체의 방향(cephalo-caudal direction)으로 발달한다. 신생아는 신체적인 발달이 우선 목→허리→다리와 같은 순서로 변화가 나타난다. 처음에 목을 가누고, 다음으로 허리로 힘을 줘서 앉을 수가 있고, 다음으로 다리로 설 수 있는 순서로 신체발달을 보여준다.

둘째, 인간발달은 중심에서 말초(proximal-distal direction)의 방향으로 이루어진다. 인간의 중심은 뇌이며, 이를 지배하는 것이 중추신경이다. 다음으로 척수(spinal cord)가 있고, 신체발달에 말초신경이 분포되어 있다. 이들 신경의 발달순서도 중추신경에서 말초신경 방향으로 발달이 진행된다.

셋째, 인간발달은 전체활동에서부터 특수활동(mass-specific direction)의 방향으로 이루어진다. 모든 운동발달은 세분된 특수운동이 나타나기 전에 전면적인 전체활동이 먼저 나타난다. 다시 말해서, 몸의 전체활동이 팔과 다리의 근육활동으로 분화되었다가 다시 걷는 활동으로 통합된다. 영아들은 처음에는 온몸을 움직여서 이동을 하다가 점차 배밀이를 하고 다음으로 양팔로, 그 다음에는 양팔과 양발로 움직이는 것과 같은 점차 특수하고 세분화된 운동으로 변하게 된다.

3) 개인차

인간발달에는 일반적인 원리가 존재하지만 모든 사람이 동일하게 발달하는 것은 아니다. 유전과 환경의 영향으로 인해 모든 개인이 동일한 발달양상을 보이지 않는다. 인간발달에서 동일한 발달단계를 거치고 동일한 연령이 되었다 하더라도 개인적인 차이가 크게 나타난다. 비록 인간이 대개 일반적인 발달순서를 거치면서 정상적인 발달을 이루어 간다 해도 거기에는 상당한 개인차가 있다. 즉, 발달적 변화의 시기나 표현방식에 있어서 차이가 있다(Papalia and Olds, 2008). 즉, 연령과 성별이 같다 해도 신체적 · 심리적 · 사회적 · 문화적 측면에서 발달의 속도는 양적인 면에서나 질적인 면에서 개인차(individual difference)가 있다. 예를 들어, 어떤 사람은 대학시절까지 신장이 계속 증가되는가 하면, 어떤 사람은 고교시절 말기에 키가 다 자란다. 어떤 아동은 또래보다 좀 늦게 발달한다. 심지어 유전적으로 타고난 바가 동일한 일란성 쌍생아의 경우에도 환경과 경험의 차이로 인해 발달차가 있다.

이러한 인간발달의 개인차는 유전, 성별 및 환경에 의해서 다르게 나타날 수 있으며, 연령이 증가하면서 더욱 두드러지게 나타나게 된다.

4) 상호관련성

인간발달의 각 측면은 상호 간에 아무런 관련성이 없는 것처럼 보이지만, 각각의 측면들은 상호 간에 밀접히 관련되어 있다. 즉, 인간발달의 한 측면은 다른 여러 측면의 발달과 각기 독립적으로 이루어지지 않고 상호 간에 밀접하게 관련되어 영향을 미친다. 예를 들어, 신체발달이 빨라 대근육 및 소근육 운동기능이 먼저 발달한 경우 주변 환경을 탐색하거나 타인과 상호작용할 기회를 상대적으로 많이 갖는다. 이 경우 또래에 비해 지적으로 앞서거나, 사회적으로 외향성과 적극성을 발휘하기도 한다. 또한 언어발달이 늦은 경우, 자신의 의사를 표현하거나 타인의 의사를 이해하는 것이 어려워 상호 간 생각과 감정을 공유하는 공감능력에 문제가 발생할 수 있다.

신체발달은 지적 발달, 도덕성 발달, 사회성 발달 등과 관련되어 있으며, 정서발달은 성격발달, 사회성 발달 등과 관련되어 있다. 이렇게 한 측면의 발달은 다른 여러 측면의 발달과 서로 밀접히 관련되어 있다.

5) 분화와 통합

발달은 분화(differentiation)와 통합(integration)의 과정을 거친다. 즉, 인간발달은 분화의 과정이면서 동시에 통합의 과정인 것이다. 인간발달은 전체적인 측면에서 부분적인 측면으로 분화되어 가는 동시에 분화된 각 측면들이 통합되어 하나의 체제를 형성해 나간다. 운동발달에서 세분화된 특수한 활동이 나타나기 이전에 전체적인 활동이 먼저 나타나게 되며, 세분화된 특수한 활동들이 통합되어 하나의 운동기능이 발달된다. 예를 들어, 아기는 물건을 잡으려 할 때 처음에는 먼저 몸을 물건 쪽으로 구부린다. 그 다음에 이 활동이 분화되어 팔을 뻗고, 이것이 다시 분화되어 손목을 움직이며, 거듭 분화되어 손가락을 사용하게 된다. 몸을 구부려서 팔을 뻗고 손목과 손가락을 사용하는 활동은, 결국 원하는 물건을 붙잡아 쥐는 행동으로 통합되어, 마침내 소원대로 목표물을 움켜잡게 된다. 이것이 발달의 원리인 문화와 통합의 첫 과정이다.

6) 가소성의 원리

인간은 근본적으로 미완성적 존재로서 풍부한 가소성(plasticity)을 가졌다. 인간은 자연의 모태에서 출생한 대로는 미완성의 존재이고, 문화의 모태 안에서 완성되어 간다.

다른 동물들은 그들이 살아야 할 자연환경에 꼭 맞도록 육체적 기관들과 기능들이 특수하게 전문화 내지 완성되어 나타나기 때문에, 환경에 대한 반응으로서의 행동의 도식도 기계적으로 결정되어 있다. 그래서 다른 동물들은 본능에 따라서 기계적으로 결정되어 있다. 다른 동물들은 본능에 따라서 기계적으로 움직이면서 살아갈 수 있는 반면에 인간은 미약한 본능만을 가졌으며 문화적인 규범에 따라서 능동적으로 선택할 수밖에 없다. 따라서, 인간은 스스로의 힘으로 자기의 발달 목표를 설정하고, 그 성취를 위해 노력하며 조정할 수 있는 유일한 존재이다.

이렇게 함으로써 각 유기체의 구조와 기능은 최고의 가능성을 향해 성장과 발달을 계속한다. 따라서, 인간발달은 이 가소성을 어떻게 발휘하는가에 따라서 그 수준과 질이 좌우된다(강봉규, 2000: 63-64).

3. 발달의 성격

인간발달은 인간과 환경과의 상호작용을 통하여 일정한 순서에 따라 이루어지지만, 기초의 형성이 필요하며 결정적인 시기가 존재한다. 만일 인간발달에서 어떤 결손이 생기면 누적되어 심각한 결손이 되고 다시는 돌이킬 수 없게 될 수도 있다. 이러한 인간발달의 기본적인 성격은 다음과 같다(김혜선 · 유안진, 2011: 8-10; 이근홍, 2015: 23-24).

1) 기초성

아동기는 일생의 기초(foundation of whole life)가 형성되는 기간이다. 아동이 발달과정에서 겪는 모든 경험은 성인기 행동의 여러 특성을 결정하는 원인이 된다. "세 살 버릇이 여든 살까지 간다"라는 속담이 이를 잘 설명해 주는데, 서너 살 때의 모든 경험이 일생을 특징지을 뿐만 아니라, 인생의 말기로 보는 팔순까지의 기초 형성을 의미한다.

아동기의 신체적 · 성격적 · 정서적 · 지적 · 도덕적 발달이 어떠한 과정을 거쳐서 어떠한 발달현상으로 나타나느냐는 인간의 일생을 결정하는 기초가 된다. 초기 발달의 지속적 영향으로 유아기의 정신적 발달이 후일의 지각, 기억, 인지 등의 발달에 기초가 되어, 초기의 경험으로 이루어진 발달결과에서 벗어나기는 대단히 힘들다.

2) 적기성

태어나서 거의 1년 간 아기는 말도 못 하고 타인의 말을 거의 알아듣지도 못하며, 심지어 아무 것도 모르는 듯이 보인다. 그러나 이 기간은 한 아기의 평생 동안에 영향을 주는 언어의 질이 결정되는 중요한 시기로 밝혀지고 있다. 만약 이 시기에 아기에게 언어적 자극이 부족하거나 왜곡된 언어자극이 주어진다면, 그 아기는 자라서 평생 동안 언어와 관련된 모든 면에서 장애를 겪게 된다. 이것이 발달의 적기성에 대한 학설이다. 발달심리학이 밝혀낸 바에 따르면, 이러한 시기가 인간발달의 여러 측면에 걸쳐 있고, 특히 일생의 기초가 형성되는 아동기에 여러 번 존재하는데, 이를 '결정적 시기'(critical age or period)라고 한다. 즉, 어떤 특정한 발달과업을 성취하는 데에는 가장 적절한 시기가 있는데, 그 시기에 정상적인 발달을 이룩하지 못하면, 후에 이를 보완하기 어려우며 영구적인 결함이나 장애를 겪을 수 있다. 예를 들어, 피아제는 인간의 인지발달과정에서 0~2세 시기를 아기가 풍부한 감각자극과 동작의 발달로 지적인 경험을 하는 단계라고 보았다. 이 시기에 색깔이나 소리, 모양 등 시각 또는 촉각과 같은 다양한 감각적 경험과 여러 가지 신체적 동작을 경험하게 하여 아이의 발달을 효과적으로 도울 수 있다. 그러나 이러한 경험을 하지 못하면, 인지적 발달에서 지연현상을 보일 수 있다.

이와 같이 인간발달에는 최적기가 있다고 밝혀지고 있으며, 이 최적기는 신체, 인지, 성격, 도덕 및 사회성 등 모든 측면의 발달에서 제각기 서로 다르다. 따라서, 아기의 발달을 촉진하기 위해서는 최적기를 놓치지 않고 때에 맞추어 좋은 환경에서 적절한 자극을 제공해야 한다.

3) 누적성

인간의 성장 · 발달 과정에서 그 결손은 다음 시기의 발달에 장애가 된다. 결과적으로 이 결손은 계속 누적되어 보다 심각한 결손으로 나타날 수 있다. 예를 들어, 수유기에는 기본적 신뢰감이나 불신감이 형성되는데, 이 시기에 어머니와 아기 사이에 불신감이 형성되면 인생 후기의 모든 인간관계에도 계속적으로 누적되어 영향을 미친다.

또한 학령기에 학교학습에서 학습결손이 생기면 학습동기가 약화되고, 계속적으로 이어지는 학습결손은 눈덩이처럼 커지는 누적현상을 가져온다. 신체적 · 지적 · 사회적 · 정서적 영역에서 한차례 발달의 결손이 생기면 누적되어 교정하기 힘들며, '누적성'(cumulativeness)이라는 발달의 성격 때문에 초기의 발달은 더욱 중요시 된다.

4) 불가역성

지금까지 논의한 인간발달의 몇 가지 성격으로 볼 때, 인간의 특성은 주로 인간의 초기, 즉 아동기에 그 기초가 형성되고 발달이 급속히 이루어진다. 따라서, 발달의 최적기를 놓치게 되면, 그 시기 이후에 보완하거나 교정하기 매우 힘들게 되는데, 이러한 성격을 '불가역성'(irreversibility)이라고 한다.

인간의 지능(intelligence)은 4세 정도까지 약 50%가 발달하는 것으로 밝혀졌다. 그러나 4세까지 적절한 지적 자극이 부족한 환경에서 성장하는 아동은 지적 발달에서 큰 손실을 입고, 그 이후에 풍요한 지적 환경을 제공해도 완전한 회복이 어렵다. 불가역성은 비단 지적 발달에서만 나타나는 발달의 성격이 아니라, 신체적 · 정신적 · 성격적 발달 및 기타 여러 특성에도 나타나는 발달의 기본 성격이다.

4. 발달의 단계 및 과업

인간발달의 단계는 인간의 연속적인 변화과정에서 특정한 발달과업을 성취하기 위해 필요한 기간을 적절한 시기에 따라 여덟 개의 단계로 구분한 것이다. 그러나 이것은 인간의 발달이 연속적인 과정이기 때문에 단계들 사이의 구분을 명확하게 하기 어려우며, 단계의 구분은 학자에 따라 다소의 차이가 있을 수 있다. 명칭 또한 달리하는 경우가 많다.

본 서에서는 국내법을 기준으로 하여 태내기(출산 전), 영아기(0~2세), 유아기(3~6세), 아동기(7~12세), 청년기(13~18세), 성인기(19~39세), 중년기(40~64세), 노년기(65세 이상)로 분류하고 있다.

발달과업(developmental task)이란, 특정한 발달단계에서 개인이 배우지 않으면 안 되는 여러 가지의 과제, 즉 발달의 과제를 뜻하는 것으로 이는 개인으로 하여금 사회에 있어서 건전한 성장 · 발달을 지향할 과업인 것이다. 다시 말해서, 발달과업은 개인의 생애에 있어서 일정한 시기 혹은 그 이전에 나타나는 제 과제로서 그 과제를 훌륭하게 성취하면 개인은 행복하게 되며 그 후의 과제도 성공하지만, 실패하거나 기회를 놓치면 그 개인은 불행해지며, 사회에서 승인을 받지 못하며 그 후의 과제의 달성도 곤란해지게 된다.

발달과업은 각 발달단계에 놓여있는 인간에 대한 교육적 입장에서 하나의 과제로 설정한 것이다. 발달과업은 전 인류에 있어서의 보편적 · 절대적인 것은 아니며, 사회나 문화의 차이에 따라 그 내용은 다르다.

그러나 보통 그 내용은 ① 신체적 성숙이나 건강에 관한 과업, ② 사회적 요청에 역점을 둔 과업, ③ 개인의 퍼스낼리티, 자아, 요구 등에 관해서 일어나는 과업 등의 세 부분으로 나누어진다. 일반적으로 신체적 성숙이나 건강에 관한 과업에 대해서는 사회적 · 문화적 영향은 적지만, 개인에 대한 사회적 요청에 관한 과업에 대해선 그 영향이 크다. 또한 문화적 변동이 심한 사회에 있어선 발달과업에 대한 신구 세대 간에 차이가 생기기 쉽고, 신세대에 있어서는 구세대의 낡은 과업은 그 중요성이 감퇴되며, 새로운 과업이 부가되어 시대에 합치되는 새로운 발달과업이 설정되는 수가 많다.

하비거스트(Havighurst, 1961)는 발달과업이란, 각 발달단계에서 반드시 획득해야 하며, 만약 획득하지 못하면 그 단계는 물론 그 이후의 단계에서도 적응에 장애가 되는 행동 특징이라고 정의하고 있다. 그에 따르면, 각 발달단계에서 발달과업을 성취하면 행복감을 느끼고 다음 과업을 성공적으로 완성할 수 있지만, 실패할 경우 불행감을 느끼게 되고 다음 과제의 수행에 어려움을 겪는다고 하면서 발달단계와 발달과업을 제시하였다. 즉, 발달과업은 신체적 성숙과 사회적 압력 및 개인적 선택에서 나온다. 하비거스트가 제시한 발달단계와 발달과업은 다음과 같다.

〈표 1-3〉 하비거스트의 발달단계와 발달과업

발달단계	발달과업	
영유아기	-걸음걸이 배우기 -배설행위 통제 배우기 -선악의 구분과 양심의 학습	-언어 배우기 -생리적 안정 유지하기 -고형분의 음식 섭취 학습
아동기	-또래친구 사귀는 것 배우기 -읽고, 쓰고, 계산하는 것 배우기 -일상생활에 필요한 개념 학습	-성역할 학습 -양심 · 도덕 · 가치체계의 발달 -놀이에 필요한 신체기술 학습
청소년기	-자신의 신체 및 성역할 수용 -직업선택 준비 및 경제적 독립 -사회적 책임에 적합한 행동 -동성 · 이성 친구와 새로운 관계형성	-양심, 도덕성, 가치척도의 발달 -부모로부터 정서적 및 인격적 독립 -시민으로서의 자질함양과 지적 기능 학습 -과학적 세계관에 입각한 가치체계 확립
성인기	-배우자 선택 및 생활방법 학습 -시민으로서의 사회적 의무 완수 -직업 갖기	-자녀양육과 가정관리 -친밀한 사회적 집단형성
중년기	-배우자와의 친밀한 관계 유지 -노년기 부모에 대한 적응 -적절한 여가활용	-중년기의 생리적 변화 인정 및 적응 -10대 자녀들의 뒷바라지 -경제적 표준생활 확립 및 유지
노년기	-신체적 쇠퇴에 적응하기 -배우자 사망에 대한 적응 -생활에 적합한 물리적 환경의 조성	-은퇴와 수입 감소에 대한 적응 -동년배와 친밀한 관계유지

5. 인간발달의 연구방법론

인간발달 연구는 인간의 발달현상에 대해서 과학적 방법을 통해 타당성 있고 신뢰할 수 있는 지식체계를 구축하려는 학문 분야이다. 인간발달 연구의 목적을 보다 구체적으로 살펴보면, 연령에 따른 발달양상을 기술하는 것, 연령에 따른 발달양상과 변화의 개인차를 설명하고자 하는 것, 발달양상을 기술하고 발달의 개인차를 설명함으로써 긍정적인 발달과 적응을 도모하고 궁극적으로 인간의 복지를 증진시키는 것이다. 인간발달 연구에는 연구대상과 초점을 두고 살펴보고자 하는 발달의 특성에 따라 다음과 같이 다양한 방법이 사용된다(김보기 외, 2017: 32-39; 이순형 · 성미애, 2014: 19-23).

(1) 표본조사

표본조사(survey)는 사람들이 행동, 태도, 신념, 의견 및 의도를 기술하도록 설문지를 사용하거나 특별한 면접방식을 통해 표본집단에 대하여 연구하는 방법이다. 물론 그 결과를 전체 집단에 일반화하고자 하는 것이 목적이다. 예를 들어, 표본조사를 이용한 심리학 연구에서 사회계층이 다르면 아이들에 대한 훈육방식이 다르다는 것을 발견하였다. 낮은 계층의 가족에서 더 엄격하였다(현성용 외, 2015: 36).

표본조사를 하려면 연구자들은 설문을 만들고 신중하게 응답해 줄 사람을 선정해야 한다. 샴푸에 대한 조사를 하고자 할 때, 비누밖에 쓰지 않는 남성에게 설문한다면 나올 수 있는 응답은 아무것도 없다. 같은 또래의 사람들에게만 설문을 하면 전체 인구 중에서 극히 편파적인 일부에 대해서만 자료를 뽑게 된다.

표본조사를 할 때 또 다른 어려운 점이 있다. 사람들은 자신에 대해서 바람직하지 않거나 마음에 거슬리는 질문에는 응답하려 하지 않는다. 여러 가지 어려움이 있지만 그럼에도 불구하고, 표본조사는 낮은 비용으로 많은 사람들에 대해서 연구할 수 있는 방법이다. 표본조사를 통해서 예측을 하고, 검증 가능한 가설을 세우며, 추가적인 실험이나 가설을 검증한다.

(2) 관찰법

관찰법(Observation method)은 행동하고 있는 집단이나 개인을 전문적인 관찰자가 곁에서 관찰(특정한 착안점에 입각해서 행동을 분석적으로 보는 것)함으로써 자료를 수집하는 방법을 말한다. 관찰법은 인간의 언어와 행동을 관찰하고 그러한 언어와 행동을 객관적으로 기록하는 방법이다. 아동과 어머니의 언어적 · 비언어적 상호작용이나 또는 아동이 또래와의 관계에서 보이는 공격행동에 대한 연구를 위해 관찰법을 사용한다면 그들의 실제 모습을 가능한 자연스러운 맥락에서 살펴볼 수 있다.

관찰은 특별한 조작이나 통제 없이 인간의 언어와 행동을 있는 그대로 포착할 수 있다는 장점을 지닌다. 그럼에도 관찰상황은 실제상황과 엄밀히 동일하지 않으며, 자신이 관찰되고 있다는 사실의 지각이 피험자의 언어와 행동에 영향을 미칠 수 있다는 점에서 한계를 지니기도 한다.

(3) 실험법

실험법(experimental method)은 심리학의 연구방법 가운데 가장 대표적이다. 실험법은 심리학이 과학적인 학문으로 발전하는 데 가장 큰 기여를 했다. 실험법은 기본적으로 통제된 상황에서 실시된다. 인간의 심리와 행동을 사람들이 살고 있는 현장에서 연구하다 보면 어떤 원인에 의해 어떤 결과가 나오는지를 분간하기 어렵다. 그래서 다른 조건들을 일정하게 통제하고 어떤 원인을 조작했을 때 어떤 결과에 어떻게 영향을 미치는지를 알아보고자 하는 방법이 실험법이다. 그래서 실험법은 주로 통제된 실험실이나 연구실에서 이루어진다.

실험법은 발달에 영향을 미칠 것이라 가정되는 요인을 독립변수로, 독립변수의 영향을 받을 것이라 가정되는 발달적 특성을 종속변수로 설정하여, 종속변수에 대한 독립변수의 효과를 측정하는 것이다. 예를 들어, 신체표현활동 프로그램에 참여한 아동과 그렇지 않은 아동을 각각 실험집단과 통제집단으로 나누어 프로그램 실시 전과 실시 후 정서조절 수준의 차이를 비교할 수 있다.

실험법은 종속변수에 영향을 미칠 수 있는 요인을 사전에 통제하고 엄격한 실험설계를 갖춘다면 가능한 객관적인 결과를 얻을 수 있고, 그에 따라 인간발달의 원인과 결과를 밝힐 수 있다는 장점을 가진다. 하지만 세밀하고 다양한 인간발달의 모든 양상을 실험을 통해 검증한다는 것이 불가능하며, 실험과정에서 엄격한 의미의 통제가 어렵다는 한계가 있다.

〈표 1-4〉 실험법의 연구방법

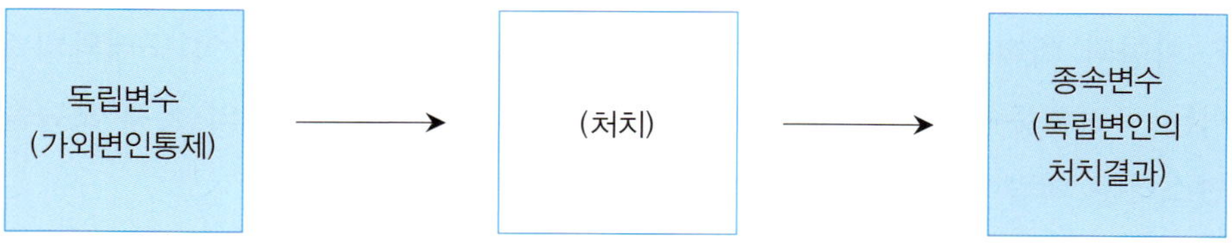

자료: 김보기 외(2017: 37) 재인용.

(4) 질문지법

질문지법은 개인의 경험이나 생각을 알기 위해 적절히 구성된 질문지를 활용하는 방법이다. 예를 들어, 다양한 놀이행동을 제시하고 어머니에게 그 중 자녀의 모습과 유사한 행동에 응답하도록 하거나, 자녀양육에 대해 가지고 있는 개인적인 신념이나 태도를 물을 수 있다. 또한 성인에게 그들이 직장생활에서 경험하는 스트레스의 종류를 선택하게 하고 그 수준을 주관적으로 평정하도록 할 수 있다.

질문지법은 시간적으로나 비용적으로 경제적이라는 큰 장점을 가진다. 익명이 보장된다는 점에서 조사내용에 사적인 부분이 포함될 수 있고, 관찰이나 실험을 통해 드러나지 않는 개인의 사고와 태도 등을 직접 조사할 수 있다는 장점이 있다. 그러나 질문지법은 질문을 스스로 읽고 해석할 수 있는 능력이 없는 대상에게는 실시할 수 없으며, 피험자가 얼마나 솔직한 응답을 했는지도 가늠하기 어렵다는 한계가 있다.

(5) 면접법

면접법은 질문지법과 유사하게 개인의 경험이나 생각을 알기 위한 목적으로 진행되지만, 면접자가 면접대상자와 일대일로 마주한 상황에서 직접 그에게 질문을 던지고 응답을 얻는 방법을 사용한다.

면접법은 한 번에 대상 한 명에 초점을 두고 진행되고, 그들의 경험과 사고의 의미를 총체적으로 이해하고자 하는 방식으로 접근하며, 면접을 이끌어 나가는 과정에서 추가 질문을 할 수 있다는 점 때문에, 질문지법에 비해 피상적이지 않은 결과를 얻어낼 수 있다는 장점을 가진다. 하지만 깊이 있는 대화를 진행하기 어려운 대상에게는 실시될 수 없으며, 솔직하고 풍부한 답변을 얻어낼 수 있도록 면접을 적절히 이끌어 나가는 면접자의 노련함이 필요하다.

(6) 검사법

검사법은 표준화된 검사를 사용하여 개인의 특성을 측정하고 그렇게 얻은 점수를 같은 연령의 다른 사람들의 점수와 비교하는 방법이다. 예를 들어, 10세 아동에게 지능검사를 실시하였을 때, 검사를 통해 얻은 그의 지능지수를 해당 집단의 평균과 비교하여 평균보다 높은 수준인지 혹은 낮은 수준인지를 확인하거나 집단 중 상위 몇 퍼센트(%)에 해당하는지를 알 수 있다. 일반적으로 널리 사용되는 검사에는 지능검사 이외에도 적성검사, 성격검사, 언어발달검사 등이 있다.

표준화된 검사를 사용한 경우에도 피험자의 조건과 상황에 따라 동일한 피험자에게서도 검사결과가 상이하게 나타날 수 있으며, 하나의 문화권에서 개발된 검사도구가 다른 문화권에 있는 대상에게 실시되기에 타당하지 않을 수 있기 때문에, 검사 실시와 결과의 적용에 주의가 필요하다.

(7) 비교문학연구법

비교문화연구법은 서로 다른 문화를 가진 집단의 생활과 특성을 알기 위해 사용되는 방법이다. 한 문화에서 일반적이라 받아들여지는 인간의 사고방식이나 행동양식이 어느 문화에서나 동일한 의미로 받아들여지는 것은 아니다. 예를 들어, 아동의 독립성을 고양시키고자 하는 양육 신념, 모유수유방식 등 문화의 차이가 존재한다.

인간의 성장과 삶의 모습을 그들이 속한 문화 안에서 온전히 이해하는 것이 쉽고 간단한 일은 아니다. 하지만 인간발달에 대해 더 폭넓게 이해할 수 있다는 점에서 비교문화연구는 상당한 가치를 가진다.

연습문제

1. 인간발달의 관점에 대한 설명으로 옳지 않은 것은?
   ① 개인의 유전형질도 인간발달에 영향을 미친다.
   ② 인간발달은 인간의 내적 변화뿐만 아니라 외적 변화도 포함한다.
   ③ '환경 속의 인간'은 인간발달 이해를 위한 기본 관점이다.
   ④ 생물학적·심리적·사회적 체계를 포괄적으로 고려해야 한다.
   ⑤ 인간발달은 퇴행적 변화보다는 상승적 변화를 의미한다.

2. 인간발달에 대한 설명으로 옳은 것은?
   ① 하부에서 상부로, 말초에서 중심으로, 복잡한 것에서 단순한 것으로 나타난다.
   ② 태아기에서 노년기에 이르기까지 시간적 흐름에 따라 일어나는 변화이다.
   ③ 특정 단계에서의 발달은 이전 단계의 발달과업 성취와 무관하다.
   ④ 일정한 방향으로 이루어지므로 개인적 차이는 없다.
   ⑤ 발달과정에 문화적·환경적 요인은 중요하지 않다.

3. 인간발달에 관한 설명으로 옳지 않은 것은?
   ① 발달은 일정한 순서를 거친다.
   ② 발달과 변화는 전 생애에 걸쳐 일어난다.
   ③ 발달은 특수활동에서 전체활동으로 이루어진다.
   ④ 발달을 이해하는데 사회환경은 필수적 요인이다.
   ⑤ 발달은 '환경 속의 인간'(person in environment)의 맥락으로 이해되어야 한다.

4. 인간발달의 원리에 관한 설명으로 옳은 것은?
   ① 개인차가 존재하므로 일정한 순서와 방향성을 제시하기 어렵다.
   ② 발달상의 결정적 시기와 바람직한 성격형성은 무관하다.
   ③ 연속적인 과정이지만 발달속도는 일정하지 않다.
   ④ 일생에 걸쳐 일어나는 예측불가능한 변화이다.
   ⑤ 유전적 요인보다 환경적 요인을 중시한다.

5. 인간발달에 관한 설명으로 옳은 것은?
   ① 점진적으로 일어나는 체계적 변화이며, 질적 변화보다는 양적 변화를 의미한다.
   ② 인간행동 양식의 전체적인 맥락 안에서 분석되어야 한다.
   ③ 하부에서 상부로, 말초 부위에서 중심 부위로 진행된다.
   ④ 주로 유전적 요인에 의해 주도되는 과정이다.
   ⑤ 일정한 속도로 전 생애에 걸쳐 이루어진다.

정답 1. ⑤ 2. ⑤ 3. ③ 4. ② 5. ②

Part 02

인 간 발 달 이 론

인간발달

Chapter 02

심리성적 발달

학습목표

프로이트의 정신분석에 근거한 심리성적 발달이론은 인간발달을 연구하는 데 있어서 가장 기본적이고 필수적인 분야이다. 본 이론을 습득함으로써 타 이론에 대한 적용능력을 높이고자 한다.

학습내용

1. 프로이트의 생애와 사상
2. 정신분석이론의 주요 개념 및 특성
3. 심리성적 발달단계
4. 평가

개 요

정신분석이론은 20세기 서구문명의 지적 충격이라고 할 수 있는 프로이트(Sigmund Freud)에 의해 최초로 개발된 성격발달이론이다. 정신분석이론이란, 인간 정신세계의 대부분을 차지하고 있는 무의식에 초점을 두어 무의식적인 성적·공격적 충동에 의해 발생하는 갈등을 파악하고 이를 분석한 이론이다. 프로이트 이론의 특징은 인간의 성격발달에서 성적 욕망을 강조했다는 것이다. 프로이트는 인간발달에서 심리성적 발달단계를 전개하고 있는 데, 본 장에서는 이를 논의하고자 한다.

1. 프로이트의 생애와 사상

프로이트(Sigmund Freud, 1856~1939)

프로이트는 1856년 5월 6일 모라비아(Moravia, 체코 동부) 지방의 프라이베르크에서 유대인으로 출생하였다. 그가 태어난 오스트리아-헝가리 제국에서는 유대인에 대한 편견이 심했다. 그의 아버지는 세 번째 결혼한 아말리에(Amalie)와의 사이에서 지그문트를 낳았다. 그의 이복형은 어머니와 나이가 비슷했다. 이복형제들에 비해 어머니의 보살핌을 많이 받았고 김나지움(Gymnasium, 독일의 중등교육기관) 7학년 내내 최우수 학생으로 총명했다. 빈대학교(University of Vienna) 의학부에 입학하여 폰 브뤼케(Ernst Wilhelm von Brücke, 1819~1892) 실험실에서 신경해부학(Neuroanatomy)을 공부하였다. 졸업 후 얼마 동안 뇌의 해부학적 연구를 하였고, 코카인의 마취작용을 연구하여 우울증 치료제로 시도했지만 결과는 좋지 못했다. 1885년 파리 살페트리에르(Salpetriere) 정신병원에서 샤르코(Jean-Martin Charcot, 1825~1893)의 지도 아래 히스테리(hysteric) 환자들을 관찰하였고, 1889년 여름에는 낭시(Nancy, 프랑스 북동부)의 베르넴과 레보 밑에서 최면술을 보게 되어, 인간의 마음에는 본인이 의식하지 못하는 과정, 즉 무의식이 존재한다는 것을 믿게 되었다.

이보다 앞서 브로이어(J. Breuer)는 히스테리 환자에게 최면술을 걸어 잊혀 가는 마음의 상처(심적 외상)를 상기시키면 히스테리가 치유된다는 사실을 발견하였다. 프로이트는 브로이어와 공동으로 그 치유의 방법을 연구하였고, 1893년 카타르시스(Katharsis, 정화법)를 확립하였다. 그러나 얼마 후 이 치유법에 결함이 있음을 깨닫고 최면술 대신 자유연상법을 사용하여 히스테리를 치료하는 방법을 발견하였고, 1896년 이 치료법에 '정신분석'이라는 이름을 붙였다. 이 말은 후에 그가 수립한 심리학의 체계까지도 지칭하는 말이 되었다.

1900년 이후 그는 꿈 · 착각 · 말실수와 같은 정상 심리에도 연구를 확대하여 심층심리학을 확립하였고, 또 1905년에는 유아성욕론을 수립하였다. 초기 그의 학설은 무시되었으나, 1902년경부터 점차 공명하는 사람들(슈테켈, 아들러, 융, 브로일러)이 나타났으며, 1908년에는 제1회 국제정신분석학회가 개최되어 잡지 『정신병리학 · 정신분석학연구연보』(1908~1914), 『국제정신분석학잡지』 등이 간행되었다. 또 1909년 클라크대학교 20주년 기념식에 초청되어 강연한 일은 정신분석을 미국에 보급시키는 계기가 되었다. 제1차 세계대전 후

사변적 경향을 강화하여 원초아 · 자아 · 초자아와 같은 생각과 생의 본능 에로스 · 죽음의 본능 타나토스(Thanatos) 등의 이론을 주장하였다. 1938년 오스트리아가 독일에 합병되자 나치스(Nazis)에 쫓겨 런던으로 망명하였고, 이듬해 암으로 죽었다.

그는 나치즘의 시기를 보낸 유대인이었다. 그가 정신분석을 하게 된 두 가지 요소 역시 유대혈통과 특수했던 가족환경을 들었다. 그는 편견이나 선입관에서 벗어나는 법을 자신의 혈통을 통해 배웠고, 나이 차이가 많은 자신의 아버지와 어머니를 통해 심리학적 현상들을 발견하게 되었다. 또한 그가 좋아했던 성경과 문학에 대한 해박한 지식들은 그의 정신분석학적 텍스트에 큰 영향을 끼친다. '오이디푸스 콤플렉스'나 '나르시즘' 같은 이론은 문학작품이나 신화를 통해 설명되었으며, 그의 작품 곳곳에는 성경이 등장하게 되고 무의식 개념을 새로운 미학으로 인문학에 영향을 미치게 된다.

프로이트의 특징은 수많은 임상경험을 토대로 자신의 이론을 발전시킨다는 점이다. 당대에 유행하던 최면요법 대신 그는 수많은 환자들과의 면대면 대화를 통하여 그의 무의식 이론체계의 핵심이 될 개념을 도출했고 개별적인 치료가 아닌 보편적인 무의식 이론으로 발전시켰다. 그는 미숙한 인간이 성인으로 형성되어 가는 과정에서 무의식이 생성되며, 꿈과 환상은 기억 조각 사이의 공백을 메워주는 중요한 요소라는 확신을 갖고 있었다. 따라서, 과거를 객관적으로 복원하는 일은 불가능하며 언제나 기억은 환상이나 욕망에 의해 왜곡된다는 결론을 얻게 되었다. 수많은 사례들을 통하여 전개되고 있는 그의 논리들은 책 속에 담겨졌다. 그리고 끊임없이 학문들과 작용하며 나치가 현대에 부여했던 끔찍했고 보편성으로 부정되었던 개별성과 주관성을 존중하는 새로운 시각을 제공하게 되었다.

20세기의 사상가로 프로이트만큼 큰 영향을 끼친 인물은 없다고 평가되며, 심리학 · 정신의학에서 뿐만 아니라, 사회학 · 사회심리학 · 문화인류학 · 교육학 · 범죄학 · 문예비평에도 큰 영향을 끼쳤다.

주요 저서에는 『히스테리 연구』(1895), 『꿈의 해석』(1900), 『일상생활의 정신병리학』(1901), 『성욕에 관한 세 편의 에세이』(1905), 『토템과 터부』(1913), 『정신분석입문』(1917), 『쾌락 원칙을 넘어서』(1920), 『자아와 이드』(1923) 등이 있다.

『꿈의 해석』(*Die Traumdeutung*)

이 책이 중요한 이유는 꿈이 모두에게 친숙한 현상이기 때문이 아니라, 꿈이라는 현상 자체가 프로이트 이론에서 중심적인 역할을 하는 무의식의 존재를 증명하는 데 가장 핵심적인 역할을 하고, 정신분석 치료에 꿈의 해석이 이용될 수 있기 때문이다. 프로이트 스스로 가장 중요한 작품으로 꼽는 『꿈의 해석』은 대중들에게 정신분석학과 '무의식'의 존재를 확실하게 각인시켰다.

『정신분석 입문』(*Vorlesungen zur Einfuehrung in die Psychoanalyse*)

이 책은 프로이트의 이론이 집대성된 후년의 역작으로 무의식의 존재, 꿈의 의미, 유아기의 성, 억압과 저항, 노이로제 증상의 의미와 치료 등 당시에는 격심한 논란을 일으켰던 혁명적인 지식으로 채워져 있다. 정신분석이라는 분야를 처음 접하는 의사 및 일반인을 대상으로 진행한 빈대학교에서의 강의를 정리하여 1917년에 내놓은 책이다.

2. 정신분석이론의 주요 개념 및 특성

프로이트의 이론은 인간의 성격을 지형학적 모형과 구조적 모형으로 제시하고 있으며, 지형학적 모형은 우리의 심리를 나타내는 것으로 무의식, 전의식, 의식으로 구분된다. 마음을 나타내는 구조적인 모형은 원초아, 자아, 초자아로 구분되며, 이 각각의 삼차원의 구조가 상호작용하여 전체 성격체계를 구성하고, 각각의 하위체계는 개인의 행동에 각기 다른 영향을 미친다.

1) 정신분석이론의 개요

정신분석이론(psychoanalytic theory)은 20세기 서구문명의 지적 충격이라고 할 수 있는 프로이트(Sigmund Freud)에 의해 최초로 개발된 성격발달이론이다. 정신분석이론이란, 인간의 정신세계의 대부분을 차지하고 있는 무의식에 초점을 두어 무의식적인 성적 · 공격적 충동에 의해 발생하는 갈등을 파악하고 이를 분석한 이론이다. 프로이트 이론의 특징은 인간의 성격발달에서 성적 욕망을 강조했다는 것이다.

정신분석이론은 프로이트의 학설로 그의 이름을 따서 '프로이트주의'(Freudism)라고도 부른다. 그의 학설은 '자유연상법'(free association)을 사용한 신경증 치료기술로서, 또 인간심리의 해명으로서 성립하였다. '자유연상법'이란 꿈이나 말의 차이, 글의 차이 등의 현상을 포착하여 그때 마음속에 떠오르는 것을 계속해서 서술하는 것으로, 의식되지 않고 심리 깊숙한 곳에 감추어져 억압되어 온 심리활동을 읽어내고 그에 기초하여 신경증의 치료법을 세우는 것을 말한다. 1896년 그는 이런 방식을 '정신분석'이라고 명명했다. 그는 신경증의 치료에서 얻은 지견을 꿈, 남 앞에서 빗나간 말을 하는 것, 농담이라는 형식으로 방출시키는 속마음 등을 연구하여 1900년 이후 자기 나름의 심리학 체계를 세우고 이를 정신분석이라고 불렀다. 자기의 학설이 처음부터 가설에서 출발한 것이고 과학적인 입증이 불가능한 것이어서 감히 정신분석학이라는 '학'을 넣지 못했던 것이다.

그의 심리학설은 '심층심리학'(depth psychology)이라고 하는데, 심리를 의식 · 전의식 · 무의식의 세 층으로 구별하고 그것에 따라 심리현상을 설명하려고 하는 것이다. 그 방법은 생물학주의적이며, 기계론적인 기법이 특징이다. 심리의 기초를 본능에 두고 본능은 '불쾌'를 회피하고 '쾌'를 추구하는 것이라 보는데, 이것을 객관적으로 말하면 종 및 개체보존본능이라고 할 수 있다.

프로이트는 이 두 본능을 거론하고 있는데, 그가 주로 논했던 것은 종족보존본능, 즉 성욕이었으며 그것으로 심리의 모든 것을 설명하려고 시도하였다. 그러나 성욕 그대로의 발현은 사회적 제약에 부딪혀 그 충족이 억압된다. 거기서 성욕이라는 '본원적 욕구'(이것을 'Id' 또는 'Es'라고 하며, 그 발현 에너지를 'Libido'라고 부른다)는 현실생활에 적응하는 힘에 의해 '억압'된다.

이러한 프로이트의 학설은 현대에는 융이나 아들러 등에게 수용되어 변용도 되며 또한 사회사의 해석에도 적용되고 있는바, 이들을 가리켜 '신프로이트학파'라 한다. 신프로이트학파로는 히틀러에 쫓기어 독일로부터 미국으로 건너간 호르나이, 프롬과 설리번, 카디너 등이 대표적이고, 여기에 린턴, 달라드, 미드 등을 꼽기도 한다. 물론 프로이트는 죽는 순간까지 그의 생각을 계속해서 수정하였다. 신프로이트학파는 정통 정신분석학이론에 중요한 변화를 가져오고 또 중요한 것들을 첨가하였다. 이런 생각들의 유입은 전체 정신분석적 운동에, 특히 환경적 변인들의 영향과 자아의 역할에 관하여 더욱 현대적인 맛을 주었다(홍숙기, 1990: 140). 신프로이트학파의 업적은 사회심리학 · 인류문화학에 지대한 영향을 끼쳤다. 따라서, 프로이트의 이러한 이론이 많은 학자들의 비판을 받고 있음에도 불구하고, 현재에도 그의 이론은 심리학은 물론 다양한 학문 분야에 깊게 영향을 미치고 있다.

2) 인간관

프로이트에 의해서 창시된 정신분석은 인간심리에 대한 결정론과 무의식이라는 두 가지 기본적인 개념에 기초를 두고 있다. 인간행동은 비합리적인 힘, 무의식적 동기, 생물학적이고 본능적인 충동에 의해 영향을 받는다(Freud, 1914, 1920a, 1920b). 19세기에 다윈(Charles Robert Darwin, 1809~1882)은 『종의 기원』(*On the Origin of Species*, 1859)을 통해 진화론을 주창하였는데, 프로이트의 정신분석은 인간을 생물학적 존재로 보는 당시의 시대정신을 반영하고 있다.

프로이트의 결정론적 관점에 의하면, 아무런 원인도 가지지 않는, 즉 저절로 발생하는 현상이란 없다. 그 어떤 원인이 반드시 있었기 때문에 그 결과로 인간은 기쁘고 괴롭고 또 분노한다. 사람들의 희로애락을 결정하는 것은 외부의 환경적 조건이라는 견해를 가진 학자들도 있지만, 프로이트는 이와 정반대의 입장을 취했다. 즉, 인간행동을 결정하는 것은 환경의 외적 조건보다 오히려 개인의 심리내적 조건이라는 것이다. 이러한 심리결정론(psychic determinism)에서는 개인의 사고, 감정, 행동이 심리내적 원인에 의해 결정된다고 본다. 개인이 겪는 갈등은 내부에 존재하는 어떤 정신적 원인이 작용한 결과이므로, 그 원인이 제거되지 않는 한 심리적 문제는 결코 해결되지 않는다. 따라서, 개인의 사고, 감정, 행동을 결정하는 정신적 원인의 실체를 규명하고자 하는 것이 정신분석이 추구하는 궁극적 목표다.

인간은 현재 자신의 행위를 결정하고 그에 따른 책임을 질 수 있는 주체적 존재라기보다는, 과거 성장기 동안의 생활 경험에 의해 전적으로 영향을 받는 존재다. 정신분석에서는 생애 초기 6년 동안의 발달적 경험을 강조하고 있는데, 과거 어린 시절의 경험과 심리성적 에너지는 무의식적인 동기와 갈등으로 잠재되어 있다가 개인의 현재 행동에 영향을 미친다고 본다(Arlow, 1989 ; Baker, 1985). 인간에 대한 이러한 결정론적인 관점은, 우리로 하여금 주어진 어떤 현상을 있는 그대로 이해하는 것에서 한 걸음 더 나아가 이면의 그 무엇을 발견하려는 '분석적 태도'를 취하게 한다. 적절하고 타당한 원인을 이해할 때까지는 '원인이 무엇인가?'라는 질문을 끊임없이 던지는 자세가 필요하다.

정신분석에서는 개인이 즉각적으로 자각하거나 통제할 수 있는 범위를 넘어서 있는 그 어떤 힘, 즉 무의식의 영향을 받는다고 보았다. 프로이트는 비이성적인 힘인 본능적 추동(drive)이나 무의식적 동기가 인간의 행동을 결정한다고 주장한다. 삶의 목표가 고통을 피하고 쾌락을 추구하는 데 있으므로, 인간행동은 생물학적인 욕구와 본능을 충족시키려는 욕망에 의해 동기화되며 비합리적인 무의식의 지배를 받는다. 본능은 프로이트 이론의 핵심으로서 원초아 내에 저장되어 있는 심리에너지로 구성된다(김춘경 외, 2016: 73-74).

프로이트는 이중 본능 이론(dual instinct theory)을 통해 본능을 크게 삶의 본능(life instinct)과 죽음의 본능(death instinct)을 강조한다. 삶의 본능(life instinct)과 죽음의 본능(death instinct)이 그것이다. 삶의 본능은 '에로스'(Eros)라고도 하며, 배고픔과 같이 삶을 유지시켜 주는 것, 종족을 번식시키는 성과 같은 것 등을 말한다. 성에 대한 본능은 개인의 정신구조에서 상당히 중요한 역할을 하므로, 프로이트는 이것이 영향력이 가장 큰 삶의 본능이라 생각했다. 성 본능에 내재된 '리비도'(Libido, 라틴어의 '소망', '욕구'에서 유래)라는 것인데, 이는 생존 본능의 힘을 일컫는 것이 되었다. 그리고 다른 하나는 '타나토스'(Thanatos)[1)]라고 하는 죽음의 본능이다. 이것은 인간 모두가 가지고 있는 죽음과 파괴에 대한 경향을 말한다. 타나토스는 소리를 지르거나 욕을 함으로써, 또는 영화 관람이나 운동경기를 관람하면서 평상시에 조금씩 내면 밖으로 내보내야 한다고 프로이트는 말한다. 만약 그렇게 하지 않으면 댐 둑이 한방에 무너지듯, 한꺼번에 감정이 폭발하게 되어 폭력, 살인, 방화 등을 하게 되거나 사이코패스 같은 정신분열병에 걸리게 된다는 것이다(이우언 외, 2017: 150-151).

삶과 죽음의 본능은 서로 영향을 미치며, 서로 융합되어 있기도 하다. 예를 들어, 음식을 먹는 것은 배고픔을 해결하고자 하는 삶의 본능적 표현이지만, 음식물을 파괴하여 섭취한다는 점에서 죽음의 본능이다. 그리고 삶의 본능과 죽음의 본능이 병적으로 혼합되면 인간은 강간 또는 피학적 성행위, 수간 등 변태적 성행위를 하기도 하고, 성행위를 몰래 훔쳐보기 등과 같은 행동들을 하게 된다.

3) 인간의 의식수준: 지형학적 모형

프로이트가 제시한 지형학적 모델은, 그의 저서 『꿈의 해석』(*Die Traumdeutung*, 1900)에서 처음으로 언급되었다. 프로이트는 정신분석학위 이론을 정립시키는 과정에서 지형학적인 모형을 가지고 성격(personalty)의 구조를 설명하고 있다. 즉, 우리 인간은 많은 층의 의식을 갖고 있다. 프로이트는 임상 초기 마음을 세 가지 영역으로 구분하는 지형학적 모형(topographic model)을 구상하였다. 프로이트는 눈에 보이지 않는 인간의 정신을 이해하기 위하여 인식의 수준을 가시화한 일종의 지도를 제시하였다.

일반적으로 정신분석학에서는 인간의 전체의식을 '의식', '전의식', '무의식'으로 나눈다. 의식은 각성 상태의 의식을 말하고, 전의식은 의식 바로 밑에 있어 보통 때는 인식되지 않지만 쉽게 끄집어 낼 수 있는 생각들을 말한다. 전의식의 내용은 종종 백일몽이나 몽상에 빠져 있을 때 의식의 표면에 떠오르기도 한다. 이에 비해, 무의식은 잘 알려진 것처럼 의식에 의해 인식되지 않는 부분으로서 의식의 기저를 이루는 것으로 이해되어 왔다.

(1) 의식

의식(Consciousness)은 개인이 현재 자각하고 있는 생각을 포함한다. 의식의 내용은 새로운 생각이 정신에 들어오고, 오래된 생각은 정신에서 물러나면서 계속적으로 변한다. 의식은 어떤 순간에 우리가 알거나 느낄 수 있는 모든 경험과 감각을 말한다. 이것은 지각 · 운동 · 활동 · 감정 등을 통해 외부세계와 접촉하며, 꿈 · 심상 · 사고 등과 같은 개인의 내적 세계와 접촉한다. 생리적 욕구나 심리적 욕구가 존재할 때, 또는 외부 자극이 존재할 때, 개인이 그 욕구나 자극 대상에게 관심을 집중함으로써 의식작용이 발생한다. 그러나 의식 속에 있던 내용은 개인의 주의나 관심이 다른 것으로 돌려지게 되면 곧 전의식이나 무의식 속으로 사라져 버린다.

프로이트는 정신세계의 극히 일부만이 의식의 범위에 포함된다고 보았다. 우리가 어떤 순간에 경험하는 일들은 선택적 여과과정을 거쳐 극히 일부만이 의식으로 나타나게 된다. 의식은 정신생활의 중심이 아니며, 수면 위에 떠올라 있는 빙산의 일부에 지나지 않는 것으로 비유되고 있다. 정신생활의 더 큰 부분은 수면 아래에 잠겨 있는 것으로 비유되는 무의식이며. 무의식적인 내용이나 동기를 의식적인 것으로 나타내기 위한 방법이 정신분석의 중요한 과제가 되었다.

(2) 전의식

전의식(Preconscious)은 현재 의식되지는 않지만 주의집중을 통해 지난 경험이나 생각이 의식의 상태로 돌아올 수 있는 상태를 의미한다. 전의식은 무의식과 의식을 연결하는 역할을 하는데 정신분석 치료에 의해 무의식 속에 잠재되었던 내용이 전의식으로 나오고 전의식 수준에서 다시 의식될 수 있다. 예를 들어, 길을 가다 만난 동창생의 이름, 지난주에 일어났던 사건, 자신의 생일, 부모의 고향, 자신이 좋아하는 음식 등과 같이 조금만 신경 쓰면 알아낼 수 있는 정신세계이다.

전의식은 의식과 무의식의 중간에 있는 자각으로서 꽤 용이하게 의식으로 가져올 수 있는 정신의 부분이다. 엄격히 말하면, 전의식은 무의식의 부분이지만 쉽게 거기에 저장된 기억, 지각, 생각이 의식으로 변화될 수 있는 의식의 아래 부분이다.

전의식은 개인이 그 내용을 의식하지 못하기 때문에 어떤 의미에서 무의식의 일부라고 할 수 있다. 그러나 전의식의 많은 부분은 개인이 조금만 노력하면 자발적으로 회상할 수 있기 때문에 의식의 일부로도 나타낼 수 있다. 이와 같이 전의식은 마음속에서 무의식과 의식을 연결해 주는 통로가 되고 있다.

(3) 무의식

프로이트의 가장 큰 공헌은 무의식에 대한 인식이다. 무의식(Unconscious)은 우리가 자각하지 못하는 경험과 기억, 억압된 재료들, 의식 영역 밖의 욕구나 동기들로 구성되어 있으며 인간행동을 결정하는 주된 원인이 된다. 무의식에 대한 임상적인 증거는 꿈, 말실수, 망각, 자유연상이나 도출된 자료, 최면 암시, 정신적 증상의 상징적 내용 등이다. 또한 의식과 무의식 사이에 존재하는 전의식은 현재 의식하지는 못하지만 조금만 노력하여 회상하려고 마음을 집중하면 전의식에 저장된 기억이나 지각, 생각 등을 의식으로 전환할 수 있는 정신이다.

프로이트에게 무의식은 정신병리에서 지배적인 힘으로 보았으며, 성격의 일부분으로서 반드시 탐구해야 하는 것으로 생각했다. 그는 성격의 이러한 영역에 인간행동의 중요한 인과적 요인이 존재한다고 믿었기 때문에, 인간행동을 이해하려면 반드시 무의식을 밝혀내야 한다고 했다. 그러나 무의식적 내용은 변장되고 상징화된 형태로 나타나기 때문에 이러한 무의식을 연구하는 수단으로 환상과 꿈을 해석할 것을 강조하였다(Hjelle & Ziegler, 1994).

이러한 무의식의 존재는 직접적으로 알 수 없으므로 다음과 같은 다양한 임상적 증거를 통해 간접적으로 확인할 수 있다(김춘경 외, 2016: 77-78).

① 최면 후 암시(post-hypnotic suggestion) : 상대방에게 최면을 건 상태에서 "당신은 오늘 2시에 아무개에게 전화를 걸게 될 것입니다"라고 하면, 그는 최면에서 깨어난 후 시

계가 2시를 알리면 최면에서 지시받은 행동인 전화를 거는 행동을 하게 된다. 왜 전화를 걸었는지 그 이유를 물으면 그는 "나도 몰라요. 괜히 전화를 하고 싶었어요"라든지 또는 다른 그럴듯한 이유를 들어 자신의 행동을 설명하려고 한다.

② 꿈 : 무의식적인 욕구, 소망, 갈등은 꿈이라고 하는 상징적인 표상을 통해 간접적인 충족을 시도한다. 배고픈 사람은 흔히 맛있는 음식이 가득 차려진 잔칫상 앞에 앉아 있는 꿈을 꾼다. 그렇게 해서라도 현실에서 즉각적으로 충족될 수 없는 음식에 대한 욕구를 부분적으로 또 일시적으로나마 해결하고 욕구를 충족시키려고 한다.

③ 말의 실수(slips of the tongue) : 질병이나 피로에 의해 주의력이 분산되는 경우가 아님에도 불구하고 실언을 하게 된다. 예를 들어, 의장이 개회인사에서 "의회의 '폐회'를 선언합니다"라고 말했다는 것은 그가 의회를 빨리 폐회해 버리고 싶었던 의도가 공공연하게 표현되어 나온 것이다.

④ 망각 : 자아를 위협하거나 또는 의식 수준에서 용납되기 어려운 불쾌한 생각은 쉽게 잊혀진다.

이와 같이 프로이트는 인간의 심리세계를 3개의 층으로 구분하고 가장 깊은 곳에 있는 무의식을 강조했기 때문에, 그의 정신분석을 '심층심리학'(depth psychology)이라고 한다. 인간의 정신세계는 마치 빙산처럼 대부분 의식으로 떠오르지 않고 무의식 속에 잠겨 있다. 심층심리학은 이와 같은 무의식을 연구하며, 일상적인 정신생활을 무의식에 근거하여 설명한다.

4) 인간의 성격구조: 구조학적 모형

프로이트의 초기 성격구조이론의 중심이 되는 개념은 무의식적인 정신과정이었다. 그러나 프로이트는 인간의 다양한 행동을 설명할 수 있는 좀 더 정교한 성격이론을 개발하기 위해 끊임없이 노력했다. 그는 1923년에 발표한 『자아와 원초아』(*The Ego and the Id*)에서 마음의 지형학적 모델을 성격의 삼원구조이론으로 발전시켰다. 그는 원초아, 자아, 초자아라는 세 가지 심리적 구조를 제안했으며, 특히 자아의 기능을 중요하게 여겼다. 인간의 정신세계는 매우 충동적이고 비합리적인 마음, 현실을 인식하는 합리적인 마음, 도덕과 양심을 중시하는 마음이 서로 충돌하고 타협하면서 외부세계와 상호작용한다고 하였다(이우언 외, 2017: 153).

인간의 정신이 원초아(Id), 자아(Ego), 초자아(Superego)의 세 가지 부분으로 되어 있다는 가설을 프로이트가 최초로 사용한 후, 지금은 정신병리를 논할 때 이 생각의 방법이 필요불가결하게 되었다. 이것으로 인해 성격의 각각 다른 부분이 상충하는 역동도 잘 이해될 수 있고 또 구조도 설명이 되지만, 이를 구체적인 현실로 잘못 인식해서는 안 된다. 오히려 세 가지의 각기 다른 기능과 '힘의 할거'라고 하겠다.

프로이트는 구조학적 모형의 원초아, 자아, 초자아는 비록 세 부분이 밀접하게 상호작용하더라도 각 부분들은 그 자체의 특징들을 가지고 있다고 보았다. 구조에 따른 내용과 기능은 다음과 같다.

〈표 2-1〉 **정신구조에 대한 개념**

구조	의식성	내용과 기능
원초아(Id)	무의식적	기본적인 충동(성과 공격), 결과와 관계없이 즉각적인 만족 추구, 이성과 논리는 통하지 않음. 즉각적 · 비합리적 · 충동적
자아(Ego)	현저하게 의식적	원초아의 충동과 초자아의 억제 사이를 중재하는 집행부, 현실을 검증, 공간과 시간을 합리적이고 논리적으로 고려함.
초자아 (Superego)	의식적 및 무의식적	이상과 도덕, 완전 추구, 부모로부터 내면화됨. 관찰한다 · 지시한다 · 비평한다 · 금한다. 만족에 대한 한계를 지움. 개인의 양심이 됨.

자료: 표갑수 외(2016: 172).

(1) 원초아

원초적 자아 또는 자아의 원초라는 뜻의 이 한자 조어는 프로이트에서는 '그것'이라는 독일어 3인칭 대명사인 'Es'이다. '그것'의 내용은 유전된, 신체조직에서 유래하는 충동들로서, 심리학적으로 중요한 것은 배고픔과 목마름 같은 생리적 욕구들보다는 성과 공격의 추동들이다.

원초아는 출생할 때부터 작용하는 생득적인 정신에너지의 근원으로서 전 생애동안 성격의 기초가 된다. 원초아는 심리적 에너지, 충동, 행동의 동기를 정신에 제공하며, 성격의 원천적인 요소로서 이것으로부터 자아와 초자아가 분화되고 발달한다. 원초아는 성욕이나 공격성과 같은 본능적 욕구를 관장하는 곳으로, 현실을 고려하지 않고 생물적인 쾌락과 충동에 따라 행동하려 한다.

원초아는 본능에 따라 움직이므로 모든 억압을 무시하며, 성욕과 공격성과 같은 충동에 의해 나타나는 정신에너지를 즉각적으로 방출하는 '일차적 원리'(primary principle)를 나타낸다. 만일 이러한 충동이 억제될 경우에는 성격체제에 긴장이 오기 때문에, 원초아는 참을성이 없이 즉각적으로 긴장을 감소하려는 쾌락원칙(pleasure principle)에 따른다. 따라서, 원초아는 무의식적이고 충동적이며 불합리하고 자애적인 방법으로 표현되며, 이런 행동이 다른 사람이나 자신의 보전에 미치는 영향을 전혀 도외시한다.

프로이트는 긴장으로부터 성격을 해방시키는 원초아의 두 가지 기제로 반사작용(reflex actions)과 일차과정(primary process)을 제시했다. 원초아는 반사작용을 통해 자동적으로 불안을 일으키는 자극에 대하여 반응하며, 이러한 자극이 유발하는 긴장을 재빨리 제거한다. 일차적 과정은 심리학적인 현상으로서 개인이 언젠가 자기의 기본적인 욕구를 만족시켜 준 적이 있는 어떤 대상물의 심상을 떠올려 긴장을 감소시키는 것이다. 일차적 과정은 적극적인 과정이지만, 배고픔, 목마름, 성적충동 등에 의해 야기된 긴장을 만족스럽게 방출할 수는 없으며, 참된 만족을 얻으려면 현실세계와 접촉해야 한다(Nye, 1991: 27).

현실과 접촉이 없으므로 진정하게 '심리적' 현실이라고 할 수 있는 원초아는 쾌락원칙을 따르며 일차과정적으로 기능한다. 배고픈 아기가 마구 울다가 젖을 먹으면 웃는 것처럼, 충동들이 만들어내는 긴장이 해소될 때 즐거움과 행복이 느껴진다. 일차과정이란, 욕구충족의 방식이면서 사고의 양식이다. 일차과정적 욕구충족은 즉각적인 대신 대상이나 방법이 유동적이다. 배고픈 아기는 엄마가 자기 앞에서 우유를 타고 있는데도 즉각적 충족을 요구하며 울어대지만, 엄마가 빈 젖꼭지(소위 '공갈 젖꼭지')를 물려주면 그친다. 자기 손가락을 빨며 울음을 그치기도 한다. 물론 빈 젖꼭지나 손가락에서 젖이 나오는 것이 아니므로 아기는 곧 다시 운다.

일차과정적 사고양식은 비합리적이고 시각적 심상에 의존하며 시간의식이 없는 것이 특징이다. 꿈 사고가 바로 이러한 양식이다. 우리는 오줌이 마려운 때 꿈에서 화장실에 가지만(즉각적 욕구충족, 유동적 대상/방법) 결국은 방광이 터지기 전에 일어난다. 또 주로 시각적 심상들로 나타나며 과거와 현재가 뒤섞이는 꿈의 사고는 너무 비합리적이어서 '사고'라 하기도 어려울 지경이다. 일차과정적 사고는 자아가 무너진 정신병(정신분열증 등) 환자의 알아듣기 어려운 횡설수설에서도 볼 수 있다.

원초아가 지배적인 성격을 가진 사람은 성적 · 공격적 충동과 같은 본능적인 욕구를 거의 통제하지 못한다. 그런 사람의 행동은 주로 쾌락원칙에 따라 욕구를 즉각적으로 충족시키고자 하며, 현실세계나 사회의 윤리와 가치에 거의 관심을 보이지 않는다.

(2) 자아

라틴어 *ego*의 번역인 '자아'란 프로이트에서는 독일어 일인칭 대명사인 '나'이다. '나'는 보고 들으며, 기억하고, 감정을 느끼며, 판단을 내린다. '나'는 수의적 운동을 맡는다는 점에서 성격의 '집행자'이다. 원초아로부터 자아가 분화되는 이유는, 욕구충족과 긴장해소는 결국 바깥세계에서 오는 또는 찾는 대상들을 통해서만 가능하기 때문이다. 자아는 너무 강한 자극들은 피하고 적당한 자극들을 찾아내며, 결국 바깥세계를 유리한 쪽으로 변화시키기를 배운다(김보기 외, 2017: 173).

자아가 원초아를 위해서 봉사만 하는 것은 아니다. 현실을 상대하는 구조로 원초아의 겉껍질에서 분화된 자아는 점점 원초아에 대항하여 추동요구들을 지배한다. '나'는 '그것'(Es)의 요구들을 충족시켜야 할지 말지를 결정하고, 이 충족을 적당한 시간 및 상황으로 미루거나 아니면 그 흥분을 아예 억누른다. '그것'이 쾌락원칙을 따르고 일차과정적으로 기능하는 것처럼 '나'는 현실원칙을 따르고 이차과정적으로 기능한다. 이차과정은 욕구충족을 뒤로 미룰 수 있으며, 대신 특정한 대상과 방법을 고집한다. 이를 위해 자아는 언어적, 논리적으로 사고하고 추리할 수 있어야 한다(이차과정적 사고).

(3) 초자아

초자아란, 프로이트에서 '윗-나', 즉, '나'의 위에 있는 존재이다. 인간의 아동기는 유난히 길며, 부모에 의존해 사는 기간이 길기 때문에, 부모의 영향을 지속시키는 구조가 자아로부터 분화되어 독립하게 된다. 부모의 영향에는 물론 부모의 개성뿐 아니라, 부모가 이어가는 가족, 민족 전통의 영향, 부모가 대표하는 당시의 사회적 환경요구들도 작용한다. 또한 아동이 커가면서 초자아는 부모의 대리인들, 즉 교육자, 공적인 모델들이 주는 영향도 받게 된다.

'윗-나'란 옳고 그름에 대한 부모의 규범들을 내면화한 것이다. 부모는 아이가 '착하게' 행동할 때 칭찬하며, '못되게' 굴 때 비난한다. 부모가 좋아하는 행동들은 '자아이상'의 형태로, 부모가 싫어하는 행동들은 '양심'의 형태로 내면화된다. 초자아는 흔히 실제의 부모가 모범을 보여준 것보다 더 엄격하게 우리 속에서 부모가 행사한 기능들을 계속하여 '나'를 감시하고 명령을 내리고 판결하고, 칭찬하거나 처벌을 위협한다. 초자아는 '나'를 실제 행위에 대해서 뿐만 아니라, 생각이나 의도만 가지고도 질책한다. 우리 자신이 의식하지 못하는 '나쁜' 생각에 대해 스스로를 나쁜 놈이라고 비난하며 죄책감(양심의 가책)에 시달린다. 이 가책이란, 사실 부모의 애정상실에 대한 두려움인 것이다.

(4) 원초아, 자아, 초자아의 관계

우리 내면의 이 세 구조는 각각 고정되어 있는 것이 아니라, 어느 것이 강해지면 다른 것이 약해지는 관계에 있다. 어린애 같이 원하는 것은 즉시 가져야 하고 현실도, 도덕도 무시하는 사람이 있는가 하면, 현실논리만 따지는 지극히 이성적이고 계산적인 사람이 있고, 옳고 그름만 따지며 욕망도, 자기 이익도 초월한 사람이 있는데, 이는 각각 원초아, 자아, 초자아가 다른 구조들에 비해 상대적으로 강한 경우들이 된다. 원초아와 자아만 기능하고 초자아는 발달하지 않은 사람을 생각해 보면, 사기꾼, 조직폭력배 두목 같은 유능한 범죄자가 생각난다.

세 구조의 세력관계에는 발달적 변화도 있어서 사춘기와 갱년기같이 호르몬 변화가 클 때 원초아 추동들이 강해지면서 자아와 초자아 기능이 일시적으로 교란, 약화되기도 한다. 훨씬 짧은 시간범위에서 주기적이거나 일시적인 변화도 있다. 잠잘 때 자아의 기능이 약해져서 원초아적 일차과정이 우세해지는 것처럼, 술에 취하거나 몸이 아플 때 또는 외적 유혹(예, 밤에 도승의 암자에 찾아온 황진이)이 있을 때에도 평소의 세력균형이 일시적으로 흔들린다.

세 구조 중 대들보는 물론 '집행자' 자아이다. 자아는 우선 원초아의 무차별적 요구들을 상대하여 즉각적 긴장해소를 미루고 개체의 안전을 지켜야 한다. 원초아가 어린애처럼 막무가내로 보챈다면 초자아는 부모처럼, 흔히 실제의 부모보다 더 엄격하게 자아를 감시하고 옳고 그름을 따진다. 현실을 전혀 고려하지 않는 두 구조의 요구들을 자아는 현실 속에서의 행위를 통해 충족시켜야 하는데, 현실세계는 현실세계대로 나름의 제약과 요구들을 한다. 이를 테면, 배고프다고 돈 없이 남의 물건을 가져가면 교도소가 기다리고 있고 부모가 쫓아낼지도 모른다.

원초아, 초자아, 현실의 요구들을 감당하기 어려울 때 자아는 불안으로 반응하는데, 위험의 출처에 따라 이를 각각 원초아 불안(신경증적 불안), 초자아 불안(죄책감), 현실불안(공포)이라고 부른다. 불안은 위험이 있으므로 대책을 찾아야 한다는 신호이다. 현실불안 또는 공포를 느낄 때 자아는 객관적 위험을 피하거나 공격할 가능성 등을 찾아내려 한다. 나머지 두 유형의 불안들에는 대처하기가 힘들다. '위험'이 무엇인지 보이지 않기 때문이다(한국심리학회, 2004: 426).

왜 어떤 사람은 유난히 초자아가 강하거나가 혹할 정도로 엄격한 것일까? 왜 어떤 사람은 이성의 접근을 받아들이지 못하는 것일까? 이러한 물음들은 '성격은 어떻게 발달하는가'라는 물음들이 된다.

5) 방어기제

방어기제(defense mechanism)는 적응기제에 포함되는 심리기제인데, 적응기제에는 방어기제, 도피기제, 공격기제 등이 있다. 프로이트가 밝힌 자아방어는 유기체가 그 나름대로의 심리적 평형을 이루려는 노력의 결과로 나타나는 것이며, 그 자체는 부적응적이거나 이상행동이 아니지만 각자의 기제가 과도하게 이용되는 경우 부적응 또는 신경증으로 발전할 수 있는 것으로 보인다. 방어기제의 유형과 그 내용을 살펴보면 다음과 같다.

(1) 억압

억압(repression)은 불안을 야기시키는 생각이나 충동, 공포, 소원 등을 의식세계로부터 배제시키고자 하는 심리기제이다. 이러한 것들에 대해 더 이상 의식하지 않게 되면 불안은 감소되거나 해소되는 것이다. 프로이트는 이것이 불안을 감소시키는 데 사용되는 가장 기본적인 기제로 보았다. 그는 그 예로서 모든 소년소녀들은 '오이디푸스 콤플렉스'(Oedipus complex)에 의해 생기는 불안을 억압을 통해 해소시키는 것으로 보았다.

그러나 억압된 내용들은 소멸되어 버리는 것이 아니라, 어떤 상황 하에서는 다시 의식의 세계로 항시 되돌아 올 수 있는 소지를 지니고 있다. 억압된 내용이나 재료는 실언이나 꿈, 그 밖의 어떤 예외적 행동으로 나타나기도 한다. 엄밀히 말한다면, 실언은 실언이 아닌 것이며, 그가 억압한 것(의식적이든 무의식적이든)의 내용인 것이다. 억압은 다시 두 가지로 구분하여 살펴볼 수 있다.

- 원초적 억압 : 현실에서 의식화된 적이 없는 요소에 대한 억압(예, 근친상간 같은 것)
- 실제적 억압 : 현존하는 것이며 의식되는 위험한 충동을 억제하는 일

(2) 합리화

합리화(rationlization)는 무의식적 동기의 실체는 모르는 상태에서 자신을 괴롭히는 행동이나 경험에 대해 그럴 듯한 이유를 들어 자신의 무능이나 실패를 두둔하고자 하는 방어기제이다. 자신이 무능하다거나 실패했다는 사실은 경우에 따라 마음의 평형에 강한 위협이 되기도 하므로 사실을 왜곡시키고, 자신을 기만함으로써 마음의 평정을 찾고자 하는 것이다.

자신은 그 과목에 대해 열심히 공부했는데 담당교수가 괴팍하여 중요하지 않은 문제만 골라서 출제했으므로 성적이 나쁘게 나왔다거나, 의과대학 시험에 낙방한 학생이 '사실 나는 의사가 되고 싶지 않은데 부모의 강압적 태도 때문에 응시를 했고, 다행히 떨어져서 내 적성에 맞는 학과에 진학하게 됐다'고 스스로 위안하는 행위 등이 그것이다. 볼이 아웃되었을 때, 자신도 모르는 사이에 공연히 테니스 라켓 줄을 바로잡는 일은 흔히 보는 합리화의 예이다.

(3) 투사

투사(projection)는 사회적으로 용납되지 않는 충동이나 생각들을 무의식적으로 남에게 전가시킴으로써 불안을 감소시키는 행위이다. 자신은 거의 의식하지 못하는 것이지만 실제로는 자신에게 있는 강한 충동을 다른 사람에게서 발견하거나 다른 사람이 갖고 있는 것으로 간주하여 그를 비난하는 행위이다. 춤바람이 나서 도망간 여자를 맹렬히 비난하는 여자는 실상 자기의 부도덕한 성충동을 투사하고 있는 것일 수도 있는 것이다. 길거리를 지나면서 자신을 쳐다보는 남자들이 자신을 유혹하고 있다고 믿는 경우, 역시 자신의 충동을 그들에게 투사하는 것일 수 있다. 이 투사의 정도가 심하고 오래 지속되면 인간관계는 비뚤어지고 사람들과의 관계는 더 멀어지는 악순환이 계속된다. 투사를 하면 할수록 사람들은 못 미더워 보이고, 그들을 의심하게 되고, 적대시하게 되며, 더 나아가서 피해망상에 이르게도 된다. 이는 망상형(과대망상이나 피해망상, 관계망상 등) 정신분열증 환자에게

서 흔히 발견되는 대표적 증세이기도 하다.

(4) 반동형성

불안을 야기하는 충동에 대한 의식에서의 반동형성(reaction formation)은 억압과 마찬가지로 충동을 의식에서 추방하지만, 방법적으로는 무의식 속의 용납할 수 없는 충동을 반대의 감정으로 대치시켜 표현한다. 즉, 바람직하지 못하다고 생각되는 생각, 소원, 충동 등을 정반대의 것으로 표현하는 경우로 위협적인 충동에 대처하기 위해 적극적으로 그런 충동에 반대되는 행동을 하는 것이다. 불안을 피하고자 하는 목적 때문에 겉으로 드러나는 태도나 언행이 자연스럽지 못하고 상당히 융통성 없이 표현되는 특성도 보인다. 예로는, "미운 놈 떡 하나 더 준다"는 속담이 있다. 사랑을 미움으로 표현하는 경우, 부인에 대해 성난 감정을 무의식적으로 억압하는 남편은 애정이 각별한 것처럼 행동하는 경우를 들 수 있다. 현실적으로 적응에 문제를 일으키지 않는 한 불안을 막는 유용한 방어기제로 사용된다.

(5) 전위

전위(displacement)는 어떤 대상이나 사물에 향했던 본능적이고 충동적 감정을 덜 위험하거나 편안한 대상이나 사물로 향하게 하여 긴장을 완화시키는 방어기제이다. 예를 들어, 자식이 없는 부부가 강아지나 고양이 같은 애완동물을 귀여워하는 것, 아버지에게 혼이 난 아이가 마당의 개를 발로 차버림으로써 화를 푸는 것, 젖꼭지를 빨고자 하는 욕구가 차단될 경우에 그와 유사한 손가락을 빠는 경우, 아버지로부터 꾸중을 들은 아이가 동생에게 화풀이를 하는 경우, 남편에 대한 공격 대신 그릇 닦는 소리를 요란하게 내고 깨버리기도 하는 행위 등이 있다. 그러나 본래의 대상과 유사한 것이라도 원래의 대상이 주는 만족보다는 못하기 때문에 긴장이 완전히 해소되지는 않는다.

(6) 퇴행

퇴행(regression)은 현실이 감당하기에 지나치게 어려울 경우 초기의 어느 발달단계로 되돌아가서 위안을 받고자 하는 심리기제를 말한다. 동생의 출현으로 엄마의 애정을 상실한 것으로 여기는 아동은 갑자기 말을 더듬거나 배변을 아무렇게나 하거나 자기도 동생처럼 기어 다니는 행동을 보이기도 한다. 성인이 되어서의 퇴행은 비교적 충족이 잘되었던 심리성적 발달단계로 돌아간다. 항시 자신만만하던 회사 간부가 해결불능의 사태를 맞아 지나치게 의존적이거나 수수방관하는 태도를 보일 수 있는 것이다.

부부싸움 후에 아내가 아이들을 데리고 친정으로 가는 이유는 갈 만한 장소가 친정 외에는 별로 없다는 이유 이외에도, 결혼을 하지 않은 처녀의 상태로 잠시 퇴행함으로써 심리적 위안을 받을 수 있기 때문이다.

(7) 승화

승화(sublimation)는 사회적으로 인정되지 못하는 욕구나 충동을 사회가 인정해 주는 방향으로 표출하는 행위를 일컫는다. 공격성의 발휘를 권투로 해소한다든가, 성적 리비도를 그림이나 예술행위로 격상시키는 행위 등이 이에 속한다. 프로이트에 따르면, 조각은 항문애적 리비도(배변 보유)가 승화된 것이며, 그 밖에 문학, 예술 등은 대개가 원욕이 승화된 현상이라고 할 수 있다.

3. 심리성적 발달단계

프로이트는 성격이 심리성적 발달단계(psychosexual development)에 따라 형성된다고 보았다. 심리성적 단계의 주요한 특징은 정신에너지인 리비도가 신체부위의 어디에 집중되느냐에 따라 다섯 단계로 구분된다. 인간이 출생하여 이러한 다섯 단계에 따라 성격을 형성하지만, 때로 어떤 사람은 지나친 좌절 또는 만족 때문에 심리성적 발달단계의 어떤 단계에 머물러 있는 경우가 있다. 이렇게 리비도가 신체의 다른 부위로 이동하지 않는 것을 '고착'(fixation)이라고 한다(노안영 · 강영신, 2011: 76). 여기서는 프로이트가 제안한 심리성적 발달단계의 주요한 특징을 살펴보고자 한다.

1) 구강기

구강기(oral stage)는 태어나서부터 18개월까지를 말한다. 이때 영아는 리비도가 입에 집중되어 있어 입으로 빨고, 삼키고, 깨무는 행위를 통해 쾌감을 느낀다. 이때의 영아는 배가 고프지 않아도 손에 잡히는 모든 것을 입에 넣고 빤다. 보통 영아는 6개월이 되기 전까지는 대상부재(objectless)의 상태로 자신의 욕구를 만족시켜 주는 사람이 자신과 분리된 다른 사람이라는 생각을 하지 못한다. 즉, 욕구가 만족되지 못하면 두려워 울지만 그러한 욕구를 만족시켜 주는 사람이 바로 자신이라고 생각한다. 그러나 6개월이 지나면서 영아는 자신과 분리된 타인, 즉 어머니의 존재를 느끼고 자신의 욕구를 채워 주는 대상으로 어머니가 존재한다는 것을 인지한다. 이때부터는 어머니가 보이지 않으면 불안해지고, 이유가 시작되면서 어머니에 대한 욕구불만을 가지는 따위의 최초 '양가감정'(ambivalence)을 느낀다. 즉, 어머니에게 애정과 동시에 적대적인 태도를 갖는다는 것이다. 이 시기에 고착된 성인이 심리적 갈등에 처하면 퇴행하여 음식에 집착하거나 연필과 같은 사물을 물어뜯거나 구강기적 쾌감을 위해 흡연이나 음주에 몰두하는 행동을 보인다.

2) 항문기

항문기(anal stage)는 생후 18개월에서 3년까지를 말한다. 이때는 리비도가 항문에 집중되어 영아는 괄약근을 조절하면서 최후의 순간까지 배설을 참아 내장의 압력을 증가시켜 마지막 방출의 쾌감을 높이려 한다. 이 시기에는 배설물에 흥미를 느껴 그것을 가지고 놀려고 한다. 그러나 이러한 행동은 양육자에 의해 강하게 통제되면서 영아는 배변훈련(toilet training)을 받는다. 이런 배변훈련이 지나치게 엄격할 경우 영아는 배변을 참게 되고 이러한 행동이 일반화되면 항문적 보유(anal-retentive) 성격이 되어 지나치게 인색하고 완고한 성격의 소유자가 될 수 있다고 한다.

항문기에 고착된 성격은 두 가지로 나타난다. 첫째, 항문기의 폭발적 성격으로 물건을 낭비하고 자신을 지저분하게 함으로써 반항하는 것이다. 둘째, 부모가 정한 규율에 지나치게 동조하여 발달된 성격인 항문기의 강박적 성격으로 깨끗하고 질서정연하며 정돈하고 싶은 욕구에 집착한다. 이 시기에 고착된 사람은 반동형성의 방어기제를 많이 사용하여 배변훈련을 시키는 부모와 권위적 인물에게 분노를 느끼지만 분노 대신에 철저한 복종을 표현한다.

그러나 배설행동을 두고 부모와 갈등을 겪으면서 부모에 대한 애증, 즉 양가감정(ambivalence)을 갖게 되기도 한다. 배변훈련에 따른 칭찬과 처벌은 영아의 성격 형성에 큰 영향을 미친다. 배변훈련을 둘러싼 부모와 영아 간의 갈등은 다음과 같은 상황에서 유발되거나 한층 더 심각해질 수 있다(김춘경 외, 2016: 77-78).

① 배뇨 · 배변에 관여하는 척추신경은 보통 생후 1년 반에 발달이 완료되는데, 간혹 이러한 신경조직 발달이 채 완성되지 않은 상태의 영아에게 부모가 무리하게 대소변을 가리라고 요구할 때
② 영아가 바지를 벗고 입을 능력이 생기기 전에, 또는 화장실 · 변기 등이 어디에 있는지 알지 못하는 경우에 부모가 무리하게 대소변 가리기를 요구할 때
③ 대소변을 싼다고 부모가 벌주거나 야단칠 때
④ 혼자서 화장실 가는 것을 겁내거나 양변기 속이나 재래식 화장실 안에 자기가 통째로 빠져 버리지 않을까 하고 겁내는 것은 이 시기 영아들에게서 일반적으로 나타나는 현상인데도 이를 이해하지 못하는 부모가 계속 배변 가리기를 요구할 때

이 시기에 배변훈련이 적절하게 이루어지면 자율적이고 창조적인 성격이 형성되어 긍지감이 높고, 독립적이며, 수치심이 없고, 자기주장을 하는 원만한 성격이 된다. 그러나 배변훈련을 너무 빨리 시작하거나 지나치게 엄격하면 오히려 완고하고, 완벽을 추구하며, 고집스럽고, 때로는 지나친 순종을 보이는 등 항문고착형 성격을 갖게 된다.

3) 남근기

남근기(Phallic stage)는 3세에서 6세까지를 말한다. 남아의 경우에는 오이디푸스 콤플렉스(Oedipus Complex)[2]를 갖는 시기라 하고, 여아의 경우에는 '엘렉트라 콤플렉스'(Electra Complex)를 갖는 시기인데, 프로이트는 이 시기를 주로 오이디푸스 콤플렉스로 설명하였다. 이 시기는 리비도가 유아의 성기에 집중되어 자신의 성기를 남의 것과 비교하고 싶어 하고 남녀의 성기가 서로 다른 것에 많은 호기심을 갖는다.

이 시기에 남아는 갑자기 어머니에게 달려들어 키스하고 함께 자려는 행동을 보이고,

커서 어머니와 결혼할 것이라고 이야기하지만 이미 어머니가 아버지와 결혼하였다는 사실을 알고 실망한다. 어머니에 대한 애정을 구하는 경쟁자로서 아버지는 너무 크고 결국 아버지로부터 보복을 당할지 모른다는 '거세불안'(Castration Anxiety)을 느낀다.

특히, 여아들이 이미 거세당해 남성의 성기가 없다고 생각하면서 더 불안을 느끼고, 결국 어머니에 대한 근친상간적 욕구를 포기하면서 아버지를 동일시한다. 여아의 경우, 남아와 비교하여 자신에게 남성의 성기가 없음을 알면서 남근선망(Penis Envy)을 가지며, 이런 실망을 아버지에게서 보상받고자 아버지와 결혼하고자 하지만, 그것이 현실적으로 불가능하다는 것을 알면서 아버지에 대한 근친상간적 욕구를 포기한다. 프로이트는 남아의 경우 거세불안 때문에 근친상간적 욕구를 포기하지만, 여아의 경우 포기 이유가 뚜렷하지 않아 남성이 여성보다 초자아가 더 많이 발달되었다고 주장하여 최근 여권주의자들로부터 강한 비판을 받고 있다.

프로이트에 따르면 이 시기에 고착된 사람은 남성의 경우 대부분 경솔하며, 과장되고, 야심적이며, 항상 남자다움을 나타내려고 노력한다. 여성의 경우에는 난잡하고, 유혹적이며, 경박한 기질을 갖거나, 아니면 강하게 자기주장을 하여 남성을 능가하고자 하는 노력을 한다.

4) 잠복기

잠복기(latency period)는 6세부터 사춘기 이전의 12~13세까지를 말한다. 이때는 아동의 성적 · 공격적 환상들이 무의식 속에 잠복하여 리비도가 특정 신체부위에 집중되지 않는다. 이때의 에너지는 신체의 발육과 성장, 지적 활동, 친구와의 우정 따위에 집중되어 성적 관심은 줄어들며, 따라서 이드보다 자아와 초자아가 강해진다. 그러나 잠복기에 고착되면 성인이 되어서도 이성에 대한 정상적 관심을 발달시키지 못하고 동성 간의 우정에 집착할 수 있다. 이에 따라 성적 에너지도 특별히 한정된 곳이 없으며, 성적인 욕구가 억압되어 심리적으로 비교적 평온하고 잠잠하다. 그러나 아무런 변화가 없다는 뜻은 아니며, 성적으로 잠시 침체된 시기이다.

이 시기를 무난히 넘기면 학업이나 활동에 있어서 성취감을 느끼고 대인관계도 원만해져 자신감과 적응능력이 높아진다. 그러나 이전 발달단계의 과제들이 미해결 상태로 남아 성적 · 공격적 충동이 잘 제어되지 못한다면 학업에 지장을 받게 되고, 누적된 학업 실패는 열등감을 유발한다. 또한 두려운 나머지 내면의 충동들을 과도하게 제어하다 보면 오히려 성격발달을 정체시키게 되고, 외현상 조숙한 듯 보이지만 실제로는 심각한 강박적 성격으로 발전할 가능성이 높다.

5) 생식기

사춘기가 시작되어 이성에 대한 관심이 생기면서 생식기(genital stage)가 시작된다. 이 시기에는 호르몬과 생리적 요인들로 인해 그동안 억압되었던 성적 감정들이 크게 강화되어 성적 에너지가 성인과 마찬가지로 직접적으로 표현된다. 이때 다시 오이디푸스 감정이 의식 속으로 올라와 청소년들은 부모 앞에서 불안하고 오히려 떨어져 있어야 편안한 안정감을 느낀다.

프로이트에 따르면, 사춘기 이후 중요한 과제는 '부모로부터 자유로워지는 독립'이라고 하면서, 이러한 독립이 오랫동안 부모에게 의존하여 오던 상태에서 쉽게 이루어지지 않고 독립이 매우 고통스럽게 받아들여질 수 있다고 하였다. 정신분석이론에서는 생식기적 성격을 가장 이상적인 성격유형으로 보고 이런 성격의 사람은 일하고 사랑할 수 있는 능력을 갖추어 사회적 · 성적 인간관계가 원만하고 책임감이 잘 발달되어 이성과의 사랑이 만족스럽다고 하였다. 프로이트의 심리성적 발달단계는 다음과 같다.

〈표 2-2〉 **프로이트의 심리성적 발달단계**

단계	연령	주요 특징
구강기	0~18개월	-구강활동을 통한 쾌를 추구 -원초아가 지배함
항문기	18개월~3세	-배설활동을 통한 쾌를 추구 -자아와 원초아가 지배함
남근기	3~6세	-성기를 통한 쾌를 추구 -자아, 원초아, 초자아의 완성
잠복기 (잠재기)	6세~사춘기	-성적 본능의 욕구에서 자유로운 시기 -탐색, 기술의 습득에 관심
생식기 (성기기)	사춘기 이후	-이성에 대한호기심 -성숙한 성관계 확립

자료: 신명희(2013: 33) 재인용.

4. 평가

1) 프로이트 이후

프로이트와 같이 연구했던 학자 가운데 융(Carl Jung), 아들러(Alfred Adler)는 각자 독자적 이론을 발전시켰다. 스위스의 심리학자인 융은 인간에게는 두 종류의 무의식, 즉 개인적 무의식(personal unconscious)과 집단적 무의식(collective unconscious)이 있다고 하였다. 개인적 무의식은 프로이트가 언급한 무의식과 같은 것으로 사람마다 각자가 지니고 있는 무의식이다. 집단적 무의식은 선조로부터 유전된 인류에게 공통적인 것이다. 그는 집단적 무의식이 인류에게 유사한 역할을 한다는 것을 증명하기 위해 여러 민족의 종교적 가공물(artifact)을 수집하였다(Hall, 1983).

아들러는 프로이트와 달리 인간 성격의 중요 부분은 '의식'이라고 보았다. 인간발달에서 야기되는 모든 문제는 각자의 인생에 대한 목표와 그 목표를 달성하지 못하는 열등감과의 괴리에서 비롯된다고 간주하였다. 따라서, 프로이트에 의한 성적 에너지보다는 남들보다 뛰어나고자 하는 욕망이 심리발달에 중요하다고 믿었으며, 이와 같은 욕망을 본능으로 간주하였다. 만약 이 욕구가 없다면 그것은 열등감(inferiority complex)이 뿌리 깊게 박혀 있는 것으로 보았다.

융과 아들러 두 학자는 프로이트와 연구를 같이 하였으나 각자 새로운 이론을 개발하였을 뿐 아니라, 프로이트와 매우 반대되는 견해를 폈다는 것이 특기할 만한 사실이다(Monte, 1980).

2) 비판

프로이트의 발달이론은 다음과 같은 몇 가지 문제점으로 인해 비판받는다(이순형 · 성미애, 2014: 39-40).

첫째, 프로이트의 이론은 인간의 욕망, 특히 성적 욕구를 지나치게 강조했다는 점이다. 특히, 유아기의 성욕을 강조하고 성적 에너지가 성감대를 찾아 여러 신체 부위로 옮아가는 과정을 발달로 보았다는 점에서 비판받았다.

둘째, 인간을 성욕과 과거의 경험에 지배되는 수동적이고 소극적인 존재로 보았다는 점에서, 프로이트의 인간관은 비관적이라는 비판이 있다.

셋째, 남아의 오이디푸스 콤플렉스와 여아의 엘렉트라 콤플렉스, 여성의 열등감 등에 대한 그의 편견은 비교문화 연구 결과, 그 보편성이 증명되지 못했다는 비판이 있다. 즉, 문화에 따라서는 이러한 콤플렉스를 경험하지 않고도 발달이 이루어지고, 남녀의 성역할이 전도되어 나타나는 문화도 있기 때문이다.

넷째, 프로이트의 이론은 양심의 발달에 주변 사람들의 격려와 인정과 처벌이 영향을 미친다는 사실을 무시했다는 비판이다. 즉, 주양육자인 부모나 가족뿐 아니라, 교사나 이웃 등의 주변 사람들의 영향도 개인의 양심발달에 공헌하고 있다는 반론이 제기된다.

다섯째, 프로이트가 그의 발달이론을 구축하는 데 사용한 자료가 신경증 환자들의 치료과정에서 얻은 것이기 때문에, 정상 성인이나 정상 아동의 발달을 거꾸로 추적하고 설명하는 데 무리가 있다는 것이다. 더욱이 자유연상법을 시용한 그의 연구방법은 과학적 검증이 가능하지 않다는 점에서 비판을 받고 있다.

연습문제

1. 프로이트 이론에 관한 설명으로 옳은 것은?
   ① 초자아(super ego)는 방어기제를 작동하여 갈등과 불안에 대처한다.
   ② 리비도는 인생 전반에 걸쳐 작동하는 일반적인 생활에너지를 말한다.
   ③ 자아(ego)는 의식, 전의식, 무의식의 세 측면을 가지고 있다.
   ④ 치료의 주요 목표는 개성화(individuation)를 완성하는 것이다.
   ⑤ 거세불안과 남근선망은 주로 생식기에 나타난다.

2. 프로이트 이론의 특징에 대한 설명으로 옳은 것은?
   ① 생식기에는 성적 만족의 대상이 자기 신체이다.
   ② 프로이트는 의식, 전의식, 무의식 중 의식을 강조하였다.
   ③ 오이디푸스 콤플렉스의 결과로 자아가 발달한다.
   ④ 리비도는 성적 에너지에만 국한된다.
   ⑤ 인간의 성격형성은 대부분 초기 아동기 이전에 이루어진다.

3. 프로이트(Freud)의 심리성적 발달단계로 옳은 것은?
   ① 구강기 — 남근기 — 항문기 — 생식기 — 잠복기
   ② 구강기 — 항문기 — 남근기 — 잠복기 — 생식기
   ③ 항문기 — 남근기 — 구강기 — 생식기 — 잠복기
   ④ 항문기 — 구강기 — 남근기 — 잠복기 — 생식기
   ⑤ 잠복기 — 구강기 — 항문기 — 남근기 — 생식기

4. 프로이트(S. Freud)의 정신분석이론과 구별되는 융(C. Jung)의 분석심리이론의 특징으로 옳지 않은 것은?
   ① 성격의 여러 측면을 통합하여 자기실현을 할 수 있는 인생의 후반기를 강조하였다.
   ② 프로이트의 성적 에너지인 리비도의 개념을 확장시켜 창의적인 생활력으로 보았다.
   ③ 성격발달은 전 생애에 걸쳐 이루어지며 후천적으로 변할 수 있다고 보았다.
   ④ 인간의 성격은 과거사건 및 미래에 대한 열망에 의해 형성된다고 보았다.
   ⑤ 인간행동과 경험의 역동적이고 무의식적 영향을 연구하였다.

5. 프로이트의 성격구조에 대한 설명으로 옳은 것은?
   ① 원초아는 현실원리에 따라 작동된다.
   ② 프로이트가 말하는 본능적인 욕구는 주로 성욕과 공격욕을 의미한다.
   ③ 자아는 개인을 양육하는 부모나 주변사람들로부터 개인에게 투사되는 도덕적 개인에게 내면화된 표상이다.
   ④ 프로이트는 원초아를 양심과 자아이상(ego-ideal)의 측면으로 구분하였다.
   ⑤ 자아는 일차과정에 따른다.

정답 1. ③ 2. ⑤ 3. ② 4. ⑤ 5. ②

Chapter 03

심리사회적 발달

학습목표

에릭슨의 심리사회적 이론에 따른 발달단계를 살펴보고, 프로이트의 이론에 비해 에릭슨의 이론이 차별화되는 점을 학습하고자 한다.

학습내용

1. 에릭슨의 생애와 사상
2. 심리사회학적 이론의 주요 개념 및 특성
3. 심리사회적 발달단계
4. 평가

개 요

정신분석가이며 자아심리학자인 에릭슨에 의해 체계화된 심리사회적 이론은, 프로이트가 성본능(libido)을 중시한 것과는 달리, 인간의 성격발달에서 개인의 자아와 사회의 역할을 모두 중요시하였다. 특히, 사회문화가 성격발달에 미치는 영향을 강조하였기 때문에 그의 이론을 심리사회적 이론이라고 부른다. 에릭슨에 따르면, 내적 본능 및 욕구와 외적 문화적 · 사회적 요구 간의 상호작용으로 인해 심리사회적 발달이 전 생애를 통해 계속된다. 본 장에서는 에릭슨의 심리사회적 발달단계를 논하고자 한다.

1. 에릭슨의 생애와 사상

에릭슨(Erik Homburger Erikson, 1902–1994)

에릭슨은 1902년 6월 5일 독일 프랑크푸르트 암 마인(Frankfurt am Main)에서 출생하였다. 그의 부모는 덴마크 코펜하겐(Copenhagen)에서 살았으나 이혼으로 어머니가 독일로 이주하여 프랑크푸르트에서 출생하게 되었다. 그가 3세 때 어머니는 아동소아과 의사인 홈부르거(Homburger)와 재혼하였다. 그의 어머니는 철학과 문학, 예술에 깊은 관심을 가지고 있었으며 에릭슨은 이런 분위기 속에서 성장하였다. 에릭슨은 초등학교를 수학하고 18세에 독일의 중등교육기관인 김나지움(Gymnasium)을 졸업한 것이 최종 학력이다. 그는 라틴어와 그리스어에 능했지만 대학에 진학하지 않고 유럽을 여행하면서 방랑과 방황을 하였다. 이때 독학으로 독서와 사색에만 몰두하였다. 한때 미술가가 되기 위해 고전미술 공부에도 전념하였지만 곧 포기하였다. 방황기에 피렌체(Firenze)에서 만난 아동 정신분석학자 페이스 블로스의 추천으로 칼스루에(Karlsruhe)에서 학교운영을 돕는 역할을 하였다. 이를 계기로 에릭슨은 정신분석학을 접하게 되었으며 인생의 전환기를 맞이하게 되었다. 빈대학교에서 안나 프로이트(Anna Freud, 프로이트의 딸) 등으로부터 정신분석학을 배웠고, 학교와 아버지의 병원에서 아이들을 관찰하게 되었다. 그의 폭넓은 체험을 바탕으로 아동정신분석학자로 발전하게 되었다. 그는 인간의 발달단계를 8단계로 분류하였다. 각 단계는 단절된 것이 아니라 연속되고 축적되며 불안과 갈등을 겪으면서 성장한다고 파악했다.

1933년 31세에 미국 보스톤(Boston)으로 이주하였으며, 보스톤 최초의 아동정신분석학자가 되었다. 1936년 예일대학교(Yale University)에서 강의하였고, 1938년 인디언 아동에 관해 연구하였다. 1939년 버클리대학교(University of California, Berkeley)에서 아동발달에 대한 연구를 진행하였다. 이 연구의 결과로 『유아기와 사회』(*Childhood and Society*, 1950)를 저술하였다. 에릭슨은 미국 각지에서 임상연구에 종사하였으며, 인간 형성을 문화·사회와 관련지어 설명하고, 특히 청년기의 '정체성(Identity) 위기' 해결방법 여하에 따라서 역사의 양식을 창조하는 측면을 밝혀냈다. 그의 정체성 이론은 임상의 세계를 바꾸고 사회과학, 인문, 역사 연구에도 영향을 주었을 뿐만 아니라, 60년대의 흑인해방운동과 인종집단이나 학생의 저항운동 속에서 중요한 역할을 하였다.

1960~1970년 하버드대학교(Harvard University) 교수로 재직하였으며, 은퇴 이후 샌프란시스코에서 마운트 지온 병원(Mount Zion Hospital)에서 고문으로 재직하였다. 1994년 5월 사망하였다. 그의 업적에서 심리사회적 발달단계(8단계설), 동일성(identity), 자아동일성(ego identity), 동일성 위기(identity crisis), 동일성 확산(identity diffusion), 기본적 신뢰(basic trust), 모라토리움(moratorium) 등의 개념이 유명하다. 주요 저서로는 발달의 사회성을 주창하는 『유아기와 사회』(*Childhood an Society*, 1950), 『정체성과 생활주기』(*Identity and the Life Cycle*, 1959), 개인생활사와 역사의 만남을 예증하는 『청년 루터』(*Young Man Luther*, 1958), 『간디의 진리』(*Gandhi's Truth: On the Origins of Militant Nonviolence*, 1969) 등이 있다.

에릭슨의 연구는 프로이트의 성심리적인 발달에 문화인류학적 지식을 추가하여 발달을 문화적 · 역사적으로 다루고, 자아심리학의 영역을 발달시켜, 자아의 독자성이나 동일성 등을 나타낸 '아이덴티티', 청년기의 '모라토리엄' 등의 개념을 제창했고, 인간의 일생을 심리적 발달을 기초로 유년기부터 노년기까지의 8단계로 구분하는 등의 업적을 남겼다. 루터(Martin Luther, 1483-1546)와 간디(Mahatma Gandhi, 1869-1948) 등에 대해 역사적 · 심리학적인 연구를 시도하기도 하였다.

이와 같이 에릭슨은 인간 형성을 문화 · 사회와 관련지어 설명했다. 특히, 청년기의 '정체성 위기' 해결방법 여하에 따라서 역사의 양식을 창조하는 측면을 밝혀냈다. 정체성 개념에 의해 프로이트 이후의 정신분석학적 자아심리학을 비약적으로 발전시켰다

2. 심리사회학적 이론의 주요 개념 및 특성

1) 심리사회적 발달이론의 개요

정신분석가이며 자아심리학자인 에릭슨에 의해 체계화된 심리사회적 이론(Psychosocial theory)은, 프로이트가 성본능(libido)을 중시한 것과는 달리, 인간의 성격발달에서 개인의 자아와 사회의 역할을 모두 중요시하였다. 특히, 사회문화가 성격발달에 미치는 영향을 강조하였기 때문에, 그의 이론을 심리사회적 이론이라고 부른다.

에릭슨(Erikson, 1950, 1982)에 따르면, 내적 본능 및 욕구와 외적 문화적 · 사회적 요구 간의

상호작용으로 인해 심리사회적 발달이 전 생애를 통해 계속된다. 그리고 내재된 '기초안'(ground plan)에 의해 발달이 이루어진다고 믿었다. 그에게 있어 주요 개념은 자아정체감의 발달이다. 확고한 자아정체감을 확립하기 위해서는 일생을 통해 여덟 가지의 위기(또는 갈등상황)를 성공적으로 해결해야 한다고 하였다. 매 단계마다 갈등상황(또는 위기)은 '신뢰감 대 불신감'이나 '통합감 대 절망감'에서처럼 긍정적인 결과와 부정적인 결과를 초래할 수 있다. 즉, 여덟 개의 발달단계마다 나름대로의 갈등이 있으며, 그 갈등은 양극의 결과를 초래할 수 있다. 후기의 저술에서 에릭슨은 갈등을 성공적으로 해결할 수 있는 잠재력(potential strength) 또는 생명력(vital strength)에 대해 언급하고 있다. '성공적인 해결'은 반드시 긍정적인 측면만을 의미하는 것은 아니다. 최상의 해결책은 긍정적인 측면과 부정적인 측면이 균형을 이루는 것이다.

에릭슨은 다른 발달단계 이론가들과는 달리, 특정 단계의 과업이나 위기를 완전히 해결하지 않고서는 다음 단계로 진행할 수 없다고 생각하지는 않았다. 위기를 해결하든 해결하지 못하든 일정한 연령에 도달하면 생물학적 성숙이나 사회적 압력에 의해 다음단계로 진행하게 된다고 보았다. 새로운 단계에서는 새로운 윤리와 새로운 갈등을 만나게 된다. 60세나 70세가 되었을 때에 전 단계에서 해결하지 못한 과업이나 위기는 그대로 남아 있어 자아통합감을 이루고자 할 때 장애가 된다.

에릭슨은 성격이 일련의 단계를 거쳐 발달한다는 프로이트의 관점을 받아들였으나, 심리성적 발달에 초점을 맞춘 그와 달리 심리사회적 발달이론을 수립하였다. 심리사회적 발달이론은 개인의 전 생애에 걸쳐 일어나는 사회의 영향력을 고려하며, 성격이란 생애 초기 몇 년에 걸쳐 완성되는 것이 아닌 전 생애를 걸쳐 진화되는 것으로 본다(정옥분, 2015: 67).

에릭슨은 '전 생애 발달'(life-span development)이라는 개념을 제안한 최초의 인물이며, 그는 성격의 발달이 점성적(후성설) 원리(epigenetic principle), 즉 앞 단계의 발달이 이후의 연속된 단계를 예측할 수 있다는 원리에 의해 진행된다고 보았다. 또 각 단계에는 심리사회적 위기(psychosocial crisis)가 존재하며, 이는 하나의 전환점으로 성장 잠재력이 큰 동시에 매우 취약한 기간을 말한다. 각 단계에서 다루어져야 하는 발달과제가 어떻게 해결되느냐에 따라 개인의 특징적인 행동 패턴이 결정된다. 이때 자아(ego)는 각 단계에 나타나는 두 특성 사이의 균형을 발달시키며, 갈등의 양 측면을 모두 통합해야 한다. 갈등이 균형적으로 통합될 때 자아 특성 또는 덕목(virtue)이 나타난다.

2) 인간관

에릭슨은 인간에 대한 관점이 프로이트와는 달라서 인간을 합리적이며 창조적이고 적극적인 존재로 보았다. 즉, 인간은 자신의 정체성을 확립하며, 환경의 변화에 적응적이며, 동시에 극복할 수 있는 환경 속의 존재로 이해하였다(Erikson, 1975).

에릭슨은 인간행동이 프로이트의 이론처럼 무의식에 의해 결정되는 것이 아니라, 의식의 수준에서 자아의 경험에 의해 영향을 받는다고 보았다. 즉, 그는 인간행동 발달의 결정요소를 본능적인 생물학적 힘이 아닌 심리사회적 경험으로 보았으며(Schultz & Schultz, 1994), 자아의 발달과 기능에 큰 관심을 기울였다. 에릭슨은 인간이 성장을 지시하는 잠재성을 가지고 있다고 보았으며, 인간행동의 발달에서 유전적 요소보다는 가족이나 친구 간의 사회적 접촉을 통한 사회화의 기능과 문화적 요인을 강조하였다(이근홍, 2015: 183).

에릭슨은 인간을 합리적이고, 이성적이며, 창조적인 존재로 간주하였다. 그는 인간이 가변성을 지니고 있으며, 새로운 발달과업을 달성하려고 노력하는 성장지향적인 존재라는 것이다. 인간은 그들이 직면하는 갈등이나 문제에 대한 합리적인 해결방안을 탐색하며, 현실을 검증하고 창조적으로 문제를 해결하며, 실패하였을 경우에는 새로운 대안을 모색할 수 있는 존재라는 것이다(권중돈, 2014: 238). 에릭슨의 인간관은 다음과 같다.

〈표 3-1〉 에릭슨의 인간관

주 제	내 용
인간은 환경속의 존재	인간의 이해를 위해서는 개인의 생리적 · 심리적 · 사회적 총체로 인식하여야 한다.
인간은 창조적 존재	환경 안에서 합리적으로 생각하고, 갈등이나 문제를 해결하고 창조적으로 대처가 기능한 존재이다.
인간은 변화와 성장의 존재	개인은 끝없이 새로운 발달과업을 성취하면서 갈등을 해결하고 더 나은 자아를 획득하려고 한다.
인간행동의 상호작용 이해	개인의 신체적 요인과 개인의 심리적 요인과 사회 문화적인 요인의 상호작용에 의한 결과물로 본다.

자료: 강기정(2015: 69) 재구성.

3) 아이덴티티(identity)

1950년대에 미국의 정신분석학자 에릭슨이 '아이덴티티'(identity)란 개념을 특유한 함축성 있는 정신분석학적 자아심리학(ego psychology)의 기본 개념으로 사용하기 시작한 이후로, 이 유서 깊은 말은 논리학이나 철학의 영역을 넘어 정신의학, 심리학, 교육학은 물론 경영학, 미술학 또는 패션 디자인에 이르기까지 모든 과학에 있어서 중요한 용어로 등장하게 되었다. 그리하여 1960년대 이후부터 1970년대에 이르러 일어난 세계적인 사회변동에 동반된 새로운 물결, 급속한 가치관의 유동화, 피압박 민족의 민족적인 자각, 청년들의 사회운동 등을 계기로 에릭슨이 말하고 있는 의미에서 '아이덴티티'란 말이 일상생활에서 불리게 되었다.

박아청(1990: 359)에 따르면, 에릭슨이 자아발달이론의 주 개념으로서 개념화한 '자아-아이덴티티'는 그 정의가 애매한 점이 있고, 다의적이며 그 후의 그의 이론전개가 사회적으로 방향이 설정되어버렸기 때문에 자아-아이덴티티란 용어가 본래 지니고 있던 의미를 상실하는 결과를 초래하였다. 현재 자아-아이덴티티의 개념이 정신분석적 자아심리학의 중핵개념으로서의 지위를 얻은 것은 에릭슨이 처음으로 정식화를 시도하려고 임상적, 매타심리학적 의미를 부여함으로써 새로이 정의를 내린 결과이다. 에릭슨(1994b: 9)도 아이덴티티란 용어는 한마디로 정의내리기가 어렵다고 주장한다. 에릭슨(1994b: 20-21)에 따르면, 이 용어를 정의하고자 할 때, 그 한계와 성격이 애매해지기 때문이다. 또한 아이덴티티란 용어의 단순한 사용이 얼마나 흔히 우리가 이 단어에 귀결시키는 의미와 유사한 뜻을 함축하는가를 이야기하는 것은 불가능하다(1994b: 295)고 주장한다. 아이덴티티란, 여러 상황에 있어서 이 개념의 불가결성을 확립함으로써 명백하여질 수 있다. 따라서, 에릭슨(1994a: 89)은 아이덴티티의 정의에 대해 아이덴티티란 타인에 대해 자신이 갖는 동일성 및 연속성과 부합되는 내적 동일성과 연속성을 유지하는 자신의 능력에 대한 자신감이라고 주장한다.

에릭슨은 심리사회학적 발달단계에 있어서 청소년기 아이덴티티에 대해 논하고 있다. 에릭슨(1982: 109)에 따르면, 아이덴티티는 이미 출생 시부터 구별되는데, 소년과 소녀는 각각 그들의 이름에서 아이덴티티를 발견할 수 있다. 그에 따르면, 기술과 도구의 세계(the world of skills and tools)와 좋은 초기 관계를 형성함에 따라, 그리고 사춘기(puberty)의 도래와 더불어 아동기(childhood)는 막을 내린다. 그리고 청소년기(youth)가 시작된다. 사춘기와 청소년기에 있어서 이전 시기에 의존했던 모든 동일성과 연속성(sameness and continuities)은 다시 다소 의문을 남기는데, 초기 아동기(early childhood)의 신체성장과 동등한 신체성장의 급속성 때문에, 그리고 새로이 부가된 생식기관의 성숙 때문에 이런 동일성과 성숙성에 의문이 생기게 된다. 발달하는 청소년들(growing and developing youths)은 자신들 내부에서의 이런 생리적 혁명에 직면해서 이제 일차적으로 자신들이 타인들의 눈에 어떻게 보이는 지를 자신이 자신들에게서 느끼는 점들과 비교해서 생각하게 되고, 이전 시기에 길러둔 역할과 기술들을 당시의 직업적 원형(occupational prototypes)과 연결시키는 방법을 생각하게 된다. 연속성과 동일성이라는 새로운 감각을 찾기 위해서, 청소년들은 초기 몇 년의 오랜 전장에서 재전투를 치렀고, 심지어 그렇게 하기 위해서 그들은 인위적으로 완벽하게 선의적인 사람들(perfectly well meaning people)에게 적의 역할(roles of adversaries)을 부과해야 한다. 그리고 그들은 궁극적인 아이덴티티의 수호자(guardians of a final identity)로서 장기간 지속되는 우상과 이상(idols and ideals)을 자리에 앉힐 준비가 되어 있다(1993a: 261).

이제 자아정체성(ego identity)의 형태에서 현재 일어나고 있는 통합(integration)은, 아동기의 동일시(childhood identifications)를 종합한 것 그 이상의 것이다. 리비도(libido)의 부침에 선천적 소양에서 발달되어 나온 성향과 관계되며, 또한 사회적 역할에서 제공된 기회가 관련된 모든 동일시를 통합하는 것은 자아 능력(ego's libido)의 축적된 경험이다. 그래서 자아정체감(the sense of ego identity)이란 축적된 확신인데, 이는 작업(career)에 대한 확실한 기약을 분명히 하게 되는 것처럼, 과거에 준비했던 내적 동일성과 연속성이 타인과의 관계에 있어서 개인의 의미에 대한 동일성과 연속성과 들어맞게 된다.

에릭슨(1993a: 262-263)에 따르면, 청소년기 마음(the adolescent mind)은 필연적으로 아동기와 성인기(childhood and adulthood) 사이의 심리사회적(psychosocial) 단계이며, 결정유예기간(moratorium)의 마음이다. 그리고 아동(the child)이 배운 도덕성과 성인이 발달시킨 윤리 사이의 결정유예기간 단계이다. 이것은 이념적 마음(ideological mind)이다. 그리고 실제로는 청소년들이 자신들의 또래들에게 지지받기를 갈망하고, 그 사회의 의례, 신조, 그리고 동시에(무엇이 악이며, 불가사의한 것이며, 또 해로운 것인지를 정의할) 프로그램에 의해 확인받으려고 하는 경향성을 가장 명백히 대변해 주는 것은 이러한 한 사회의 이데올로기적 견해인 것이다. 그러므로 청소년들은 아이덴티티를 인도하는 사회적 가치를 추구함에 있어서, 이념과 특권계급(ideology and aristocracy)에 대한 문제에 직면한다. 즉, (정의된 세계상과 역사의 예정된 경로 내에서) 가장 좋은 사람들은 통치하게 될 것이며, 그런 통치로 인해 사람들(사이에서 최상의 상태를 개발하게 된다는 것을 의미하는 보다 폭넓은 관점에서)은 두 가지 문제에 직면한다. 자기 자신을 신랄하게 또는 냉담하게 상실하지 않기 위해서, 젊은 사람들은 다소간 얘기되는 성인세계에서 성공한 사람들은 '가장 훌륭한 사람'이 되어야 하는 의무를 짊어져야 한다는 것을 스스로 확신할 수 있어야 한다. 에릭슨(1993a: 263)은 다음과 같이 결론을 내린다.

> 우리는 후에 만일 인간의 이상들(human ideals)이 민족주의적 또는 국제주의적 이데올로기, 공산주의적 또는 자본주의적 이데올로기에 의해 지배되는 경우에, 슈퍼머신(super-machine)의 운영에 이용되는 인류의 이상으로부터 위험에 대해 논의할 것이다. 오늘날의 대변혁이 산업화된 사회에서 자신의 아이덴티티를 재정의하려는 젊은이들의 심오한 욕구를 어떻게 해결하고, 또한 어떻게 이용하는지에 관해 논의할 것이다.

4) 기본적 덕목(미덕)

인생주기의 여덟 단계는 각각의 정체성 위기를 가지며 각 단계는 특별한 강점을 발달할 새로운 기회를 제공한다. 에릭슨은 이러한 강점을 기본적 덕목(virtue, 덕목)이라고 불렀다. 각 개인이 각 발달단계에서 적응 대 부적응 방식을 다루어 나가면서, 긍정적으로 적응적인 방식을 통해 이러한 강점이 비롯되며, 모든 세대에 걸쳐 공통적으로 나타난다. 이러한 기본적인 인간의 강점은 개인의 인생의 과정에 걸쳐 그리고 전 인류사에 걸쳐 자연스럽게 진화된 것이다. 각각의 덕목은 매우 중요하며 삶에 생기를 준다. 이러한 덕목은 타고난 것이 아니며 개발되어져야 하고, 한 개인의 삶에 걸쳐 끊임없이 재확인되어져야 한다.

발달단계에 대응하는 여덟 가지 기본적 덕목이 있다. 이러한 덕목은 각 단계에서 위기를 직면하여 만족스럽게 해결되었을 때에만 나타난다. 아동기에 나타나는 네 가지 덕목은 희망(hope), 의지(will), 목적(purpose), 그리고 능력(competence)이다. 그리고 충실(fidelity)은 청소년기에, 사랑(love), 돌봄(care), 지혜(wisdom)는 성인기에 나타난다. 덕목들은 매우 서로 의존적이어서, 선행되는 덕목이 완전하게 확립되지 않으면 이후의 덕목은 발달되기가 어렵다. 각 발달단계의 덕목은 다음과 같다(노안영 · 강영신, 2011: 229-230).

① 희망

희망은 기본적인 신뢰에서 비롯된다. 희망은 바라는 것이 충족될 것이라는 견고한 믿음이다. 즉, 일시적인 후퇴나 어려움에도 불구하고 계속 유지되는 자신감이다.

② 의지

의지는 자율성으로부터 나온다. 의지는 선택의 자유와 자기통제를 실천하기 위한 거부할 수 없는 확고한 자기결심이다. 그리고 의지는 사회의 규칙을 수용하고 따르기 위해서 없어서는 안 될 기본적 요인이다.

③ 목적

목적은 주도성에서 비롯된다. 목적은 중요한 목표를 계획하고 수행하려는 용기를 수반한다.

④ 능력

능력은 근면성에서 비롯된다. 유능성은 장인정신이라고 불릴 수 있는데, 그것은 주어진 임무를 수행하고 완성하는 데에 있어서 기술과 지혜를 가지고 힘쓰는 것을 의미한다.

⑤ 충실

충실은 자아정체감에서 비롯된다. 충실성은 타인과의 관계에서의 기본적인 성실함이나 의무감 그리고 정직, 순수함을 유지하는 것을 의미한다.

⑥ 사랑

사랑은 친밀감에서 나온다. 에릭슨은 사랑이 가장 위대하고, 인간에게 가장 지배적인 덕목이라고 여겼다. 그는 사랑을 '공유된 정체감을 가진 배우자와 파트너의 상호성'이라고 정의하면서 다른 사람에게서 자신을 찾기도 하고 잃기도 하는 것이라고 하였다.

⑦ 돌봄

돌봄은 생산성으로부터 생겨난다. 돌봄은 다른 사람을 향한 폭넓은 관심과 염려로 가르치고 지도하고자 하는 욕구에서 나타난다. 즉, 그것은 가르침을 받는 사람들을 위해서뿐만 아니라 자신의 정체감을 실현시키도록 돕는 것이기도 하다.

⑧ 지혜

지혜는 자아통합에서 나온다. 지혜는 삶의 문제에 의연한 방식으로 표현된다. 지혜는 아마도 '유산'이라는 단어로 가장 잘 기술된다. 왜냐하면 인간은 통합된 경험인 지혜를 다음 세대에 전달해 주기 때문이다.

3. 심리사회적 발달단계

에릭슨은 그의 저서 『아동기와 사회』(*Child and Society*, 1950)에서 인생주기 발달을 8단계로 설명하고 있다. 에릭슨의 발달단계는 심리사회적(psychosocial) 발달단계라고 한다. 그 이유는 인간발달이 생물학적인 성숙으로 인해 자극되고, 이러한 성숙을 바탕으로 잠재력을 개발할 수 있는 사회적 여건이 충족되어 각 단계에서 직면하는 위기를 극복하면 건전한 자아발달이 이루어진다고 보기 때문이다. 결국 사회적 요인이라 할 수 있는 사회제도와 주변 사람들이 개인의 발달에 긍정적 지지를 제공하며, 건강한 성격을 갖춘 개인이 다시 사회를 풍요롭게 한다는 것이다. 또한 프로이트와 달리 에릭슨은 문화적 다양성을 존중하였다. 어떤 문화는 다른 사람을 신뢰하고 관대한 사람이 되도록 하기 위해 오랫동안 모유를 먹이는가 하면 다른 문화에서는 의존적이지 않은 독립적인 사람이 되도록 하기 위해 매우 일찍 이유를 실시하기도 한다. 이런 문화적 다양성의 영향을 인정하고 있다는 점이 프로이트와 다르다.

에릭슨은 프로이트의 5단계 이후에 3단계를 더 추가하여 노년기까지 총 8단계에 걸쳐 발달한다고 보면서 각 단계마다 극복해야 할 심리사회적 위기를 제시하고 있다. 이러한 위기는 모든 사람들에게 보편적인 현상이지만 문화에 따라 이를 해결하고 지지하는 방식이 다를 수 있다. 각 단계의 모든 위기는 긍정적 측면과 부정적 측면이 한 쌍을 이루어 제시되어 있는데, 긍정적 측면이 더 많이 발달되어야 하지만 부정적 측면 역시 전혀 없어서도 안 된다. 또한 심리사회적 위기를 극복하면 그 결과 각 단계마다 자아의 특질, 즉 기본적 강점을 얻지만 반대로 이러한 위기를 적절히 해결하지 못했을 경우 병리적인 문제가 나타난다고 하였다.

에릭슨의 발달단계를 점성적 원리(epigenetic principle)로 설명하기도 하는데, 이것은 각 단계의 발달이 전 단계의 심리사회적 갈등 해결과 통합을 토대로 이루어진다는 것이다. 예를 들어, 1단계에서 기본적 신뢰감이 발달하지 않으면 부모와 떨어져 독립적으로 자율성과 주도성을 발달시키기 어렵다는 것이다. 각 단계를 살펴보면 다음과 같다(Erikson, 1950).

1단계 : 기본적 신뢰 대 불신(basic mistrust vs. trust)

프로이트의 구강기에 해당되는 인생의 초기 단계이므로 가장 중요한 단계이다. 이 단계에서 어머니는 어린아이 세계에서 최초의 가장 중요한 존재로서 영아의 사회적 관계는 주로 어머니와의 관계이다. 어머니가 영아의 욕구를 충족시켜주면 영아는 어머니를 신뢰하게 되며 기본적 신뢰감을 형성한다. 하지만 적절히 응해주지 못하거나 일관성 없이 대하면 영아는 좌절하고 불신감을 갖게 되는데, 이는 발달단계의 전 과정 동안 지속될 수 있다. 인생의 초기 단계에 신뢰감을 형성하는 것은 후에 맺는 모든 관계의 성공 여부와 관련되므로 가장 중요한 시기라고 할 수 있다.

부모와의 관계에서 욕구를 충족하고 부모로부터 진정한 애정을 느끼게 되면 영아는 부모를 비롯한 그의 주변세계가 안전하고 믿을 수 있다고 생각하여 신뢰감을 확대해 나간다. 즉, 부모로부터 따뜻하고 애정적인 보살핌을 받게 되면 영아는 자신과 주변에 대해 신뢰감을 형성하지만, 부모로부터 부적절하거나, 거부적이거나, 일관성이 없는 보호를 받게 되면 불신감을 가지고 인생을 시작한다.

이 시기에 갖게 되는 영아의 신뢰감은 이후의 모든 대인관계의 기초가 된다. 부모와 영아와의 관계에서 영아가 신뢰감만을 갖고 불신감을 전혀 경험하지 않는 것이 바람직하다는 것은 아니며, 불신감보다 신뢰감을 훨씬 더 많이 경험할 수 있도록 해야 한다는 것이다. 에릭슨에 의하면, 영아의 건전한 성장·발달은 전적으로 신뢰감에서만 기인하는 것이 아니라 신뢰감과 불신감의 적절한 혼합에 있다는 것이다.

이 시기에 형성된 신뢰감이나 불신감은 일생을 통해서 지속되며, 다음 단계의 성격발달에 직접적인 영향을 미치게 되고, 일단 형성된 불신감은 변화되기 어려운 특성을 갖고 있다. 신뢰감 대 불신감의 갈등이 성공적으로 해결되면 심리사회적 능력, 덕성 또는 자아특질인 희망을 얻게 된다. 그러나 이러한 위기가 적절하게 해결되지 못하면 자기비하, 정체감 혼란, 우울증 등을 초래할 수 있다.

한편, 신뢰 대 불신의 위기가 성공적으로 해결되어 얻어진 심리사회적 능력이 곧 희망이다. 희망은 확신감과 관련되어 있으며 모성인물이 제공하는 보호의 질에 의해 결정된다. 반면에, 첫 번째 위기의 부정적 결과는 철퇴(또는 위축)다. 인생 후기의 낮은 자존감, 우울증 그리고 사회적 철퇴 경향은 첫 번째 단계를 거치는 동안에 어려움이 있었다는 것을 보여주는 것이다.

2단계 : 자율성 대 수치심과 의심(autonomy vs. shame and doubt)

프로이트의 항문기에 해당되며, 상반되는 여러 충동 사이에서 스스로 선택하고자 하는 과정을 통해 자신의 의지를 나타내고자 하는 자율성을 갖게 되는 단계이다. 대소변의 통제가 가능해지고 부모의 배변훈련을 통해 사회의 기대와 사회적으로 적합한 행동을 알게 된다. 하지만 배변훈련과정에서 실수하거나 너무 엄격한 배변훈련을 받을 경우 수치심을 느끼게 된다. 언어에서 '나', '내 것' 등의 말을 자주 반복하며 자율성을 드러내며 '안 해', '싫어'라는 말로 자기주장을 표현한다. 부모가 유아로 하여금 자율적으로 할 수 있게 이끌어 주는 태도를 보일 때 유아는 자율성을 획득하게 된다. 하지만 너무 엄격한 부모는 유아에게 무능감을 주고 이 때문에 유아는 사회가 기대하는 행동을 적절히 수행하지 못하는 자신에 대해 수치심을 느끼게 될 수 있다.

유아에게 대소변 가리기 훈련은 자신의 행위에 대한 독립심을 키워주게 되어 자율성 개발의 기초가 된다. 대소변 가리기 훈련과정에서 부모가 자녀에게 칭찬해 주고 유아가 능력을 발휘할 수 있도록 적절히 도와주면 자신의 신체와 주변환경을 통제할 수 있다는 것을 깨닫게 되며, 이러한 자신감이 자율성으로 발전된다. 즉, 부모가 사회적으로 적합한 행동을 요구하므로 그러한 훈련을 통해 스스로 환경을 조절할 수 있다는 것을 알게 된다. 유아 자신이 무엇을 할 수 있다는 생각과 동시에 자신의 지나친 시도에 대한 주위의 비난도 인식할 수 있게 되어 이 둘 간의 평형을 유지하도록 노력한다.

유아가 자율성을 충분히 획득하게 되면 이후에 창의성 · 생산성 · 독립성 · 자존심 등을 갖게 되며, 유아의 신뢰감을 더욱 높이게 된다. 자율성 대 수치와 의심의 갈등이 성공적으로 해결되면 심리사회적 능력, 덕성 또는 자아특질인 의지력을 얻게 된다. 그러나 이러한 위기가 적절하게 해결되지 못하면 강박적 행동, 피해망상, 편집증 등을 초래할 수 있다. 이러한 자율성 대 수치와 의심의 극복은 일생 동안 지속되는 자기통제력의 기초가 된다.

한편, 자율성 대 수치심이라는 심리사회적 위기를 성공적으로 해결하게 되면 의지력이 형성된다. 반면에, '자율성 대 수치심과 의심'의 부정적 결과는 강박증, 즉 충동을 제한하기 위하여 반복적 행동을 하는 것이다.

3단계 : 주도성 대 죄책감(initiative vs. guilt)

프로이트의 남근기에 해당되며, 언어능력과 운동기능이 성숙하며 공격적 환경을 탐색하고 성인의 활동에 열정을 보이고 성인의 일에서 자기능력을 평가해보려 한다. 자유롭게 움직이는 것을 허락하는 부모와 가족에 의해 주도성을 격려 받고 독립적임을 확신하게 된다. 하지만 반대로 유아가 무언가를 주도적으로 하려 할 때 부모가 심하게 꾸짖거나 목표를 이루지 못하면 새로운 활동을 나쁜 것이라 느끼고 죄의식을 발달시키게 된다. 이 시기는 목표나 계획을 이루려는 목표지향적인 행동을 하게 되는 시기이므로, 부모나 교사는 유아가 가지는 환상의 좌절, 죄의식, 처벌에 대한 두려움 등에 방해받지 않고 가치 있는 목표를 설정하고 추구하면서, 아동이 주도성을 발달시키도록 방해하지 않으면서 감독해야 한다. 이 단계의 심리사회적 위기를 성공적으로 극복하게 되면 목적의식을 갖게 되며, 반면에 과도하게 방해받게 되면 목표달성에 대한 의지와 용기가 부족하고, 금지의 감정, 즉 생각과 표현의 자유를 방해하는 억제가 강하게 나타난다.

이 시기에 유아가 자신의 목표나 계획이 원만하게 성취되며, 부모가 유아에게 탐색하고 실험할 수 있는 자유를 허용하고, 유아의 질문에 대하여 충실히 답해 주게 되면 주도성이 발달하게 된다. 그러나 자신의 목표나 계획이 잘 이루어지지 않고, 유아의 신체활동이나 언어활동을 제한하고 간섭하며, 유아의 활동과 질문을 귀찮게 여기게 되면 유아는 좌절을 느끼고 죄의식을 갖게 된다. 이와 같이 유아의 죄의식은 부모가 유아 스스로 목표나 계획을 완수하도록 기회를 제공하기를 꺼려하는데 기인한다고 본다. 또한 죄의식은 이성의 부모로부터 사랑을 받거나 사랑하려는 자녀의 욕구에 대해 부모가 너무 과도한 벌을 주기 때문에 생긴다는 것이다.

유아가 자신의 죄의식을 바람직하게 극복하고 주도성을 지닌 채 이 단계를 지나갈 것인가의 여부는, 부모가 유아의 주도적 행동에 어떻게 반응하는가에 달려있다. 즉, 유아가 자기 스스로의 활동을 추구하도록 고무된 아동은 주도성이 더욱 강화된다. 주도성의 발달은 부모가 자녀의 호기심을 인식하고 환상적인 행동을 우스꽝스럽게 여기거나 금지하지 않을 때 더욱 조장된다.

주도성의 획득은 생산적으로 일할 수 있는 기반이 되며, 이후에 포부 수준을 형성하는

데 중요한 기초가 된다. 주도성 대 죄의식의 갈등이 성공적으로 해결되면 심리사회적 능력, 덕성 또는 자아특질인 목적을 갖게 된다. 그러나 이러한 위기가 적절하게 해결되지 못하면 소극성, 성적무기력, 불감증 등을 초래할 수 있다(Hjelle & Ziegler, 1994). 따라서, 이 단계의 성공적 발달은 아동으로 하여금 목표지향적이 되도록 한다. 아동은 위대한 사람이 될 것을 꿈꾸며 그가 이해하고 존경하는 성격과 직업을 가진 사람과 동일시한다.

4단계 : 열등감 대 근면성(inferiority vs. industry)

프로이트의 잠복기에 해당되며 인지적 기술과 사회적 기술을 습득하고 숙달시키려는 근면성이 형성되는 시기이다. 이 단계의 아동들은 학교에서 지적인 기술을 습득하는 과정에 몰입하면서 근면성을 발달시키는데 여기서의 근면성은 혼자 열심히 하는 것뿐만 아니라 또래들과 협동하여 규칙에 순응하는 것도 포함한다. 아동이 성공을 경험하면 근면성을 가지게 되지만, 실패 시 부정적 자아상과 열등감을 가져 학습추구의 동기를 잃게 된다. 따라서, 이 시기에는 가정의 역할과 함께 교사의 태도가 매우 중요하다. 한편, 이 단계를 성공적으로 극복하면 개인적으로나 사회적으로 의미 있는 목표를 추구하면서 사회환경에 적극적인 영향력을 발휘할 수 있다는 자신감인 유능감을 갖게 되지만, 이 단계에서 실패하게 되면 무능력감을 낳는다.

아동은 학교를 다니기 시작하면서 그들의 문화에 대한 기술을 이해하기 시작할 때 근면성이 발달하며, 사물이 만들어지고 조작되는 방법에 몰두하기 때문에 근면은 이 시기의 주요한 발달주제가 된다. 즉, 아동은 학교에서 부과하는 여러 가지 과제들에 꾸준히 주의를 기울이고 성실히 작업에 임하는 과정 속에서 근면성을 획득하게 되며, 이러한 근면성을 통해 전 생애 동안 중요하게 여기는 과업성실성을 갖게 된다.

이 시기에 아동은 사회에서 필요한 유용한 기술이나 지식을 익히게 된다. 아동은 기술이나 지식을 익히고 난 뒤의 성취감, 또래집단에 비하여 자기가 더 잘 할 수 있다고 생각하는 우월감, 이러한 일들에 대한 타인의 인정 등은 근면성 획득의 주요한 요소이다. 아동에게 무엇을 성취하도록 기회를 제공하고, 성취한 과업을 인정하며, 또다시 시도해 보도록 격려하게 되면 근면성을 갖게 된다.

그러나 아동이 자신의 기술이나 지위가 다른 동료들에 비하여 열등하다고 느끼거나, 무엇을 성취할 기회를 주지 않거나, 성취한 결과에 대해 비난하거나, 무리한 요구를 하여 좌절을 경험하게 하거나, 귀찮은 존재로 취급하게 되면 열등감을 갖는다. 즉, 아동이 학교에서나 가정에서 자신에게 주어진 일에 적절한 성취를 느끼지 못하면 열등감에 빠지게 된다. 이러한 점에서 아동을 격려하며, 재능을 발견하고 북돋워 줄 수 있는 교사나 부모의 태도가 중요시된다.

근면성의 획득은 과업에 대한 성실성을 기초로 하여 이후의 학교생활의 적응, 학업성취, 개인의 일과 의무에 대한 기본적인 태도 등을 형성하게 한다. 근면성 대 열등감의 갈등이 성공적으로 해결되면 심리사회적 능력, 덕성 또는 자아특질인 능력을 갖게 된다.

5단계 : 정체성 대 역할 혼란(identity vs. role confusion)

이 단계는 프로이트의 생식기에 해당되며, 정신적 성장이 급격한 신체적 변화를 따라가지 못하는 변화의 시기이다. 에릭슨은 심리사회적 발달과정 가운데, 특히 청소년기의 발달을 중요시하였는데, 그 이유는 이 단계에서의 심리사회적 위기의 해결이 성인기의 성격에 가장 중요한 의미를 지닌다고 보았기 때문이다. 청소년들은 '내가 누구인가'에 대한 의문과 탐색을 통해 이제까지의 심리적 정체성을 재규정하게 되며 적절한 제한 속에서 스스로 독립적으로 행동하는 시도를 할 때 정체감이 발달된다. 하지만 심리적 과거와 현재, 미래를 통합하지 못하면 정체감 혼란에 이르게 된다. 청소년기에는 결정해야 할 일이 너무 많고 모든 결정이 다른 가능성을 줄인다고 생각하기 때문에 결정하기 전 스스로 타임아웃을 하게 되는데, 이것이 '심리사회적 유예기간'(psychosocial moratorium)이다. 이 시기의 위기를 잘 극복하면 스스로 지킬 것이라 약속한 대로 충실할 수 있는 성실성(충실)이 발달하지만, 그렇지 못할 경우 익숙하지 않은 역할과 가치를 거부하게 된다.

이 시기에 청소년은 가정, 학교, 사회에서 자신의 위치와 역할을 발견하게 되며, 남성 또는 여성으로서의 자신을 발견하기 위해 노력한다. '나는 누구인가?' 등과 같은 자신에 대한 끊임없는 질문과 함께 자신의 능력, 존재의 의미 등을 탐색하면서 고민과 갈등을 겪으며 방황하게 된다. 이러한 고민과 방황이 길어지면 정체감의 혼란이 일어난다(Burger, 1986: 91).

그러나 청소년이 자신의 역할을 정확히 인식하고, 뚜렷한 목적의식을 가지며, 자신에 대한 통찰력을 갖게 되면 자아정체감(ego identity)이 확립된다. 즉, 청소년이 자아정체감을 확립하기 위해서는 자기 자신이 내적 동일성과 일관성을 가진 것으로 지각해야 하며, 다른 사람이 자기를 동일성과 일관성이 있는 사람으로 지각해야 하고, 이러한 일관성에 대한 결과적 자신감이 있어야 한다는 것이다. 자아정체감 발달에는 적절한 성역할에 대한 동일시가 있어야 한다. 여기에서 자아정체감이란, 자기 동일성과 일관성에 대한 자각이며, 자기의 위치, 능력, 역할 및 책임에 대한 인식이다. 이것은 장래의 진로와 직업 선택, 배우자 선택, 인생관 확립 등에 중요한 역할을 한다.

성공적인 청소년기를 위한 기초와 통합된 자아정체감의 획득은 초기 아동기에서 유래하며, 청소년의 자아정체감의 발달은 그들이 서로 동일시하는 사회집단에 의해 현저하게 영향을 받게 된다. 급격한 사회적 · 정치적 · 기술적 변화는 자아정체감의 발달을 위태롭게 할 수 있다. 이와 같이 불행한 어린 시절의 경험이나 현재의 사회환경 때문에 청소년이 정체감 발달에 실패하면 정체감 위기를 초래한다. 이것은 직업선택을 못하거나, 추후의 교육을 추구하지 못하는 것으로 나타나며, 무력감, 혼란감, 허무감, 부족감, 비인간화, 소외감 등을 느끼게 하며, 부정적 정체감을 추구하게 한다(Hjelle & Ziegler, 1994).

정체감 대 역할 혼란의 갈등이 성공적으로 해결되면, 심리사회적 능력, 덕성 또는 자아특질인 충성심을 갖게 된다. 이러한 충성심은 사회적 습관, 사회적 윤리, 사회의 이데올로기를 지각하고, 이를 지키는 청소년의 능력을 나타낸다.

6단계 : 친밀감 대 고립감(isolation vs. intimacy)

성인생활이 시작되는 때이며, 이 시기에 경험하게 되는 심리사회적 위기는 친밀감 대 고립감이다. 이 단계에서는 부모로부터 독립하면서 직업을 선택하고 배우자를 만나게 되며 배우자나 직장동료 등 다른 사람과 친밀감을 이루는 것이 중요한 과업이다. 진정한 친밀감은 합리적인 자아정체감이 확립되었을 때만 가능한데 에릭슨이 말하는 친밀감은 성적인 것 이상으로 타인의 복지에 대한 관심과 지적인 지극을 유발하는 상호작용에 대한 관심 등 사회적 친밀감을 포함한다. 따라서, 이 시기에는 개인적 정체감과 함께 사랑, 친교, 안정된 관계를 맺는 능력이 발달한다. 그러나 이러한 친밀감이 형성되지 못할 때 자신에게만 몰두하여 고립이 일어나며 이 시기의 심리사회적 위기를 성공적으로 해결하면 사랑의 능력이 생기게 된다.

친밀감의 획득이 가능한 사람은 다른 사람을 사랑하고 일할 능력이 있는 사람이다. 그러나 이 단계에서 주요한 위험은 자기 도취되거나, 친밀감이나 사회적 관여를 맺게 해주는 사람들과의 관계를 피하는 것이다. 이것은 안락하고 친밀한 인간관계를 맺을 수 없으며, 사회적 공허감이나 소외감을 느끼게 한다. 특히, 자기 도취된 사람은 단순히 공식적이고 피상적인 인간관계를 추구하며, 친밀감의 요구를 위협으로 느끼므로 다른 사람들과 친근감을 나누지 못하고 자신을 고립시킨다.

친밀감은 다른 사람들과 감정과 가치를 교류하는 성숙된 인간관계를 필요로 하기 때문에, 자아정체감이 잘 확립되어 있는 사람만이 진정한 의미의 친밀감을 나눌 수 있다. 즉, 다른 사람이나 자신과 친밀해지려면 자신이 누구이며 무엇인가에 대한 확고한 느낌이 발달되어 있어야 한다. 이러한 친밀감은 혼인생활을 성공적으로 수행하는데 결정적인 역할을 한다.

이 시기에 친밀감을 형성하지 못한 사람들에게는 고립감이 나타난다. 이러한 사람들은 사회적 관계를 회피하며, 다른 사람을 거절하고, 친밀감을 나타내는 것이 자신의 자아정체감에 대한 위협으로 보기 때문에, 친밀감을 두려워하고 혼자지내기를 좋아한다(Schultz & Schultz, 1994).

이 단계의 긍정적인 결과는 성적 친밀감, 진정한 우정, 안정된 사랑, 혼인생활의 지속 등을 포함한 친밀감의 유지이지만, 부정적 결과는 고립, 고독, 이혼, 별거 등이다. 친밀감 대 고립감의 갈등이 성공적으로 해결되면 심리사회적 능력, 덕성 또는 자아특질인 사랑을 얻게 된다. 이러한 사랑은 자신을 타인에게 관여시키고 이 관여를 지키려는 능력이며, 다른 사람에 대한 보호, 존중, 책임의 태도를 가질 때 나타난다.

7단계 : 유발 대 침체(generation vs. stagnation)

이 시기에는 자녀를 낳아 키우고 교육하며 다음 세대를 양성하는 데 관심과 노력을 기울이게 되는데 여기서 중요한 것은 다른 사람에게 필요한 사람이 되고 싶은 소망이다. 이러한 생산성은 자신의 아이를 낳아 키우면서 발달하며 다른 사람을 가르치거나 직업적 성취를 통해 나타날 수도 있다. 이 시기의 심리사회적 위기를 성공적으로 해결하면 타인을 배려하는 능력을 갖게 되지만, 그렇지 못할 경우 개인적 욕구나 안위를 주된 관심으로 하는 이기주의를 경험하게 된다.

생산성을 제대로 발달시키지 못하면 성격은 침체되고 황폐해져 자신의 에너지와 기술을 오로지 자기중심적으로 사용하게 된다. 즉, 다음 세대에 대한 관심이나 배려를 하지 않고 자기 자신의 신체적 · 물질적 측면에만 치중하게 되면 타인에 대한 관대함이 결여되며 침체성에 빠지게 된다. 이와 같이 생산성의 획득에 실패한 사람은 자신에게 더욱더 몰두하는 자기도취의 상태가 된다. 이러한 사람들은 자기탐닉을 위한 것을 제외하고는 누구에게도 무엇에 대해서도 관여하지 않는 사람들이다. 즉, 그들은 생산적으로 사회의 일원으로서 기능하지 못하고 자신의 욕구를 만족시키기 위해 살며, 인간관계가 거의 없다.

유발 대 침체의 갈등이 성공적으로 해결되면 심리사회적 능력, 덕성 또는 자아특질인 돌봄이 나타난다. 이러한 배려는 심리적인 무관심의 반대 개념으로 다른 사람을 위해 마음을 쓰고 돌보는 것이며, 무엇인가 또는 누군가가 문제가 있다는 느낌으로부터 비롯된다(이근홍, 2015: 194).

8단계 : 자아통합 대 절망(ego integrity and despair)

통합성 대 절망감(integrity vs despair)은 노년기에 경험하는 심리사회적 위기이다. 노년기는 은퇴, 신체적 노쇠, 친구나 배우자의 사망 등을 경험으로 자신의 삶을 돌아보고 삶이 무의미한 것이었다고 느끼고 후회하면 절망에 빠지게 되지만, 자신의 인생을 수용하고 삶이 보람되고 자신의 삶이 지혜를 가지게 되었다 느끼면 보다 높은 차원의 인생철학을 발전시켜 자아통합을 이루게 된다. 이 시기의 심리사회적 위기를 성공적으로 해결하면, 자아는 지혜라는 능력을 얻게 되지만 그렇지 못할 경우 인생이 무의미하다고 느끼게 된다.

노년기는 지금까지 살아온 삶을 돌아보는 시기이다. 생애를 돌아보면서 보람이 있었으며, 가치가 있었다는 것을 인식하고, 오랜 삶을 통해 노련한 지혜를 획득하게 되면 통합성을 갖게 된다. 즉, 통합성은 모든 관점에서 자신의 인생을 돌이켜 보고, 겸허하게 그러나 확고하게 '나는 만족스럽다'라고 확신하는 능력에서 생긴다(Hjelle & Ziegler, 1994).

그러나 노년기에 은퇴한 후 신체적 · 경제적 무력감을 느끼며, 지금까지 살아온 인생이 무의미하고 가치가 없다고 생각하고 후회와 회한에 빠지게 되면 절망감을 느끼게 된다. 절망감과 죽음에 대한 공포를 느끼는 노인들은 성취감을 이루지 못한 지금까지의 인생을 다른 방향으로 바꾸기에는 시간이 너무 짧다는 것을 인식하여 초조해지기 시작한다. 희망이 없고 고독감에 찬 노인들은 비참한 절망감에서 인생을 끝내게 되는 것이다.

자아통합 대 절망의 갈등이 성공적으로 해결되면 심리사회적 능력, 덕성 또는 자아특질인 지혜를 갖게 된다. 이러한 지혜는 죽음에 직면하여 인생에는 초연하되 이에 대하여

아주 적극적인 관심을 갖는 것이다. 그러나 이러한 위기가 적절하게 해결되지 못하면 우울증, 피해망상 등을 초래할 수 있다.

〈표 3-2〉 에릭슨의 심리사회학적 발달 8단계

발달단계		심리사회적 위기	미덕(덕목)	주요 대상
I	영아기	기본적 불신 대 신뢰 (basic mistrust vs. trust)	희망 (hope)	어머니 (모성 인물)
II	초기 유아기	자율성 대 수치심과 의심 (autonomy vs. shame and doubt)	의지 (will)	부모 (부성 인물)
III	유아기	주도성 대 죄책감 (initiative vs. guilt)	목적 (purpose)	기본 가족
IV	아동기	근면성 대 열등감 (inferiority vs. industry)	능력 (competence)	이웃, 학교
V	청소년기	정체성 대 역할 혼란 (identity vs. role confusion)	충실 (fidelity)	동료집단 외부집단
VI	성인기	친밀감 대 고립감 (isolation vs. intimacy)	사랑 (love)	친구, 연인, 회사동료 등
VII	중년기	유발 대 침체 (generation vs. stagnation)	돌봄 (care)	분업과 가사분담
VIII	노년기	자아통합 대 절망 (ego integrity and despair)	지혜 (wisdom)	인류, 우리들

자료: 정서영 외(2017a: 121).

9단계 : 절망감 대 노령초월(despair vs. gerotranscendence)

1950년 발표된 에릭슨의 심리사회적 8단계는 1982년 발간된 『완성된 인생주기』(Erikson and Erikson, *The Life Cycle Completed*, 1982: 105-114)에서 1단계를 추가하여 '9단계'(the ninth stage)를 제시했는데, 9단계는 '절망감 대 노령초월'(despair vs. gerotranscendence)로 설명하고 있다. 즉, 80~90대의 나이에는 과거의 절망 따위는 사치이다. 이는 죽음의 문(death's door)이 열려 있기 때문이다. 따라서, 90세 이상에서는 장애물과 손실물(hurdles and losses)에 대처하면서 살아가야 한다. 9번째 단계에서 절망감 대 노령초월(despair vs. gerotranscendence)로 이어지는 길에서 성공적으로 전진(headway)하도록 설득하고 있다(Erikson and Erikson, 1997: 112-1).

에릭슨이 주장하는 9단계는 다음과 같다.

〈표 3-3〉 에릭슨의 완성된 발달단계(9단계)
The Life Cycle Completed(Extended Version)

발달단계		심리사회적 과제와 위기	미덕(덕목)
1	영아기	기본적 불신 대 신뢰 (basic mistrust vs. trust)	희망 (hope)
2	초기 유아기	수치심과 의심 대 자율성 (shame and doubt vs. autonomy)	의지 (will)
3	유아기	죄책감 대 주도성 (guilt vs. initiative)	(purpose)
4	아동기	열등감 대 근면성 (inferiority vs. industry)	능력 (competence)
5	청소년기	정체성 혼란 대 정체성 (identity confusion vs. identity)	충실 (fidelity)
6	성인기	고립감 대 친밀감 (isolation vs. intimacy)	사랑 (love)
7	중년기	침체감 대 유발 (stagnation vs. generation)	돌봄 (care)
8	노년기	절망감과 혐오 대 통합 (despair and disgust vs. integrity)	지혜 (wisdom)
9	80~90세	절망감 대 노령초월 (despair vs. gerotranscendence)	전진 (headway)

자료: 정서영 외(2017a: 122).

이상에서 설명된 에릭슨의 심리사회적 발달의 주요 특징을 요약하면 다음과 같다(오창수 외, 2015: 130).

① 인간의 발달은 평생을 통해 계속된다.

② 각 단계에는 달성해야 할 발달과업이 있다.

③ 각 단계에서 심리사회적 위기에 직면한다.

④ 각 단계의 위기는 대립되는 성격특성에 의해 표현된다.

4. 평가

1) 프로이트와의 비교

많은 사람들이 프로이트의 이론보다 에릭슨의 이론을 선호한다. 그 이유는, 인간의 성적 본능을 지나치게 강조한 프로이트에 비해 인간의 이성과 적응을 강조한 에릭슨의 이론이 훨씬 더 호소력이 있기 때문이다. 에릭슨은 프로이트 이론의 경험적 기초를 확장하여 정신분석이론의 신뢰도와 적용가능성을 증가시켰다. 다시 말해서, 에릭슨은 심리성적 단계에 심리사회적 단계를, 생물학적 영향에 문화적 영향을, 자아방어에 자아정체감을, 비정상적인 연구대상에 정상적인 연구대상을, 특정한 문화적 시각에 비교문화적 시각을, 아동기에 대한 성인의 회상에서 아동에 대한 관찰을, 그리고 아동발달에 성인발달을 첨가시켰던 것이다. 특히, 인간발달에서 전 생애발달적 접근을 한 점과 문화적 상대성을 인정한 점은 에릭슨의 매우 중요한 공헌이라 할 수 있다(정옥분, 2014: 76).

에릭슨의 이론은 프로이트 이론과 여러 측면에서 공통점과 차이점을 갖는다. 인간발달에 대한 에릭슨과 프로이트의 관점은 발달이 일련의 단계를 거친다는 점에서 부분적으로 일치한다. 하지만 에릭슨은 문화적 관점에 기반한 자신만의 임상적 관찰을 덧붙여 프로이트 이론과는 차별성을 나타낸다(Newman & Newman, 2011).

두 이론의 대조적인 측면을 중심으로 주요 차이점을 정리하면 다음과 같다(오창순, 135-136).

첫째, 프로이트의 심리성적 발달이론에서는 성격이 인생 초기에 형성된다고 보는 반면, 에릭슨은 성격발달에서 심리사회적 측면을 강조하면서 인간발달이 평생 여덟 단계를 통해서 지속된다고 했다. 인간발달의 측면에서 보면, 에릭슨은 성격이 일련의 단계를 거치며 발달한다는 프로이트의 관점을 받아들였다. 하지만 프로이트의 이론이 심리성적 발달에 국한된 반면, 에릭슨의 이론은 전 생애에 걸쳐 일어나는 심리사회적 발달이라는 데 주요한 차이가 있다. 프로이트는 인간발달이 초기 몇 년 안에 나타난다고 본 반면, 에릭슨은 성격이란 태어나고 성숙하며 죽을 때까지 일생 동안 형성되어 가는 것이라고 보았다. 프로이트와 에릭슨의 발달단계는 5단계까지는 그 시기가 거의 일치한다. 심리사회적 발달(에릭슨)의 1단계는 심리성적 발달(프로이트)의 구강기에 해당하며, 2단계는 항문기,

3단계는 남근기, 4단계는 잠복기, 5단계는 생식기에 해당한다. 발달단계의 차이점으로 프로이트는 인간의 발달이 5단계인 생식기에서 멈춘다고 본 반면, 에릭슨은 노년기까지 발달이 계속된다고 보았던 점을 들 수 있다. 또한 4단계인 잠복기의 경우 프로이트는 이 단계를 비활동적인 시기로 본 반면, 에릭슨은 이 단계를 매우 역동적이고 활동적인 시기로 보았다.

둘째, 에릭슨은 원초아보다 자아를 더 강조하였다. 즉, 프로이트 이론에서처럼 자아가 원초아에 보조적인 역할을 하는 것이 아니라 성격의 독립적인 부분이라고 보았다. 또 에릭슨은 자아가 부모 및 사회적 · 문화적 · 역사적 환경의 영향을 받으며 평생을 통해 성장하고 발달한다고 믿었다.

셋째, 프로이트가 주로 본능을 강조한 반면 에릭슨은 성격형성에 대한 사회 · 문화 · 역사의 영향을 인식하였다. 그는 인간이 생물학적 힘인 본능에 전적으로 좌우되지 않으며, 이러한 힘은 아동기 이전에 중요하기는 하지만 전체적인 성격발달을 본능만으로 설명할 수 없다고 보았다. 프로이트와 에릭슨의 이론 비교는 다음과 같다.

〈표 3-4〉 **프로이트와 에릭슨의 이론 비교**

구분	프로이트의 이론	에릭슨의 이론
이론의 출발	폐쇄체계: 아동기 감정양식. 꿈, 사고, 기억의 분석을 기반으로 형성	개방체계: 사회적 경험을 통해서 이루어진 자아분석을 기반으로 형성
인간행동과 기능의 기초	원본능이 지배적: 방어기제로 표출되는 행동 뒤에 숨어 있는 원본능의 파악	자아가 지배적: 인간의 현실적 행동에서 보이는 모습, 즉 자아의 분석에 초점
발달단계	리비도가 집중되는 신체부위가 구분 기준	활동양식, 대인관계에서 일어나는 사회적 상호작용의 양상으로 구분
영향	충동과 사회적 기대의 모순 때문에 갈등	역사적 · 민족적 집단의 결속력과 강화가 기반
자아	불안이나 무의식적 욕구에 의해 위협받음	자율적 성격구조로 봄.
주된 관심	심리 · 성적 요소 · 생물학적 결정론	심리사회적 요소, 사회문화적 설명, 사회적 지지에 의한 건강한 사회구성원
발달적 관심	초기 아동기에 형성된 성격은 초기 성인기에 절정에 이름.	전 생애에 걸쳐 형성
강조점	부모나 양육자가 아동의 성격발달에 미치는 영향 강조	아동의 자아가 형성되는 심리사회적 환경 강조

자료: 정은(2014: 68).

2) 비판

에릭슨 이론에 대한 비판으로는 첫째, 일부 학자들은 에릭슨의 생활주기, 각 발달단계의 위기, 획득된 산물 등에 관한 설명이 서구의 백인 중심, 남성, 가부장적 사회의 정점을 반영한 것으로 다른 문화나 현대사회에 적용하는 데는 한계가 있다고 지적하였다. 예컨대, 여성의 심리적 발달에 대한 연구에서 자율성, 성숙, 권력과 같은 특성은 관계성, 책임감, 돌봄으로 대치되어야 한다고 제안하였다(Engler, 2006). 이러한 논의는 심리사회적 발달이 문화와 사회에 따라, 또 남성과 여성에 따라 다르게 적용되어야 할 필요성을 제시한다. 둘째, 에릭슨의 인간발달이론은 과거의 행동을 잘 설명하고 인간을 이해하는 데 도움이 되지만, 프로이트 이론과 마찬가지로 미래의 행동은 예측하기 어려우며, 실증적으로 검증하기 어렵다는 점 등이 지적되고 있다(신명희 외, 2013).

에릭슨의 이론에 대한 비판은 다음과 같다(Crain, 2017).

첫째, 에릭슨이 자아발달의 여러 측면들을 프로이트의 성적 신체부위에 너무 무리하게 연결시키려고 하였다는 것이다. 즉, 에릭슨은 각 신체부위마다 자아가 외부세계와 상호작용을 하는 특징적 양식이 있다고 보았지만 그렇지 않다는 것이다. 예를 들어, 유아의 자율성을 획득하려는 많은 노력이 보유와 배설의 항문통제방식과 관계가 있다고 보기는 어렵다는 것이다.

둘째, 에릭슨의 이론은 개념정의가 명확하지 못하며, 이론체계가 명료하지 못하고 모호하다는 것이다. 즉, 이론을 구축하는 방법에서 애매하고 모호한 개념들이 많이 발견되고 있다.

셋째, 발달의 원인에 대한 설명이 부족하고 각 발달의 구분에서 과학적인 정확한 근거가 제시되지 못했다는 것이다. 예를 들어, 노년기의 지혜가 어떻게 성숙의 일부분인지 분명하게 설명해 주고 있지 않다는 것이다.

연습문제

1. 에릭슨의 심리사회 발달단계에서 각 단계와 주요 관계 범위가 바르게 연결된 것은?
   ① 유아기(출생~18개월) : 경쟁자
   ② 학령기(6~12세) : 어머니
   ③ 초기 아동기(18개월~3세) : 학교
   ④ 청소년기(12~20세) : 또래집단
   ⑤ 노년기(65세 이후) : 직장

2. 에릭슨의 심리사회적 위기와 프로이트의 심리 · 성적 발달단계의 연결이 옳은 것은?
   ① 자아정체감 대 정체감 혼미-잠재기
   ② 친밀감 대 고립감-항문기
   ③ 신뢰감 대 불신감-구강기
   ④ 근면성 대 열등감-남근기
   ⑤ 자율성 대 수치감-생식기

3. 에릭슨의 심리사회적 이론의 기본가정에 관한 설명으로 옳지 않은 것은?
   ① 발달단계에서 외부환경에 대처하고 적응하는 과정을 중요하게 다룬다.
   ② 인간행동은 의식수준에서 통제 가능한 자아(ego)에 의해 동기화된다.
   ③ 인간을 합리적 · 이성적 · 창조적인 존재로 간주한다.
   ④ 인간의 공격성과 성적 충동의 영향력을 강조한다.
   ⑤ 발달은 점성원칙을 따른다.

4. 에릭슨 이론의 주요 개념과 그에 관한 설명으로 옳은 것은?
   ① 전이-치료자가 클라이언트의 문제를 자신에게 투사하는 것이다.
   ② 창조적 자기-개인이 인생의 목표를 직시하고 결정하는 능력이다.
   ③ 페르소나-자아의 가면으로 개인이 외부세계에 내보이는 이미지이다.
   ④ 집단무의식-모든 개인의 정신이 공통으로 가지고 있는 하부구조를 일컫는다.
   ⑤ 점성원칙-인간발달은 최적의 시기가 있고, 모든 단계는 예정된 계획대로 전개된다.

5. 각 학자가 제시한 개념에 대한 설명이 옳은 것은?
   ① 아들러-생활양식은 자신의 약점을 극복하고 잠재력을 극대화하기 위한 노력이다.
   ② 피아제-동화는 새로운 경험에 맞추어 기존의 도식을 변화시키는 과정이다.
   ③ 에릭슨-점성원칙은 인간이 예정된 단계를 거치며 성장하고 발달함을 의미한다.
   ④ 융-페르소나는 성격 전체의 일관성 · 통일성을 관장하는 원형이다.
   ⑤ 프로이트-원초아는 현실원칙에 지배받는다.

정답 1. ④ 2. ③ 3. ④ 4. ⑤ 5. ③

Chapter 04

인 지 발 달

학습목표

피아제의 인지이론은 심리학에 있어서 엄청난 파급효과를 가져온 이론으로, 도덕성 발달이론과도 연결된다. 피아제의 인지이론에 따른 인지발달단계를 학습하고자 한다.

학습내용

1. 피아제의 생애와 사상
2. 인지발달이론의 주요 개념 및 특성
3. 인지발달단계
4. 평가

개 요

인지이론에서는 인간을 매우 주관적인 존재로 규정한다. 즉, 이 세상에는 객관적인 현실이란 존재하지 않으며, 각 개인의 주관적 현실만이 존재하기 때문에 개인의 행동이나 사고를 이해하기 위해서는 그 개인의 주관적 현실을 이해해야 한다고 보았다. 피아제는 지능발달에 대한 일반적 이론뿐 아니라 도덕적 발달, 사회적 발달, 그리고 정서적 발달에 관한 이론을 정교화해 나갔다. 피아제의 이론에서는 출생부터 청소년기에 이르기까지의 인지발달단계를 제시하고 있다. 본 장에서는 피아제의 인지발달단계를 논하고자 한다.

1. 피아제의 생애와 사상

피아제(Jean Piaget, 1896~1980)

피아제는 1896년 스위스 뇌샤텔(Neuchâtel)에서 출생하였다. 그의 아버지는 뇌샤텔대학교에서 문학을 강의하는 교수였다. 그는 어려서부터 생물에 취미를 갖고 공부하였으며 10세 때에 이미 새에 대한 논문을 출판하였고, 그 후 박물관에 있으면서 연체동물에 관심을 가져 연체동물학에 대한 연구 보고서를 출판하였다. 그는 뇌샤텔대학교에 다녔고 1915년에 연체동물학으로 학사 학위를 받은 후 소르본(Sorbonne)대학교에서 비네(Alfred Binet, 1857-1911)에게 심리학에 대해 배우기 시작하여 1921~22년 사이에 4편의 심리학 논문을 발표하였다. 1929년에는 루소연구소 기관장이 되어 어린이 연구를 하게 되었으며, 이것이 피아제를 심리학과 교육학에서 중요한 인물로 만들어 준 계기가 되었다. 그는 심리학에 점차 흥미를 가지고 연구하기 시작하였다. 특히, 어린이의 정신발달, 논리적 사고발달에 관한 연구를 통하여 인식론의 제반 문제를 추구하였다. 그의 연구 특징은 임상법에 있었다. 즉, 정신병 환자의 임상진단방법을 응용하여, 어린이와 대화를 나누면서 어린이의 사고과정의 하부구조를 밝히는 것이다. 그가 제네바의 루소연구소 부속 유치원에서 임상법을 이용하여 연구한 저술로 『아동의 언어와 사고』, 『세계관』, 『판단과 추리』, 『물리적 인과』, 『도덕적 판단』 등 5부작이 있다. 그의 연구에서 밝혀진 것은 어린이의 사고가 자기중심적이라는 사실이었고, 이 주장은 전 세계 심리학자들의 주목을 끌었다. 인간의 지식과 생물학적 지능의 본질에 관한 독창적인 견해는 지금까지 철학적 접근에서 탈피하여 과학적 접근방법이라는 데 특징이 있었으며 과학으로서 인식론을 창시하였다.

그 후 아동의 행동관찰을 통하여, 그는 '지능의 발생', '실재의 구성', '심벌의 형성' 등 문제를 추구하다가 점차 과학적 개념의 형성문제로 관심을 돌려, 아동기로부터 청년기에 걸친 수 · 양 · 공간 · 시간 · 운동 · 우연성 등을 연구대상으로 채택하였다. 또 감각운동적 지능단계로부터 시작하여 표상적 사고의 단계, 구체적 조작의 단계를 거쳐 형식적 조작의 단계에 이르는 발달과정을 밝혔다. 동시에 그는 발달적 시점에 입각한 인식론을 연구하여 『발생적 인식론 서설』(3권)을 저술 발표하기도 하였다. 또 발생적 인식론 연구를 위하여 각 학문영역의 전문가들과 함께 공동연구에 몰두하였다.

피아제에 의하면, 영아는 생물 유기체에 불과하며 몇 가지 반사적인 충동을 가지고 있을 뿐이다. 이후 영아는 외부세계와 접촉을 통해서 발달한다. 피아제의 발달이론은 유기체의 적응구조를 나타내는 스키마(Schema)와 유기체가 외부와 상호작용으로 적응해가는 구조를 나타내는 동화(assimilation)와 조절(accommodation)이라는 개념으로 표현된다. 또한 인간 인지발달단계를 4가지로 구분하였는데, 이는 교육심리학에 대단한 공헌을 하였다.

피아제는 지적 활동에 대한 심리학적 이론에서 많은 공헌을 하였으며, 아동심리에 대해서 특히 깊은 조예를 갖고 있다. 그의 심리학적 · 논리학적 구상은 발생적, 역사적, 비판적으로 지식을 분석하는 것이며, 그럼으로써 주관이 대상에 대해서 갖는 지식의 발전은 그 지식을 단단하고 확고하게 하여 일정한 불변적인 것이 되어 가는데, 이렇게 되는 것은 지식이 대상 및 대상의 여러 성질을 반영하기 때문이라고 생각했다. 주요 저서로는 『지능의 심리학』(1947), 『발생적 인식론서설』(1949-1950) 등이 있다.

2. 인지발달이론의 주요 개념 및 특성

1) 인지발달이론의 개요

인지이론에서는 인간을 매우 주관적인 존재로 규정한다. 즉, 이 세상에는 객관적인 현실이란 존재하지 않으며 각 개인의 주관적 현실만이 존재하기 때문에 개인의 행동이나 사고를 이해하기 위해서는 그 개인의 주관적 현실을 이해해야 한다고 보았다. 행동주의 이론에서는 인간행동이 환경의 영향을 받는다고 주장하지만 인지이론에서 '안다는 것'은 개인과 환경 간의 상호작용에 의하여 형성된다고 보았다(Norlin & Chess, 1997). 인지이론에서는, 인간의 무의식에 초점을 두고 인간을 다분히 충동적 존재로 보는 정신분석이론과 달리 인간의 의식에 초점을 두고 인간을 사고하는 합리적인 존재로 인식한다. 더불어 환경적 원인들이 인간에 의해서 어떻게 지각되고 인식되는가에 중점을 두고 있다.

피아제의 인지이론은 인간이 외부세계를 이해하고 파악하는 바탕인 인지적 구조가 형성되는 과정을 설명한다. 그는 지식의 구체적 내용에 관심을 가진 것이 아니라, 적극적 과정으로서의 인식에 관심을 가져, 인지적 성숙과정을 주된 연구영역으로 하였다. 여기서의 인식은 경험을 조직화하고 의미를 부여하는 과정으로 말한 것을 해석하고, 문제를 해결하며, 정보를 종합하고 복잡한 과제를 분석하는 포괄적인 인지적 활동을 말한다.

피아제는 인식의 근원이 아동의 생물학적 능력에 있다고 가정하였다. 생물학을 전공한 피아제는 큰 호수에 있던 연체동물을 작은 연못으로 옮겼을 때 환경의 변화로 인해 유기체에 구조적 변화가 오는 것을 관찰하고 연체동물이 어느 정도 환경에 적응해 나갈 수 있는 특성을 갖고 태어난다는 구조상의 유연성을 깨달았다. 피아제의 연체동물에 관한 연구는 인간에게서 유사점을 발견하는 계기가 되었는데, 이는 아동이 나이가 들면서 사고과정의 유연성을 보이며 문제를 잘 해결한다는 발견이다. 즉, 인간의 뇌는 인지적 구조를 변화시킴으로써 환경에 적응하는 능력을 가지고 있으며, 지능은 환경이 적절한 다양성과 탐구에 대한 지지를 제공하면 체계적인 방식으로 발달한다는 것이다(이인정 · 최해경, 2007: 245-246).

피아제는 아동의 사고과정으로 동화와 조절을 새로운 지식에 대한 평형을 이루기 위한 기제로 제시하면서, 성인의 사고과정과 질적으로 다르다는 것을 임상적으로 연구하였다. 아동의 인지발달은 언어적인 기술을 획득하는 것처럼 사고와 추론 기술을 발달시키는 과정을 의미하며, 아동이 어떻게 생각하는지와 또 발달해 가면서 어떻게 변화하는지에 초점을 맞춘다(표갑수 외, 2016: 213).

인지는 지식, 의식, 사고, 상상, 추론, 문제해결, 개념화, 분류, 상징, 지각, 학습 등 정신적 과정을 포괄하므로 인간의 심리과정을 이해하는 데 인지이론은 매우 중요하다. 피아제의 인지발달에 관한 이론은 성격의 한 측면으로 간주될 수 있는 인지기능의 다양한 발달수준을 개념적으로 설명해주어 인지적 측면의 인간행동과 인간발달에 관한 사회복지사의 이해를 넓히는 데 기여한 바가 지대하다.

2) 인간관

인지이론에서는 인간을 매우 주관적인 존재로 규정하고 있다. 인지이론에서는 이 세상에는 객관적 현실이란 존재하지 않으며, 각 개인이 나름대로 부여한 주관적 현실만이 존재한다고 본다. 따라서, 인지이론에서는 각 개인의 정서, 행동, 사고는 개인이 현실을 창조해내는 방식, 즉 현실세계를 구성하는 방식에 따라 달라진다고 본다(Beck, 1976). 인지이론에서는 인간본성에 대해 비결정론적 시각을 지니고 있으며, 성장 가능성을 인정하고 있다. 즉, 인지이론에서는 인간이 유전적 요인에 의해 결정되는 존재가 아니며, 환경적 영향을 받기는 하지만 이러한 환경적 자극을 능동적으로 중재하고 재구성할 수 있는 능력이 있으며, 지속적으로 성장할 수 있는 잠재력을 지니고 있다고 본다.

피아제는 인간의 발달이란, 타고난 유전적 기질과 환경과의 상호작용의 결과라고 말함으로써 인지발달에 필요한 세 가지 변인을 암시하고 있다. 그것은 성숙, 물리적 경험, 사회적 상호작용으로 요약될 수 있다. 첫째, 성숙은 주어진 단계에서 인지발달의 가능성과 불가능성의 한계를 규정해 준다. 둘째, 물리적 경험은 감각적인 경험과 신체적인 아동이 사고나 정신적 조작을 통해 내재화된다. 마지막 요인은 사회적 상호작용으로 사물의 용도나 역할에 대해 인지한다. 이 중 어느 하나라도 결핍되었을 때 지적발달은 지연된다고 믿었다(구혜영, 20415: 99).

인지이론의 기본 가정은 일생을 통하여 인지적 성장과 변화가 이루어진다는 것이다. 특정 연령에서 각 개인의 특정 영역의 인지적 유능성은 개인이 기능하는 맥락에 따라 차이가 있다고 보았다. 인지는 개인이 환경적 사건에 노출된 결과일 뿐 아니라, 개인이 이러한 사건의 의미를 활동적으로 구성한 결과이다. 개인의 행동은 환경적 사건을 인지적으로 어떻게 표상하는가에 따라 달라진다. 예를 들어, 사건의 어떤 측면에 선택적으로 주의를 기울이며, 어떤 의미를 부여하는가에 따라 행동이 달라진다. 사고 감정, 행동, 그리고 그 결과는 원인과 관련성이 있다. 자신에 대한 사고를 포함한 인지적 표상은 사회적 기능과 정서적 안정에 영향을 미치며, 변화가 가능하다. 인지변화는 행동변화에 영향을 미친다.

피아제는 인간의 인지는 환경과의 상호작용을 통하여 변화하고 발달한다고 보고 있으며, 이러한 상호작용에서 인간의 능동적 역할을 중시하고 있다. 피아제를 비롯한 인지이론가들은 무의식을 강조한 정신분석이론에 비해 긍정적이고 환경에 인간이 능동적으로 적응한다는 측면에서 인간의 성장 가능성을 시사하고 있다.

3) 인지발달모델

피아제는 어린 시절부터 관심을 가졌던 연체동물에 관한 연구를 통하여 인간과의 유사점을 발견하게 되었다. 연체동물이 환경의 변화에 따라 유기체의 변화를 가져오듯이, 인간의 두뇌는 인지적 구조를 변화시킴으로써 환경에 적응해 가는 능력이 있다는 것을 발견하였다. 피아제는 인지발달이 유전과 환경의 상호작용에 의한 적응과정이라고 하였다. 즉, 인간은 능동적인 생물학적 유기체로서 환경과 끊임없이 상호작용을 하며, 이러한 상호작용을 통해서 자기 자신, 외부세계 및 자기와 외부세계와의 관계에 관한 지식을 얻는다.

피아제는 어린이들이 어떻게 환경에 반응하는 방법을 습득하는지에 대해 그들의 인지구조의 발달을 통해 설명하고 있다. 이러한 피아제의 인지발달 모델은 사고체계의 4가지 주요 발달단계인 감각운동기, 전조작기, 구체적 조작기, 형식적 조작기로 구성되어 있으며, 여기서 각 단계는 후성설이론에 관한 용어로 개념화된 전형적인 발달의 수준을 말한다.

이러한 각 단계별 인지발달 성취 연령은 개인차가 있기 때문에 제시된 연령에 반드시 들어맞지 않을 수 있으며, 단계는 순서대로 통과하여 발달하며 절대로 단계를 뛰어넘을 수 없다. 그리고 다음 단계로 이동하는 과도기에는 두 단계의 인지적 특징이 함께 나타날 수도 있다. 마지막으로, 형식적 조작기에 도달한 아동이나 고도로 인지발달이 된 성인도 때로는 낮은 단계의 사고를 할 수 있다. 피아제는 단계가 가지는 특성을 다음과 같이 언급하고 있다(이우언 외, 2017: 220-221).

첫째, 사고의 형식은 각 단계별로 질적인 차이가 있다.

둘째, 각 단계는 내부적으로 조직화되며, 그것은 그 스스로 전체적이다.

셋째, 개인은 진보적이고 불변하는 방법 속에서 단계를 통하여 발달하며 단계를 건너뛰지 않는다.

넷째, 각각 더 높은 단계가 만들어지고 계층적인 방식으로 다음 더 낮은 단계를 통합한다. 단계는 수평적으로 통합할 뿐만 아니라 수직적으로도 통합한다.

다섯째, 단계는 모든 인류에게 일정하다. 그들이 같은 문화를 공유하지 않는다고 해도 같은 단계는 모든 문화에서 명백하다(Norlin et al., 2005).

이와 같이 단계에 대한 개념은 그 자신의 권리 속에서 구별되는 기본적인 조직화된 도식(schema)과 연결된다고 할 수 있다. 단계이론은 성장과 발달을 설명하는 데 있어서 기초적으로 조직화된 도식으로 단계를 사용하는 것 중의 하나이다. 이러한 조직화된 도식은 유기체의 생물학적 경향성이라고 볼 수 있는 동화와 조절을 통한 적응과정을 통해 인지구조의 변화를 이루고 사고체계의 발달이 이루어지게 된다.

이처럼 인지구조의 발달과 관련한 주요 개념들은 다음과 같다.

(1) 도식

도식(schema)은 어원으로는 '형태'라는 의미이며, 일반적으로 사물이나 사건 또는 사실에 대한 전체적인 윤곽이나 개념을 말한다. 피아제는 개념보다 도식이란 용어를 선호했는데, 도식이 언어와 그 외 다른 상징적 체계들이 발달하기 전인 아동기의 개념 및 개념적 연결에 해당되는 것이라고 보았다. 그는 도식을 행동이 유사한 상황 속에서 반복되면서 전승되거나 일반화되는 행동의 구조 또는 조직으로 정의했다(Piaget & Inhelder, 1969). 그리고 도식이 사건, 감정, 관련된 심상, 행동, 또는 생각들의 의미 있는 배치임과 동시에 자료나 정보가 투입될 때 일종의 준거틀로 기능한다고 보았다. 이에 따르면, 도식은 정신적 조직화의 일차적 단위이며 인간은 도식을 통해 환경에 적응한다.

아동은 기본적 도식을 가지고 태어나, 조직화와 적응의 과정을 통해 새로운 도식을 개발하고 기존의 것들을 변화시킨다. 빨기와 잡기 같은 최초의 도식은 본질적으로 반사적이다. 도식은 연합에 의해 발달하는데, 반사가 다른 경험과 연합되면 빨기, 잡기, 보기와 같은 단편적인 행동이 좀 더 반경이 넓어지고 통합적으로 된다. 예를 들어, 보기, 잡기, 빨기는 동시에 보고 잡으며 빠는 것으로 통합된다. 도식은 일생에 걸쳐 계속해서 개발되며 수정된다(이인정 · 최해경, 2007: 247).

(2) 적응과 평형

적응은 환경과의 직접적인 상호작용을 통해 기존의 도식을 유지하거나 새로운 도식을 형성하는 과정으로, 동화와 조절이라는 상호보완적인 두 가지 수단을 통해 진행된다(오창순 외, 2015: 145).

먼저, 동화는 새로운 환경자극에 반응함으로써 기존의 도식을 사용해 새로운 자극을 이해하는 것이다. 아동이 음식이든 아니든 무엇이나 입으로 가져가는 것은 동화의 한 예다. 이를 통해 아동이 환경의 요구에 관계없이 하나의 도식을 사용하고 있음을 알 수 있다.

조절은 기존의 도식으로 새로운 사물을 이해할 수 없을 때, 기존의 도식을 변경하는 것을 말한다. 아동이 조절을 할 때에는 도식의 형태에 질적인 변화가 일어난다. 아동이 사자를 보고 고양이라고 말할 때, 누군가가 "고양이가 아니고 사자다"라고 말해 줌으로써 잘못을 바로 잡을 수 있다. 이때 아동은 '사자'라고 불리는 새로운 도식을 형성하게 된다.

평형은 동화와 조절의 균형을 의미한다. 예를 들어, 5세 된 아이가 하늘에 날아다니는 물체는 새라고 배웠다고 가정하자. 하늘에 날아다니는 물체를 볼 때마다 아이는 그 사물이 자기가 가지고 있는 기존 체계, 즉, '새'라는 것에 자신의 생각을 동화시킨다. 그런데 어느 날 아이는 날아가는 비행기를 보게 된다. 이 새로운 사물을 보고 아이는 자신이 갖고 있는 기존 개념인 '새'에 결부시키려고 하지만 모양이나 크기 등이 너무 다르다. 따라서, 아이는 기존의 도식을 변경하지 않으면 안 되는데, 이 과정이 조절이다. 아이는 이제 불평형 상태에 놓이게 된다. 즉, 새로운 물체가 새인지 아닌지, 만약 새가 아니라면 무엇인지 알 수 없다. 그래서 어머니에게 물어본 후, 그것은 새가 아니라 비행기임을 알게 된다. 이제 아이는 새와 비행기의 차이를 알게 되는데, 이것이 평형의 상태다.

(3) 조절

조절(accommodation)이란, 이전의 사고와 행동방식의 요소를 수정하거나 새로운 대상에 대해 좀 더 적절한 새로운 방법을 배우는 것을 의미한다. 아동이 새로운 자극을 만나면 그것을 이미 갖고 있는 도식에 끌어들여 동화시키려고 한다. 그러나 때로 자극을 동화할 수 있는 도식이 없을 경우 인지적 구조의 변화를 가져오게 하는 인지과정이 필요하다. 즉, 새로운 자극을 받아들일 수 있는 새로운 도식을 만들거나 이미 갖고 있는 도식을 변형하는 일이 필요한 것을 조절이라고 한다. 위의 예를 들어 설명하면, '네 발로 다니는 것은 모두 개다'에서 '네 발로 다니더라도 모두 개는 아니다'라고 이해했다면 기존의 이해의 틀이 변화되었으므로 조절이다. 즉, 네 발로 다니는 고양이가 개의 도식에 속하지 않음을 알게 되어 고양이를 보고 '야옹이'라고 부르게 되면 조절이 이루어졌다고 본다(표갑수 외, 2016: 214).

3. 인지발달단계

파아제는 지능발달에 대한 일반적 이론뿐 아니라, 도덕적 발달, 사회적 발달, 그리고 정서적 발달에 관한 이론을 정교화 하였다. 피아제의 이론에서는 출생부터 청소년기에 이르기까지의 인지발달단계를 제시하고 있다.

각각의 발달단계에서는 새로운 기능과 능력이 성숙해짐에 따라 심리적인 재구조화가 이루어진다. 아동의 발달로 세계를 알게 됨으로써 나타나는 기본적 구조와 과정의 발달과 변화를 통하여 사고가 변화하고, 변형되고, 다음 인지발달단계로 옮아가게 된다. 한 단계에서 다음 단계로의 진보는 생물학적 성숙과 아동의 환경 속에서의 경험과 활동에 의해 이루어진다. 인지발달, 정서발달 그리고 사회적 발달은 분리될 수 없고, 병행하여 발달하며, 각 단계에서의 인지적 발달은 개인 내적 사고뿐만 아니라 대인관계에도 영향을 미친다(Piaget & Inhelder, 1969).

피아제의 인지발달이론에서 모든 지식은 동화와 조절이라는 상호보완적이고 동시적인 정신과정의 산물이라고 본다. 인지모델에서 동화는 환경으로부터 정보를 수집하며 자신의 현존하는 사고방식에 통합시키는 것이다. 이에 비해, 조절은 외적 사건과 대상의 실질적 속성을 고려하고 그 속성에 맞게 자신을 조정해 나가는 것이다(Flavell, 1985). 즉, 성장이란 새로운 상황에 동화 또는 조절을 통해 적응해 나가는 것이다. 피아제는 감각 및 운동능력의 결과로 이루어지는 인지발달에서 출발하여 추상적이고 논리적 사고의 습득과 표현, 즉, 형식적 사고로 완결되는 인지발달의 네 단계를 제시하였다(이인정 · 최혜경, 2007: 251).

1단계 : 감각운동기(출생에서 2세까지)
2단계 : 전조작기(2세에서 7세까지)
3단계 : 구체적 조작기(7세에서 11세까지)
4단계 : 형식적 조작기(11세에서 성인기까지)

피아제의 인지발달 단계 개념은 각 단계별로 발생하는 다양한 행동들을 단순히 기술하는 것이 아니라, 각 발달단계에서 일어나는 구조적 변화를 설명하고 있다. 새로운 단계에 들어간다고 해서 이전 단계들에서 발달한 능력이 상실되는 것은 아니며, 사고와 지식이 질적으로 새로운 접근방법으로 통합되는 것이다. 발달의 각 단계는 지속적이고 상호의존적이다. 다시 말해서, 한 단계의 완수는 그 이전 단계에서 형성된 인지적 구조에 의존하므로 단계별 발달은 지속적이고 각각의 발달단계에서 새로운 능력과 기능이 성숙하면서 심리적 재구조화가 이루어진다. 인지발달이론은 경험과 사회적 상호작용을 중시하므로 개인의 자아와 세계관을 구성하는 것이 사회적 상호작용과 역할획득을 통해서라고 보았다. 또한 개인을 사회화 과정에서 능동적 역할을 하는 존재로 간주해 아동이 수동적으로 정보를 받아들이는 것이 아니라 그들이 보고, 듣고, 느끼는 것을 선택하고 해석한다고 보았다.

발달단계들은 각기 다른 연령에서 나타나는 행동들을 보여주기 때문에 편리한 구분이긴 하나 이 단계들은 일반적인 연령기준 이상의 의미는 없다. 이 인지발달 단계는 몇 가지 특징을 가진다. 첫째, 단계별 성취 연령은 개인차가 있기 때문에 제시된 연령이 반드시 들어맞지 않는다. 둘째, 모든 아동은 단계를 순서대로 통과하여 발달하며 절대로 단계를 뛰어넘을 수 없다. 셋째, 다음 단계로 이동하는 과도기에는 두 단계의 인지적 특징이 함께 나타날 수 있다. 넷째, 형식적 조작기에 도달한 아동이나 인지발달이 된 성인도 때로 낮은 단계의 사고를 한다. 각 인지발달 단계를 설명하면 다음과 같다.

1) 감각운동기(sensorimotor period : 0~2세)

감각운동이란 용어는, 아동의 행동이 자극에 대한 반응이기 때문에 붙여졌다. 즉, 아동이 경험하는 자극이 감각적이고 이에 대한 반응이 신체운동으로 나타난다는 것이다. 단순한 반사반응만 나타내는 출생 직후부터 초기의 아동적 언어를 사용하는 상징적 사고가 시작되는 2세까지가 이 단계에 해당된다. 신생아의 인지 세계는 미래에 대한 설계나 과거의 기억이 없는 현재의 세계이며, 신생아는 감각운동에 기초해서만 경험한다. 이 시기의 아동은 주로 사물을 만져보고, 그것들을 조작해보며, 환경을 직접 탐색해서 학습을 한다. 이 단계의 끝에 가서 최종적 성취는 자신의 환경이 독특하고 안정된 속성을 갖고 있다는 것을 아동이 이해하는 것이다(이인정 · 최혜경, 2007: 253).

감각운동기는 출생 직후 신생아의 타고난 반사활동에서 시작해서 초기의 아동적 언어를 나타내는 상징적 사고가 시작되는 2세경에 끝난다. 아동은 외부세계에 대해 빨기, 쥐기, 때리기와 같은 신체적 행동양식을 조직화하므로 이 시기를 감각운동기라고 한다. 이때의 행동양식은 대부분 자극에 대한 반응으로 과거에 대한 기억이나 미래에 대한 계획이 아닌 순전히 감각운동에 기초하여 행동한다. 즉, 초기의 인지활동은 감각적이고 운동적인 행동도식을 통해 외부환경을 이해하고 적응해 나가지만 후기에는 꽤 발달된 지적 활동을 한다.

피아제는 감각운동기를 독립적이지만 상호 관련되는 여섯 개의 하위단계들로 구분하였다. 이 하위단계들은 아동이 어떤 체계적인 목적 없이 행동하는 수동적인 유기체에서 지능의 초기적 요소를 가진 사고하는 존재로 발달하는 과정을 나타낸다.

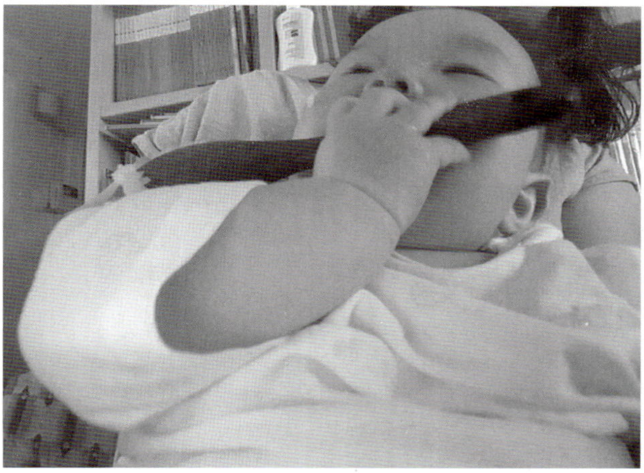

자료: http://blog.naver.com/seheeys1/220387565412

[그림 4-1] 감각운동기 적극적인 빨기

(1) 반사활동기

출생 직후부터 약 1개월까지 영아는 환경에서 자극에 적응할 수 있는 반응을 창출하는 도식을 형성한다. 즉, 신생아는 학습되지 않은 생득적 반사로 환경에 적응한다. 외부세계에 대한 아동의 선천적 능력과 준비는 제한되어 있어 아동은 대상에 행하는 자신의 행위와 대상 그 자체를 구분하지 못하며, 외부세계에 대한 지식을 습득하는 일차적 정보원은 잡기, 빨기, 큰 소리에 반응하기와 같은 반사적 행동이다. 출생 후 한 달 동안 아동의 행동에는 목적이 없다. 아동은 반복적으로 같은 반사를 사용하는 재생적 동화를 한다. 예를 들어, 아동은 장난감이든 이불이든 닥치는 대로 빨거나 손이 닿는 곳에 있는 모든 것을 잡는다. 동화가 환경적응의 대부분을 차지하지만 때로 조절도 일어난다. 예를 들어, 젖을 빨면서 젖꼭지와 가슴을 구별하게 된다.

반사활동기의 특징은 두 가지이다. 첫째는, 자신과 외부세계의 구분이 없다. 둘째는, 다양한 반사도식들을 사용해 경험을 쌓아감에 따라 아동은 증가하는 환경의 요구에 더욱 잘 적응할 수 있게 된다.

(2) 일차 순환반응

출생 후 약 1~4개월까지 영아는 새로운 경험을 하게 되면서 흥미를 끄는 행동을 반복한다. 이 시기는 아동의 관심이 외부의 대상보다 자신의 신체에 있기 때문에 일차 순환반응이라 불린다. 순환반응은 반복되는 빨기, 잡기, 블록치기와 같은 감각운동 행동의 반복을 의미한다. 반사활동기에는 동화와 조절의 기능이 거의 차이를 보이지 않으나 이 단계에서는 반사행동들 간의 분리가 증가하여 동화와 조절 기능이 분리된다. 순환반응의 목적은 기존 도식에 대한 수정이며, 도식의 수정은 곧 지적 발달을 의미한다. 이 하위단계에서 아동은 다양한 반사들에 숙달하고 이 반사들은 서로 협응된다. 예를 들어, 아동은 눈으로 흥미 있는 물체를 추적하면서 그 물체를 잡으려고 손을 뻗는다. 이 하위단계에서 아동은 많은 시행착오를 거쳐 학습을 하며 학습과정에서 우연은 중요한 요소가 된다.

이 시기에도 아동은 목적지향적이지 않으나 다양한 순환반응의 협응은 인지발달에 영향을 미친다. 시행착오 학습을 통해 아동은 구체적인 인과관계를 분명히 알지는 못할지라도 어느 정도 인과개념을 발달시킨다. 아동은 자기의 행동을 예측되는 결과에 연결시킨다. 즉, 딸랑이를 흔들면 소리를 듣게 되리란 것을 안다. 일차 순환반응은 환경이 제공하는 대로 학습하거나 획득하는 것이 아니며, 아동 스스로 발견하는 자신의 신체에 대한 탐구과정이다.

(3) 이차 순환반응

출생 후 약 4~8개월까지 영아는 최초로 자신의 환경 내에 있는 사물이나 상황에 관심을 가지고 이들을 탐색하는 행동을 보이게 된다. 이차 순환반응이란 영아가 자신이 아닌 주위 환경에 대한 인식을 하게 되면서 우연히 했던 어떤 행위가 재미있었다면 똑같은 결과를 얻기 위해 행동을 반복하는 것이다. 예를 들어, 유모차에 누워 있는 영아가 눈 위에 있는 딸랑이를 손으로 건드려서 나는 소리를 듣고 흥미로우면 반복해서 손으로 건드리는 행동을 하게 된다.

영아의 반복적 행동은 자신의 행동을 통해 환경 내에서 어떤 결과를 얻게 될 수 있다고 인식한 다소 의도적이고 목적을 지닌 행위라 할 수 있다. 그러나 이러한 의도적인 행위는 우연한 것이며, 행동 이전에 목표를 갖고 계획되지는 못한다. 또한 이 시기에는 스스로 어떤 반응을 새롭게 만들어 내는 능력을 갖게 되며, 대상영속성의 개념이 서서히 나타나기 시작한다.

(4) 이차 도식의 협응

출생 후 약 8~12개월까지 영아는 특정한 목적을 달성하기 위해 이전에 획득한 여러 가지 도식을 새로운 상황에 사용하게 된다. 이차도식의 협응은 목적을 달성하기 위해 의도적으로 수단이 되는 기존의 다른 도식들을 협응시키는 것을 의미한다. 예를 들어, 영아가 장난감을 잡으려고 베개를 치우는 것은 목적을 달성하기 위한 수단의 사용이다.

영아는 이 시기에 특정한 목적을 계속적으로 지향하는 행동을 하게 되며, 사람과 사물을 구별하게 되고, 숨긴 물건을 기억했다가 다시 찾으려고 하는 대상영속성이 어느 정도 획득된다. 즉, 영아의 행동은 수단과 목적을 결합하는 최초의 의도적인 문제해결 행동이며, 실질적인 지적 행동이다. 이 시기에는 영아의 모방능력이 급속하게 발달되어 신체적인 움직임뿐만 아니라 얼굴 표정도 모방할 수 있게 된다.

(5) 삼차 순환반응

출생 후 약 12~18개월까지 영아는 수단과 목적의 관계를 단순히 반복하는 것이 아니라, 적극적인 탐색과 시행착오 과정을 통해 새로운 행동과 결과를 탐색하게 된다. 즉, 삼차순환반응은 단순한 목적을 지닌 반복이 아니라, 새로운 행동이 어떤 결과를 가져올 것인가를 알아보기 위해 다양하게 반복적으로 실험해 보는 것이다. 예를 들어, 영아는 손바닥으로 탁자를 약하게도 두드려 보고 강하게도 두드려 보면서, 그에 따라 소리가 다르게 나는 것을 즐거워하며 반복적으로 두드린다.

영아는 마치 되풀이해서 새로운 실험을 하듯이 사물을 탐색하고, 속성을 파악하여 새로운 도식들을 형성하게 된다. 즉, 영아는 여러 가지를 스스로 학습해 보면서 외부세계에 대한 호기심을 일으켜 여러 가지 도식을 발달시켜 나간다는 것이다. 그러나 일련의 행동들이 감각운동 차원에서 이루어지며, 사고로 내면화되지 못하는 점에서 이 단계의 인지발달에 한계가 있다(이근홍, 20415: 27).

(6) 상징적 표상

출생 후 약 18~24개월까지 영아는 좀 더 내면적으로 사고한 후에 행동을 하게 된다. 영아는 문제를 해결하기 위해 실재의 물체뿐만 아니라, 상징이나 이미지를 인지적으로 조합하고 조정하기도 한다. 즉, 상징을 통해 새로운 인지구조를 생각하기도 하며, 이러한 인지구조들을 결합시켜 새로운 수단을 알아내는 사고를 시작한다. 이 시기에는 시행착오 과정을 통해 다른 행동을 취하는 것이 아니라, 머릿속으로 생각을 한 후 행동한다.

영아는 목격한 행동을 그 자리에서 모방하지 않고 시간이 지난 후에 사라진 모델의 행동을 재생할 수 있는 지연모방(deferred imitation)을 획득하게 된다. 자연모방이 가능하다는 것은 영아가 관찰한 상황을 표상의 형태로 저장하고 있음을 입증해 주는 예가 된다. 표상이 형성되면서 눈앞에 없는 대상에 대한 사고가 가능하게 되며, 전조작기 사고의 단계로 이행하게 된다.

〈표 4-1〉 감각운동기 세부 단계별 특성

세부 단계		연령 범위	인지발달 특성
1	반사 활동기	출생~1개월	- 빨기, 파악반사, 웃음, 미소반사 등 타고난 반사행동을 통하여 환경과 접촉하고 적응적 방향으로 수정됨.
2	일차 순환반응	1~4개월	- 우연히 어떤 행동을 하여 흥미 있는 결과를 얻었을 때 이러한 행동을 반복함(예: 손가락 빨기). - 점차 대상의 특성을 발견하고 그 물체의 요구에 따라 반응을 수정해 가는데, 이를 위해서는 감각체계 간의 협응이 이루어져야 함.
3	이차 순환반응	4~8개월	- 활동 자체의 흥미에서 벗어나 환경변화에 흥미를 가지고 활동을 반복함(예: 딸랑이 흔들기). - 자신의 행동과 예상되는 결과를 예측하며, 자신의 욕구충족을 위하여 의도적으로 행동함. - 그러나 예상하지 못한 행동결과가 나타나면 놀라기도 함.
4	이차도식의 협응	8~12개월	- 친숙한 행동이나 수단을 통해 새로운 결과를 얻으려고 하므로, 이 단계의 행동은 의도적이고 목적적임. - 1차 도식(예: 엄마의 옷을 잡아당기기)과 2차 도식(예: 엄마를 다른 곳으로 데려가기)의 협응이 이루어짐.
5	삼차 순환반응	12~18개월	- 친숙한 행동으로 목표에 도달할 수 없을 경우 전략을 수정하여 사용함. - 도식 자체가 크게 변화하게 되고, 능동적으로 새로운 수단을 발견함. - 시행착오적 행동을 함(예: 높은 곳에 물건을 내리는 것에 실패할 경우 의자를 가져다 놓고 높은 곳에 있는 물건을 내림).
6	상징적 표상	18~24개월	- 행동하기 전에 생각을 함으로써 돌연한 이해와 통찰을 얻을 수 있음. - 수단과 목적의 관계에 대한 정신적 조작이 가능해짐. - 몸으로 행동하는 대신 마음속으로 행동의 결과를 예측함.

자료: 권중돈(2014: 352).

2) 전조작기(preoperational period: 2~7세)

이 단계는 2세에서 7세까지 지속된다. '조작'(operation)이란, 정보의 전환을 이해하는 능력, 즉 처음으로 되돌아갈 수 있는 능력을 의미한다. 이 단계에서 언어의 습득을 통하여 사물이나 사건을 내재화할 수 있는 능력이 생기고, 보이지 않는 것을 기억하는 상징적 표상능력을 지닐 수 있게 되며, 개념적 사고를 하기 시작한다. 하지만 자기중심적 · 직관적 · 비가역적 사고의 특성 때문에 아직 조작적 사고가 이루어지지 않는 상태이다.

전조작기의 아동들은 언어를 사용하게 되면서 사물이나 사건을 기억하고 표현하는 능력이 가능해지지만 조작능력에는 한계가 있어 변형된 경험을 논리적으로 환원시키지 못하고 지각에 의한 직접적 경험으로 사물이나 사건을 이해한다. 즉, 이 시기에는 정신적 표상에 의한 사고는 가능하나 아직 개념적 조작의 단계에 들어서지 못하므로 전조작 단계라고 한다. 이 단계의 아동은 자신의 관점과 사고가 옳다고 보는 자아중심성으로 인해 사물을 자신의 입장에서 보기 때문에 타인의 관점을 이해하지 못하며 비논리적 사고로 직관적 사고에 의해 판단하므로 보존개념을 획득하지 못한 상태이다(정서영 외, 2017a: 232-233).

지능은 지식에 의해 지배되는 경향이 있으며, 점차 보존, 분류, 서열의 개념이 생겨나기 시작한다. 2세가 지나면서 감각동작적 행동에만 의존하던 것을 차츰 새로이 습득한 언어를 사용할 뿐만 아니라 언어 이외의 다양한 상징적 능력도 발달한다. 이 단계에서의 사고는 비논리적이며 환상이나 놀이를 통한 상징적 표상이 문제해결과 지배감을 갖게 되는 중요한 통로가 된다.

이러한 특성을 지닌 전조작단계는 전개념적 사고단계와 직관적 사고단계로 구분된다.

(1) 전개념적 사고단계

이 단계는 2~4세 시기로 유아기에 발달한 도식이 상징적으로 사물을 조절할 수 있도록 해주는 표상기술을 획득하는 시기이다. 개념발달을 위해서 다양한 언어활동과 신체활동에 참여하는 시기이다. 이 시기의 유아들은 자기중심적이며, 흔히 잘못된 개념, 현실에 위배되는 개념들을 가지고 있다. 이 시기 유아들의 개념 획득에 가장 결정적인 것은 다양한 언어활동과 신체적 활동을 통한 경험이다. 따라서, 유아는 더 이상 만지거나 보지 않아도 되며, 표상기술을 사용하여 과거에 일어났거나 미래에 일어나기를 원하는 사건을 표현할 수 있다 이 단계에서는 상징놀이를 통하여 사회, 신체 및 내적 세계를 실험하고 이해하며, 현실적으로 불가능한 것도 다룰 수 있고 언어적 제한성을 보충할 수 있다.

전개념적 사고단계에 있는 유아들의 특징은 자기중심적이다. 즉, 다른 사람의 관점에서 사물을 이해할 수 없다. 눈에 똑똑히 보이는 한 가지의 사실에만 기초하여 사물을 분류할 수 있고 하나의 준거에 의해서만 물체를 수집할 수 있다. 예를 들어, 여러 가지 단추 중에서 동그랗게 생긴 것들을 가려낼 수는 있지만, 동그랗고 빨간 단추는 가려낼 수 없는 것과 같다. 사물을 단계별로 배열할 수 있다. 그러나 바로 접하지 않는 사물을 추리해서 배열할 수는 없다. 예를 들어, 연필을 길이가 긴 순서로 배열할 수는 있지만, 'a는 b보다 길고, b는 c보다 길기 때문에 a는 c보다 길다'라고 추리할 수는 없다 등이다.

(2) 직관적 사고단계

이 단계는 5~7세까지로서 여러 사물과 사건을 표상하기 위하여 많은 개념들을 형성하지만 아직 불완전하며, 부분적 논리를 통해 추론을 한다. 언어화되지 않는 모호한 인상이나 지각적인 판단에 의존한다. 상징적 매체, 즉 언어가 개입되지 않은 직관에 의존하기 때문에 이 시기 유아의 사물에 대한 판단은 흔히 잘못된 것이 많다. 예를 들어, 마주 하고 있는 선생님이 '오른손을 드세요' 하면서 오른손을 들면 유아는 선생님의 말은 무시하고 선생님의 오른손은 자기의 왼손 방향에 있으므로 왼손을 들곤 한다.

이 단계에서는 상위개념과 하위개념을 완전히 구분하지 못하므로, 분류능력이 불완전하다. 사물이나 사건의 개별적 특성만을 고려하여 추리하고 특수한 것에서 특수한 것을 추가하는 전도추리 경향이 나타난다. 전체 상황 중에서 하나의 차원이나 측면에만 주의를 기울이고 다른 중요한 차원은 무시하는 중심화 경향이 나타난다. 일련의 논리나 사건을 원래 상태로 역전시킬 수 없는 비가역적 사고 특성이 나타난다. 타인의 관점과 역할을 고려하지 않은 채 자신의 입장에서 세계를 지각하는 자기중심적 사고특성이 나타난다. 수의 개념을 사용하고 보존성의 원리를 어렴풋이 이해하기 시작한다. 이 단계의 아동들에게 나타나는 인지의 유형은 다음과 같다(이우언 외, 2017: 224-227).

① 자아중심성(egocentrism)

자아중심성은 유아가 자신의 관점과 상이한 다른 사람의 관점이 존재한다는 사실을 깨닫지 못하기 때문에 모든 사람이 자신이 보는 것과 같이 세상을 보고 있다고 생각하는 것을 말한다. 즉, 외부세계에 대해 자기가 생각하는 것이 전부이고 그것만이 가능한 것으로 생각하기 때문에, 모든 사람이 다 자신과 똑같은 방식으로 사물을 보고 있다고 생각한다는 것이다. 그래서 이 시기의 유아와 전화를 하면 자기가 가지고 노는 장난감에 대해서 "아빠, 이거 왜 이래?" 하면서 묻는다. 즉, 자기가 갖고 있는 장난감을 전화하는 아빠도 본다고 생각하는 것이다. 또한 자신이 갖고 싶은 물건은 다른 사람도 갖고 싶을 것이라고 생각하여 엄마에게 장난감을 선물로 준다거나, 자기가 배가 고프면 인형도 배가 고플 것이라고 생각하게 된다.

이와 같이 이 시기의 유아는 사물을 볼 때 자신의 위치에서만 사물을 이해할 뿐 다른 사람의 위치에서 보이는 사물의 모습은 상상하지 못하는 한계가 있다. 그리고 듣는 사람이 자신의 말을 이해할 수 있는가를 따져보지 않은 채 자신의 생각만을 전달하는 의사소통의 양상을 보인다.

이러한 자아중심성을 이기적이라고 생각하여 걱정할 필요는 없다. 이 시기의 유아들은 함께 놀아도 상대방의 입장을 이해하지 못하므로 따로 노는 것이나 마찬가지이다. 이러한 성향은 또래들과 같이 노는 가운데 자연스럽게 극복된다. 왜냐하면 유아들이 같이 놀기 위해서는 또래들을 이해시켜야 하고 스스로도 다른 유아의 관점을 이해할 수밖에 없기 때문이다.

② 물활론(animism)

물활론이란, 사물은 모두 살아 있고 각자의 의지에 따라 움직인다고 생각하는 것이다. 즉, 유아는 생명이 없는 대상에게 생명과 감정을 부여한다. 4~6세가 되면 유아는 활동하는 것은 모두 살아 있는 것으로 여긴다. 예를 들어, 유아는 태양은 빛을 발하기 때문에 살아 있으며, 산은 아무것도 하지 않으므로 죽어 있다고 본다. 6~8세가 되면 유아는 움직이는 것들에 한해 생명을 부여한다. 탁자와 꽃은 움직이지 않으므로 죽은 것이고, 자전거와 구름은 때때로 움직이므로 살아 있는 것으로 생각한다. 8세경이 지나야 비로소 스스로 움직이는 것에 한해서 생명을 부여하며, 그 이후가 되어야 생명이 있는 것을 식물과 동물에 한정시킨다(Crain, 1993).

③ 상징적 기능(syntolic fanction)

상징적 기능은 유아가 눈에 보이지 않는 사물이나 행동을 표상하기 위해 상징을 사용하는 능력을 말한다. 상징적 기능은 상상놀이, 그림 및 언어를 통해서 가장 잘 표현하고 있다. 상상놀이란, 가상적인 사물이나 상황을 실제사물이나 상황으로 상징화하는 놀이이다. 예를 들어, 나무토막으로 총놀이를 하는 유아는 실제로 나무토막으로 놀이를 한다기보다는 자신의 머릿속에 있는 표상을 나무토막이라는 상징물을 통해 재현하고 있는 것이다. 상상놀이를 통해 유아는 어떤 대상, 사람 및 상황의 속성을 재현할 수 있다. 소꿉놀이, 기차놀이, 병원놀이 등은 상징놀이에 속한다.

그림은 유아의 내적 표상이 표출되는 중요한 상징적 수단이다. 예를 들어, 유아가 해를 그릴 때 눈, 코, 입을 그려 넣거나, 버스에 타고 있는 사람들의 다리까지 그려 넣은 것은 그들이 눈에 보이는 것을 그리는 것이 아니라 자신의 머릿속에 있는 심상을 그리고 있음을 보여주는 것이다. 또한 언어는 유아의 내적 표상을 표현하는 상징적 수단이다. 언어는 유아의 시야를 넓혀주며, 언어를 통해서 유아는 과거를 다시 체험할 수 있고, 미래를 예기할 수 있으며, 사건을 다른 사람에게 전달할 수 있다.

④ 타율적 도덕성(heteronomous morality)

타율적 도덕성은 유아가 성인들이 만들어 놓은 규칙과 제도에 무조건 따르는 것을 뜻한다. 이 시기의 유아는 그들이 항상 따라야 하는 규칙이 있으며 이 규칙을 지키지 않으면 벌을 받기 때문에 절대적으로 지켜야 한다고 생각한다. 따라서, 이 시기의 유아는 동화 속의 이야기를 사실대로 믿어서 거짓말을 하면 피노키오처럼 코가 길어진다고 믿고, 또 산타클로스의 신화도 그대로 믿는다. 그리고 저지른 잘못이 크면 클수록 의도가 어떻든 간에 벌이 크고 더 나쁘다고 생각하여 의도보다 결과에 치중한다. 예를 들어, 엄마를 도와주려다가 실수로 컵을 3개 깨뜨린 유아와 엄마가 먹지 말라고 한 우유를 먹으려다가 1개의 컵을 깰 경우, 누가 더 벌을 많이 받아야 하느냐고 물으면 대부분 3개의 컵을 깬 유아가 더 많은 벌을 받아야 한다고 대답한다. 이러한 타율적 도덕성은 10세까지도 대부분 지속되다가 점차 규칙이 협동적인 상호작용을 위한 계약이라는 것을 배우게 되면서 자율적 도덕성이 나타난다.

3) 구체적 조작기(concrete operational period : 7~11세)

구체적 조작기는 사고가 안정되고 일관성이 있으며, 조작적이면서 논리적 추리력을 갖게 되는 단계이다. 이 시기는 논리적 사고가 현저하게 발달하는 시기이지만, 아동의 사고가 현실에 존재하며 관찰이 가능한 구체적 사건이나 사물에만 한정되어 있기 때문에 이 시기를 구체적 조작기라고 한다. 아동은 가상적인 상황을 만들어서 추론할 수 없기 때문에 추상적이고 복잡한 가설의 정신적 사고는 아직 가능하지 않다. 구체적 조작기에 아동은 인지능력이 발달하여 보존개념, 분류화, 서열화, 탈중심화, 자율적 도덕성 등을 갖게 된다(이근홍, 2015: 281).

이 시기를 '구체적'이라고 표현한 이유는 구체적인 사물과 구체적인 행위에 대해서만 체계적으로 사고하고 직접적인 경험을 통해서만 인지를 획득하기 때문이다. 이 시기의 아동은 비논리적 사고에서 벗어나 논리적 사고로 전환되며, 다음과 같은 기본적인 논리체계가 획득되는 단계이다.

① 분류화(classification)

분류화란 대상을 구분하고 동시에 두 개 이상의 계층을 고려할 수 있는 능력을 가질 수 있는 것을 의미한다. 색깔이나 크기에 따라 순서를 배열할 수 있는 능력을 갖고 크기를 비교할 수 있게 된다.

② 서열화(seriation)

서열화는 어떤 특정의 속성이나 특징을 기준으로 하여 상호관계에 따라 사물을 잘 어울리게 배열하는 것이다. 이것은 여러 사물이나 현상들을 특정 속성에 따라 순서대로 배열하는 것을 말한다. 이 시기의 어린이는 사물 간의 관련성을 이해하기 때문에 한 사물을 여러 대상이나 사물들과 비교할 수 있게 되어 차례대로 늘어놓을 수 있게 된다.

③ 보존(conservation)

보존은 어떤 대상의 형태와 위치가 변화하더라도 그 양적 속성이나 실체는 변하지 않는다는 것이다. 이 시기에 아동은 아무것도 보태거나 빼지 않을 경우 본래의 양은 동일하다는 동일성(identity) 및 어떤 변화상태란 그 변화과정을 역으로 수행하면 본래의 상태로 되돌아갈 수 있다는 가역성(reversibility), 그리고 어떤 차원에서의 변형에 의한 양의 손실은 다른 차원에서 얻어진다는 보상성(compensation)을 이해할 수 있다. 이러한 동일성, 가역성 및 보상성에 대한 이해는 보존개념의 획득을 가능하게 한다.

④ 탈중심화(decenter)

탈중심화는 사물의 어떤 두드러진 특성이나 측면에만 얽매이지 않고 여러 가지 특성이나 측면을 고려하는 다면적 사고를 할 수 있는 것이다. 따라서, 이 시기에 아동은 자기중심적 사고에서 타인의 관점을 수용하고 이해하는 능력이 발달하게 된다. 하지만 구체적 조작을 성취함으로써 아동은 논리적으로 사고할 수 있지만 논리를 가설적 문제에 적용하지는 못한다.

⑤ 자율적 도덕성(autonomous morality)

자율적 도덕성은 사람들이 서로 뜻을 같이 하여 규칙을 만들 수도 있고, 또 서로가 동의하면 언제든지 변화될 수 있다는 것을 의미한다. 또한 행위의 결과보다 행위자의 의도에 따라 옳고 그름에 대한 판단을 내리게 된다. 예컨대, 어린이가 어머니를 돕기 위해 설거지를 하다가 컵을 깨뜨렸다면 일부러 깨뜨린 것이 아니기 때문에 잘못했다고 판단하지 않는다. 어린이는 규칙을 어겼다고 해서 꼭 벌을 받는 것은 아니며, 경우에 따른 정상 참작이 필요한 것을 알게 된다.

4) 형식적 조작기(formal operational period: 11세 이후)

이 단계는 11세에서부터 15세까지 지속되는 단계로서, 아동은 자신의 지각이나 경험보다는 논리적 원리의 지배를 받으며, 추상적 사고가 가능하기 때문에 경험하지 못한 사건에 대한 가설적이고 추상적인 합리화를 통하여 과학적 사고를 할 수 있게 된다(정서영 외, 2017a: 234).

이러한 형식적 조작 사고단계에서 나타나는 인지발달의 특성을 요약하면 다음과 같다.

① 구체적인 상황을 초월하여 상상적 추론이 가능하다.
② 가설설정과 미래사건의 예측이 가능하며, 제시된 문제가 자신의 이전 경험이나 신념과 어긋난다 할지라도 처리가 가능하다.
③ 있을 수 있는 모든 개념적 조합을 체계적으로 고려하고 검증할 수 있다.
④ 관련된 모든 변인들의 관련성을 파악하여 적절한 문제해결방법을 찾아낼 수 있다.

이러한 형식적 사고는 이질적 성원으로 구성된 동년배 집단에 참여할 경우 더욱 촉진되는 것으로 나타났으며, 교과과정을 통한 학습이 형식적 사고의 발달을 촉진시키는 것으로 나타났다. 그리고 다양한 사회적 경험을 통해 자아중심성이 감소하고, 학교, 단체생활을 통하여 점차 타인을 배려할 수 있는 사회적 인지가 발달함에 따라 이 단계에서는 자기성찰이나 자기개선을 할 수 있게 된다. 형식적 조작기에 나타나는 사고는 다음과 같다(이근홍, 2015: 283-274).

① 추상적 사고(abstract thinking)

추상적 사고는 실제적 · 구체적으로 경험할 수 없는 사물이나 사건을 머릿속으로 생각하는 것이다. 형식적 조작기에는 어떤 사물에 대해 다양한 요인을 함께 고려할 수 있을 뿐만 아니라 사물이 존재하는 방식과 기능하는 방식에 대해 창의적으로 사고할 수 있다. 또한 이 시기에는 자신의 미래에 대해서나 자신이 나아갈 사회에 대해서도 사고를 하게 되며, 현실과 다른 가상적 사회를 꿈꾸고 구상하기도 한다.

② 가설 연역적 추리(hypotheticakleductive reasoning)

가설 연역적 추리는 제시된 문제에 내포된 정보로부터 하나의 가설을 설정하여 일반적인 원리를 바탕으로 특수한 원리를 논리적으로 이끌어 내는 것을 말한다. 즉, 구체적 조작기에는 어떤 문제상황에 놓이게 되면 과거의 문제해결 경험을 바탕으로 문제를 해결하려고 하지만, 형식적 조작기에는 문제해결 방안과 관련된 가설을 설정하고 체계적인 검증을 통하여 하나의 문제해결의 원리를 표출해 낸다.

③ 조합적 사고(combination thinking)

조합적 사고는 하나의 문제를 해결하기 위해 여러 가지 가능한 해결책을 논리적으로 구성하여 문제해결에 이를 수 있는 사고이다. 구체적 조작기에는 문제해결을 위한 가능한 방법을 체계적으로 조합하여 생각하지 못하지만, 형식적 조작기에는 문제해결을 위해서 사전에 모든 가능한 방법을 생각하고 체계적으로 조합할 수 있는 능력을 갖게 된다.

④ 명제적 사고(propositioml thinking)

명제적 사고는 경험적 현상에 대해 추리하는 것이 아니라 진술 간의 논리적 관계를 추리하는 것으로 논리적 판단을 언어나 기호로 표현할 수 있는 능력을 말한다. 형식적 조작기에는 현실세계의 상황을 고려하지 않고 명제의 논리적 진위만을 판단하며, 여러 명제 간의 논리적 추론을 이끌어 내는 명제적 사고를 할 수 있게 된다.

⑤ 다차원적 사고(mul-dimensional thinking)

다차원적 사고는 하나의 차원을 넘어 여러 차원을 동시에 바라볼 수 있는 것을 말한다. 즉, 이것은 인식의 범위가 하나의 상황을 단일상황이 아닌 여러 가지 입체적 · 통합적 흐름 속에서 다면적으로 바라볼 수 있는 의식체계를 말한다. 청소년은 한 가지 측면의 사

〈표 4-2〉 **피아제의 인지발달단계**

인지발달단계	연령	특 징
감각운동기 (sensorimotor stage)	0~2세	- 감각 운동에 기초하여 다양한 감각 경험 및 발달 - 대상 영속성 개념 획득 - 사물을 직접 탐색하고 조작하여 학습함. - 하위 여섯 단계로 구분 ① 반사활동(0~1개월): 반사가 보다 효율적이며 모든 대상을 빨기 도식에 동화시킴. ② 1차 순환반응기(0~4개월): 새로운 경험을 반복하며, 협응 등 초보적인 학습능력이 생김. ③ 2차 순환협응기(4~10개월): 우연한 발견의 의도적 반복으로 새로운 반응능력을 갖게 됨. ④ 2차 도식협응기(10~12개월): 기존 도식을 새로운 대상에 활용, 조절 확대 ⑤ 3차 순환반응기(12~18개월): 문제해결을 위한 새로운 수단을 발견하고 반복 ⑥ 상징적 표상기(18~24개월): 행위의 내면화, 시작 전 상황에 대한 사고를 하기 시작
전조작기 (preoperational period)	2~7세	- 보이지 않는 것을 기억하는 표상적 상징이 가능 - 상징놀이, 물활론, 보존개념의 부족 등의 특성(물활론-생명이 없는 대상에서 생명과 감정을 부여) 예, 곰인형이 무서울까 봐 빨리 집에 가야 한다고 함. - 자아중심적 사고, 직관적인 사고 - 사고는 가능하나 논리적이지는 않음.
구체적 조작기 (concrete operational period)	7~11세	- 분류, 영속성, 서열화, 보존개념의 획득 - 실제적이고 구체적인 대상과 사상들에 한정된 논리만 가능 - 간단한 산술과 연산 이해 - 자아중심성에서 탈피하여 자율적 도덕성 획득
형식적 조작기 (forma operational period)	11세~	- 논리적, 연역적 추론, 추상적 사고 가능 - 가능성과 실제 간의 가설적 문제의 해결 가능 - 체계적인 사고능력, 다양한 해결책 고려할 수 있는 사고능력 발달

자료: 표갑수 외(2016: 219) 재구성.

고에 국한되지 않고 다차원적인 사고능력이 발달함에 따라 다른 사람의 관점에서 사고할 수 있게 된다.

4. 평가

피아제의 이론은 일상생활에서 실제로 아동이 하는 행동을 중심으로 개발한 이론으로서, 아동을 대상으로 아동의 나이에 적합한 놀이기구, 게임, 학습방법 등을 그들의 관점에서 바라볼 수 있어야 한다는 점을 인식시켜 주고 있다. 그러나 아동 스스로 학습한다는 자율성에 근거하여 훈련이나 연습의 효과를 무시한다는 것과 아동에 대한 직접적인 관찰을 통해서 수집한 자료이기 때문에, 과학적인 방법으로 증명되기 어렵다는 점에서 비판받고 있다(정은, 2014: 130).

모든 개인의 사회적 및 정서적 상장과 발달이 고정된 과정을 거친다는 피아제의 인지발달모델에 대한 의문이 제기되고 있다. 이러한 모델은 문화적 차이를 고려하지 못하고 있으며, 과도하게 결정론적이다(Germain, 1987). 물리적 세계와 관련된 이동의 개념적 사고에서의 단계별 차이는 실험적 조건에서만 확인이 가능하며, 광범위한 사회적 · 정서적 현상에까지 일반화될 수 없을 것이다.

감각운동기와 형식적 조작기에서는 연령에 따른 인지발달 개념의 타당성이 입증되고 있다. 그러나 중간의 두 단계에서는 연령에 따른 인지발달 개념의 타당성이 명확하게 입증되지 않고 있다.

피아제의 인지발달이론에서는 청소년기까지의 인지발달만을 소개하고 있으나, 최근 대부분의 인지이론에서는 신체적 성숙이 이루어진 이후에도 지속적 성장과 발달이 일어난다고 가정하고 있다. 인지이론에서는 중재 및 상호적 영향의 가정은 인지체계가 개발적이고 역동적인 체계이며 성장과 변화의 잠재력이 항상 존재한다는 점을 기본전제로 하고 있다. 바람직한 환경이 조성되고 생리적인 장애가 없다면 기본적인 인지 구조와 과정은 아동기에 주로 발달한다. 이와 관련하여 인지이론은 특정 시점에서 새롭고 다른 개인적 현실을 구성하는 개인의 능력에 대해 낙관적이고, 비결정론적인 관점을 취하고 있다(Goldstein, 1982).

이와 동시에 '늙은 개에게 새로운 재주를 가르칠 수 없다'는 속담에 나타난 바와 같이, 개인의 인지기능은 변화시키기 어렵다. 논리적 분석을 방해하는 상충되고 비합리적인 사고임에도 불구하고 고수하고 있는 신념체계와 새로운 정보를 무시하는 타인에 대한 지각이 이러한 예에 속한다. 인지가 개인적 현실을 구성하고 의미를 부여하기 때문에, 선호하는 사고방식을 고수함으로써 자기유지 기능을 존속시킬 수 있게 된다. 게다가 개인이 생각하고 알고 있는 것 중의 많은 것, 즉 행동과 감정을 중재하는 인지는 초기 학습의 산물이다. 케이건(Kagan, 1994)은 아동과 성인 모두가 과거에 효과적이었던 가설을 포기하지 않으려 한다고 하였다. 따라서, 일련의 다른 환경에 적응적이었던 신념은 새로운 환경에 대해 새로운 방식으로 사고하는 것을 방해한다.

인지기능의 안정성과 변화에 기여하는 과정과 기제는 아직도 정확히 밝혀지지 않고 있다. 인지불일치로 불리고 있는 인지갈등과 불안정을 만들어 내는 환경은 아마도 변화를 유발하는 동기적 요소로서 작용할 가능성이 높다(Markus & Zajoni, 1985).

노년기에 있어서 인지기능의 쇠퇴는 피할 수 없는 것이라고 보는 것이 공통적인 가정이다. 그러므로 노년기에 있어서의 정상적 인지기능의 일반적 특성을 이해하는 것은 매우 중요하다. 동시에 인지기능에 중대한 변화를 일으키는 알츠하이머병과 다른 종류의 치매와 같은 만성적 질병이 노년기에 특히 많이 나타난다는 것 또한 사실이다.

피아제의 인지이론에 대한 비판은 다음과 같다(오창순 외, 2015: 155),

첫째, 실험실에서 과학적으로 이루어진 연구가 아니고, 자녀를 관찰한 내용을 토대로 하여 연구방법의 객관성과 신뢰성이 부족하다.

둘째, 유럽지역의 일부 아동을 대상으로 한 연구에 국한된 것으로서, 아동의 인지발달에서 문화적 · 사회경제적 · 인종적 차이를 충분히 고려하지 않는다.

셋째, 인지발달에서 가까운 사람 및 사회환경과의 관계에는 관심을 두지 않았고, 정서장애나 성격장애에 대한 설명이 없다.

넷째, 인지발달이 청소년기에 멈춘다고 주장하여 이후의 발달단계에 있는 성인의 인지발달에 대해서는 언급이 없다.

연습문제

1. 피아제의 이론에 관한 설명으로 옳은 것은?
   ① 성인기 이후의 발달을 다루고 있지 않다.
   ② 발달단계는 감각운동기, 전조작기, 형식적 조작기, 구체적 조작기의 순으로 진행된다.
   ③ 발달이 완성되면 낮은 단계의 사고로 전환하지 않는다.
   ④ 단계별 성취연령에는 개인차가 존재하지 않는다.
   ⑤ 발달에는 순서가 있지만 단계를 뛰어넘을 수 있다.

2. 피아제가 주장한 전조작기의 특징으로 옳지 않은 것은?
   ① 상징적 활동이 증가한다.
   ② 물활론적 사고를 한다.
   ③ 자기중심적 사고가 나타나는 시기이다.
   ④ 언어발달이 급속히 발달한다.
   ⑤ 대상영속성이 나타난다.

3. 피아제가 제시한 자아중심성에 관한 설명으로 옳지 않은 것은?
   ① 구체적 조작기에는 자아중심적 사고가 시작되며 사물을 분류하는 것이 가능하다.
   ② 형식적 조작기에 자아중심성이 다시 나타나지만 추상적 · 합리적 사고가 가능하다.
   ③ 전조작기에는 자신만의 규칙을 가지고 있어서 타인을 고려하지 않는다.
   ④ 구체적 조작기에는 놀이와 언어에서 외부의 관점을 고려하기 시작한다.
   ⑤ 2차 순환반응기에는 자신과 외부 대상의 구별이 가능하다.

4. 인간을 매우 주관적인 존재로 인식하고 그러한 인간이 외부세계를 이해하고 파악함으로써 인지구조를 설명하고 있는 이론은?
   ① 행동주의이론 ② 인지이론 ③ 사회학습이론
   ④ 인본주의이론 ⑤ 심리사회적 이론

5. 피아제의 인지발달이론에서 다른 사람의 생각이나 감정, 지각, 관점 등이 자신과 동일하다고 생각하는 것은 어느 단계의 특징인가?
   ① 감각운동기 ② 형식적 조작기 ③ 구체적 조작기
   ④ 전조작기 ⑤ 반사활동기

6. 피아제의 인지발달이론에 대한 내용으로 옳은 것은?
   ① 조직화와 순응이라는 기본 과정은 전 생애에 걸쳐 일어난다.
   ② 조절이란 외부요소들을 유기체의 내부구조 속으로 통합하는 과정을 말한다.
   ③ 평형화란 불균형을 추구하려는 유기체의 생득적 경향성이다.
   ④ 동화란 환경적인 영향의 결과 개인의 구조가 수정되어 가는 과정을 말한다.
   ⑤ 도식은 연령 증가에 따라서도 질적 변화가 없다.

정답 1. ① 2. ⑤ 3. ① 4. ② 5. ④ 6. ①

Chapter 05

기타 발달이론

학습목표

인간발달에는 많은 이론들이 주장되고 있다. 특히, 촘스키의 생득적 언어발달이론, 콜버그의 도덕성 발달이론, 비고츠키의 사회문화적 인지발달이론은 최근에 많은 호응을 얻고 있다. 이들 이론에 대한 학습을 통해 인간발달이론에 대한 완성도를 높이고자 한다.

학습내용

1. 생득적 언어발달이론
2. 도덕성 발달이론
3. 사회문화적 인지발달이론

개 요

촘스키의 언어발달이론은 생득이론이라고 한다. 촘스키에 따르면, 아동은 성인을 통해 언어를 배우기보다는 아동 스스로 배울 수 있는 가능성을 가지고 태어난다는 이론이기 때문에, 언어습득과정에서 환경적 요인보다 생물학적 요인을 더 강조한다. 콜버그는 피아제(Piaget)의 인지발달이론에서 영향을 받아 6단계의 도덕발달이론을 주창하였다. 콜버그는 피아제의 인지발달이론에 따라 아동이 도덕적 딜레마를 해결하기 위해 어떠한 논리를 사용하는지를 관찰했다. 비고츠키의 사회문화적 인지발달이론은 러시아 사회주의의 토대가 되는 마르크스의 이론과 조화를 이루는 이론이다. 비고츠키는 아동발달을 이해하기 위해서는 한 문화의 역사적 배경을 이해해야 한다고 하였다. 본 장에서는 이러한 세 이론을 중심으로 논하고자 한다.

1. 생득적 언어발달이론

1) 촘스키의 생애와 사상

촘스키(Avram Noam Chomsky, 1928~)

촘스키는 1928년 12월 7일 미국의 펜실베이니아(Pennsylvania) 주 필라델피아(Philadelphia) 부근의 이스트 오크 레인에서 유대계 러시아 이민자 가정의 2세로 태어났다. 그는 아버지(William Chomsky)로부터 언어학의 기초를 배웠는데, 그의 아버지는 존경받는 히브리어 학자였다. 어머니 엘지 촘스키는 벨라루스 출신이지만, 통상적인 뉴욕 영어를 하는 사람이었다. 처음 접한 언어는 이디시어(Yiddish language)[3]였지만, 촘스키의 가족들 사이에서는 이디시어가 금기시되었다. 당시 가족들이 살았던 지역은 유대인 집단거주 지역으로 이곳은 이디시측과 히브리쪽으로 나뉘어 있었고, 그들은 히브리쪽에 있어 히브리어 문화와 문학에 노출되어 길러졌다. 촘스키는 1930년대 개인적으로 경험했던 아일랜드계 카톨릭과 독일계 카톨릭 그리고 반유대주의의 갈등을 설명하기도 하였다.

촘스키는 아버지의 영향을 많이 받았다. 그는 어렸을 때 아버지가 저술한 책들을 즐겨 읽었으며, 이 저작들을 통해 유대인으로서의 자각과 함께 시오니즘[4](Zionism)운동과 민주주의에 일찍 눈을 떴다. 촘스키의 자유와 민주주의에 대한 자각은 어렸을 때부터 나타났다. 그가 10세 때 당시 스페인 내전으로 바르셀로나가 함락당한 사건에 대해 자신의 생각을 학교신문에 발표하기도 하였다. 필라델피아 중앙고등학교(Central High School)를 졸업하고 1945년부터 펜실베이니아대학교에서 철학과 언어학을 공부하였다. 1949년에 언어학자인 캐롤 샤츠(Carol Schatz Chomsky)와 결혼했으며, 1950년대에는 아내와 함께 이스라엘의 집단농장인 키부츠(qibbutz)에서 공동체 생활을 하기도 하였다.

촘스키는 1945년에 열여섯 살의 나이로 펜실베이니아대학교에 입학했지만, 고등학교 시절 그토록 혐오했던 제도교육이 펜실베이니아대학교에서도 되풀이되고 있다는 사실에 곧 실망하게 된다. 촘스키는 대학을 중퇴하려다가 언어학자인 해리스(Zellig Harris)를 만나게 되어 학업을 계속했다. 해리스는 촘스키의 삶에 지대한 영향을 미치게 된다. 촘스키는 해리스 연구에 전념하면서 그 자신의 이론을 형성하기 시작하였다. 그는 펜실베이니아대학교에서 언어학, 수학, 철학을 공부했으며, 1955년 언어학 박사학위를 받았다. 그는 1956년 매사추세츠공과대학(MIT)의 교수가 되었고, 1966년 석좌교수, 1976년부터는 연구교수가 되었다.

그는 1951년부터 1955년까지 하버드대학교의 특별 연구원으로 선임되었는데, 이 기간에 박사논문 "변형 분석"(Transformational Analysis)을 완성하였다. 그는 이 논문의 내용을 발전시켜 『언어학 이론의 논리적 구조』(*The Logical Structure of Linguistic Theory*)를 집필하였고, 학계의 주목을 받기 시작했다. 그리고 『통사 구조』(*Syntactic Structures*, 1957), 『통사론의 여러 측면』(*Aspects of the Theory of Syntax*, 1965), 『생성문법 이론의 여러 문제』(*Topics in the Theory of Generative Grammar*, 1966), 『영어의 음성양식』(*Sound Pattern of English*, 1968, 공저), 『언어와 정신』(*Language and Mind*, 1968), 『언어지식』(*Knowledge of Language*, 2000), 『최소주의 언어이론』(*The minimalist program*, 2001) 등의 저작으로 변형생성문법 이론을 체계적으로 발전시키며 언어학의 혁명을 주도하였다.

촘스키는 현대 언어학의 발달에 혁명적 변화를 가져온 언어학자이다. 촘스키의 변형생성문법 이론은 개개의 언어수행(performance)에 앞서 존재하며 그것을 생성시키는 인간의 보편적인 언어능력(competence)과 언어규칙에 대한 탐구로 언어학의 영역을 확장시켰다. 이는 '촘스키 혁명', '언어학 혁명'이라고 불릴 정도로 현대 언어학에 획기적 전환을 가져온 것으로 평가된다. 그리고 그의 언어 이론은 인지과학, 철학, 심리학 등 다양한 학문들에도 커다란 영향을 미쳤다.

하지만 촘스키는 언어학자로서만이 아니라 현실비판과 사회참여에 앞장서는 실천적인 지식인으로서도 널리 알려져 있다. 그는 1960년대 베트남전쟁 반대운동을 기점으로 다양한 사회운동에 적극적으로 참여하였는데, 1967년에는 국방성과 국무성 앞에서 시위를 벌이다 투옥되기도 했다. 그는 저작과 강연, 대담, 영상물 등으로 미국의 제국주의적인 대외 정책과 정치 · 경제 · 매체를 장악한 권력을 비판해 왔으며, 직접 실천 행동에 참여하였다. 그리고 1990년대 이후에는 신자유주의 세계질서의 야만성에 대한 비판에도 앞장섰다. 이러한 활발한 사회 참여 때문에 그는 '미국의 양심'으로 불리기도 한다. 그의 이러한 활동은 인간이면 누구나 자기가 속한 사회에 대해 올바른 판단을 내리고 그것을 행동에 옮길 수 있어야 하며, 인간사에 중대한 의미를 갖는 문제에 대한 진실을 그 문제에 대해 뭔가를 해낼 수 있는 대중에게 알리려고 노력하는 것이 『지식인의 책무』(*Writers and Intellectual Responsibility*, 1995)라고 주장했다.

그는 언어학 이외에도 정치학, 철학, 심리학 등의 다양한 주제에 대해 80여 권의 저서와 1천여 편의 논문을 발표하였다. 특히, 강대국의 패권적인 대외 정책과 언론, 지식인의 유착 등을 폭로하고 비판하는 활동에 앞장서, 『숙명의 트라이앵글: 미국, 이스라엘, 팔레스타인』(*Fateful triangle: the United States, Israel and the Palestinians*, 1983), 『여론조작: 매스미디어의 정치경제학』(*Manufacturing Consent: The Political Economy of the Mass Media*, 1988 공저), 『테러리즘의 문화』(*The Culture of Terrorism*, 1988), 『미국이 진정으로 원하는 것』(*What Uncle Sam Really Wants*, 1996), 『그들에게 국민은 없다』(*Profit over people: neoliberalism and global order*, 1999), 『501년, 정복은 계속된다』(*Year 501, The Conquest Continues*, 2000), 『불량 국가』(*Rogue states*, 2001) 등의 저작을 남겼다. 이러한 저작들과 강연, 대담 등을 통해 그는 다국적기업의 이익만을 중시하는 신자유주의적 세계화의 문제와 강대국의 대외 정책에서 나타난 폭력성, 이에 융합된 사회 내의 권력 등을 폭로하고 비판하는 활동을 펼쳤으며, 그의 글들은 세계 각국에서 번역되어 널리 읽히며 큰 영향을 끼쳤다.

2) 생득적 언어발달이론의 주요 개념 및 특성

(1) 생득적 언어발달이론의 개요

인간의 언어발달을 설명하는 대표적인 세 가지 이론들로는 첫째, 언어발달을 생득적 기제로 설명하는 입장으로 촘스키는 인간은 출생 시에 언어획득장치를 가지고 태어난다고 주장했다. 둘째는, 학습과 모방으로 언어발달을 설명하는 스키너(B. F. Skinner)를 비롯한 학습이론가들의 주장으로 인간은 조작적 조건형성에 의해 언어를 학습한다는 것이며, 세 번째는, 아동의 인지구조와 인지능력의 발달 결과, 언어발달이 이루어진다는 발달심리학자들의 이론이다.

촘스키(1957)의 언어발달이론은 '생득이론'(nativist theory)이라고 한다. 아동은 성인을 통해 언어를 배우기보다는 아동 스스로 배울 수 있는 가능성을 가지고 태어난다는 이론이기 때문에, 언어습득과정에서 환경적 요인보다 생물학적 요인을 더 강조한다. 촘스키 이전의 언어학자들은 당시 지배적인 행동주의 심리학의 영향으로, 관찰할 수 있는 것만을 기술하는 데 관심을 기울였다.

촘스키는 인간의 언어능력이 생득적임을 밝히고 있다. 생득적이라는 것은 유아가 이미

완성된 언어능력을 가지고 태어나며, 언어능력이 이미 만반의 준비를 다 갖추고 유아의 두뇌 속에서 쓰임을 기다리고 있다는 성숙결정론적 관점을 의미하는 것이 아니다. 유아는 자신이 준비를 갖추었을 때에 사용할 수 있는 언어사용에 관한 어떤 장치, 즉 기본설계도를 유전적으로 가지고 태어난다는 것을 의미한다.

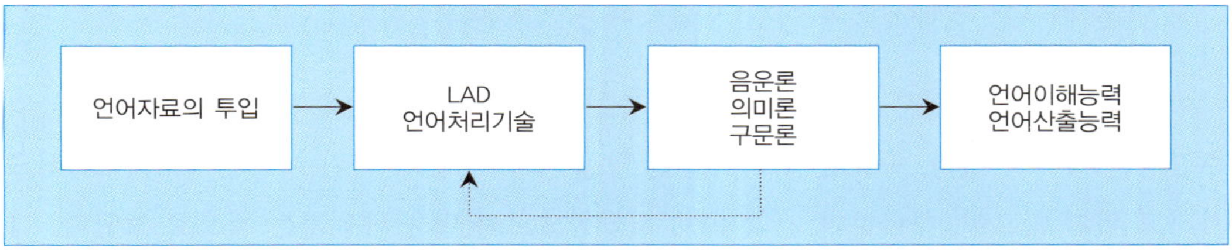

자료: 정옥분(2015: 301).

[그림 5-1] **촘스키의 언어습득모형**

(2) 언어습득장치

미국의 언어학자이자 비판적 · 실천적 지식인인 촘스키가 펼친 언어습득이론인 생득주의이론, 즉 언어능력은 선천적으로 타고난다는 것을 주요 내용으로 하는 이론이다. 촘스키는 인간의 뇌 속에 언어습득과정에 중심적 역할을 하는 일종의 특수기관이 있으며, 이 가상의 장치가 '언어습득장치'(language acquisition device, LAD)라고 주장한다. 일부 언어전문가들은 언어습득장치가 좌뇌의 전두엽에 자리 잡고 있다고 믿는다. 언어습득장치 안에는 모든 언어에 필요한 기본 원칙이 담겨 있기 때문에, 인간은 누구나 선천적으로 언어적 본능을 타고나는 것이고, 언어를 사용하는 사회환경에서 태어나 그 언어에 접촉하게 되면 일차언어자료(primary linguistic data)를 기초로 하여 언어를 습득하게 된다고 한다.

촘스키에 따르면, 유아는 부모의 말을 무의식적으로 듣게 되고, 언어습득장치가 그 말을 흡수하여 얼마 지나지 않아 자신도 모르는 사이에 모국어를 인지하게 된다. 아이의 언어습득장치에 언어 특질이 선천적으로 내재되어 있기 때문에, 아이는 굳이 배우지 않아도 각기 다른 품사를 구별하고, 자동적으로 단어를 순서대로 배열할 수 있는 언어능력, 즉 언어의 문법 형식을 지정하고, 적절한 문법을 선택하는 방법인 언어이론을 갖추게 되는 것이다. 언어습득장치는 어린 나이에만 작동되며, 사춘기로 접어들면 이 능력은 현저히 저하된다.

① 언어습득장치를 통해 선천적으로 언어가 습득된다.
② 언어습득능력은 0세부터 13세까지 가장 활발하게 진행된다.
③ 언어능력은 일반적인 지적 능력과는 다르다.
④ 인간의 언어습득장치에는 모든 언어의 공통된 보편문법이 선천적으로 갖추어져 있다.
⑤ 말은 배우는 것(learning)이 아니라 습득하는 것(acquisition)이다.

이러한 주장은 생성문법을 주장하는 학자들에 의해 지지되었으며 구조문법 학자들의 주장과는 차이가 있다. 구조문법 학자들은 말을 배우기 전의 어린 아동은 어떠한 지식도 가지고 있지 않으며, 하나하나 기억 속에 저장함으로써 말을 배워가는 것으로 보았다. 그러나 언어습득장치를 증명하기는 쉽지 않기 때문에 많은 논쟁을 일으키기도 하였다.

3) 언어발달단계

단어나 문장을 습득하는 시기는 개인차가 있으나, 대부분의 유아는 언어획득 시에 동일한 발달단계를 거친다. 대체로 유아가 알아들을 수 있는 단어를 사용하기 시작하는 것은 12개월경이라는 사실에 사람들은 거의 동의한다. 그러나 영아는 단어를 표현하기 오래 전부터 울음이나 표정, 몸짓 등 비언어적인 행동으로 의사전달을 시도한다. 영아는 단어 자체가 아닌 말의 리듬, 고저, 강세에 따라 반응하며, 이를 통해 상대방의 말에서 감정적인 단서를 알아차린다.

(1) 초기 언어

① 울음

언어발달의 첫 단계는 울음인데, 울음은 아기가 자신의 욕구를 표현할 수 있는 유일한 전달수단이다. 초기의 울음은 미분화된 울음이지만, 점차 우는 이유를 알 수 있는 분화된 울음으로 바뀌게 된다.

② 옹알이

4~5개월경에 나타나는 옹알이는 최초의 유사언어인 말소리다. 이는 신체적 성숙으로

나타나는 근육활동의 결과이며, 농아도 처음에는 옹알이를 한다. 일반적으로 옹알이는 만족스러운 상태에서 가장 많이 나타나는데, 처음에 하는 옹알이는 그 자체가 영아에게 기쁨을 주는 놀이의 기능을 한다. 그러다가 점차 자신의 옹알이가 환경에 주는 영향 때문에 옹알이를 하게 되며, 자신이 내는 옹알이 소리에 주위의 반응이 없으면 점차 옹알이를 하지 않게 된다.

단어의 강세는 단어식별에서 첫 단서가 된다. 단어의 의미는 모르지만 단어의 강세에 주의함으로써 일상생활의 계속적인 소리에서 분리된 개별적 단어를 식별해 낼 수 있게 된다. 이런 경로를 통해 영아가 내는 소리는 점차 다양해져, 인간이 내는 소리를 거의 모두 낼 수 있을 정도로 '음소확장'(phonetic expansion)현상이 나타난다. 그러나 영아는 자신이 내는 소리 중에서 모국어의 음소와 유사한 것만 강화를 받게 되어, 외국어에는 관심을 두지 않고 모국어와 유사한 음만 습득하게 되는 '음소축소'(phonetic contraction)현상이 생긴다.

(2) 단어와 문장의 발달

유아가 사용하는 단어의 수는 유아기에 급속도로 증가한다. 이처럼 단어 수의 급증은 유아의 인지적 성숙으로 사물을 범주화 할 수 있는 능력발달과 관련 있는 것으로 보인다. 문장의 길이도 길어져 3~4세경에는 3~4개의 단어로 문장을 구사하고, 유아기 말에는 6~7개 단어의 문장을 구사하게 된다.

① 단일단어 문장

출생 후 1년쯤 되면 영아는 분명하게 이해할 수 있는 단어를 사용할 수 있고, 그 단어는 자신의 생각을 표현하는 수단이 된다. 자음 하나와 모음 하나가 합쳐진 말의 반복이 대부분이며, 성인의 발음과는 차이가 있다. 동시에 하나의 단어가 전체 문장을 대신하므로, 영아는 부모의 이해를 돕기 위해 얼굴표정이나 몸짓을 함께 사용한다.

② 두 단어 문장

24개월쯤 되면 영아는 문장을 만들기 위해 두 개 이상의 단어를 연결시킬 수 있다. 두 단어 문장은 단일단어 문장보다 정교하고 명료하며, 두 단어 중 강세의 위치가 어디에 있는가에 따라 자신이 원하는 바를 강조하게 된다. 두 단어를 결합시키는 것은 보편적으로 50개 정도의 단어를 말할 수 있을 때 가능하다. 초기의 결합형태는 명사와 동사의 결합으로 된 전문식 문장이며 자기중심적 특성이 있다.

유아는 자신들이 듣는 수많은 단어로부터 일정한 규칙을 추론해 낼 수 있다. 일상에서 받아들인 수많은 단어 중 어떤 것은 대상의 지칭에 사용되는 반면, 어떤 것은 동작의 지칭에 사용되는 것인 줄도 알게 된다. 또한 단어의 의미를 알기 전에 문장구성이나 단어 배열 같은 문법적 규칙을 추론해 낼 수도 있다.

유아의 언어는 성인처럼 정교하게 세분화되지 않아, 유아가 습득한 단어의 의미가 성인이 알고 있는 의미와 차이 있는 경우도 가끔 볼 수 있다. 예를 들어, 유아가 '멍멍이'라고 할 때, 이는 강아지 외에 다른 네 발과 털 있는 동물을 가리킬 수 있다. 이처럼 유아가 단어의 의미를 원래의 범주보다 확대하여 사용하는 것을 '과잉확대'(overextension)라고 한다. 그러나 유아는 실제 그 단어의 범주보다 축소해서 사용하기도 하는데, 이를 '과잉축소'(underextension)라고 한다.

우리나라의 영아가 월령별로 가장 많이 사용하는 어휘의 품사는 17~20개월까지는 감탄사였고, 21~24개월에는 명사의 사용이 두드러졌다. 품사의 출현시점은 명사 · 부사 · 감탄사의 경우 9~12개월, 수사 · 대명사 · 동사는 13~16개월, 형용사는 17~20개월, 조사는 21~24개월 사이에 처음 나타났다.

③ 문장의 발달

유아의 연령이 높아지면서 언어의 사용이나 이해도 증가된다. 단일단어 문장을 거쳐, 전문식(telegraphic) 형태의 두 단어 문장을 시용하게 된 후, 2~3세경에는 세 단어 이상을 이용하여 문장을 만들 수 있다. 또한 세 단어 문장을 구사하는 시기에 문법적 형태소를 사용하기 시작한다. 유아가 문법적 형태소를 획득함에 따라 전문식 표현이 감소되고 말의 길이가 길어진다. 대체로 만 1세에서 4세 정도까지는 말의 길이가 유아의 구문론적 발달의 정도를 나타낸다.

(3) 문법의 발달

유아기에는 문법의 발달 면에서도 문장구조에 대한 뚜렷한 감각이 보인다. 유아기 초기에는 전문식 문장의 형태를 유지하나, 점차 주어 · 동사 · 목적어 이외의 문장의 요소들이 첨가되기 시작하며, 복수형이나 어간에 어미를 다르게 활용해 사용하기 시작한다. 3세경에는 부정문이나 복수형에 대한 개념을 갖게 되며, 특히 '싫어', '아니'와 같은 부정적 의미의 문장을 많이 사용한다. 4~5세경에는 부사, 형용사를 사용하거나 어간에 붙이는 어미를 다르게 하여 문장을 변형시킬 수 있고, 5~6세경에는 성인 문법에 접근하여 대부분의 문법에 숙달하게 된다.

① 문법적 형태소의 발달

우리말에서 문법적 형태소가 활발하게 나타나는 연령은 약 2~3세경이다. 이 시기는 브라운(R. Brown)이 제시한 MLU(Mean Length of Utterance, 평균발화길이)가 2.0에서 2.5 사이의 단계로, 시제형 형태소나 주격조사 '가' 등이 출현하기 시작한다. 위에서 설명한 단일단어 문장이나 두 단어 문장 또는 두 단어 이상의 문장은 모든 유아가 비슷한 시기에 사용하지만, 격조사나 기타 어미들, 보조어간들과 같은 문법적 형태소의 획득순서와 시기는 유아에 따라 개인차가 있다.

유아는 능동적으로 문법적 규칙들을 찾아내고 이를 적용하려고 노력한다. 이런 노력은 특정의 문법적 규칙을 적용해서는 안 되는 경우에까지 일괄적으로 적용하는 '과잉 일반화'(overregularization)를 초래하기도 한다. 우리말의 경우, 유아들이 주격조사인 '–가'를 과잉 일반화하는 것을 쉽게 볼 수 있다. 예를 들어, '엄마가', '아빠가'에 사용하는 주격조사 '가'를 지나치게 규칙적으로 적용하여 '삼촌이가', '선생님이가'라는 식으로 말하기도 한다. 이런 과잉 일반화는 유아들이 언어의 세부규칙을 완전히 파악하지 못했기 때문이기도 하지만, 언어규칙을 자발적으로 내면화하고 있다는 증거도 된다.

② 복잡한 구문의 발달

유아는 점차 의문문이나 부정문의 형태도 사용할 수 있고, 자신의 생각이나 욕구를 표현하는 데도 융통성을 보인다. 보통 2세경이면 "이게 뭐야?"라는 질문을 끊임없이 하고, "먹어?"와 같이 말끝을 올리는 질문을 한다. 부모가 질문을 귀찮아하지 않고 인내심을 가지고 반응하면 자연스럽게 언어적 상호작용이 이루어질 수 있어 유아의 언어능력이나 지적 능력의 발달을 도울 수 있다. 유아는 점차 다양한 의문사를 사용하며, 4세경이면 '뭐, 어디, 누가, 언제, 왜, 어떻게'와 같은 의문사를 모두 사용할 수 있다. 부정문도 2세경부터 나타나는데, 초기에는 '안 –' 형태를 많이 사용하여, '안 먹어', '안 아파', '안 예뻐'라고 한다.

일반적으로 복문에는 대등한 내용을 병행시킨 형식과 주절과 종속절을 병행시킨 형식이 있다. 우리나라의 유아에게 이 두 형식의 문장은 거의 비슷한 시기에 보인다. 그러나 시간이 지날수록 주절과 종속절을 병행시킨 형식이 많아진다. 비교적 정교한 형태의 복문은, 대략 브라운이 제시한 MLU가 3.0인 언어발달의 3단계에 나타난다. 이 시기 유아의 연령은 약 30개월 정도로, 영어권 유아들이 접속문을 산출하는 시기인 40개월 정도에 비하면 그 출현시기가 더 빠르다는 것을 알 수 있다.

(4) 어휘와 문법의 확장

아동기에는 어휘능력이 급속히 발달하여 초등학교 졸업쯤에는 약 4만 단어 정도를 습득하게 되어, 하루에 평균 20개 정도의 새로운 단어를 습득하는 셈이 된다. 물론 초등학생들이 일상생활에서 이 많은 단어를 모두 사용하는 것은 아니다. 이 시기의 아동들이 획득하게 되는 언어능력 중 하나는 단어의 형태학적 지식(morphological knowledge)에 관한 것이다. 즉, 아동들은 단어를 구성하는 형태소의 의미에 대한 지식을 획득, 이용하여 익숙하지 않은 단어의 구조를 분석하고 그 의미를 추론할 수 있게 된다.

어휘력의 증가로 아동기에는 전보다 단어를 더 정확하게 사용하고, 단어에 대해 다른 사고를 갖게 된다. 5~6세 유아에게 단어의 의미를 물으면 그 단어의 기능이나 외양을 언급하며 구체적으로 묘사하지만, 초등학교 고학년 아동들은 그 단어의 동의어나 범주적 관계를 나타내는 설명을 할 수 있다. 아동기에는 각 단어가 가진 여러 의미를 이해할 수 있으며, 단어의 이중적 · 다중적 의미까지 파악하여 은유적 표현이나 유머도 이해하게 된다.

아동기에는 유아기의 문장의 오류를 수정하게 되고, 문법적으로 보다 복잡하고 긴 구문을 사용할 수 있다. 논리적 추론능력과 분석적 기술이 발달하여, 내포문이나 사동사, 피동사 등의 문법적 규칙이나 구조를 이해하고 적절히 사용할 수 있다. 내포문이란, 관계절을 포함하는 문장으로, 영어의 경우 관계대명사 또는 관계부사 등을 사용한 문장이 된다.

(5) 읽기와 쓰기 능력의 발달

읽기능력의 발달은 5단계로 설명되는데, 보편적인 단계와 시기를 나타낸 것으로 아동마다 발달시기와 능력에 개인차가 있을 수 있다.

준비단계(출생~초등학교 1학년)에서는 읽기에 요구되는 선행조건을 학습해야 한다. 또한 글을 왼쪽에서 오른쪽으로 읽고 쓰며, 어떤 글자가 있는지, 자기 이름은 어떻게 쓰는지를 배우게 된다. 1단계(초등학교 1~2학년)에서는 글 읽는 법을 배우고 단어를 소리로 바꾸는 능력을 획득하게 된다. 2단계(초등학교 2~3학년)에서는 글을 읽는 데에 보다 능숙해진다. 그러나 읽기를 통한 학습은 그리 활발하지 않다. 3단계(초등학교 4학년~중학교 3학년)에서는 글을 통해 정보를 획득하는 능력이 급속히 발달된다. 즉, 읽기를 통한 학습이 이루어진다. 이 시기에 읽기를 배우지 못하면 학업수행에서 심각한 문제가 발생한다. 4단계(고등학교)에서 대부분의 학생들은 읽기능력을 완전히 발달시키며, 여러 관점에서 제시된 정보도 잘 이해할 수 있다. 문학, 역사, 경제학, 정치학 등에 대해 철학적이고 복잡한 논의를 할 수 있게 된다.

쓰기능력은 읽기능력이 어느 정도 발달된 후에 나타난다. 아동들은 처음 글쓰기를 할 때 글씨를 틀리게 쓰는 경우가 많다. 그러나 초등학교 시기에 이러한 경향은 사라지고 글씨를 바르게 쓸 수 있게 되며, 자기 생각을 글로 표현하는 능력이 점차 발달된다.

(6) 의사소통기술의 발달

유아기에는 단어의 획득이나 문법의 숙달로 영아기보다 의사소통이 효율적으로 이루어진다. 그러나 사고의 자기중심성으로 인해 언어도 의사소통을 위한 사회화된 언어로 발달되지 못하고 자기중심적인 특성을 보인다. 반복, 독백, 집단적 독백 등은 유아의 자기중심적인 언어표현의 대표적 형태이다. 서로에게 이야기는 하고 있지만, 그 말의 의미는 자신의 사고 속에 국한되어 있다. 그러나 유아기 말쯤에는 자기중심적 언어가 줄어들고 점차 사회화된 언어를 사용하게 된다. 또한 유아는 추상적 · 언어적 비유나 어휘가 지닌 다양한 의미나 느낌을 제대로 이해하지 못하며, 언어이해를 돕는 얼굴표현이나 몸짓을 필요로 한다. 자신이 한 말을 확인해보려는 의도에서 확인부의 의문문을 상당히 많이 사용한다.

효율적인 의사소통을 위해서 유아는 물리적 · 사회적 맥락에 적절한 언어를 사용하는 방법을 습득해야 한다. 즉, 단어의 의미나 문법지식만이 아니라 듣는 이에게 알맞은 주제와 어투로 적시적기에 이야기할 수 있는 능력이 필요하다. 어린 유아조차도 기본적인 대화규칙을 잘 따른다. 이런 화자(speaker)로서의 기술은 유아기에 급속히 발달해 만 2세 정도면 대부분 말을 걸면 대답해야 하는 줄 안다. 만 4세 정도에는 말을 할 때 듣는 사람의 수준에 맞게 화법을 조절해야 한다는 것도 안다. 그러나 유아의 의사소통능력에는 여전히 한계가 있어, 일대일 대화는 어느 정도 잘 이어가지만 여러 사람과의 대화능력은 부족하다. 즉, 두 사람 이상과 대화를 할 때는 자신이 언제 이야기해야 하는지를 판단하는 데 어려움을 느낀다.

의사소통에 요구되는 또 다른 기술은 다른 사람의 말을 잘 듣고 모호한 부분이 있으면 분명히 알 때까지 물어보는 청자(listener)로서의 능력이다. 어린 유아는 보통 타인이 전달하고자 하는 내용을 이해하지 못했다는 사실을 인식하지 못할 때가 많다. 즉, 3~5세 유아는 자신이 듣는 말에서 모호한 정보를 찾아내고 이를 해결하는 능력이 부족하다. 이 시기의 유아는 자주 자신이 듣는 정보 자체보다 화자가 의미하는 것에 대한 자신의 생각에 초점을 두고 정보를 해석한다.

아동기에는 분명한 언어적 메시지 전달능력인 '참조적 의사소통기술'(referential communication skills)이 발달한다. 3~5세 정도의 아동은 보통 구두메시지에서 의미가 모호한 부분을 잘 인식하지 못하지만, 아동기에는 상대나 자신의 메시지가 분명하지 않을 때 어느 부분이 모호한지를 인식하고, 그 부분을 분명하게 만드는 참조적 의사소통기술을 발달시킨다. 6~10세 아동들은 듣는 사람에게 익숙하지 않은 사물에 대한 말을 전달할 때에는 좀 더 길게 설명했다. 특히, 이들 중 9~10세 아동은 익숙하지 않은 사물에 대해 설명할 때 듣는 사람에 따라 다른 정보를 제공했는데, 이는 청자에 맞게 전달하는 내용을 조절할 수 있다는 것을 의미한다.

이렇게 아동기에 참조적 의사소통기술이 빠르게 발달하는 것은, 한편으로는 이 시기의 인지발달로 자기중심성이 완화되고 역할수용기술을 획득하게 되며, 다른 한편으로는 청자에 맞도록 말을 조절해야 한다는 사회언어학적 이해능력이 발달하기 때문이라고 할 수 있다.

4) 평가

촘스키의 언어발달이론에는 언어학자보다 플라톤이나 데카르트(René Descartes, 1596-1650) 같은 철학자들의 영향이 큰 것으로 보인다. 그는 대학원 재학시절 데카르트의 철학을 공부하던 중 연역법을 언어학에 도입할 아이디어를 얻었다고 한다. 즉, 언어학계에서 아무도 주목하지 않았던 300년 전 철학자의 방법론을 언어학에 도입한 것이다. 이처럼 기존의 언어학 연구방법을 완전히 바꾼 그의 업적은 언어발달 연구사에서 코페르니쿠스적인 전환으로 평가받고 있다. 이러한 평가에도 불구하고, 촘스키의 생득이론에 대해서는 몇 가지 문제점이 지적된다(김혜선 · 유안진, 2011: 118).

첫째, 언어 습득기제가 구체적으로 어떤 작용을 하며, 왜 그런 작용을 하는지 설명하지 못한다는 점이다.

둘째, 사춘기 이후에도 여러 형태의 언어발달이 가능하다는 연구 결과도 있어 '결정적 시기' 가설도 도전을 받고 있다.

셋째, 촘스키의 이론은 구문론적 구조에만 치중해 설명한 나머지, 언어의 의미론적 발달과 어용론적 발달을 설명하지 못하는 한계가 있다는 점이다.

넷째, 브라운의 연구처럼 실제로 아동을 대상으로 한 언어발달을 연구한 것이 아니라 논리적인 논쟁을 통해서만 여러 쟁점들을 해결하려고 한 것도 문제점으로 지적받고 있다.

2. 도덕성 발달이론

1) 콜버그의 생애와 사상

콜버그(Lawrence Kohlberg; 1927~1987)

콜버그는 1927년 미국 뉴욕의 브롱스빌(Bronxville)의 부유한 유대계 독일인 사업가 가정에서 태어났다. 어린 시절에는 부모의 별거와 이혼으로 부모 양측에 번갈아 맡겨져 가면서 자라기도 하였으며, 1937년 명문 사립기숙학교 필립스 아카데미(Phillips Academy)에 입학하였다. 2차 세계대전 중에는 유대인 독립국가 조직을 목표로 하는 하가나(Haganah)의 일원으로서 루마니아로부터 영국을 거쳐 팔레스타인 지역으로 들어가는 이스라엘 난민들을 돕기도 하였다. 영국에 의하여 사이프러스(Cyprus)의 포로수용소에 구금된 그는 동료들과 함께 도망쳤으며, 이후에도 이스라엘의 건국을 위한 활동에 동참하였다. 이 같은 경험은 이후 사회활동과 정의, 도덕성 발달에 관심을 가지게 되는 중요한 계기가 되었다.

1948년 시카고대학교(University of Chicago)에 입학하여 학사학위를 받고, 1958년 동 대학원에서 심리학 박사학위를 취득하였다. 학부에서 철학과 문학 수업을 통해 도덕발달에 대해 학습하고, 대학원 과정에서 베텔하임(Bruno Bettelheim), 로저스(Carl Rogers) 등으로부터 지도를 받았다. 이후 예일대학교 조교수(1959~1961), 시카고대학교 교수(1962~1967)를 거쳐 1968년 하버드대학교(Harvard University)의 교수가 되었으며, 하버드대학교 내에 도덕교육연구센터를 설립하여 일생을 마칠 때까지 도덕성 연구에 매진하였다. 우울증을 앓고 있던 그는 1987년에 자살로 삶을 마감하였다.

대표적 저서로는, 『10-16세까지 사고와 선택유형발달』(1958), 박사학위논문 "정의를 위한 교육: 플라톤 견해에 따른 현대적 진술"(Educating for Justice: A Modern Statement of the Platonic View, 1970), 『인성의 도덕 발달 단계: 도덕 학습의 기초』(*Stages in the Moral Development of the Personality: The Basis of Moral Learning*, 1971), 『도덕 발달의 의미와 측정』(*Meaning and Measurement in Moral Development*, 1979), 『정의 사회를 위한 교육: 최신의 수정된 진술』(*Educating for Just Society: An Updated and Revised Statement*, 1980), 『도덕발달의 철학: 도덕성의 단계와 정의의 이념』(*The Philosophy of Moral Development: Stages of Morality and the Idea of Justice*, 1981) 등이 있다.

2) 도덕성 발달이론의 주요 개념 및 특성

(1) 도덕성 발달이론의 개요

미국의 심리학자로, 피아제(Piaget)의 인지발달이론에서 영향을 받아 6단계의 도덕발달이론을 주창하였다. 도덕판단에 대한 발달이론 중 가장 유명한 이론은 콜버그가 제시하였다. 그는 피아제의 인지발달이론에 따라 아동이 도덕적 딜레마를 해결하기 위해 어떠한 논리를 사용하는지를 관찰했으며, 이에 근거하여 도덕적 사고의 세 가지 수준을 제시했다.

첫 번째 수준은 전인습적 도덕 사고 수준이라 하며, 이때는 외부적 보상이나 처벌에 근거하여 도덕 판단을 한다. 이 수준은 다시 1단계(타율적 도덕단계)와 2단계(개인주의 단계)로 나뉜다. 두 번째 수준은 인습적 수준으로, 보통 타인이나 관습 등의 외부 요인에 의해 규정된 도덕관을 내면화한 시기이다. 이 수준 역시 3단계(대인간 기대단계)와 4단계(사회 시스템 도덕단계)로 나뉜다. 마지막 수준은 후인습적 수준으로, 도덕적 가치를 완전히 내면화하여 외부 기준이 필요 없는 시기를 말한다. 이 수준은 다시 5단계(개인의 권리 및 사회계약 단계)와 6단계(보편적 윤리적 원칙 단계)로 나뉜다. 콜버그의 이론은 도덕성 발달에 있어 인지 요인을 부각시켰다는 점에서 큰 함의가 있으나 문화적 편향성 및 성적 편향성의 가능성이 제기되면서 비판을 받기도 했다.

(2) 피아제의 도덕성 발달이론

콜버그의 도덕 판단에 대한 발달이론은 피아제(Piaget)의 인지발달이론과 깊은 관련이 있다. 대부분의 인지발달의 경우와 마찬가지로, 도덕적 인지의 발달에 있어서도 역시 이론의 출발은 피아제에서 찾을 수 있다. 피아제는 아동들의 놀이행동을 관찰한 결과 그들이 인지발달 단계에 따라 두 가지 도덕적 사고를 보인다고 제안했다(Piaget, 1932).

첫 번째 단계는 흔히 타율적 도덕(heteronomous morality) 단계라고 불리는데, 전조작기, 그러니까 만 7~8세 이전의 어린 아동들에게서 발견된다. 이들은 흔히 사회적 정의와 규칙이 외부의 절대자(성인, 법전, 또는 신 등)에 의해 규정된 것이며 바꿀 수 없다고 생각한다. 이 단계의 아동들은 또한 옳고 그름을 판단할 때 그 규칙을 지켰느냐 그렇지 않느냐의 단순한 논리로 사고한다. 즉, 이들의 선악 판단은 행동의 결과에 국한되며, 그 행동의 기저에 있는 동기나 의도는 고려하지 않는다. 예를 들어, 어린아이는 엄마를 도와주려다 접시 열 장을 깬 아이가 엄마 몰래 과자를 훔쳐 먹으려다 접시 한 장을 깬 아이보다 더 나쁜 짓을 했다고 판단한다.

구체적 조작기에 접어드는 약 10세 이후의 아동들은 소위 자율적 도덕(autonomous morality) 단계로 넘어간다. 이제 이 아동들은 규칙이란 것이 사회적 약속으로 만들어진 것이고, 사회구성원의 협의에 의해 바뀔 수 있다는 사실을 인지한다. 또 행동의 의도와 동기를 고려할 필요가 있으며, 형평성이나 평등의 개념을 고려하기 시작한다. 이때부터 이들은 과자를 훔쳐 먹으려다 접시 한 장을 깬 아이의 행동이 엄마를 도우려다 접시 열 장을 깬 아이의 행동보다 더 나쁜 행동이라고 판단한다.

피아제의 도덕적 인지 이론은 다른 피아제의 주제와 마찬가지로 수많은 지지와 반론을 불러일으켰다. 상당수의 연구는 피아제의 도덕 인식에 대한 발달이 다양한 문화권에서 관찰됨을 보여주고 있다. 또 피아제의 도덕적 사고와 인지발달 수준과는 정적인 상관관계를 보여, 도덕 판단과 피아제의 인지발달 단계가 관련이 있음을 함의하고 있다. 동시에 다른 많은 후속 연구들은 피아제의 이론이 아동의 도덕 판단 발달을 너무 단순화한다고 비판했다.

또 피아제의 다른 주장에 대한 반론과 마찬가지로, 피아제의 연구 절차가 너무 복잡하다는 비판도 제기되었다. 즉, 절차를 단순화한다면 어린 아동도 타인의 행동 기저에 있는 의도를 고려하여 도덕 판단을 한다는 것이다. 이러한 비판 등의 이유로 인해 피아제의 도덕발달이론은 현재는 과거만큼 큰 영향력을 발휘하지 못하고 있다. 그렇지만 그의 이론은 많은 후속 연구를 자극했으며, 특히 여기서 본격적으로 다루고자 하는 콜버그의 이론에 중요한 기초로 작용했다.

3) 도덕성 발달단계

콜버그의 도덕성 발달단계의 수준을 결정하는 핵심적인 개념은 '내면화'(internalization) 정도라고 할 수 있다(Santrock, 2015). 즉, 발달수준이 높아지면서 도덕 판단의 기준이 외적 기준에서 내적 기준으로 변화한다는 것이다. 이에 근거한 세 가지 수준은 각각 전인습적 수준(preconventional level), 인습적 수준(conventional level), 후인습적 수준(postconventional level)으로 나뉜다(Kohlberg, 1981: 409-412).

(1) 전인습적 수준(Pre-conventional level)

전인습적 도덕 사고란, 콜버그의 도덕 발달의 가장 낮은 수준을 의미한다. 이 수준에 속한 개인은 도덕 판단에 있어 내면화의 증거를 보이지 않으며, 외부 보상이나 처벌에 근거하여 도덕적 판단을 한다. 이 단계의 사고는 도덕 판단의 가장 낮은 수준이기 때문에 아동에게 특히 많이 관찰되지만, 성인에게서 관찰되기도 한다. 이 시기의 아동은 사회의 규율을 내면화했다기보다는 특정 행동의 외부적 결과에 집중하여 판단하는 경향이 있다. 전인습적 수준은 다음 두 가지 하위 단계로 다시 구분된다.

1단계. 타율적 도덕(Heteronomous Morality) 단계

콜버그의 딜레마를 접했을 때 주로 처벌에 근거하여 답변을 했을 경우 이 단계로 평정될 가능성이 높다. 이 단계에서 도덕 판단은 주로 행동의 결과에 집중되며, 따라서 옳은 행동이란 소위 '말을 잘 듣는 행동'을 말한다.

2단계. 개인주의(Individualism) 단계: 도구적 목적

2단계는 물물교환(exchange) 단계라고 불리기도 하는데, 이 단계에서는 소위 '형평의 법칙'에 맞는 행동을 통해 자신의 이득을 극대화시키는 것으로 도덕적 사고를 한다. 즉, 내가 다른 사람에게 친절하게 해야 다른 사람도 그만큼 나에게 친절해야 할 것이라는 식의 사고를 뜻한다.

(2) 인습적 수준(Conventional level)

콜버그 이론의 두 번째 수준은 중간 정도의 내면화를 보이는 시기라 할 수 있다. 즉, 이 수준의 개인은 어느 특정 기준을 따라 도덕적 판단을 한다. 하지만 그 기준은 보통 타인이나 사회에 의해 규정된 기준이며, 아직 그 기준을 완전히 내면화하지는 못한 상태이다. 인습적 수준도 역시 두 개의 하위 단계로 구성되어 있다.

3단계. 대인 간 기대(Mutual Interpersonal Expectations) 단계

흔히 '좋은 아이'(good girl, good boy) 단계라고 일컫는 단계이다. 이 단계는 도덕적 사고를 판단함에 있어 타인에 대한 신의, 배려, 충성심 등이 핵심적인 기준으로 작용한다. 도덕적 행동이란, 타인과 자신의 관계라는 맥락에서 그 역할에 기대되는 행동을 할 때 성립된다. 하인츠의 딜레마(Heinz's dilemma)[5)]를 접했을 때 '남편으로서 아내를 살려야 하는 의무'를 중심으로 대답하든지, 또는 도둑질을 하는 행동을 통해 '집안의 명성에 누를 끼친다'는 식의 답변을 할 경우 이 단계로 평정될 가능성이 있다.

4단계. 사회 시스템 도덕(Social Systems Morality) 단계

흔히 '법과 질서'의 단계라고 통칭되는 단계로서 사회 질서, 법, 사회적 의무를 중심으로 도덕적 판단을 하는 단계를 말한다. 예를 들어, 하인츠의 딜레마를 접한 후 사회가 제대로 기능하기 위해서는 법은 지킬 필요가 있다는 식의 답변을 할 경우에 해당된다.

(3) 후(탈)인습적 수준(Post-conventional level)

콜버그의 도덕 발달단계의 마지막 수준은 후인습적 도덕 사고 수준으로, 도덕성이 완전히 내면화되어 외부 기준이 필요하지 않은 시기를 말한다. 이 시기의 개인들은 타인이 자신과 다른 도덕적 기준을 가지고 있다는 것을 이해하며, 관점에 따라 그 다른 기준이

모두 맞을 수 있다는 가능성도 인정한다. 원칙적으로 이 수준 역시 두 개의 하위 단계로 나뉜다.

5단계. 개인의 권리 및 사회 계약(Individual Rights and Social Contract) 단계

5단계의 개인은 법을 지키는 이유가 그것을 통해 개인의 기본적인 권리를 지킬 수 있기 때문이라는 사고를 한다. 따라서, 법을 지킨다는 것은 그 자체가 목적이 아니다. 그리고 어떤 가치, 권리, 원칙은 법전을 초월할 수 있으며, 변화 가능하다. 이 단계에 속한 개인은 세상에는 다양한 의견과 권리와 가치가 있음을 인정하고, 이러한 다양한 의견은 그것이 기본적인 인간의 가치를 지키는 이상 존중되어야 한다고 사고한다. 현실적으로 이 단계는 콜버그의 도덕 발달단계에서 가장 높은 수준이라고 볼 수 있다.

6단계. 보편적 윤리적 원칙(Universal Ethical Principles) 단계

콜버그의 도덕 발달단계의 최종 단계는 가장 보편적인 원리를 토대로 도덕 판단을 하는 단계를 말한다. 이 단계에서 도덕 판단의 기준은 법이나 관습이 아니라 양심을 토대로 모든 인간 및 사회에 적용되는 추상적인 원칙에 근거한다. 현실적으로 이 단계의 도덕적 사고를 표현하는 개인은 어느 연구에서도 10% 이상 나오지 않으며, 전혀 나오지 않는 경우도 많다. 따라서, 콜버그는 이후에 이 단계를 삭제했으며(Kohlberg, 1978), 보통 경험적 연구에서도 이 단계는 고려하지 않는 경우가 많다.

콜버그는 말년에, 도덕 문제는 도덕이나 삶 자체의 문제가 아니라 우주적 질서와의 통합이라고 보는 7단계를 추가하기도 했다. 이 단계로 이르는 사람은 극소수이며, 이론의 전반적인 구조는 변하지 않았다.

〈표 5-1〉 **콜버그의 도덕성 발달단계**

수준	단계	특징	피아제의 인지발달 단계
[1수준] 전인습적 도덕성 도덕적 선악의 개념은 있으나, 준거는 권위자의 힘이나 개인적 욕구에 관련시켜 해석한다.	단계1: 벌과 복종 지향	권위자의 벌을 피하고, 권위에 복종한다.	전조작기
	단계2: 도구적 지향	자신의 욕구충족이 도덕 판단의 기준이며, 욕구 배분의 동기는 있으나 자신의 욕구충족을 우선 생각한다.	

수준	단계	특징	피아제의 인지발달 단계
[2수준] 인습적 도덕성 다른 사람의 상호작용을 고려한 사회지향적 가치기준을 갖는다.	단계3: 조화로운 대인관계 지향	대인관계 및 타인의 승인을 중시한다.	구체적 조작기
	단계4: 법과 질서 지향	법과 질서를 준수하며, 사회 속에서 개인의 의무를 다한다.	
[3수준] 후인습적 도덕성 인간으로서의 기본원리에 따라 행동한다.	단계5: 사회계약정신 지향	사회적 책임으로서의 공리주의, 가치기준의 일반화를 추구한다.	형식적 조작기
	단계6: 보편적 도덕원리 지향	스스로 선택한 도덕원리, 양심의 결단에 따른다.	

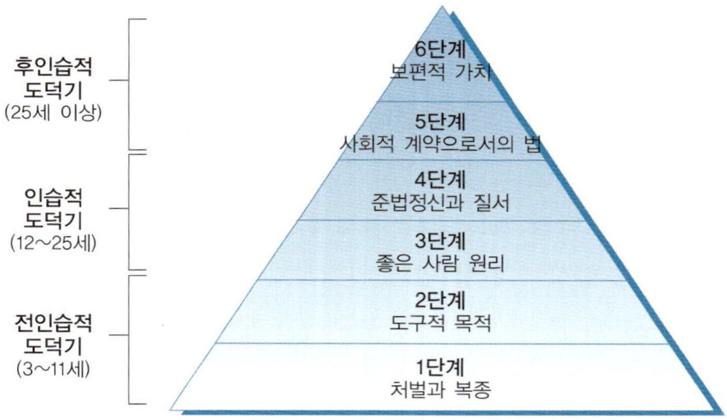

4) 평가

콜버그 이론에 대해 이론과 방법론이 근본적으로 결함이 있고 편파적이라고 보는 견해(C. Gilligan et al.)와 이론과 패러다임을 공식화하고 이용하기 위해서 몇 가지 수정이 따라야 한다고 보는 견해(C. Levine)가 있다.

콜버그의 도덕발달이론은 인지발달이론에 기반한다. 따라서, 그는 도덕사고단계가 인지발달 수준에 따라 순차적으로 등장할 것이라고 예상했다. 많은 경험적 연구들은 이러한 예상을 지지하고 있다. 20년에 걸친 종단연구 결과, 대략 9살 이전에는 대부분의 아동이 도덕적 딜레마를 전인습적 수준에서 접근하며, 초기 청소년기까지 대체로 인습적인 수준을 보이고, 후기 청소년기가 되면 일부 청소년들은 후인습적 도덕단계를 보인다. 특히, 10세 이전에는 거의 관찰되지 않는 4단계의 사고는 36세 성인의 62%에서 관찰된다(Colby et al., 1980).

이는 콜버그 이론이 나름대로 발달이론으로서 타당성이 있음을 함의한다. 하지만 그의 이론은 다양한 이유에서 비판 받고 있다.

첫째, 콜버그가 설정한 6단계 도덕성은 이론적 개념에 불과하며, 실제로는 거의 존재하지 않는 개념일 수 있다는 주장이 있다. 콜비 등에 의해 이루어진 20년간의 종단연구에서 6단계의 도덕 추론을 가진 사람이 한 명도 확인이 되지 않음으로써 6단계 도덕성은 특별한 사람의 생애와 저술로 제안한 콜버그의 이론적 개념이라는 결론이 가능한 것이다.

둘째, 콜버그의 이론은 현 단계보다 이전 단계로의 퇴행에 대한 가능성을 보다 개방적으로 받아들일 필요가 있다. '퇴행'이라는 말보다 '후퇴'라는 말을 사용하면서, 이전 단계로의 퇴행을 인정하지 않는다. 먼저의 입장을 고수하기 위해 새로운 이론을 만들어 내기도 했는데 이것은 과학적 연구 정신에 위배되는 것이기도 하며, 대부분의 발달이론이 퇴행의 여지를 남겨두고 있음을 고려할 필요가 있다.

셋째, 도덕적 사고와 도덕적 행동 간의 관계에 대한 더 많은 연구가 요구되고 있다. 도덕판단력과 도덕행위가 항상 일관성 있게 일치하지 못하는 증거가 많이 드러나고 있다. 예를 들어, 도덕적 사고를 할 수 있음에도 불구하고 시험 부정행위를 저지르는 학생이 있다는 것이다.

3. 사회문화적 인지발달이론

1) 비고츠키의 생애와 사상

비고츠키(Lev Semenovich Vygotsky, 1896~1934)

비고츠키는 1896년 제정 러시아시대 벨라루스(Belarus) 오르샤(Orsha)에서 출생하였다. 그의 부모는 유대인이었으며 아버지는 금융업에 종사하는 비교적 부유한 가정이었다. 지적인 어머니의 영향으로 어린 시절부터 시와 문학, 연극에 높은 관심을 가지고 있었다. 학창시절부터 문학지에 평론을 발표하며 재능을 보였다. 모스크바국립대학교(Moscow State University)에 진학하여 법학을 공부하였으며 변호사가 되어 러시아에서 차별적 대우를 받는 유대인의 입장을 대변하고자 하였다. 또한 그는 추가로 샤냡스키대학(Shanyavskii University)에서 심리학과 문학을 공부했다.

비고츠키는 1917년 러시아에서 10월 혁명(Russian Revolution)[6]이 일어나자 고향인 고멜(Gomel)로 돌아가 학생들을 가르쳤다. 고멜에 머물면서 교육과 출판에 열성적인 노력을 기울였으며, 심리학에 관심을 가지고 연구했다. 1924년 그는 모스크바로 이주하여 실험심리학연구소에서 연구원으로 일하였다. 임상심리학을 연구하며 『예술심리학』(*The Psychology of Art*, 1925)을 저술하였다. 모스크바국립대학교에서 교수로 재직하였고 하르코프대학에서 의대생의 신분으로 의학을 공부하였다.

그는 임상적실험을 통해 어린이를 대상으로 한 교육심리학 연구에 집중하였으며, 생물학적 반응(또는 조건반사)이라는 개념을 심리학에 도입하여 사용하였다. 그는 생물학적인 토대에서 사회적 환경과 적절히 어울려 심리적 반응이 작용한다고 생각하였다. 따라서, 어린이의 교육은 학습효과가 증대될 수 있는 환경을 갖추는 것이 중요하며, 교사의 지도에 따라 어린이는 능동적으로 교육에 참여한다고 역설했다. 또한 인간은 사회적 · 역사적 경험을 축적하기 때문에, 능동적 학습으로 지적인 발달을 이룰 수 있다고 보았다. 1934년 결핵으로 사망하였다.

그의 견해는 그 후 들어선 스탈린 정부에 의해 부인되었지만 그의 제자들에 의해 명맥을 유지했고, 후에 되살아났다. 발달심리학에 있어 개척자적인 비고츠키의 연구는 러시아의 학교교육에 깊은 영향을 주었고, 그의 이론에 대한 관심은 계속해서 전 세계에 퍼져나갔다.

그의 저서로는, 『사고와 언어』(*Thought and Language*), 『심리학의 위기』(*The Crisis in Psychology*) 등이 있는데, 사후(1934년 하반기)에 출판되었으며, 1958년이 되어서야 서방세계로 알려졌다.

비고츠키는 아동발달에서 문화와 사회적 관계를 강조하였기 때문에, 그의 이론은 사회문화적 인지이론으로 불린다. 최근 그의 이론이 영어로 번역되어 서구 사회에 알려지게 된 이후, 그의 이론에 많은 관심이 집중되고 있다. 그의 사회문화적 인지이론에 대한 관심이 날로 증대하고 있는 이유는 오늘날 아동발달에서 문화적 요인의 중요성에 대한 인식이 제고되었기 때문이다. 아동이 부모, 또래, 교사, 기타 성인과의 상호작용을 통해서 세계를 이해한다는 그의 생각은 매력적일 뿐만 아니라 아동의 인지발달이 문화적 요인에 의해 형성된다는 비교문화연구의 결과와도 일치한다.

2) 사회문화적 인지발달이론의 주요 개념 및 특성

(1) 사회문화적 인지발달이론의 주요 개념 및 특성

비고츠키의 인간발달이론은 러시아 사회주의의 토대가 되는 마르크스주의와 조화를 이루는 이론이다. 마르크스는 한 사회의 발달을 설명하기 위해 헤겔의 변증법적 개념을 채택하였다. 물질을 생산하고 분배하는 사회체제(예, 지주와 농노가 있는 봉건제도의 농경사회)가 확립되면(정), 기술의 발달(예, 산업혁명)은 그 체제와의 갈등을 촉진시킨다(반). 이때의 갈등은 그 사회체제가 새로운 체제(예, 자본주의)로 전환함으로써 해결될 수 있다. 일단 자본주의가 확립되면 또 다른 갈등이 발생하는데, 마르크스의 견해로는 적절한 해결책이 사회적 · 정치적 · 경제적 체제를 물질의 생산과 분배를 공유하는 공산주의로 전환하는 방식(합)이다. 사회의 발달과정에서 직면하는 몇 가지 변증법적 갈등상황 중에서 마르크스가 그의 변증법적 유물론에서 강조한 것은 사회계층 간의 투쟁이다. 비고츠키는 변증법적 공식을 아동발달에 적용하였다. 아동이 어떤 문제를 해결하려고 할 때, 기존의 방식(정)이 언제나 성공적인 것이 될 수 없다. 왜냐하면 기존의 방식이 현재 상황(반)에 맞지 않기 때문이다. 따라서, 아동은 그 상황에 적합한 새로운 문제해결방법을 궁리해야 한다(합). 이와 같이 아동발달은 끊임없이 변증법적 갈등과 해결의 순환으로 구성된다. 이때 그 해결방법은 아동의 지식체계를 형성하게 되고, 이 지식은 다시 아동이 다른 활동에 접근하는 데 이해나 기술로 작용한다.

비고츠키는 마르크스의 문화적 · 역사적 견해를 채택하여 아동발달이론을 공식화하였다. 아동발달을 이해하기 위해서는 한 문화의 역사적 배경을 이해해야 한다고 하였다. 왜냐하면 이동이 살고 있는 환경이 그 문화에 고유한 기회와 요구를 아동에게 제공하기 때문이다. 더욱이 아동 자신의 개체발생적 발달(ontogenetic development)을 결정하기 때문이다. 개체발생적 발달이란, 아동이 체험한 과거의 변증법적 갈등의 연속이 아동으로 하여금 어떻게 앞으로 다가올 문제를 해결하게끔 준비하게 하는가를 말한다(정옥분, 2015: 131).

결론적으로 비고츠키의 사회문화적 인지이론은 특정 문화의 가치, 신념, 관습, 기술이 어떻게 다음 세대로 전수되는지에 초점이 맞추어졌다. 그에 따르면, 사회적 상호작용, 특히 아동과 성인 간의 대화가 아동이 특정 문화에 대해 적절하게 사고하고 행동하는 법을 습득하는 데 필수적이다(Wertsch & Tulviste, 1992). 따라서, 아동이 성장하고 있는 그 문화적 배경을 고려하지 않고서는 아동발달을 제대로 이해할 수 없다.

(2) 근접발달영역과 비계

근접발달영역(Zone of Proximal Development, ZPD)이란, 아이들이 현재보다 더 높은 발달 수준으로 올라갈 수 있는 발달단계를 말한다. 비고츠키는 사람을 다른 사람과의 관계를 통한 작용에 영향을 받아 성장하는 사회적 존재로 정의하고, 아동의 인지발달에서 교사와 학생, 학생과 학생 사이에서 이루어지는 사회적 상호작용이 중요하다고 주장하였다. 그는 아동이 인지할 수 있는 현재의 인지수준과 근접하는 바로 위의 발달수준으로 실제적인 발달수준(actual development level)과 잠재적 발달수준(potential development level) 사이의 영역인 근접발달영역을 제안하였다. 아이들은 보다 뛰어난 성숙된 부모, 교사, 동료들과의 상호작용을 통해 더 높은 발달수준으로 도달할 수 있다고 보았다.

비계(飛階, 발판화, scaffolding)는 건축에서 유래된 용어로, 아동이 궁극적으로 스스로의 힘으로 문제를 해결할 수 있도록 하는 견고한 이해를 확립하는 동안 제공되는 성인 또는 더 유능한 또래의 조력을 뜻한다. 즉, 학습자가 자신의 근접발달영역에 따라 향상될 수 있도록 수업에서 교사(성인 또는 또래 학습자)가 도움이나 힌트를 제공해 주는 행위를 의미한다. 비고츠키는 아동의 인지발달은 자기 문화 속에서 보다 성숙한 구성원과 상호작용을 통해 일어난다고 믿었다. 이러한 사람들은 아동의 인지발달을 위한 지원 단서를 제공하고 격려해 주는 비계를 설정하여 주어 아동이 독립적으로 성장 · 발달하도록 돕는다.

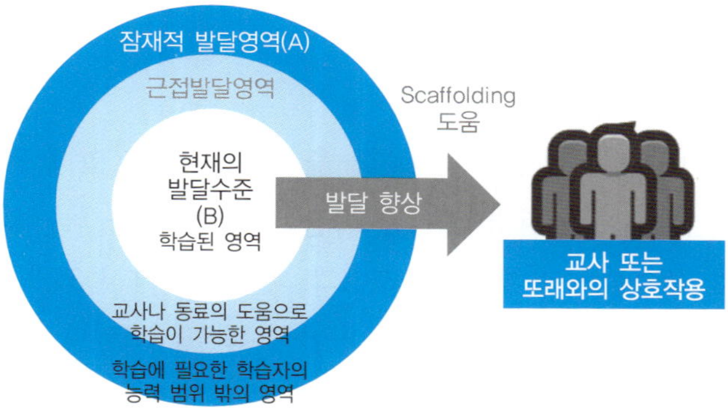

자료: http://blog.naver.com/weizmann_why/220061864640

[그림 5-2] 근접발달영역과 비계

3) 언어와 사고의 발달단계

비고츠키는 대표적 저서인 『사고와 언어』(*Thought and Language*)에서 언어와 사고의 발달근원은 서로 다르다고 주장한다. 그에 따르면, 언어발달에는 옹알이나 울음 같은 사고 이전의 언어단계가 있으며, 인지발달에는 언어 이전의 사고가 존재한다. 독립적으로 발달하던 언어와 사고는 특정한 시기가 되면 서로 교차되어 융합되는데, 이 시기가 되면 아동은 생각한 것을 말로 표현할 뿐만 아니라 논리적인 말도 구사하게 된다. 비로소 언어를 통한 사고가 발달하기 시작하는 것이다.

비고츠키에 따르면, 언어가 사고발달에 공헌하며 사고는 사고의 도구인 언어와 아동의 사회 · 문화적 경험을 통해 발달된다. 사고의 발달에 중심적 역할을 하는 언어는 외적 언어(outer speech)와 내적 언어(inner speech)로 분류되는데, 외적 언어란 남에게 소리 내어 하는 말이며, 내적 언어란 자기에게 소리 없이 하는 말을 의미한다. 이와 같은 언어는 원시적 언어단계, 순수심리적 언어단계, 자아중심적 언어단계, 내적 성장 언어단계의 4단계 과정을 통해 발달하는데, 비고츠키가 구분한 언어발달의 4단계를 살펴보면 다음과 같다.

1단계: 원시적 언어단계

출생부터 2세까지의 언어로, 사고 이전의 언어적 특성을 보인다. 만족이나 불만 등의 감정표현이나 부모나 주변사람들에 대한 사회적 반응으로서, 울음이나 옹알이 등 사고와는 관계없는 언어활동이 나타난다.

2단계: 순수심리적 언어단계

생후 2세 이후의 아동은 단어가 상징적 기능을 할 수 있음을 알게 된다. 사물이나 물건에 대한 질문이 많아지고 주변환경에 대한 호기심이 증가하는 등 적극적인 정보탐색이 나타나며, 어휘수가 급속히 증가한다. 이 시기가 되면 언어와 사고가 교차하면서 언어적 사고가 나타나기 때문에 인지적 활동으로서 언어적 특성을 보인다. 그러나 이 단계의 아동은 언어가 갖는 본질적인 기능을 인식하는 것이 아니기 때문에, 논리적 인과관계를 이해하지 못하면서도 '… 때문에', '어차피 …'라는 언어를 사용한다. 이와 같이 문법적 구조를 깨닫지 못한 상태에서 언어를 사용하기 때문에, 이 시기의 언어사용을 순수심리적 특성을 지닌 언어라고 표현한다.

3단계: 자아중심적 언어단계

7세 이전까지 언어적 특성으로 아동은 자아중심적 언어를 사용한다. 피아제는 인지발달의 미숙으로 자아중심적 언어가 나타난다고 설명했으나, 비고츠키는 문제의 해결책을 찾고 계획을 세우는 의미 있는 도구로 자아중심적 언어가 사용된다고 해석했다. 자아중심적 언어를 다른 사람과의 의사소통 측면에서 평가하면 비효과적이라 볼 수 있지만, 아동은 혼잣말 등의 자아중심적 언어를 통해 자신의 행동수행과 계획방법을 조직하며, 문제해결을 위한 자기-지시나 자기-조절을 도모한다.

4단계: 내적 성장 언어단계

7세 이후 아동의 자아중심적 언어의 양이 줄어든다. 이 시기의 아동은 사고력이 증가되어 직접 말하지 않고도 머릿속으로 말하면서 문제해결을 시작한다. 셈하기를 할 때 다섯 손가락 대신 머릿속에서 암산이 가능해진다. 즉, 자아중심적 언어와 같이 외적 언어를 통해 문제해결을 도모하는 것이 아니라, 논리적 사고 같은 내적 언어를 통해 문제를 해결할 수 있다. 이 시기부터 아동은 언어적 사고의 도구로 외적 언어와 내적 언어를 모두 사용하게 된다.

이와 같이 아동의 언어는 7, 8세에 이르는 동안 일련의 단계를 거쳐 발달해 간다. 그 과정은 사고 없는 언어로 시작되어, 순수한 언어의 단계를 지나 자아중심적 언어로 발달하고 점차 개념적 사고를 반영하는 내적 언어로 성숙된다고 할 수 있다. 비고츠키에 따르면, 1·2 단계의 언어는 사회적 상호작용의 도구로 사용하기 때문에 사회적 언어라 할 수 있다. 3단계의 언어는 자신의 생각과 의도를 밖으로 표현하는 데 사용하기 때문에 자아중심적 언어라 할 수 있다. 4단계의 언어는 아동 자신의 행동구조의 근원이 되거나 사고를 지시하는 근원으로 사용되기 때문에 개인적 언어라 할 수 있다. 이와 같이 언어는 발달과정을 거치면서 사회적 도구에서 개인적 도구로 변화되어 사용된다.

비고츠키에 따르면 언어가 사고와 같은 고등정신의 발달에 매우 중요한 역할을 하지만 언어발달이 곧 사고의 발달이라고는 보지 않았다. 그에 따르면, 언어와 사고는 생후 2세까지 서로 독립적으로 발달하므로, 사고 없이 언어가 가능하며 언어 없이 사고할 수 있다.

4) 평가

비고츠키의 이론은 아동의 발달을 사회문화적 맥락 내에서 살펴보았다는 점에서 높이 평가받는다. 그는 개인을 외부환경과 분리시켜 내적인 발달을 보고자 하는 발달론자들의 기본가정에 이의를 제기하고, 사회문화적 환경 내에서의 아동의 인지발달을 보고자 했다. 이 이론에서 사회문화적 환경은 단지 아동에게 영향을 끼치는 요인이 아니라 아동과 아동의 활동을 규명해 준다. 비고츠키 이론의 또 다른 가치는 이 이론이 인지발달의 중요한 이슈 중의 하나라 할 수 있는 발달과 학습의 관계에 대해 설명했다는 점이다. 그의 이론에 따르면, 학습이 발달을 이끌어 주기 때문에 아동은 학습을 통해 더 높은 수준의 발달을 달성할 수 있다. 근접발달영역에서 적절한 도움을 통해 아동은 좀 더 높은 단계에 도달할 수 있다.

그러나 비고츠키의 이론에 대해서는 몇 가지 한계점이 지적된다. 먼저 근접발달영역의 개념이 모호하다는 점을 지적할 수 있다. 아동의 근접발달영역의 폭을 안다고 해서 그 아동이 가지고 있는 학습능력이나 학습유형, 발달수준을 알 수 있는 것은 아니다. 또한 이 근접발달영역을 측정할 수 있는 방법도 없으며, 근접발달영역의 일반성이나 안정성에 대해서도 잘 알 수 없다. 비고츠키 이론에 대한 또 한 가지 지적은 이 이론에서는 각기 다른 연령 또는 각각의 발달수준에서 아동들이 보이는 발달적 차이점에 대한 기술이 거의 없다는 점이다. 사회적 맥락과 아동의 발달을 설명하고 있지만 아동의 발달적 과정에 대한 설명은 거의 없어 발달적 차이를 볼 수 없다(김혜선 · 유안진, 2011: 79).

〈표 5-2〉 피아제와 비고츠키 이론의 비교

	피아제 이론	비고츠키 이론
주요개념	도식, 동화, 조절, 평형 등	근접발달영역, 언어, 사회 · 문화적 맥락
발달의 정의	인간과 환경의 상호작용을 통해 이루어지는 적응과정	인간과 환경의 상호작용의 결과를 내면화하는 과정
발달의 동인	유전과 뇌발달과 같은 생물학적 요인	사회 · 문화적 환경
언어의 역할	인지발달로 언어가 가능해짐.	언어가 사고의 발달에 기여함.
학습과 발달의 관계	발달이 학습을 이끎.	학습이 발달을 이끎.
성인의 역할	아동이 타고난 능력을 바탕으로 세상을 적극적으로 탐색하고 인지적 성장을 이루는 데 소극적 지지자의 역할	아동이 가진 잠재력을 고려하여 인지발달을 촉진시키는 적극적 지도자의 역할

자료: 이순형 · 성미애(2014: 72).

연습문제

1. 생득적 언어발달이론을 주장한 학자는?
   ① 촘스키 ② 콜버그 ③ 비고츠키 ④ 피아제 ⑤ 프로이트

2. 도덕성 발달이론을 주장한 학자는?
   ① 촘스키 ② 콜버그 ③ 비고츠키 ④ 에릭슨 ⑤ 프로이트

3. 사회문화적 인지발달이론을 주장한 학자는?
   ① 촘스키 ② 콜버그 ③ 비고츠키 ④ 피아제 ⑤ 에릭슨

4. 콜버그의 도덕성 이론과 관계있는 학자는?
   ① 촘스키 ② 콜버그 ③ 비고츠키 ④ 피아제 ⑤ 프로이트

5. 콜버그의 이론에 관한 설명으로 옳지 않은 것은?
   ① 아동은 동일한 발달단계 순서를 거친다.
   ② 개인이 도달하는 최종 도덕발달단계는 다를 수 있다.
   ③ 남성은 권리와 규칙, 여성은 책임감을 중시하는 형태로 도덕발달이 이루어진다.
   ④ 도덕적 판단에 위계적 단계가 있음을 강조한다.
   ⑤ 도덕발달은 개인의 인지구조와 환경 간 상호작용의 결과이다.

6. 콜버그가 제시한 전인습적 도덕수준의 발달단계와 관련이 깊은 것은?
   ① 사회계약정신으로서의 도덕성
   ② 법과 질서를 준수하는 도덕성
   ③ 대인관계에서의 조화를 위한 도덕성
   ④ 욕구충족을 위한 수단으로서의 도덕성
   ⑤ 보편적 도덕원리에 대한 도덕성

7. 피아제의 도덕성 발달이론에 대한 설명으로 옳은 것은?
   ① 자율적인 도덕에서 타율적인 도덕판단의 세계로 이행되는 과정이다.
   ② 도덕성 판단력이 인지발달에 병행되는 것으로 보았다.
   ③ 10~11세 이후 연령의 아동은 규범이나 법률에 따르고 복종하는 것만이 최고의 선이라고 본다고 주장하였다.
   ④ 피아제는 보편적이고 일반적인 상황에서 이루어진 도덕적 판단에 근거해서 이론을 구성하였다.
   ⑤ 도덕성 발달의 8단계를 주장하였으나 순서가 정해진 것은 아니며, 개인에 따라서는 중간단계를 건너뛰기도 한다고 주장하였다.

정답 1. ① 2. ② 3. ③ 4. ④ 5. ③ 6. ④ 7. ②

Part 03

생애주기와 인간발달단계

인 간 발 달

Chapter 06

태 내 기

학습목표

생애주기에 있어서 가장 먼저 등장하는 것이 태내기이다. 태내기는 여러 면에서 중요성을 부여할 수 있는 시기이다. 이 시기를 학습함에 있어서 생명에의 외경에 대한 근본적 인식이 필요하다.

학습내용

1. 태내기의 개념
2. 태내기의 발달에 영향을 미치는 요인
3. 발달 특성
4. 발달 과업
5. 발달상의 문제점

개 요

태내기란 정자와 난자가 결합하여 수정란을 이루면서 태내발달이 시작되고 태아가 수정 후 약 280일(40주) 기간 동안 모체 내에서 자라는 시기를 말한다. 태내발달은 우리가 생각하는 이상으로 빠른 속도로 많은 변화를 보여주는 기간이다. 태내발달이 변화가 큰 시기임을 고려하면 태내 환경이 매우 중요하다. 일찍부터 한국을 포함하는 동양 문화권에서는 태내발달을 매우 중요하게 생각하여 '태교'를 매우 중요시 하였다. 본 장에서는 태내기와 관련된 항목을 논하고자 한다.

1. 태내기의 개념

태내기(womb, prenatal period)란, 정자와 난자가 결합하여 수정란을 이루면서 태내발달이 시작되고 태아가 수정 후 약 280일(40주) 기간 동안 모체 내에서 자라는 시기를 말한다. 인간의 개인적 차이는 환경이나 그 사람이 성장하면서 부딪히는 경험 이상의 것에 기인한다. 이는 개인적인 변이가 유전에 의해서 영향을 받는다는 것올 의미한다. 부모로부터 전달되는 특성이나 기질을 유전인자라고 하며 이것은 염색체 속에 들어 있다. 우리가 인간의 구조나 모습을 갖춘 것은 인간 특유의 염색체를 가지고 있기 때문이지만, 염색체와 유전인자의 구성이나 배열은 개인마다 다르다(Newman & Newman, 2011).

태내발달은 우리가 생각하는 이상으로 빠른 속도로 많은 변화를 보여주는 기간이다. 태내발달이 변화가 큰 시기임을 고려하면 태내 환경이 매우중요하다. 일찍부터 한국을 포함하는 동양 문화권에서는 태내발달을 중요하게 생각하여 '태교'를 매우 중요시하였다. 그 결과, 태어나면 바로 한 살의 나이를 갖는 것으로 나이를 셈하였다. 태내발달의 중요성이 부각되면서, 최근에는 서양에서도 태교에 많은 관심을 갖게 되었으며, 많은 발전을 이루고 있다(이우언 외, 2017: 43).

생물학적 측면의 인간발달은 아기가 수정이 되는 태내기부터 이미 시작된다. 이 시기는 임산부의 연령, 건강, 약물복용 및 정서적 상태까지 태아의 발달에 주요한 영향을 미친다(Zastrow & Kirst-Ashman, 2012). 임신 중 '태아'를 의학적으로 정확히 구분하면, 정자와 난자가 만나서 수정된 후 3~8주간은 태아가 아닌 '배아'라고 부르며 11주 이후부터는 '태아'라 부른다(강세현 외, 2015: 19).

태내기는 태내발달에서 가장 긴 시기이며, 수정 후 8주경부터 출생하기 전까지를 말한다. 이 시기에는 배아기에 형성된 신체기관이 성장하고 좀 더 정교해진다. 태아는 골격과 근육을 가지고 있어서 발로 차기도 하고, 팔을 구부리고 손을 폈다 접었다 할 수도 있으며, 심지어 손가락을 빠는 행동을 보이기도 한다. 태아의 움직임은 배아기가 끝나는 시점부터 어머니는 성장이 상당히 진행된 후인 수정 후 17~20주 사이에 태아의 움직임을 느끼기 시작한다. 20주쯤에는 외음부가 형성되어 태아의 성별을 초음파로 파악하는 것이 가능해진다.

태아는 양막에 둘러싸여 있고, 양막과 태아 사이에는 수가 들어 있어 태아는 양수 속에

둥둥 떠 있게 된다. 그렇다면 태아는 양수 속에서 어떻게 익사하지 않고 숨을 쉴 수 있을까? 태반과 태아 사이에는 탯줄(umbilical cord)이 모체와 연결된다. 탯줄은 영양분이 포함된 혈액을 태아로 운반하는 정맥 하나와 노폐물을 태아에서 운반하는 동맥 하나로 이루어져 있다. 아직 폐가 미성숙한 태아는 이 탯줄을 통해 전달받는 어머니의 혈액으로부터 산소를 공급받는다.

정상적인 태내발달은 37~40주에 완성되고, 대부분의 아기는 이 시기에 출생을 한다. 하지만 가끔씩 37주 이전에 태어나는 아기들이 있는데, 이런 아이들은 조산아라고 불린다. 조산을 했을 경우에 생존할 수 있는 가장 이른 시기는 22~26주이며, 이보다 전에 태어난 아기들은 폐가 매우 미성숙하고, 뇌가 아직 호흡이 호흡이나 체온을 조절할 수 있는 기능을 갖추지 못하였기 때문에 생존율이 낮다(윤가현 외, 2016: 207). 이 시기는 정자와 난자가 만나는 순간부터 출생의 시기이며, 어머니의 자궁 내에서 태아의 신체 조직이 발달하고 신체 성장이 가장 큰 폭으로 일어나는 시기이다. 인간의 개인적 차이는 환경뿐 아니라, 유전에 의해서 영향을 받는다. 따라서, 태아에게 유전적 요인과 환경적 요인 등이 영향을 미치기 때문에 각별히 조심해야 하는 시기이다.

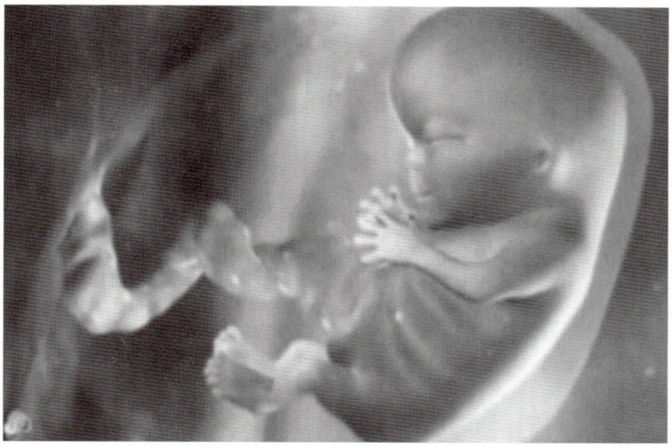

자료: http://blog.naver.com/hanv0060/220060708476

[그림 6-1] 임신 10주 및 태아 모양

2. 태내기의 발달에 영향을 미치는 요인

태아의 태내발달은 유전적인 요인에 의해서 그 중요한 방향이나 내용이 정해져서 부모님 또는 조상을 닮은 인간으로 태어나게 된다. 그러나 태아의 태내발달에는 수많은 변화요인의 영향을 받게 된다. 심리사회적 맥락에서 태아도 성장하고 발달하게 된다. 따라서, 태내발달에 영향을 줄 수 있는 모든 요인들을 고려하고 이들의 영향을 살펴봄으로써 정상적인 태내발달 또는 최적의 태내발달이 가능하도록 하는 환경을 제공하는 것은 매우 중요하다. 이와 관련된 주요 요인들을 살펴보고자 한다(이우언 외, 2017: 47-50).

1) 유전적 요인

태아는 부모에게서 물려받은 유전인자로 인해 신체적 성장을 비롯한 인간의 다양한 특징, 즉 운동신경의 발달, 연령에 따른 지적 능력의 변화, 신체적 성숙의 시기, 기질적인 특성 등에서 영향을 받는다. 임산부가 임신 후 가장 관심을 갖는 것 중에 하나가 유전적 요인으로 인한 장애아 출산이며 이를 사전에 예방하기 위해 임신 15주에서 17주경 양수를 채취하여 태아세포를 얻어 배양증식한 후 유전병을 진단받기도 한다. 하지만 정상인 태아세포에 손상을 줄 우려가 있고, 낙태의 원인이 되는 경우가 있기 때문에, 치료목적으로 제한해야 한다는 주장이 강조되고 있다. 이러한 유전적 요인에 의한 발달장애를 조기에 예방하기 위해서는 ① 조상들의 유전병을 조사하는 가계도 분석, ② 부모의 유전병, 부모의 연령조사 등 부모에 대한 조사, ③ 임신 14~16주경에 양수에 포함된 태아의 세포를 검사하는 양수검사, 그리고 ④ 가는 튜브를 자궁에 삽입하여 융모막 조직을 채취하여 검사하는 융모막검사와 같은 방법을 활용할 수 있다. 그러나 양수검사를 너무 이른 시기에 하게 되면 자연유산의 위험이 초래될 수 있으며, 융모막검사의 경우에는 유산의 위험이 더 높고 드물게는 사지기형의 원인이 되기도 한다(Kuller, 1996). 유전적 요인으로 인한 장애는 다음과 같다.

〈표 6-1〉 유전적 요인과 장애

증후군	특 징
클라인펠터(Klinefelter) 증후군	XXY, XXXY와 같이 X염색체가 정상보다 많아 남성의 특징이 약하고 고환이 미성숙하여 생식이 불가능함. 가장 흔한 남성 성선기능저하증의 원인 중 하나임.
XYY증후군	표현형은 남아이며, 행동이상과 큰 키가 특징임.
터너(Tuner) 증후군	X염색체가 한 개이고 전체 염색체수가 45개인 성염색체 이상으로 증상이 일정하지는 않음. 외견상 여성이지만 여성 호르몬의 부족으로 2차 성징이 나타나지는 않고 생식을 하지 못함.
다운(Down) 증후군	가장 흔한 염색체 이상으로 몽고증이라고도 불림. 23쌍의 염색체 중 21번 염색체의 이상으로 인해 발생함. 성격이 밝고 명랑한 편이지만 지능은 50 정도의 수준임.
에드워즈(Edwards) 증후군	양수과다, 작은 태반, 단일제대동맥, 저체중, 지능저하, 청각장애, 후두골 돌출, 저위의 변형된 귀, 잉어 같은 입, 좁은 입천장, 특징적인 손 자세 등을 보임.
페닐케톤뇨증(PKU)	페닐알라닌이라는 단백질 분해효소의 부족으로 소변으로 페닐피브르산이 유출되며, 금발과 백안, 치아 사이의 공백을 보임.
파더우(Patau) 증후군	전회, 후각 및 시신경의 불완전 발육, 소운동 발작, 지능저하, 소두증, 구순 및 구개 파열, 사지이상 등을 보임.
묘성(cat-cry) 증후군	고양이 같은 울음소리, 저체중 출산, 지능저하, 소두증, 양안격리증, 살이 오르지 않고 키가 작음, 큰 전두동(前頭洞), 머리카락이 일찍 희어짐.
혈우병	혈액이 응고되지 않는 선천적 장애로, 성염색체인 X염색체의 이상에 의해 발병되며, 질병 저항력이 약함.
겸상적혈구빈혈증	헤모글로빈을 만드는 유전자의 부족으로 인한 장애
흑내장성 지진아	안구진탕, 수정체 혼탁으로 시력이 매우 낮고, 전신쇠약증세를 보임. 보통 2~3세에 사망

자료: 권중돈(2014: 85) 재구성.

유전에 관련된 항목은 다음과 같다(지영주 외, 2016: 131-133).

(1) 유전인자

어머니와 아버지로부터 각각 23개의 염색체를 물려받은 수정된 접합체(접합자, zygote)는, 정상적 아기로 성장할 수 있기 위한 적정 수의 염색체인 46개(23쌍)의 염색체를 갖는다. 한 개의 염색체는 수십만 개의 유전인자(gene)를 포함하고 있다. 유전인자는 핵 속의 염색체 내에 존재하며 DNA분자로 구성되어 있다. 이중나선형(double helix)의 형태를 취하는 DNA (deoxyribonucleic acid) 분자는 유기체의 기능과 발달을 조절하는 유전부호(genetic code)를 포함하고 있다.

단백질은 아미노산으로 구성되어 있는데 그 아미노산의 서열이 핵 안의 유전자인 DNA에 암호화되어 있다. 암호는 뉴클레오티드(Nucleotide)의 염기(base)순으로 A, G, C, T의 네 가지 염기서열에 의해 결정된다. 염기서열 중 세 개의 염기(triplet code)가 하나의 아미노산을 지정하는데, 이것을 '코돈'(codon: mRNA의 유전암호 단위)이라고 한다. 자연계에 존재하는 아미노산의 종류는 20가지로 모든 종류의 아미노산을 합성하는데 중분하다. 단백질의 합성은 DNA → RNA → 단백질과 같은 과정을 거친다. 그래서 단백질은 DNA가 아닌 RNA 염기서열에 의해 결정되므로 유전암호는 RNA 염기로 표시되어 T대신 U로 표시된다.

정자와 난자를 제외한 신체의 어느 세포 속에나 다 존재하는 염색체는 23쌍인데, 중 22쌍은 상 염색체이며, 23번째 한 쌍은 성 염색체이다. 염색체와 유전인자의 배열이나 특성은 개인마다 다르다. 개인에 있어서 독특한 특성을 나타내는 형질의 염색체와 유전인자의 구성 배치형태를 '유전형'(genotype)이라 한다. 이에 비해 실제로 외부로 나타나 관찰될 수 있는 개인의 특성은 표현형(phenotype)이라고 한다. 키, 몸무게, 피부색과 같은 신체적 특징이나 지능, 외향성, 도덕성과 같은 심리적인 특성은 다 표현형으로 설명된다.

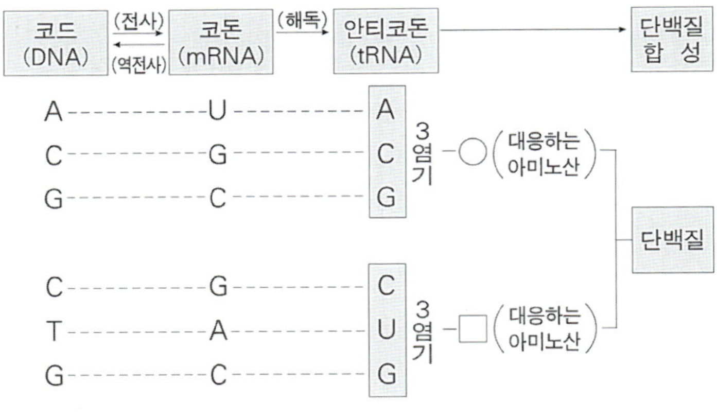

자료: http://terms.naver.com/entry.nhn?docId=982674&cid=47339&categoryId=47339

[그림 6-2] DNA로부터 전사 · 해독을 거쳐 단백질이 합성되는 과정

DNA, 뉴클레오티드(Nucleotide), 유전인자(gene)와 염기(base)의 관계

DNA 분자를 보면 인산, 당, 염기로 구성되어 있다. 당과 염기만 가지고 있는 것은 뉴클레오시드라고 하고 여기에 인산까지 있는 것을 뉴클레오티드라고 한다. 즉, 뉴클레오티드는 DNA를 구성하고 있는 하나의 분자이고 뉴클레오티드가 염기를 중심으로 해서 다른 뉴클레오티드와 결합을 해서 쌍을 이루고 이것이 쭉 연결되면 DNA가 되는 것이다.

유전자(gene)란, DNA로부터 RNA를 만들 수 있는 부분을 말한다. RNA가 만들어지면 이 RNA로부터 단백질이 만들어지고 단백질은 세포내에서 자기가 맞은 일들을 수행해 나간다. 따라서, 세포는 살아가기 위해서 단백질을 만들어야 하고, 세포 내에 있는 여러 단백질은 gene이라고 하는 DNA의 부분에서 만들어지게 된다.

염기(base)는 A(아데닌), T(티민), G(구아닌), C(시토신) 등 4개가 있다. 위에서 뉴클레오티드가 서로 결합한다고 했는데 뉴클레오티드에 있는 염기 중 A는 T와 G는 C와 서로 결합해서 쌍을 이룬다. 즉, 염기는 뉴클레오티드를 이루는 4개의 종류의 물질이다.

(2) 유전일치

유전일치율이란, 복잡한 특성에 대한 유전의 기여 정도를 추론하기 위해 사용되어 온 또 다른 측정치로서, 0에서 100%까지로 표기될 수 있다. 일치율 100%라고 하는 것은 쌍둥이 가운데 한 사람이 어떤 특성을 지니고 있다면, 다른 한 사람도 반드시 그 특성을 지니고 있음을 의미한다. 반면, 일치율 0%라고 히는 것은 쌍둥이 중의 한 사람이 어떤 특성을 지니고 있다면, 다른 사람이 그 특성을 지닐 가능성은 아주 없다는 것을 의미한다.

정신분열증의 일란성 쌍생아 일치율은 30%이나 이란성 쌍생아의 일치율은 단지 6%에 지나지 않는다. 주요 우울장애에서도 각각 69%와 13%로 나타나 유전이 주된 원인이라는 것을 보여주고 있다. 정신분열증과 주요 우울 장애를 지니고 있는 입양아들을 연구한 결과도 양부모 가족보다 그들의 생물학적 가족과 동일한 장애를 공유할 가능성이 더 많다는 것을 제시함으로써 높은 유전 가능성을 나타내었다.

(3) 유전정보의 복제

수정란으로부터 인체가 발생하기까지는 세포의 성장, 분열 그리고 특수한 기능을 갖는 세포로 분화를 거듭한다. 이러한 과정의 가장 근본이 되는 것은 세포분열이다. 세포분열은 세포가 둘로 나누어지는 과정인데, 이 과정에서 유전자도 복제되어 두 개의 세포에 동일한 유전정보를 전달하게 된다. 즉, 유전자 복제는 세포분열 시에만 일어나는데 두 가닥의 DNA 사슬을 만드는 것을 말한다. DNA의 복제 원리는 mRNA(messenger RNA: 전령 RNA)가 합성되는 과정과 유사하다.

DNA 복제(DNA Replication)

현재 유전 정보를 가지고 있는 DNA와 동일한 염기 배열 순서를 가진 새로운 DNA 가닥을 합성하는 기술을 말한다.

두 가닥의 모 DNA가 분리되며, 분리된 각각의 DNA 가닥은 상보적인 DNA 가닥을 만들기 위한 주형으로 작용한다. 염기 결합 법칙에 맞는 뉴클레오티드가 주형 가닥을 따라 하나씩 결합되어 새로운 DNA가닥을 만든다. 바로 이러한 결합 및 합성 기술을 DNA 복제라고 한다. 원형(Prototype) DNA를 두 DNA로 만들며, DNA 중합효소 복합체가 수행한다. 세포 분열 과정에서 한 번 발생하며, 10억분의 1 확률로 잘못된 복제가 일어나기 때문에 치밀한 실수 보정장치를 필요로 한다.

2) 임산부 요인

임산부와 태아의 관계는 상호적이며 서로 영향을 미친다고 볼 수 있다. 임산부가 태아에게 미치는 영향은 주로 신체적인 것들이지만, 임산부의 정서적 상태와 같은 심리사회적 요인들도 태아에게 영향을 미치며, 임신기간과 출산을 쉽게 하거나 어렵게 할 수 있다.

(1) 임산부의 연령

최근 한국 사회의 변화 중 하나가 결혼연령이 높아지는 것이다. 2015년을 기준으로 평균적 초혼 연령이 여성은 만 30세, 남성은 만 32세로 만혼이 대세가 되었다.

초혼이 늦어지면서 늦은 나이에 출산을 하는 임신부가 주변에 많아진 것을 쉽게 볼 수 있다. 최적의 임신부 나이는 다소의 차이가 있지만 대부분의 견해는 20세 이상 35세 미만으로 주장하고 있다. 20세 미만은 임신부가 아직 완전하게 발달하지 않았기 때문에 그리고 35세가 넘으면 임신부가 고령에 해당하며 의학적으로 노산이라 한다. 따라서, 적절한 시기를 벗어난 경우에는 태아 사망률이 상대적으로 높고 저체중아, 미숙아를 출산할 가능성이 높다. 특히, 노산의 경우는 자연유산, 미숙아출산, 다운 증후군(Down's Syndrome)과 같은 발달상의 문제를 지닌 아이를 출산할 가능성이 크다(이우언 외, 2017: 47-48).

만 35세를 기준으로 하는 고령임신 역시 태아발달에 영향을 미치는 요인이다. 고령임신은 낮은 연령대의 임신보다 임신성 당뇨병이나 임신성 고혈압, 전치태반, 태반조기박리 등의 발생가능성이 더 크다. 또한 태아의 발달에도 직접적인 영향을 미쳐서 고혈압과 당뇨에 의한 조산이나 사산, 다태임신에 의한 태아성장장애, 태아의 염색체 이상 등이 증가한다. 다운증후군의 염색체 이상 역시 임신부의 연령이 높을수록 그 비율이 급격히 증가한다. 임신부의 연령과 관련된 또 다른 예로, 태아 사망률 역시 40세 이상의 경우 그 비율이 급격히 증가한다. 하지만 최근 들어서는 고령임신의 비율이 증가함에 따라 사전 의학적 검사를 권장하고 있으며, 그 결과 결함 있는 아기의 출생 비율은 감소하고 있는 추세이다(박성연 외, 2017: 90-91).

(2) 임산부의 건강과 질병

건강한 태아가 되기 위해서는 임신부의 건강이 가장 중요하다. 태아는 모든 영양분을 임신부로부터 공급받기 때문에 임신부의 건강이 곧 태아의 건강이 된다. 따라서, 임신부가 건강상의 문제를 갖게 되면 유산이나 사산 또는 가장 영양공급이 중요한 뇌의 발달에 문제를 가져오게 된다. 임신 중에 태아에게 필요한 단백질, 철분, 칼슘, 비타민과 같은 필수적인 영양이 제대로 공급되어야 한다. 대부분의 경우에 일상적 인식생활을 통해서 충분히 공급이 가능하다. 그러나 철분의 경우에는 임신부의 체내저장량이 거의 대부분 부족하기 때문에 철분제는 따로 보충해 주는 것이 좋다.

임신부의 질병이 태아에게 영향을 미치는 대표적인 질병은 당뇨병, 고혈압, 풍진, 매독 등이 있다. 이들 질병은 모두 태아의 건강을 위협하거나 난산의 위험을 갖는다. 그리고 기생충 감염, 바이러스 감염 등과 같은 전염성 질병이 태내발달의 이상이나 선천성 기형아를 출산할 가능성이 있기 때문에 주의하여야 한다(신기원 외, 2016: 49).

(3) 임산부의 정서상태

임신은 신체적 반응뿐 아니라, 정서적 반응도 일으키며 태아에 대해서 자랑스러움, 받아들이는 자세, 거부하는 태도, 그리고 양면적인 태도를 취할 수 있다. 임신에 대해 받아들이는 자세와 거부하는 태도가 교차하는 양면적 입장이 가장 흔하다고 할 수 있다. 즉, 여자들은 때때로 임신을 일종의 병과 같은 상태로 간주하여 약하고 불편한 상태로 여기는데, 이러한 부정적인 태도는 불안과 예민한 상태로 이끌어가며, 이것은 또 태아에게 영향을 미치게 된다. 반면에, 기쁨과 즐거움으로써 아이가 뱃속에서 자라나는 것에 반응하기도 한다. 임신에 대한 태도는 그 아이를 임산부가 얼마나 바라는가에 달려 있으며, 이것은 이미 있는 자녀들의 수, 경제적 여건, 남편과의 관계, 그리고 정서적 성숙 정도 등에 따라 결정된다(이인정 · 최혜경, 2007: 29).

실제로 임신부의 정서상태는 태아에게 중요한 영향을 미치고 있다. 많은 연구들을 통해서 유산이나 조산 또는 저체중, 호흡장애와 같은 문제를 일으키는 것으로 보고 되고 있으며, 불안정한 정서상태를 유지한 임신부가 출산한 아이들도 역시 정서적 불안정으로 인한 과잉행동, 지나친 울음 또는 수면부족 등과 같은 행동의 가능성이 높다. 아이의 이러한 불안정한 행동은 모 또는 양육자와의 관계에도 나쁜 영향을 미치게 될 가능성도 높아진다. 따라서, 임산부는 물론이고 주변의 가족이 임산부가 편안한 정서상태를 유지할 수 있도록 협조하여야 한다. 건강한 아이를 출산하는 것은 임산부 혼자만의 책임이 아니라 남성도 동일한 책임을 져야 하는 문제이다. 특히, 정서적인 안정성 측면에서는 남성의 역할이 매우 중요하다.

(4) 임산부의 약물복용

임산부가 복용한 약물이 태아에게 심각한 이상을 가져올 수 있다는 것은 매우 잘 알려져 있는 사실이다. 특히, 한국 사회에서는 최근 여성흡연인구(특히 여성 청소년)가 급속히 증가하고 있는 현실은 임산부의 건강과 관련 지어 생각하면 심각한 문제이다. 임신 중 흡연은 저체중아 출산 또는 조산과 같은 문제로 이어질 가능성이 매우 높다. 임신 이전에 흡연을 하는 여성이라 하더라도 최소한 임신 중, 그리고 출산 이후 안정적인 시기까지는 반드시 금연을 하여야 하며, 부부가 흡연을 하는 경우 함께 노력해야 할 것이며 아닌 경우에는 가족의 지지하고 협력해서 반드시 금연하도록 하여야 한다.

다음으로 임산부의 알코올 섭취가 태아에게 심각한 문제를 야기할 수 있다. 임산부가 음주를 하게 되면 전혀 걸러지지 않은 상태로 태아에게 그대로 전달이 된다. 임산부의 음주는 태아의 뇌에 알코올을 축적시키게 된다. 알코올이 뇌에 축적된 태아는 신체적 · 정신적 결함을 일으킬 수 있으며, 이를 '태아알코올증후군'(Fatal Alcohol Syndrome, FAS)이라고 한다. FAS 태아는 몸집이 비정상적으로 작다. 즉, 머리 크기가 너무 작고 얼굴의 모양이

기형인 경우가 가장 많다.

술과 담배와 같은 약물 외에도 태아의 발달에 부정적인 영향을 미치는 약물은 약 20여 가지가 있는 것으로 보고되고 있다. 이 중 대표적인 것이 항생제, 신경안정제, 환각제, 마취제, 마약, 피임약 그리고 카페인이 함유된 커피 등 많은 약물들이 태아의 발달에 부정적인 영향을 미치는 약물들이다. 따라서, 임산부는 약물복용 전에 반드시 부작용을 확인하여야 할 필요가 있다. 특히, 임신 초기에 임신 사실을 인식하지 못하고 컨디션이 좋지 않은 것으로 판단하여 카페인 또는 진통제 등과 같은 약물을 복용할 가능성이 매우 크기 때문에 임신 초기에 특별한 주의가 요구된다. 태내기 발달에 부정적인 영향을 미치는 요인들은 다음과 같다.

〈표 6-2〉 태내기 발달에 부정적인 영향을 미치는 요인

원인		작용
약물	이뇨제, 항생제, 호르몬제, 안정제, 식욕억제제 등	선천성 기형, 발달지체
	신경안정제	사지결함
	카페인 과다복용	골격이상
	마약, 헤로인	선천성 기형, 지적장애, 수면장애와 신경계 혼란
	피임약	염색체이상
	아스피린	혈관장애
	탈리도마이드	구개파열, 심장이나 비뇨기계의 기형, 사지결함, 청각손상
알코올		태아알코올증후군(안면기형, 체중미달, 중추신경계의 장애)
흡연		자연유산, 사산, 조산, 저체중아, 태아의 만성 산소부족 증상
방사능, 중금속의 노출, 환경오염		체중미달기형, 뇌신경계 발육장애
심한 정서불안		입덧, 자연유산, 조산, 난산 많이 울고, 잠을 자지 않으며, 젖을 잘 먹지 않는 아기

자료: 이우언 외(2017: 50).

3) 아버지의 영향

태내발달에 영향을 주는 환경적 요인은 임신부와 관련된 요인들이 대부분이다. 그러나 아버지와 관련된 요인들 역시 태아의 발달에 영향을 미칠 수 있다. 즉, 아버지의 환경 독

성물질 노출도 아이들에게 영향을 줄 수 있다. 대표적인 예로, 아버지가 납이나 농약에 자주 노출되거나 마리화나나 담배를 피우거나 또는 알코올을 과량 섭취할 경우, 비정상적이거나 활동성이 낮은 정자를 생산하게 되어, 태아의 발달에도 부정적인 영향을 미치게 된다. 납에 대한 노출은 저체중아 출산이나 태아성장 지체 등의 결과를 초래하기도 한다. 아버지의 흡연은 두 가지 경로로 태아에게 영향을 미치는데, 아버지의 직접적인 흡연이 태아의 생식기 이상을 야기할 수 있다(Papalia et al., 2006). 아버지가 방사선, 수술실에서 사용되는 마취가스들, 살충제, 또는 기타 환경 독성물질들에 장시간 노출되면 정자에 있는 유전물질이 손상되어 아이들에게 유전적 결함을 야기시킬 수 있다. 스트레스 대처기술이 좋지 않은 남성들의 배우자들은 유산 가능성이 높다. 요약하자면, 아버지들도 엄마들처럼 건강한 아이를 낳을 가능성을 높이기 위해 자신들의 생활양식들 및 위험요소들에 대한 노출 정도를 평가하고 바꿔야 한다. 이와 더불어, 아버지의 영양섭취 역시 태아에게 영향을 줄 수 있다. 즉, 비타민C의 섭취가 부족할 경우 출생 시 결함을 갖는 아기를 낳을 확률이 높아진다.

아버지의 연령 역시 중요한 영향요인이다. 30대 후반 이후에 자녀를 갖게 되는 경우, 왜소증이나 다운 증후군의 아기를 출산할 확률이 높아진다. 이는 나이가 증가함에 따라 남성 세포의 돌연변이가 증가하기 때문이다(Bigner, 2006). 즉, 임신부의 나이처럼 아버지의 나이가 발달에 영향을 줄 수 있다고 알고 있다. 10대 소녀들과 35세 이상 여성들이 20~30대 여성들에 비해 유산 확률이 더 높다는 것은 널이 알려진 사실이다. 마찬가지로, 아버지의 나이가 많을수록 유산 확률이 높아지고, 아버지의 나이가 40~50대일 경우에 아버지가 나이가 20~30대일 때보다 유산 확률이 약 2배 이상 높다. 10대 아버지들도 임신부 나이에 따라 초래되는 모든 위험들과는 무관하게, 출산합병증의 위험을 증가시킨다. 뿐만 아니라, 고령의 아버지들로부터 태어난 아이들은 선천성 심장 질환, 신경관 결손, 신장 질환에 걸릴 가능성도 많다. 유산 가능성과 마찬가지로 엄마와 아버지 모두 나이가 많으면, 다운 증후군 가능성도 더욱 높다(박인숙 외, 2014: 78).

3. 발달 특성

1) 태내발달

생명은 '임신'으로 시작된다. 임신이란, 성숙된 난자가 성숙된 정자와 결합하여 수정란이 되는 것을 말한다. 남자의 정자와 여자의 난자를 '배우체'(gametes)라고 하는데, 이 두 배우체의 결합을 '수정'이라 한다.

여성은 출생 시에 이미 난소를 가지고 있는데, 난소에는 약 20만 개의 미성숙된 난자가 들어 있다가, 성숙한 여성이 되면 매달 한 개씩의 성숙된 난자가 난소에서 배출된다. 이것이 곧 여성의 생식세포인데, 난자가 정자에 비해 크다고 하지만, 실제 지름은 0.14mm이다. 남성이 성숙하면 남성의 생식세포인 정자를 배출한다. 정자의 크기는 난자의 약 1/40 정도인데, 이렇게 작지만 별로 움직이지 않는 난자에 비해 아주 활동적이다. 정자는 성교 시에 배출되며, 1회의 배출량은 약 1~5억 마리 정도나 된다. 정자는 긴 꼬리가 달려 있는 올챙이 모양으로서 유전적 정보는 머리 모양의 앞부분에 있다. 이 정자는 자궁을 거쳐 난자가 있는 난관까지 헤엄쳐 갈 만큼 활동적이다.

수많은 정자가 난관을 향해 헤엄쳐 가다가 먼저 난자에 도달하는 정자만이 난막을 뚫고 난자와 결합되며, 결합된 정자의 꼬리는 떨어져 버린다. 이렇게 정자의 핵(nucleus)과 난자의 난핵이 결합하면 단핵의 수정란, 즉 접합체가 되는데, 이것을 수정(fertilization), 즉 임신이라고 한다.

태내발달은 대략 266일 지속되는데, 수정으로 시작되고 출생으로 끝난다. 임신은 3시기로 나눌 수 있는데, 즉, 배란기, 배아기, 태아기는 다음과 같다(Santrock, 2015).

(1) 배란기(germinal period)

배란기는 임신 후 첫 2주 동안 일어나는 태내발달 시기이다. 이때 수정된 난자(접합체), 세포분열, 자궁벽에 다세포 유기체의 부착이 일어난다.

접합체에 의한 급격한 세포분열은 배란기에 시작한다. 임신 후 1주 내에, 이런 세포들의 분화, 즉 서로 다른 과제에 대한 특수화는 이미 시작된다. 이 단계에서 이제는 포배(blastula)라고 불리는 유기체는 결국 배아가 될 속이 빈 공 모양의 세포들과 나중에 영양을 제공하고 배아를 지지할 세포의 외층인 영양막(trophoblast)으로 구성된다. 포배가 자궁벽 속에 파묻히는 착상은 임신 2주에 일어난다.

(2) 배아기(embryonic period)

배아기는 임신 2주에서 8주까지 일어나는 태내발달 시기이다. 배아기 동안, 세포 분열률이 높아지고, 세포의 지원체계가 형성되고, 기관들이 발달한다.

이제 세포들의 덩어리를 배아라고 부르는데, 3개 세포층이 형성된다. 배아의 내배엽은 세포의 안쪽 층이며, 소화계와 호흡계로 발달될 것이다. 외배엽은 가장 바깥층이며, 신경계, 감각기관들(예: 귀, 코, 눈) 그리고 피부 일부들(예: 머리카락과 손톱)로 발달할 것이다. 중배엽은 중간층이며, 순환계, 뼈, 근육, 배설계, 그리고 생식계로 발달할 것이다. 모든 신체 부분들은 결국 이 세 가지 층으로부터 발달한다. 내배엽은 신체 내부를 생성하고, 중배엽은 내부 영역들을 둘러싸고 있는 부분들을 생성하고, 외배엽은 표면을 생성한다. 기관발생(organogenesis)은 태내발달의 처음 2개월 동안 이루어지는 형성과정이다. 형성되고 있는 기관들은 환경적 영향들에 특히 취약하다(Senamth–Yapa & others, 2013 ; Wei & others, 2013).

배아의 3개 층이 형성되면서, 배아를 위한 생명지원 체계가 급격하게 발달한다. 이런 체계들에는 양막, 탯줄(둘 다 어머니의 몸이 아닌, 수정된 난자로부터 발달), 태반이 있다. 양막액은 온도와 습도가 통제될 뿐 아니라, 충격으로부터 보호하는 환경을 제공한다. 전형적으로 2개의 동맥과 1개의 정맥으로 된 탯줄은 아기와 태반을 연결한다. 태반은 원반 모양의 조직 집합체인데 어머니와 아이로부터 나온 작은 혈관들이 서로 얽혀있지만 연결되어 있지 않다.

산소, 물, 염류(salt), 어머니 혈액에서 나온 영양분, 아기의 혈액에서 나온 이산화탄소와 대사 배설물들과 같은 매우 작은 분자들이 어머니와 배아 또는 태아 사이를 왔다 갔다 한다(Woolett, 2011). 큰 분자들은 태반 벽을 통과할 수 없다. 예를 들어, 적혈세포, 대부분의 박테리아, 어머니의 배설물, 호르몬과 같은 유해한 물질들이다(EshkoU & others, 2011). 실제로 임신한 여성이 섭취한 어떤 약물이나 화학물질은 이동하는 동안 대사되거나 변경되거나 또는 너무 크지 않다면, 어느 정도 태반을 통과할 수 있다(Hutson & others, 2013). 최근 연구는 에탄올이 인간 태반을 통과하며 주로 어머니의 알코올 섭취를 반영한다는 것을 확인했다(Matlow & others, 2013). 흡연은 태반이 될 태아의 막들(membranes)을 약화시키고 산화 스트레스를 높인다(Menon & others, 2011). 태반 장벽을 가로지르는 물질의 이동을 관리하는 기제는 복잡하고, 여전히 완전하게 설명되지 않는다(Saunders, Liddelow, & Dziegielewska, 2012).

(3) 태아기(fetal period)

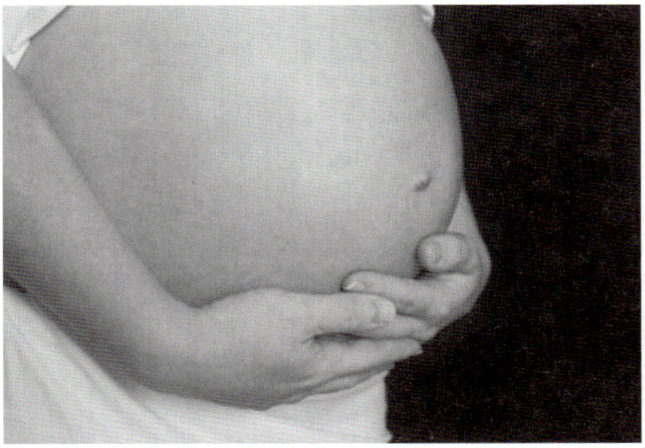

자료: http://cafe.naver.com/iconland/278310

[그림 6-3] 출산 직전인 여성의 모습

약 7개월 동안 지속되는 태아기는 전형적으로 임신 2개월부터 출생까지 확장된 태내 시기이다. 이 시기 동안 성장과 발달은 극적으로 계속 진행된다(김혜선 · 유안진, 2011: 218-220).

① 임신 1개월: 수정된 지 30시간 만에 세포분열을 시작한 배란은 3~4일 후에 자궁에 들어가 자궁벽에 착상한다.

② 임신 2개월: 눈, 코, 입, 귀와 팔다리가 생기고, 내장기관과 신경계통이 생긴다.

③ 임신 3개월: 태아라고 부르며 이가 날 자리가 잡혀지고, 성별이 구별된다. 피부가 투명해져서 태아의 혈관이 보일 정도이며, 자궁에 광선이 들어가면 손으로 눈을 가리는 시늉도 할 수 있다고 한다.

④ 임신 4개월: 태아는 크기가 현저히 변화하여, 키가 출생 시의 1/2 정도가 되고, 피부빛이 붉고 얼굴에 솜털이 돋는다.

⑤ 임신 5개월: 한선(汗腺)이 발달하여 피부가 어른과 비슷해지고, 전신에 솜털이 돋고 손톱과 발톱, 머리털이 생긴다.

⑥ 임신 6개월: 태아의 피부에 태지(胎脂)가 덮여 피부가 보호되고 눈이 완성되며, 혀에 맛봉오리(taste bud)가 생긴다. 태아는 손가락도 빨고 딸꾹질도 하며, 모체의 심장고동

소리를 들을 수 있고, 소변도 방출하게 된다. 이때 출산을 하면 태아는 숨도 쉴 수 있고 가느다란 울음소리도 낼 수 있다고 한다.

⑦ 임신 7개월: 태아의 근육, 신경, 순환계의 조직이 거의 완성되어 조산을 하더라도 보육기(incubator)에서 양육할 수 있다고 한다. 이 시기의 아기는 이미 쓴맛, 단맛, 짠맛과 신맛을 알며, 냄새와 소리에 조금씩 반응을 보인다고 한다. 온도에 대한 반응은 만삭으로 태어난 아기와 별 차이가 없으며, 통각자극에 대한 반응은 매우 둔하다고 한다. 피부의 주름이 펴지고 살이 찌며, 외부 생활에 대한 준비가 되는 시기이다.

⑧ 임신 8개월: 8개월에서 10개월 사이에는 발달상의 변화가 없고, 다만 태아가 성숙해 간다. 8개월에 조산한 아기는 근육에 탄력이 없고, 전신의 움직임이 약하며, 불빛이나 소리를 피하려는 경향을 나타낸다. 엎드려 누이면 고개는 들 줄 알지만, 호흡이 약하고 불규칙적이며, 잠자는 것과 깨어나는 것이 분명치 않고 잘 울지도 못한다. 젖을 빨고 삼킬 수는 있으나 계속적으로 하지는 못한다.

⑨ 임신 9개월: 9개월에 태어나면 아기의 움직임이 확실하고, 근육에 자극을 주면 반응을 하고, 강한 자극에는 놀란다. 엎드려 누이면 고개를 들어올리고, 엉덩이도 들 수 있고, 손바닥을 자극하면 쥐기반사(grasping reflex)를 보이고, 배고플 때는 울 수 있다.

⑩ 임신 10개월: 출생할 준비를 다하여 태어난다. 태어난 아기는 활발히 오래 운동을 할 수 있고, 근육에 탄력이 있으며, 물체를 따라 눈을 움직일 수 있다. 자극에 놀라기도 하고, 엎어 놓으면 고개를 쳐든다. 자고 깨는 시간이 분명하고, 배가 고프거나 불쾌하거나 큰 소리가 들리면 울고, 젖을 물리면 힘차게 빤다. 또 어루만져 주면 좋아하고, 항상 주먹을 꽉 쥐고 있고, 손바닥에 자극을 주면 더욱 세게 쥔다.

2) 분만

분만은 진통이라고 부르는 자궁근육의 불수의적인 수축으로부터 시작된다. 진통의 시작에서부터 신생아의 출산까지의 시간은 초산부의 경우 약 14시간, 경산부의 경우 약 8시간 정도이나 임신부에 따라 변수가 다양하다. 분만 단계별 내용은 다음과 같다(지영주 외, 2016: 152-155).

(1) 분만의 전구증상

태아의 아두가 자궁하부로 하강되어 쳐지는 태아 하강(Lightening)현상이 나타나면서 자궁저부가 낮아져 횡경막에 압박이 감소된다. 이때 임부의 호흡은 편안해지고 위장 압박이 완화된다. 반면 골반과 방광의 압박이 증가하면서 다리의 통증이 오고 빈뇨현상과 하지 경련이 나타나게 된다. 또한 불규칙한 자궁의 수축과 이완 현상인 가진통이 오며, 약간의 혈액과 함께 섞여 나오는 혈성 점액질의 질 분비물인 이슬(show)이 비쳐진다.

(2) 분만 1기

분만 제 1기에는 잠재기, 활동기, 이행기로 구분되는 시기이다. 잠재기(latent phase)는 자궁경관 개대는 미미하나 자궁경관의 소실이 있고, 활동기(active phase)는 자궁 경관의 개대가 본격적으로 시작되는 시기이다. 마지막인 이행기(transitional phase)에는 진통과 요통이 극심해지고 항문 쪽으로 힘이 주어진다.

분만 1기 동안에는 경관이 짧아지고 얇아져 종잇장처럼 들어 올려지는 자궁경부거싱(cervical effacement)이 나타나고 경부외구가 아주 작은 크기에서 아기가 통과할 정도로 넓게 개대되는 경부개대(cervical dilatation)가 나타난다.

(3) 분만 2기

분만 2기는 태아 만출기로 항문 올림근과 회음부 층이 얇게 늘어나는 동시에, 항문이 벌어져 항문 전벽이 밖으로 보이는 팽륜(bulging)이 나타난다. 또한 아두가 양음순 사이로 노출된 발로(crowning)상태가 되면 이때 회음 절개술을 실시한 뒤 태아가 나오게 된다.

태아가 모체 밖으로 나온다는 것은 인간이 겪어야 하는 가장 큰 변화 중의 하나이다. 이 변화를 겪기 위한 준비를 태아는 진행하고 있는 것이다. 신체 중 머리 부분은 좁은 산도를 지날 수 있도록 뼈가 물렁물렁하여 변형이 가능하다.

출산과정에서 변형된 머리뼈는 출생 후 며칠 내에 정상상태로 돌아온다. 자궁의 수축에 따라 태아의 심장 뛰는 속도도 달라진다. 모체가 진통하는 동안 태아의 심장 뛰는 속도가 빨라지기도 하고 늦어지기도 하며 때로는 불규칙하게 되기도 한다.

분만과정 중에 태아는 태반으로부터 산소의 공급을 일시적으로 받지 못 하나 출산 후에 호흡기관을 자극하여 숨을 쉬게 되면서 축적된 탄산가스는 배출된다. 그러나 분만기간이 너무 길면 산소가 부족하여 뇌손상을 일으킬 수가 있다. 이러한 뇌손상으로 영구적인 정박아가 될 수 있고 행동이나 언어에 장애를 일으킬 수 있다.

(4) 분만 3기

분만 3기는 태아의 만출 이후부터 태반이 완전히 만출 되기까지의 시기로 자궁 저부가 일시적으로 제와부 이상으로 상승하면서 자궁모양이 원반모양에서 공 모양으로 변화되며 갑자기 소량의 혈액이 질을 통해 흘러나오는 시기이다.

(5) 분만 4기

분만 4기는 회복기로서 태반 만출 후 1~4시간 되는 기간으로 모체의 생리적 재적응이 시작하는 시기로 출혈이 중지되고 회복되는 시기이다. 이때는 엄마와 아기의 모아관계와 새로운 가족 구성에 중요한 시기로 모아 상호작용을 촉진하는 중요한 시기이다.

이처럼 분만과정은 진입, 하강, 굴곡, 내회전, 신전, 외회전, 만출이라는 기전을 지나면서 새로운 생명체를 탄생시키는 작은 역사의 시간이다. 하지만 이러한 과정동안 여러 가지 합병증이 발생할 수 있는데, 문제가 되는 합병증으로 분만 제1단계에서의 임신부의 질 출혈(vaginal bleeding), 태아의 비정상적인 심장박동, 태아의 비정상적인 위치 등이 있다. 이러한 모든 분만 합병증들은 자주 제왕절개수술을 요하는 원인이 되기도 한다.

3) 임신과 출산의 의미

임신과 출산이 아기와 부모, 그리고 사회에 미치는 의미는 다음과 같다(박성연 외, 2017: 104-105).

(1) 아기의 관점에서

임신은 태어나는 아기의 관점에서 볼 때 생의 시작을 의미한다. 정자와 난자의 결합에 의해 수정란이 형성되고, 이 수정란이 자궁내막에 착상하는 임신의 과정이 생물학적인 측면에서 생의 시작이라면, 임신부의 태내에서 10달을 성장한 후 모체 밖으로 나오는 출산의 순간은 사회적인 생의 시작점이라 할 수 있다. 따라서, 임신과 출산, 이 두 사건은 모두 태아에게는 생의 시작점이라는 공통점을 갖는다.

태내기는 아기에게 생물학적으로 완전하고 정상적인 인간이 되는 결정적 시기이다. 부모의 유전적 특성과 태내환경의 여러 요소의 영향에 따라 이 기간 중 태아는 선천적인 출생결함은 물론 사망에까지 이를 수 있기 때문에, 임신과 출산 사이의 태내발달 기간은 아기의 이후 생에 대한 결정적 시기의 의미를 갖는다.

(2) 부모의 관점에서

임신과 출산의 또 다른 당사자인 성인의 관점에서, 임신과 출산의 의미는 심리적인 의미와 현실적인 의미를 두 가지로 살펴볼 수 있다.

먼저, 심리적인 면에서 임신과 출산은 자신의 생산성을 확인할 수 있는 중요한 사건이다. 에릭슨(Erikson, 1994a)은 인간의 발달단계 중 30~40대에 해당하는 성인기의 주요 발달과업으로 생산성 대 침체기를 제시하였다. 그리고 이러한 생산성 획득의 보편적인 예로, 자녀출산을 설명하였다. 현실적인 면에서, 임신과 출산은 이전의 다양한 역할에 더하여 부모라는 새로운 역할이 부여되는 사건의 의미를 갖는다. 인간은 전 생애 발달과정 중 다양한 사람과 관계를 맺고 상호작용하며 시간과 장소에 따라 여러 역할을 수행한다. 이 중 부모역할은 몇 가지 측면에서 다른 역할들과 차이를 보인다. 즉, 부모역할은 단기간에 이루어지며, 그 역할범위가 뚜렷하지 않을 뿐 아니라, 자발적으로 그만둘 수 없다는 점에서 다른 사회적 역할들과 구별된다. 더욱이 부모는 자녀에 대한 최종적인 책임을 져야 한다는 점에서 그 역할에 대한 부담과 책임이 매우 크다. 임신과 출산에 대한 개인의 결정권이 확대된 현대사회에서 출산율 감소현상이 두드러지게 나타나는 것은 이러한 부모역할의 어려움과 관계가 있다. 따라서, 임신기간에 부모로의 전환을 준비함으로써 그러한 부담을 줄여야 한다. 그 일환으로 최근에는 임신부를 위한 다양한 형태의 부모교육이 이루어지기도 한다.

한편, 출산은 실제로 부모역할이 시작되는 시점을 의미한다. 출산이라는 사건은 막연했던 부모 준비기에서 벗어나 현실에서의 전혀 새로운 가족생활을 시작하게끔 한다. 가족생활주기를 연구하는 많은 가족학자가 첫 자녀의 출산을 가족생활주기 변화의 주요한 기준으로 삼는 것은 자녀의 존재로 말미암아 변화되는 생활패턴 및 가족생활가치 때문이다.

(3) 사회의 관점에서

인간발달의 측면에서 생의 시작은 수정의 순간부터라고 할 수 있다. 그러나 사회적인 존재로서의 시작은 하나의 생명체가 세상에 나오는 시점인 출산과 함께 시작된다. 국가와 사회의 관점에서 출산은 세대확장 및 계승을 의미하며, 이는 단순히 노동력의 재생산뿐 아니라 국가 및 사회의 존속이라는 기본적이면서도 가장 중요한 의미를 가진다.

최근 우리 사회에서 저출산 현상이 심각한 사회문제로 인식되고 있는 이유가 바로 이것 때문이다. 즉, 출산율의 저하는 지속적인 인구의 감소를 야기하며, 이는 인구의 구성비율 중 젊은 세대의 감소에 의한 고령화 사회(aging society)로의 변화를 의미한다. 그 결과 국가경쟁력 상실은 물론 더 나아가 국가 자체의 존폐 위기와 직결된다.

고령 임신(pregnancy of advanced maternal age)

만 35세 이상 여성이 임신을 하는 경우를 고령임신이라고 하며, 여러 임신 합병증이 증가하기 때문에 고위험 임신에 속한다. 특히, 만성고혈압, 임신중독증(전자간증, 자간증), 난산, 조산, 전치태반, 태반조기박리, 산후출혈, 임신성 당뇨, 제왕절개율, 염색체 이상아 및 기형아 출산 등의 위험이 증가한다. 여성의 사회진출이 늘어나면서 결혼이 늦어지고, 임신 시기도 이에 따라 늦춰지는 추세이다.

고령임신, 그 중에서도 고령 첫 임신이 문제가 되는 경우가 많다. 먼저, 자궁근종과 같은 부인병이나 고혈압, 당뇨, 비만, 심장병과 같은 성인병을 이미 가지고 있는 경우가 많다. 임신성 당뇨의 경우 고령임신에서 약 2배 정도 거대아 출산과 그로 인한 난산의 가능성이 높아진다고 알려져 있다.

고혈압도 젊은 여성에 비해 2~4배 많다. 특히, 유산, 사산, 선천성 기형이 40세 이상 고령임신부에서 증가된다는 보고가 많은데, 이는 임신부의 나이가 증가할수록 모체의 노화로 인해 난자의 염색체에 돌연변이가 생겨 다운 증후군과 같은 염색체 이상아를 출산하는 경우가 증가하기 때문이다. 또한 유연하지 못한 산도가 난산 증가의 한 원인이 되고, 이로 인해 제왕절개를 시행할 가능성이 높아진다. 이와 같은 결과들은 나이라는 한 가지 인자 때문이라기보다는 고령임신에서 고혈압, 당뇨병, 조기진통이나 태반의 문제 등 여러 가지 합병증이 겸해 있기 때문인 것으로 생각된다.

현재 당장 임신 계획이 없더라도 고령임신이 예상된다면, 임신 전부터 꾸준한 운동과 생활습관 개선으로 여러 성인병을 예방하여 몸을 건강하게 만들어야 한다. 두 번째로 중요한 원칙은 규칙적이고 철저한 산전검사 및 관리를 받아야 하고, 기형아 관련 검사를 받고, 임신성 당뇨검사에 더욱 신경을 써야 한다는 것이다(서울대학교병원 의학정보, http://www.snuh.org).

4. 발달 과업

태아의 정상적인 성장뿐 아니라, 자궁과 태반 등의 발육을 위해 임신부는 평상시보다 많은 영양소를 섭취해야 한다. 동물연구에 의하면 불충분한 영양분을 섭취한 모체에서 태어난 새끼는 두뇌 세포의 수가 적을 뿐 아니라 출생 후에도 두뇌성장에 이상이 발견되었다(Smart & Smart, 1982).

인간을 대상으로는 실험이 가능하지 않으나, 전쟁과 같은 음식물이 충분하지 않은 시기의 임부를 통해 그들의 영양상태와 출산 아동과의 관계를 보고 유추한다. 제2차 세계대전 말 유럽에서 사산의 비율이 평상시보다 두 배나 되었고, 저체중아의 출생도 매우 증가했던 것을 볼 때, 임신부의 불충분한 영양분의 섭취는 유산 · 사산 등의 원인이 된다고 할 수 있다. 뿐만 아니라, 아동의 두뇌발달은 태내기에 가장 급속하게 이루어지기 때문에 임신부의 불충분한 영양 섭취는 아동의 지적 발달과도 관계가 있는 것으로 간주된다. 성인의 두뇌 크기의 80%가 3세 이전에 완성되므로, 태아에 대한 충분한 영양공급은 지적 발달에 결정적이라 할 수 있다.

임신부 몸무게의 증가는 영양의 섭취에 좌우된다. 임신 말기에 임신부는 평균 10~12kg의 몸무게 증가를 보인다. 열량은 임신 전반기에는 평상시보다 15% 정도 증가하다 후반기에 30% 정도 증가하여 섭취한다. 그러나 말기에는 임신중독증과 관계가 있으므로 과잉 섭취를 피하는 것이 좋다. 단백질과 칼슘은 태아의 성장 발육에 필수적이므로 충분히 섭취되어야 한다. 임신 중 어머니가 충분한 칼슘 섭취를 안 하면 태아는 모체로부터 칼슘을 빼앗아 필요한 양의 일부분을 대체하기 때문에 충분한 섭취가 중요하다. 또한 칼슘 이외의 무기질과 여러 가지 비타민도 충분히 공급되어야 한다.

5. 발달상의 문제점

태아에게 영향을 미치는 문제들은 세 가지 측면으로 구분할 수 있다(이인정 · 최혜경, 2007: 29).

첫째, 생물학적 문제는 임산부의 연령이 매우 많거나 적은 것, 또는 임신에 관련된 여러 가지 문제들의 전력이 있는 것, 유전적 질병이나 만성질환의 존재, 약물 사용이나 중독 등이다. 태아와 임산부의 건강을 위협하는 이러한 조건이 존재하는 경우에 철저한 의료적 진단과 그에 따른 개입이 이루어져야 할 것이다.

둘째, 심리적인 문제는 계획하지 않은 임신에 대한 부정적인 심리적 반응, 임신과 출산의 과정에 대한 지식이 거의 없는 것, 부모로의 역할 변화와 그에 따르는 책임을 받아들이는 것이 매우 어렵고 부적합하게 느껴지는 것 등이다. 아기를 갖는 것은 삶에서 매우 중요한 사건이며 가능한 한 많은 정보와 정서적 지지를 필요로 한다. 그러나 때때로 임신은 계획되지 않은 상태에서 일어나며, 이것은 임신에 필요한 지식의 결핍으로 이어진다. 따라서, 가족과 친척, 친구들과 같은 지지적 관계망을 활성화시키고 이들로부터 동원할 수 있는 정보와 지지를 확보하는 것이 필요하다. 또한 임신기간에는 많은 육체적 · 정서적 변화가 일어나며 이러한 변화에 잘 적응하도록 해야 한다. 이와 같이 임신에 따르는 변화에 적응하는 데에도 개인을 둘러싼 관계망으로부터 받는 사회적 지지는 중요하다.

셋째, 사회적인 문제로는 재정적인 결핍으로 임신 중에 필요한 영양과 의료적 보살핌을 받지 못하는 것, 물리적 환경이 열악한 것을 들 수 있을 것이다. 이 시기는 적절한 영양과 신체적 보살핌이 필수적이므로 이를 확보하는 데 재정적 도움, 주거 서비스, 그 밖의 도움이 필요한 상황인지를 살펴보아야 할 것이다.

연습문제

1. 태내기의 발달장애에 관한 설명으로 옳은 것은?
   ① 다운증후군은 23번 염색체가 하나 더 있어 염색체 수가 47개이다.
   ② 터너증후군은 남성의 정소발달이 불완전하여 생식이 불가능한 증상이다.
   ③ 클라인펠터증후군에서는 여성의 2차 성 특징이 나타나지 않는다.
   ④ 페닐케톤뇨증은 지방의 분해효소가 결여되어 발생한다.
   ⑤ 혈우병은 남성에게 발병하며 X염색체의 열성 유전자에 기인한다.

2. 태내기의 발달과 관련하여 옳지 않은 것은?
   ① 여성에게 남성적인 측면이 나타날 수 있는 염색체의 이상증후군은 터너증후군이다.
   ② 임신 중 알코올 섭취는 태아에게 태아알코올증후군을 가져온다.
   ③ 난자와 정자가 만나면서 염색체 48개가 생성된다.
   ④ 다운증후군은 21번째 염색체가 하나 더 많이 생기는 증후군이다.
   ⑤ 배란기–배아기–태아기의 순으로 이루어진다.

3. 태내기에 관한 설명으로 옳지 않은 것은?
   ① 터너증후군은 47개의 염색체를 가짐으로써 남성에게 여성적인 성징이 나타난다.
   ② 일반적으로 16~20주가 되면 임신부가 태동을 느낄 수 있다.
   ③ 다운증후군은 21번 염색체의 이상으로 나타난다.
   ④ 정자의 X염색체와 난자가 만나 XX로 결합하면 여아가 태어나게 된다.
   ⑤ 임산부의 연령이 16세 이하 또는 35세 이상일 경우 태아의 선천성 결함 가능성이 높아진다.

4. 임산부가 태아에게 영향을 미치는 요인에 대한 설명으로 옳지 않은 것은?
   ① 임산부의 정서 · 심리상태는 태내발달에 영향을 미치지 않는다.
   ② 흡연은 저체중아 출산, 임신기간의 단축, 자연유산의 증가 등을 가져온다.
   ③ 알코올은 태아에게 태아알코올증후군을 가져온다.
   ④ 임산부의 연령은 임산부 자신과 태아에게 영향을 미칠 수 있다_
   ⑤ 임산부의 섭식은 태아에게 영향을 미친다.

5. 임산부가 태아발달에 영향을 미치는 요소를 모두 고른 것은?

가. 환경오염	나. 유전적 결함	다. 분만횟수	라. 영양상태

   ① 가, 나, 다 ② 가, 다 ③ 나, 라
   ④ 라 ⑤ 가, 나, 다, 라

정답 1. ⑤ 2. ③ 3. ① 4. ① 5. ⑤

Chapter 07

영 아 기

학습목표

태내기 이후에 이루어지는 출산과 양육은 인간탄생의 중요한 부분이다. 영아기에 대한 이론적 논의를 통해 향후 생애주기의 방향을 설정하고자 한다.

학습내용

1. 영아기의 개념
2. 발달 특성
3. 발달 과업
4. 발달상의 문제점

개 요

태어나면서부터 만 3세까지, 즉 36개월까지를 영아기(infancy)라고 한다. 현행 우리나라의 보육 서비스에서는 영아를 36개월 미만으로 정의하고 있다. 영아기는 발달의 여러 영역에서 급속한 성장이 이루어지는 시기다. 신체 및 운동 발달단계에서 '제1성장급등기'라고 불릴 만큼 빠른 발달이 이루어지며, 언어발달에 있어서도 다른 사람과의 의사소통이 이루어질 수 있을 정도로 발달한다. 전반적으로 이 시기는 인지발달을 포함한 모든 영역에서 균형적이고 긍정적인 발달을 위해서 새로운 것을 많이 접하고 경험하는 시기이다. 본 장에서는 영아기의 발달에 대해 논의하고자 한다.

1. 영아기의 개념

영아기(infancy)는 태어나면서부터 만 3세까지, 즉 36개월까지를 말한다. 현행 우리나라의 보육 서비스에서는 영아를 36개월 미만으로 정의하고 있다. 「유아교육법」에서는 "유아란 만 3세부터 초등학교 취학 전까지의 어린이를 말한다"(제2조 1)를 규정하고 있다. 하지만 학문적으로 영아기를 더 세분해서 만 2세까지는 영아기(infancy)로, 만 2~3세까지는 걸음마기(toddler)로 구분하기도 한다. 대부분의 저작에서는 만 2세까지를 영아기로 구분한다. 그 중에서도 출생 후 첫 1개월을 신생아기라고 한다.

영아기는 발달의 여러 영역에서 급속한 성장이 이루어지는 시기다. 신체 및 운동 발달 단계에서 '제1성장급등기'라고 불릴 만큼 빠른 발달이 이루어지며 언어발달에 있어서도 다른 사람과의 의사소통이 이루어질 수 있을 정도로 발달한다. 전반적으로 이 시기는 인지발달을 포함한 모든 영역에서 균형적이고 긍정적인 발달을 위해서 새로운 것을 많이 접하고 경험하는 시기이다. 이 시기는 신체적 성장이 매우 급격히 이루어지며, 기본적 운동능력, 언어습득, 개념형성 등의 인지적 발달이 이루어진다. 또한 이후의 사회성 발달에 큰 영향을 미치는 애착관계를 형성하여 다른 사람과 정서적 유대관계를 맺을 수 있게 된다(최덕경 외, 2014: 185).

이 기간의 가장 큰 특징은 성장속도가 매우 빠르다는 것이다. 영아기는 독립적으로 생활할 수 없으므로 신체적, 심리적으로 성인에게 의존하며, 부모나 형제자매 등 돌보는 사람에게 애착행동을 보이게 된다. 영아기의 가장 큰 변화는 일어서서 이동하는 능력을 나타내는 것이다. 또한 감각운동의 시기이며, 한두 단어를 사용할 수 있게 된다. 이 기간 동안 무력한 존재인 영아는 하나의 독립된 개체로서 성장할 준비를 하게 된다. 특히, 신생아기는 태내환경과 너무나 상이한 새로운 환경에 적응해야 하므로 매우 중요한 의미를 갖는다(김보기 외, 2017: 149-150).

생후 2개월 무렵에 불쾌감이 분화되고, 이를 울음 등을 통해 표현하며, 즐거움은 미소를 짓는 방법으로 표현할 수 있게 된다. 생후 3개월이 되면 분노의 감정이 분화되며, 5~6개월이 되면 혐오감과 공포심이 분화되고 분노의 감정도 더욱 증가한다. 생후 12개월 무렵에는 의기양양과 성인에 대한 애정이 더욱 강해지고, 18개월에는 다른 아이에 대한 애정과 질투의 감정이 나타난다. 그리고 생후 19개월 무렵에는 환희의 감정이 나타난다(최덕경 외, 2014: 190). 한편, 이 시기에는 정서를 이해하고 규제하는 능력도 발달하게 되는데, 생후 6개월 무렵의 영아는 행복해서 미소를 짓는 얼굴과 찡그린 얼굴을 구분할 수 있다. 아울러 다른 사람의 정서로부터 영향을 받게 된다. 생후 18개월 무렵이 지나면서 영아는 부정적 정서를 숨길 수 있으며, 3세가 되면 자신의 감정을 더 잘 숨길 수 있게 된다.

다른 사람과의 관계에서 얻은 경험을 통해서 형성되는 영아기의 사회성 발달은 성인의 성격 특성을 형성하는 기초가 된다. 사회성 발달과정에서 영아는 여러 가지 표현행동과 애착행동을 나타낸다. 여기서 표현행동이란, 외부세계와의 의사전달 수단으로써 영아가 자신의 욕구나 호기심 등을 표시하는 행동을 말한다. 표현행동에는 울음, 응시, 옹알이, 미소, 모방 등이 있으며, 이러한 행동은 자신을 돌보는 사람과의 관계를 통해서 형성되고 애착행동의 기초가 된다. 영아는 생후 4개월 무렵부터 사물보다 사람의 얼굴을 응시하기를 좋아하며, 12개월 무렵부터 다른 사람의 행동을 모방하기 시작한다.

최초 애착대상은 영아의 성격발달에 결정적 영향을 미치며, 영아는 친숙한 사람에게 특별한 애착을 발달시켜 나간다. 이러한 애착행동은 자신에게 적절한 자극을 주고, 반응을 잘 해주는 사람으로부터 형성된다. 영아는 애착관계를 형성한 사람이 눈에 보이지 않거나 낯선 사람이 나타날 때 불안해한다. 낯선 사람에 대한 불안은 대개 생후 8개월 무렵에 나타나며, 12개월을 전후해 절정에 이르다가 점점 없어진다.

자료: http://post.naver.com/viewer/postView.nhn?volumeNo=7505391&memberNo=22718804&vType=VERTICAL

[그림 7-1] 영아의 수유

2. 발달 특성

1) 신체적 발달

(1) 신체적 성장

모체로부터 갓 태어난 신생아의 평균 몸무게는 보통 3.5kg이며, 키는 50cm 전후다. 출생 시 체중이 2.5kg 이하인 경우 '저출생체중아'라고 한다. 출생 후 인간의 성장은 수태 이후부터 일반적인 원리에 따라 예측 가능한 방식으로 이루어진다. 성장은 머리에서 시작되어 아래쪽으로 진행되는 두미(cephalocaudal)발달원리에 따라 다리보다 팔을 먼저 사용할 수 있게 된다. 또한 신체의 중심부에서 바깥으로 이루어지는 원리에 따라 신체 말부보다 중심부가, 그리고 소근육보다 대근육을 더 빨리 통제할 수 있다.

인간의 뇌는 생후 5년 동안 급속하게 성장하는데, 돌 무렵까지 성인 뇌의 절반 정도로 커지고 만 2세에는 성인기 뇌 무게의 75%까지 성장한다. 뇌 무게의 성장은 뇌의 구조적이고 기능적인 발달과 관련이 있다.

두 돌에 이르는 24개월 무렵에는 아기의 키는 거의 두 배에 가깝게, 체중은 세 배 이상 늘어난다. 신체와 체중의 급격한 성장뿐 아니라 골격 및 근육의 발달도 현저하게 나타난다. 신체근육의 움직임을 조절하는 능력에서 변화가 일어나는 것을 '운동발달'이라고 한다. 운동능력 면에서 거의 무력하던 영아들은 생후 첫 2년 동안 독립적이고 이동적이 되어간다. 첫 발걸음을 떼는 변화는 10~17개월에 이루어지게 된다. 이 시기 동안 영아들은 주변 여러 환경들을 탐색하는 데 도움이 되는 행동을 조절하는 대근육 운동기술과 세분화된 작은 움직임에 관련된 소근육 운동기술을 발달시킨다. 대근육 운동은 기기, 서기, 걷기, 뛰기 등과 같이 팔, 다리, 몸통과 같은 대근육을 사용하는 운동을 말하며, 소근육 운동은 손으로 물건 잡기, 손가락으로 글씨쓰기 등과 같이 몸의 소근육을 이용하는 운동을 의미한다. 치아는 약 6개월을 전후하여 나오기 시작한다. 맨 처음 아래 가운데 앞니가 나기 시작하여 늦어도 34개월까지는 20개의 젖니가 모두 나온다.

(2) 신생아의 반사행동

영아는 출생 직후 외부자극에 대해 분명하게 반응하기보다 주로 반사반응을 한다. 이것은 생존반사(survival reflexes)와 원시반사(primitive reflexes)로 나눌 수 있다(Craig & Baucum, 2002). 생존반사는 적응이나 생존을 위해 필요한 반사행동으로서 호흡반사(breathing reflex), 근원반사(rooting reflex), 빨기반사(sucking reflex), 동공반사(pupillary reflex), 눈깜빡반사(eye-blink reflex) 등이 있다. 호흡반사는 산소를 얻기 위해서 흡입하고 이산화탄소를 방출하기 위해서 내뿜는 반사를 말한다. 근원반사는 신생아의 볼에 접촉하면 그 자극을 향해 고개를 돌리고 마치 젖꼭지를 기대하는 것처럼 입을 벌리는 반사이며 탐색반사라고도 한다. 빨기반사는 신생아의 입을 접촉하거나 다른 방법으로 자극하면 입으로 빨려는 반응을 보이는 반사이다. 동공반사는 신생아의 눈의 동공이 밝은 빛이 들어오거나 잠을 잘 때는 좁아지며, 희미한 빛이 들어오거나 깨어 있을 때는 넓어지는 반사이다. 눈깜빡반사는 신생아의 눈을 향해 물체가 빨리 움직이거나 불어오는 공기에 대한 반응으로 눈을 깜빡이는 반사이다.

〈표 7-1〉 **신생아의 반사운동**

반사	자극	반응	사라지는 시기	기능
근원반사	빵에 물체로써 부드럽게 자극	물체를 향해 고개를 돌리며 빨고자 한다.	3~4개월	젖꼭지를 찾게 한다.
빨기반사	손가락으로 젖꼭지를 입에 넣어준다.	규칙적으로 빤다.	사라지지 않는다.	수유를 하게 한다.
파악반사	젓가락이나 손가락을 손바닥에 둔다.	쥔다.	3~4개월에 약해지고 1년 뒤에 사라진다.	잡을 수 있는 능력을 준비 한다.
모로반사	안고 있던 머리와 목을 놓음. 누운 아기 근처를 세게 두드린다.	몸을 활모양으로 휜다.	6개월	어머니에게 매달리게 하는 기능이리라 추측하고 있다.
바빈스키반사	발바닥을 살살 간질인다.	발가락을 폈다가 오므린다.	6~12개월	기능이 불명확
바브킨반사	손바닥을 누른다.	눈을 감고 입을 연다.	3~4개월	기능이 불명확
걷기반사	아이를 세워 발을 땅바닥에 닿게 한다.	걸어 다니듯이 걷는다.	2~3개월	걷는 능력을 준비한다.
수영반사	얼굴을 수면으로 닿게 하면서 놓는다.	수영하는 모습이다.	4~6개월	물속에 빠졌을 때 생존할 수 있도록 해준다.

자료: 조복희 외(2016: 123).

원시반사는 생존을 위해 필요한 것은 아니지만 진화론적 관점에서 중요한 반사행동으로 모로반사(Moro reflex), 바빈스키반사(Babinski reflex), 손바닥반사(palmar reflex), 걷기반사(stepping reflex), 수영반사(swimming reflex) 등이 있다. 모로반사는 신생아가 큰 소리에 의해 깜짝 놀라거나 갑자기 조금 밑으로 떨어지면, 처음에는 팔을 벌리고 손가락을 폈다가 팔을 몸 쪽으로 가져가고 손가락을 꽉 쥐는 반사이다. 바빈스키반사는 신생아의 발바닥을 쓰다듬으면 발가락을 쭉 펼치는 반사이다. 손바닥반사는 신생아의 손바닥이 어떤 물체에 의해 자극을 받으면 단단하게 쥐고 그 물체를 당기면 강하게 잡는 반사이며, 파악반사(grasping reflex)라고도 한다. 걷기반사는 신생아가 그들의 발을 바닥에 대고 똑바로 들어주면 걷는 행동을 보이는 반사이다. 수영반사는 신생아를 수그린 자세로 물에 놓으면 수영하려는 행동을 보이는 반사이다(이근홍, 2015: 45).

(3) 운동발달

영아기의 운동발달은 일반적으로 중추신경 및 골격 그리고 근육의 성숙과정에 의존되어 이루어진다. 운동발달은 두 가지 기제로 진행되는데, 하나는 전체적이고 통합적인 움직임이 보다 미세하고 세련되며 더 기능적인 행동으로 나타나는 분화(differentiation)과정이며, 다른 하나는 여러 가지로 움직이는 행동이 하나로 조절되는 통합(integration)과정이다(김혜선 · 유안진, 2011: 234).

영아기의 운동발달은 신체의 성숙도에 따라 개인차가 크지만 대개 생후 3개월부터 운동기술이 발달한다. 3개월경에 머리를 돌릴 수 있고 원하는 물건에 손을 뻗쳐 닿을 수 있으며, 5개월에는 무릎에 앉고 물건을 잡는다. 7개월에는 혼자 앉을 수 있으며, 9개월에는 물체를 붙잡고 일어서며, 10개월에는 잘 기어 다닌다. 12개월이 되면 혼자 걸으며, 16개월에는 손잡고 계단을 오르내리고, 24개월에는 달릴 수 있게 된다.

영아의 운동발달은 주로 손의 사용과 관련되어 있으며, 물체를 쥐거나 조작하는 능력의 발달은 뇌의 발달에 중요한 영향을 미친다. 영아기 동안 감각기능과 운동기능 간의 협응이 이루어지며, 이것은 신체의 각 부위와 감각기관의 발달은 물론 지적 능력의 발전에도 영향을 미치게 된다(이근홍, 2015: 46).

영아기에는 근육통제가 상당히 활발해진다. 즉, 미분화된 전체운동으로부터 점차 분화되어 특수한 반응으로 이행된다. 또한 머리, 목, 눈의 운동에서 시작되어 팔, 다리의 운동으로 이행되며, 신체의 중앙부에서 말초로 이행되는 발달의 원리에 따라간다. 그러므로 몸통과 손발의 발달이전에 머리운동이 먼저 이루어진다.

영아기에는 사람과 물건을 관찰하고, 움직이는 것을 쳐다보려고 하며, 자기가 볼 수 없는 주변환경을 탐색하려고 시도한다. 즉, 관심 있는 대상에 접근하려고 하며, 성공하면 즐거워하고 실패하면 당황하거나 화를 낸다. 영아의 움직이는 활동은 호기심을 만족시키는 영아의 능력을 활발히 증가시켜 주며, 인지적·사회적 관심도 높여 준다. 뿐만 아니라, 단순한 행동이 더 혼잡한 고도의 기술로 조직화되어 감에 따라 운동기술과 탐색기능도 세련되어 간다. 이러한 운동발달은 영아가 보다 많은 자극을 자신의 감각기관을 통해 지각하면서 외부세계에 적응해 나가도록 돕는다.

(4) 감각발달

신생아에게는 수동적인 생리적 기능이 거의 전부를 차지하고 있다 하더라도 그들의 능동적 행동이라고 볼 수 있는 음식의 섭취를 통해, 또는 외부자극에 대한 반응으로 태내환경과 다른 이 세상에 적응을 시작한다. '신생아에게 이 세상은 어떻게 비칠까' 하는 의문은 아동심리학자들의 계속적인 연구과제였다. 최근의 여러 연구를 통해 밝혀진 그들의 감각기능은 그들이 어떻게 새로운 환경에 적응해 나가는가를 제시해 준다.

① 촉각

영아는 주로 촉각에 의지하여 주위환경을 인지한다. 차고 더운 것, 눌리는 것, 허전하고 아픈 것, 피부에 닿는 것 등의 촉감은 초보적이면서도 영아에게는 대단히 중요하다. 촉각에서 충분한 만족을 얻는 영아는 소화도 더 잘하고 민감하여 환경에도 잘 적응한다. 그래서 어머니가 아이를 꼭 껴안고 젖을 먹일 때 일어나는 촉각적 접촉은 중요한 의미를 가진다.

피부감각은 출생 전에 많이 발달되어 있는 것으로 알려져 있다. 덥거나 추운 것에 대한 반응이나 피부에 닿는 아픈 자극에 대한 반응도 촉각의 범주에 속한다. 학자들은 피부접촉을 통한 자극은 정상적인 발달에 필수적이라 보고 있다. 안아주고 얼러주고 몸을 깨끗이 하는 것은 그들의 성장을 돕는 것이다.

신생아는 태중에 듣던 어머니의 심장 뛰는 소리를 태어나면서 듣지 못하게 된다. 어머니가 안아서 젖을 주게 되면 어머니의 심장소리를 듣게 되므로 안정감을 얻을 수 있다.

이런 의미에서 피부접촉은 더욱 중요하다(조복희 외, 2016: 12-124).

온도에 대한 영아의 감각은 예민하여, 실내온도가 내려가면 영아는 신체운동을 더 많이 한다. 특히, 냉수와 온수에 민감한 반응을 나타내기 때문에, 갓난아기가 출생 즉시 울지 못하면 1분 간격으로 냉온탕을 시켜서 첫 호흡을 시킬 수도 있다.

② 청각

출생 첫날 신생아의 청각은 기능이 한정되어 있다. 즉, 높고 강한 소리에는 반응을 하지만, 성인들이 들을 수 있는 낮고 약한 소리에는 반응을 하지 못한다. 그 이유는 귓속에 점액이 가득 차 있기 때문이다. 그러나 며칠이 지나면 영아는 소리에 대해 여러 가지 다른 식으로 반응을 보인다. 어떤 소리에는 긴장을 보이며 경계태세를 취하기도 하고, 어떤 소리에는 침울해하기도 한다. 이런 때가 되면 소리를 통해 얼러 주며 영아를 달랠 수가 있다. 영아는 여러 가지 소리 중에서 특히 사람의 목소리에 빠른 반응을 보이는데, 생후 3개월 정도가 되면 '가', '바', '파'와 같은 음소를 구별하고 성인이 얼러 줄 때 말소리의 리듬에 따라 반응이 빨라진다. 이때에도 갑작스럽게 들리는 크고 강한 소리에는 놀란다(김혜선 · 유안진, 2011: 232).

아동의 청각은 태어나기 전부터 어느 정도 발달되어 있는 것으로 보고하고 있다 임신 7주경이면 이소골(耳小骨, ossicles)이 생기는데, 이는 태아 때 다 자라서 태어나기 4개월 전에는 벌써 어느 정도 원시적인 기능을 한다. 또한 태어나기 1개월 전에는 소리에 집중할 수 있는 것으로 밝혀졌다(Silverman, 1982). 신생아가 들을 수 있는 소리의 크기는 20~30데시벨(decibel, dB)로 성인의 5~10데시벨보다 높아야 한다고 밝혀졌다(Hughes & Noppe, 1985).

신생아의 청각능력은 여러 실험을 통해서 관찰되었다. 러시아의 한 학자는 소리자극을 주면서 신생아가 젖을 빠는 행동을 도표로 표시하여 신생아의 청각능력을 측정하였다. 새로운 소리가 들리면 신생아는 젖을 빠는 것을 멈추나 계속 들려주면 멈추는 정도가 줄어들었다. 그러다가 또 다른 새로운 소리에 다시 반응하는 것으로 보아 들을 수 있을 뿐만 아니라 소리의 고저도 구별하는 것으로 간주된다(Helms & Turner, 1976).

이렇게 청각이 발달하면서 듣는 정보를 의미 있는 정보로 바꿀 줄 알게 되면서 인지가 발달하게 된다.

③ 시각

출산 시 태아는 몸체가 아직 자궁에 있고, 머리만 나왔을 때에도 눈을 떴다 감았다 한다. 그러다가 강한 광선을 만나면 반사적으로 눈을 감고 얼굴을 찡그린다.

판츠(Fants)의 실험에 의하면, 생후 5일된 신생아가 다른 색채나 모양보다 사람의 얼굴을 가장 오래 쳐다보았다고 한다. 약 6주쯤 되면 사람의 얼굴, 특히 눈 주위를 쳐다보기 시작하여, 4개월쯤 되면 비뚤어진 것이나 복잡한 것보다 규칙적인 외형을 가진 것과 사람 얼굴을 보는 것을 더 좋아한다. 영아는 시간이 지날수록 뚜렷한 형태보다는 복잡한 형태를 더 즐겨 보게 된다. 영아는 움직이는 물건을 쳐다볼 수는 있으나 3, 4세가 되어야 움직이는 것을 눈으로 쫓아가며 볼 수 있다(김혜선 · 유안진, 2011: 231-232 재인용).

영아가 색을 어떻게 식별하는지는 확실치 않으나, 생후 4개월이 되면 다른 색보다 파란색이나 빨간색을 더 오랫동안 보는 경향이 있다. 형태와 크기에 대해서는 생후 2세까지의 영아는 멀리 있는 물체를 가까이 있는 것과 같은 크기와 형태로 지각할 수 있다.

④ 미각

미각은 나이가 들면서 어느 정도 발달된다고 볼 수 있으나, 출생 시에도 거의 완전하게 발달되어 있다. 미각은 신생아뿐만 아니라 태내에서도 어느 정도의 기능을 한다. 단것을 주면 삼키나, 짜거나 신 것 또는 쓴 것을 주면 삼키지 않는다.

신생아는 혀에 발달된 맛봉오리(taste bud)를 가지고 태어나므로, 맛 구별을 할 수 있다. 미각은 생후 2~3개월이 지나면 기호가 생길 정도로 발달하여, 특정한 맛을 거부하기도 한다.

⑤ 후각과 통각

영아의 후각은 상당히 일찍 발달하여, 태어난 지 며칠 지난 신생아도 냄새에 반응을 보일 수 있다. 영아가 어머니의 냄새를 알아차리는 것도 일찍부터 후각이 발달되었기 때문이다. 냄새에 대한 민감도는 나이가 많아짐에 따라 증가하는 것이 아니다. 다시 말해서, 후각은 인생의 초기에 발달하여 나이가 들어감에 따라서 소멸되어 가는 감각이다.

신생아는 통각에 둔하다. 예를 들어, 영아에게 주사를 놓으면 한참 있다가 우는 모습을 볼 수 있는데, 이는 영아의 통각이 둔하고 느림을 나타내는 증거이다.

(5) 조작기능의 발달

영아의 손운동, 팔운동 및 시각능력이 발달함에 따라 조작기능 역시 발달되어 간다. 예를 들어, 눈과 손의 협응이 이루어진 다음에 영아는 자신이 원하는 물체를 손으로 붙잡을 수 있다. 조작기능의 발달은 지적 활동과 밀접한 관계를 갖게 되며, 신체 각 부분의 발달 및 감각의 발달과도 깊은 관련성을 갖게 된다. 영아의 놀이도 이러한 발달과 더불어 나타나게 된다. 영아의 손의 조작기능이 발달하는 과정을 보면 다음과 같다.

① 생후 4개월경의 영아는 손을 뻗쳐 물건에 손을 대려고 한다.
② 생후 5개월경에는 물건에 손을 대고 스치게 되지만 잡지는 못한다. 즉, 겨우 초보적으로 움켜잡는 형태가 나타날 뿐이다.
③ 생후 6개월경에는 물건을 움켜쥘 수 있다.
④ 생후 7~8개월경에는 손으로 쥘 수 있다.
⑤ 생후 9개월경에는 손으로 힘 있게 쥘 수 있고, 비교적 정확하게 물건을 잡을 수 있다.
⑥ 생후 12~14개월경에는 손가락 두세 개를 사용하여 손가락 끝으로 정확히 물건을 잡을 수 있다.

(6) 생리적 습관의 발달

영아기의 생리적 습관은 다음과 같다(김혜선 · 유안진, 2011: 236-237).

① 수면습관

신생아는 하루의 대부분인 16~20시간을 잔다. 신생아는 3~4시간을 자고 나서 조금 깨어 있다가 다시 자기를 반복한다. 자랄수록 수면시간이 짧아지며, 밤에 오래 자게 된다.

신생아의 수면의 양과 질이 성인과 다르다는 것이 밝혀졌다. 인간의 수면은 눈동자가 빨리 움직이느냐 움직이지 않느냐에 따라 REM(rapid eye movement)수면[7)]과 비REM수면으로 나누어지는데, 신생아의 경우 REM수면이 거의 반을 차지한다.

우리나라 여아의 약 45%가 수면시간이 불규칙한 것으로 보고되고 있다. 또한 1세 미만 영아의 약 90%가, 2세에는 약 83%가 부모와 함께 자는 것으로 밝혀졌다(조복희 외, 2016: 127 재인용).

② 음식습관

출생 후 4~5개월까지 영아는 빠른 형태로 영양분을 섭취한다. 따라서, 수유 시 영아에게 따뜻한 체온을 유지해 주며, 적절한 피부접촉으로 안정감을 느끼게 해주는 것이 중요하다.

5~6개월경이 되면 젖니가 생기므로 6개월~1년 사이에 이유를 하게 된다. 이유 시에는 유동식의 양을 서서히 증가시키고, 새로운 음식을 맛보이도록 하며, 음식의 종류와 양도 점차 증가시켜 가는 것이 좋다. 음식 먹기에도 개인차가 있어서 영아에 따라 음식의 양과 시간간격이 다를 수 있다. 따라서, 영아의 먹기 리듬을 알아내어 영아의 요구에 맞게 먹는 시간표를 만들어 식습관 훈련을 하는 것이 중요하다. 또한 영아의 음식기호가 이 시기에 형성되므로, 다양한 음식 맛을 소개하여 편식 버릇이 생기지 않도록 해야 한다.

배고픈 아기가 보내는 미세한 신호

1. 뺨에 손을 대면 아기가 그쪽으로 고개를 돌리며 쪽쪽 빤다.
2. 젖 빠는 시늉을 한다.
3. 눈을 요리조리 돌리며 보고 있다.
4. 혀와 입을 움직인다.
5. 조금씩 소리를 낸다.
6. 손을 입으로 가져간다.
7. 팔을 구부린다.
8. 다리를 자전거 돌리듯이 움직인다.
9. 손을 주먹 쥔다.
10. 운다. 배고플 때 가장 마지막으로 나오는 신호가 우는 것이며 울다가 지쳐서 바로 잠이 들 수도 있다.

③ 배설습관

신생아는 출생 후 몇 주 동안 적은 양의 소변을 누며, 점차 소변의 양이 증가한다. 출생 후 4~5일간 검고 푸른색의 대변을 보게 되는데, 그러다가 모유로 자라는 영아는 흰색에 가까운 단단한 대변을 본다.

우리나라의 영아는 생후 보통 20개월경에 소변통제를 하는데, 25~30개월에는 50% 이상의 영아가 소변보기 실수를 한다. 4세 정도가 되어서도 30~40% 정도의 유아는 소변보기 실수를 한다. 대변의 경우 생후 13~14개월부터 변기훈련을 시작하게 되고, 18개월경부터는 언어로 대변의 의사표시를 하여 도움 받을 수 있다. 생후 약 28개월쯤이 되면, 혼자서 대변처리를 할 수 있다. 혼자서 화장실 출입을 하는 것은 4세 정도가 되어야 가능하다.

④ 대소변의 조절

약 1세 정도가 된 영아는 대소변의 의사를 표현할 수 있기는 하지만, 제대로 의사를 표현하는 것은 약 2세가 되어야 가능하다. 대소변의 조절은 괄약근(조임근, sphincter)의 발달이 기초가 되어야 하기 때문에, 영아의 괄약근 성숙도와 부모의 배변훈련 태도 및 영아의 성격에 따라 개인차는 크게 나타난다. 그러나 대체로 여아가 남아보다 대소변 조절을 빨리 하는 편이다.

대소변 가리기 훈련은 생후 1세 전후에 일정한 시간간격을 두고 용변을 시키거나, 영아가 원하는 것 같은 인상을 받을 때 변기에 앉히는 훈련을 하는 것에서 시작된다. 5세 정도만 되면 대다수의 유아는 대소변을 제대로 가리게 된다. 그러나 5세경 이후에도 유아가 대소변을 제대로 가리지 못하는 경우, 유아의 근육발달이 늦거나 정서적으로 문제가 있는지 알아볼 필요가 있다.

대소변 가리기는 결코 서둘지 말아야 하고 강요해서도 안 된다. 이는 개인의 건강상태와 정서상태에 따라 크게 차이가 나기 때문이다. 대부분 여아들이 남아보다 빨리 대소변을 가린다. 아기의 대소변 보는 것이 일정한 양상을 보이면 훈련을 시작해도 좋으나 싫어하면 중지하는 것이 바람직하며, 1년 이내에 대소변 가리기를 기대하는 것은 좋지 않다. 어머니는 대체로 얼굴 표정을 보고 대소변이 마려운가를 짐작할 수 있다. 이때 아기가 좋아하는 변기에 앉게 하여 기분 좋게 누게 해야 한다. 처음 가리게 될 때 칭찬과 격려로써 보상해 주면 즐거운 행위로서 학습이 될 수 있는 것이다. 실수하였을 때는 너무 엄격하게 다루지 말 것이며, 계속적으로 실수하면 대소변 가리기를 늦추는 것이 바람직하다. 밤에는 잠들기 전에 용변을 보도록 하고, 피곤하거나 긴장하였을 때 또는 음료수를 많이 마셨을 때는 쉽게 실수한다는 것을 인정해야 한다. 때로는 동생을 보았을 때도 퇴행현상으로 대소변을 가리던 아이가 가리지 않게 된다. 우리나라 어머니들은 영아의 대소변 훈련에 비교적 관대한 것으로 나타났다. 엄격한 어머니는 16.8%로, 엄격하게 훈련하지 않은 어머니의 83.1%에 비해 매우 낮았다(조복희 외, 2016: 132 재인용).

2) 인지적 발달

영아의 감각운동은 지능발달의 기초가 되며, 지능이 유기체와 환경과의 상호작용을 통해서 발달해 간다는 것이다. 영아는 선천적으로 타고난 반사행동으로 환경에 적응하며, 점차 경험에 의해 획득된 적응반응을 반복하게 되고, 그 이후에 반사행동을 통합하여 어느 정도 의도적인 행동을 할 수 있게 된다는 것이다. 영아는 갑자기 나타나는 자극의 방향으로 향하는 행동을 하게 되는 지향반응을 보이며, 이러한 자극이 계속적으로 반복될 때는 지향반응이 사라지고 습관화가 이루어진다. 또한 영아는 두 개 이상의 여러 자극이 있을 때 어느 한 개의 자극에 대하여 선택적으로 집중하는 주의집중을 보이기도 한다. 영아는 조건화를 통하여 많은 것을 학습하기도 하고, 순수하게 감각운동을 통하여 문제를 해결하기도 한다.

이 시기의 영아는 불수의적인 반사행동이 점차 목적지향적인 행동으로 변화하는 시기이다. 24개월까지의 영아에게 가장 중요한 인지적 발달은 '대상영속성'(object Permanence)을 형성하는 것이다. 대상영속성은 사물이 우리의 바람이나 생각과는 상관없이 독립적으로 존재하고 있음을 이해하는 능력이다. 즉, 사물이 내 눈에 보이지 않아 없는 것 같이 생각되더라도 그것이 여전히 존재하고 있음을 아는 능력이다. 이는 감각적으로 접하고 있지 않더라도 어떤 대상의 심상을 마음속에 떠올릴 수 있는 능력, 즉 기억력과 관련 있다. 인지발달이론을 연구한 피아제(J. Piaget)에 따르면, 4개월의 아기는 장난감을 담요 속에 감추면 곧 장난감을 잊어버린다. 그러나 대상영속성을 형성한 만 2세의 영아는 담요를 들추어 장난감을 찾을 수 있다. 장난감이 눈에 보이지 않아도 그 심상을 마음속에 간직하여 그것이 존재함을 알 수 있기 때문이다. 탁자 위에 있는 과자가 지금 당장 눈에 보이지 않더라도 탁자 위에 과자가 있음을 기억하고 그것을 얻기 위해 몇 가지 동작을 목적지향적으로 조합하는 것은 대상영속성이 형성되어야 가능한 행동이다(신기원 외, 2016: 53).

3) 정서적 발달

정서의 이해와 표현은 일찍부터 발달하기 시작한다. 영아들도 자신의 정서를 표현하고, 주양육자인 어머니의 정서표현에 적절하게 반응한다. 영아기 정서반응의 일반적인 특성은 정서상태의 지속기간이 비교적 짧고 폭발적인 표현의 빈도가 잦으며, 특히 이 시기의 영아들은 작은 일에 쉽게 좋아하고, 떼쓰기 등의 분노의 표출도 자주 하지만 곧 풀어지기도 한다.

영아들의 기본적 정서표현 발달의 주요 유형에는 기쁨과 분노 및 불안 그리고 공포 등이 있다. 긍정적 정서인 기쁨은 미소, 웃음, 목울림 소리로 알 수 있는데, 부드러운 음성이 들리거나 신기한 것이 보이면, 아기는 만족의 표현으로 미소를 짓거나 웃고 목울림 소리를 냄으로써 자신의 감정을 표현한다. 기쁨을 유발하는 자극은 아주 어린 영아에게는 감각적 · 운동적 그리고 기본 생리적 요인이 대부분이지만, 점차 성장하면서 사회적 관계에서 유발되는 사회적 자극이 첨가된다. 분노는 신생아 때부터 고통스러움에 대한 일반적인 반응으로 나타나는데, 배가 고프다든지, 아프다든지, 춥거나 덥다든지, 또는 주변 자극이 너무 많거나 적다든지 등의 이유로 분노하게 되고 그것을 울음으로 표현한다. 2세경이 되면, 자의식이나 독립의 요구 때문에 어른의 요구에 대해 심한 분노나 저항의 표현으로 발 구르기나 차기, 물건을 던지거나 부수는 행동을 한다. 특히, 화가 나서 바닥에 뒹구는 것과 같은 행동(temper tantrum)이 자주 나타난다. 그러나 점차 언어능력이 발달하면서 분노대상자에게 직접 언어적으로 화를 내게 된다.

4) 사회적 발달

영아들은 생후 6~8개월이 되면서 주양육자와 애착관계를 형성하는데, 대부분 어머니가 그 대상이 된다. 애착의 정도는 12개월 전후에 절정에 달했다가 18개월이 되면서 다른 사람에게 확대되어 간다. 영아가 최초로 애착을 형성하는 상대는 영아에게 필요한 자극을 주고, 영아가 울면서 신호를 보낼 때 신속하게 반응함으로써 길러진다. 이때 주양육자가 부적절하게 자극을 주거나 따뜻하게 대해주지 않으면 애착형성에 장애가 나타난다. 또한 애착이 형성될 무렵에 영아는 낯선 사람이나 장소에 대해 경계심을 나타내어 울거나 매달리거나 두려워하는 얼굴표정을 지음으로써 낯선 사람에 대한 불안이나 공포감 등의 정서를 표현한다. 12개월경에 최고에 달했다가 그 후로 서서히 감소한다. 한편, 영아는 낯선 사람에 대한 불안과 경계심을 지니면서 동시에 애착하는 사람으로부터 격리되는 것에 불안감을 느끼는데, 이것은 생후 8~9개월경 흔히 나타나는 어머니와의 분리불안(separation anxiety)이다. 분리불안은 낯선 사람에 대한 불안이 사라지기 시작하는 13개월에서 18개월경에 가장 심하게 나타나지만, 2세경이 되면 점차 사라진다.

5) 언어의 발달

언어의 사용은 인간만이 가능한 것으로 지적 활동의 중요한 매체일 뿐 아니라, 언어를 통한 의사소통은 다른 사람과의 관계를 맺는 사회생활의 기본이 된다. 언어는 자신의 생각을 표현하거나 주위환경을 이해하는 데 필수적이므로, 아동의 사회성 발달이나 인지발달과 밀접한 관계가 있다고 하겠다.

영아기 초기의 의사소통은 언어를 사용하지 않고 시작하나, 영아기가 끝나는 2세쯤이면 언어능력의 발달이 급격하여 150~200개 정도의 어휘를 갖게 된다.

(1) 비언어적(nonverbal) 발달

언어를 습득하고 사용하기 전에도 아기는 그들의 울음, 얼굴표정, 몸짓 등으로 어머니와 의사소통을 하고 있다

신생아가 소리자극을 인식할 수 있다는 것은 언어를 습득할 수 있는 기초가 된다. 태어난 지 하루밖에 안 된 아기가 소리의 자극에 젖꼭지를 빠는 것을 멈춘다는 것은 그들이 장차 인간의 언어를 습득할 수 있는 능력을 지니고 이 세상에 태어났다는 사실을 말해 준다. 어머니가 하는 말의 뜻을 이해하기 훨씬 전에 그들은 어머니 말의 강도와 음조로써 얼르는 말인지 화가 나서 하는 말인지를 구별할 수 있다. 즉, 화가 나서 하는 말에는 하던 행동을 멈추고, 얼르는 말에는 새로운 행동을 보여줌으로써, 어머니를 즐겁게 한다(Hughes & Noppe, 1985). 아기가 처음 내는 소리는 울음이다. 울음은 가장 강력한 의사전달의 방법이다. 왜 우는지 구분이 되지 않는 울음에서 울음의 이유를 알 수 있는 것으로 바뀐다. 즉, 배가 고파 우는 소리는 몸이 아파서 우는 것과 다르고, 기저귀가 젖어 불편해서 우는 것과도 그 울음소리의 강도나 음조가 다르다. 생후 1주가 된 아기가 내는 울음에서 배고파서 우는 울음, 고통의 울음, 분노의 울음 세 종류가 있는 것으로 나타났다(CRM/Random House, 1975; 조복희 외, 2016: 151 재인용).

2개월 정도가 되면 젖을 먹고 난 뒤나, 장난감을 쳐다 볼 때와 같이 즐거운 경우에 소리를 낸다. 이것은 목을 울려 낮게 내는 소리로 '쿠잉'[8](cooing)이라고 한다. 3개월이 되면 아기들의 울음과 쿠잉은 빈번한 의사소통의 방법이 된다. 아기들의 소리에 어른의 반응이 없으면 점차 의사소통의 기능을 잃게 되어 그 빈도가 줄어든다. 고아원과 같은 곳에

있는 아기가 잘 울지 않는 것은 이와 같은 이유에서이다.

4~5개월이 되면 옹알이(babbling)를 시작한다. '바바바바'와 같이 자음과 모음을 합쳐서 내는 옹알이는 일종의 신체성숙으로 인해 나타나는 현상이다. 목, 혀, 입술을 움직여서 내는 옹알이는 근육활동의 결과이다. 따라서, 청각장애로 듣지 못하는 벙어리 아기도 옹알이를 한다. 벙어리인 아기가 옹알이를 하다가도 그들이 내는 소리에 피드백(feedback)을 받지 못하면 얼마 지나지 않아 옹알이를 하지 않게 된다. 반면, 옹알이를 할 때 어머니나 주위 사람들로부터 격려를 받으면서 자라난 정상적인 아기는 점차 그 소리가 다양해진다(CRM/Random House, 1975; 조복희 외, 2016: 153 재인용).

아동이 성숙해짐에 따라 그들이 내는 소리는 다양해져서 어느 나라 말이든지 할 수 있는 잠재능력이 있으나, 주위로부터 모국어만 들리게 되므로 결국은 점차 모국어에 없는 소리는 내지 않고 모국어만 할 수 있게 된다. 이렇게 인간의 소리를 거의 모두 낼 수 있게 발전하는 것을 '음소의 확장'(phonetic expansion)이라 하여 생후 6~12개월까지로 본다. 그러다가 그 문화권에만 사용하는 모국어의 음소만 발음하는 데 이것이 '음소의 축소'(phonetic contraction)이다(Dworetzky, 1996).

(2) 언어적(verbal) 발달

① 한 단어 단계(one word stage)

생후 11개월이 되면 의미 있는 첫 말을 하다가 돌이 지나면서부터 보편적으로 두 개에서 세 개 정도의 단어를 말할 수 있다

한 단어로 된 말은 대체적으로 사물과 사건을 지칭하거나, 기분을 표현하거나, 요구 등을 나타내는 것으로 자음 하나와 모음 하나가 합쳐진 말의 반복이 대부분이다. 이 말은 경우에 따라 다른 여러 의미를 포함하고 있는 것이다. '찌찌'는 때에 따라서 '젖이 여기 있다'도 의미할 수 있고, '젖이 먹고 싶다'의 표현도 된다. 이렇게 한 단어가 문장을 의미하는 것을 '1어문'(holophrase)이라 한다(Dworetzky, 1996).

생후 1년에서 1년 반까지 획득하는 어휘는 그리 많지 않아 15개월이 되면 평균 10개의 낱말을 말하고, 20개월이 되면 50개의 낱말을 표현한다. 그러나 1년 반에서 2년까지 습득하는 어휘의 수는 급격히 증가하여 2세쯤이면 190개 정도의 낱말을 사용하여 말한다.

0~2세 영아를 둔 우리나라 어머니 1,138명을 대상으로 자녀가 사용한 첫 단어가 무엇

인지를 조사한 결과, '엄마'가 71.6%로 가장 많았고, 다음은 '아빠'(12.6%), '맘마'(10.7%)의 순으로 보고되었다. 성별 차이가 크지는 않지만 여아가 남아보다 첫 단어로 '엄마'와 '맘마'를 사용한 비율이 높았고 반대로 남아(14.5%)가 여아(10.5%)보다 '아빠'를 첫 단어로 사용한 비율이 높았다. 뿐만 아니라, 여아가 남아보다 첫 단어를 사용하는 시기가 빠른 것으로 나타났다. 예를 들어, 출생한 지 10개월 정도가 되었을 때 여아의 81.0%가 이미 첫 단어를 사용한 데 비해 남아는 71.6%로 9.4%의 차이를 보였다. 또한 남아의 10.8%는 12개월(1년)이 지나도 아직 첫 단어를 사용하지 않은 데 비해 12개월까지 첫 단어를 사용하지 않은 여아는 5.7%에 불과했다(조복희 외, 2016: 153 재인용).

② 두 단어 단계(one word stage)

생후 20개월에서 두 돌 즈음의 아동은 두 단어를 결합시켜 자기의 의사를 표현하기 시작한다. 두 단어 시기를 언어학적으로 '2어문'(duos)이라고 한다. 보편적으로 아동이 50개 정도의 단어를 말할 수 있을 때 두 단어를 결합시킨다고 한다(Dworetzky, 1996).

이들의 언어는 전치사나 동사의 어미를 빼고 중요한 단어만 나열하므로 전보 같다고 하여 '전보식 언어'(telegraphic speech)라고 표현한다. 결국 전보식 언어는 영아가 표현하는 것보다 언어의 이해가 훨씬 많다는 것을 알 수 있다.

전보식 언어에는 세 종류가 있다. 먼저 행위 중심의 의미 관계로 "엄마 빵", "빵 줘"와 같은 표현이다. 두 번째는 상태를 표현하는 것으로 "사탕 여기", "이모 이뻐" 등이 그 예이다. 마지막으로 소유관계를 나타내는 "엄마 신", "아빠 옷" 등의 표현이 여기에 속한다. 브라운(Brown, 197S)은 아동이 한 문자에 사용하는 평균 단어의 수(MLU)로 언어발달단계를 다섯 단계로 나눌 수 있다. 첫 단계는 1단어에서 2단어를 사용하고, 두 번째는 2.5단어, 세 번째는 3.0단어, 네 번째는 3.5단어, 다섯 번째는 4.0단어이다. 첫 단계의 아동은 대체적으로 한 단어로 의사표현을 하나, 두 단어를 사용하는 것도 종종 볼 수 있다. 두 번째 단계에서는 사용하는 평균 단어의 수도 증가할 뿐 아니라 전치사와 복수 그리고 동사의 과거도 사용한다. 언어발달을 월령별로 보면 다음과 같다.

〈표 7-2〉 우리나라 영아의 월령별 언어발달 점검표

출생 후	소리(말) 반응
3개월까지	- 큰 소리에 놀라 반응하며 바동거린다. - 큰 소리에 반응하거나 잠을 깨기도 한다. - 엄마나 친숙한 사람의 목소리를 들으면 조용해지기도 한다.
3~6개월	- 엄마 목소리에 반응해서 흉내 내거나 따라 하려고 한다. - TV 광고, 동요 음악, 소리 나는 장난감 등 노래와 음악에 반응한다. - '아', '오' 등의 의미 없는 소리를 반복하기 시작한다.
6~10개월	- 자신의 이름을 부르거나 흔하게 사용하는 단어(맘마, 엄마, 안녕 등)에 반응한다. - 옹알이를 많이 한다. - "이리 와" 등의 간단한 지시에 반응하기 시작한다.
10~15개월	- 친숙한 특정 사물을 가리키고 지시하면 그 사물을 가리킬 수 있다. - 의미 있는 단어를 하나 이상 말하고 흉내 낼 수 있다. - 까꿍, 짝짜꿍 등 소리를 이용한 놀이를 좋아하고 즐긴다.
15~18개월	- 엄마의 지시에 따라 공 가져오기 등 간단한 행동을 할 수 있다. - '멍멍', '빵빵' 등 의성어가 발달하고, 의미 있는 2~3개 이상의 단어를 사용한다. - 3~10개 또는 그 이상의 표현어휘를 습득한다.
18~24개월	- 동화책이나 이야기 듣는 것을 즐긴다. - 두 단어를 붙여 구문을 말하기 시작한다(예: "엄마 물.") - 구사하는 단어 수가 급격히 증가해서 10~50여 개의 단어를 말할 수 있다.

자료: 신명희 외(2013: 151).

6) 애착행동

(1) 애착의 개념

애착은 영아와 주양육자 간의 친밀하고 강한 정서적인 유대관계로서, 영아는 부모와 같은 양육자와의 상호작용을 통해 자신이 돌봄을 받을 존재인지 또는 자신을 돌봐줄 것인지에 대한 기대를 형성하게 된다. 영아는 애착대상이 없을 때는 애착대상을 찾으며 그의 주의를 끌려고 하고, 애착대상과의 분리 시 당황하고 불안해한다. 애착은 생후 6~8개월 정도에 발생하는 것으로 알려져 있다.

영아 애착에 대한 다양한 이론이 있다. 먼저, 정신분석 이론에서는 성 에너지가 아동의 발달단계에 따라 신체의 어느 한 부분에 집중되며, 생후 1년 동안 쾌락의 주요한 부분은 입이 되는데, 영아는 음식에 대한 욕구를 갖게 되고, 이러한 욕구를 만족시켜 주는 사람에게 애착을 형성하게 된다. 즉, 이 단계에서 영아는 자신의 배고픔을 만족시켜 주는 물체나 사람에 대해 애착을 형성하게 된다. 이때 어머니는 대부분 영아를 먹여주게 되며, 따라서 영아가 애착을 형성하는 최초의 사람은 보통 어머니이다. 프로이트에 의하면, 아동은 사회적 환경, 특히 자신을 돌봐주는 사람들과의 조기 상호작용을 통해 이후 인성 및 사회성 발달의 유형이 결정된다. 어머니에 대한 애착은 아동이 훗날의 발달단계들을 통해 나아갈 때 아동의 인성 형성에 중추적 역할을 한다. 따라서, 성인의 경우 이 시기에 어머니와 가졌던 관계는 모든 애정관계의 원형이 된다(박성연 외, 2017: 121 재인용).

보울비(Bowlby, 1989)의 동물행동학 이론에 의하면, 영아와 양육자 간의 애정적 유대는 생물학적 기초를 가지며, 이는 진화론적 맥락에서 이해될 수 있다고 주장하였다. 즉, 약자는 강자 가까이에 머무르고자 하는 경향을 가지고 있는데, 부모로부터 분리된 아동은 그렇지 못한 환경 때문에 불안해하고 심리적으로 위축된다. 그에 따르면, 양육자와 영아 간의 애착은 영아의 생존을 위해 가장 중요하다. 예를 들어, 시설에 보호된 영아들을 관찰한 스피츠(Spitz, 1945)에 의하면, 영아들은 기저귀를 갈아주고 잘 먹여주는 등 신체적으로는 양호한 보살핌을 받았으나, 양육자가 영아들을 먹일 때나 재울 때 애정적인 스킨십을 받지 못하거나, 양육자와 영아 간 애정적인 상호작용이 잘 이루어지지 않았다. 이것은 애착을 형성하는 과정에서 결정적인 결함이 될 수 있다. 이처럼 영아를 안아주거나 만져주지 않는 극단적인 상황에서, 영아는 제대로 발달하지 못하고 병에 걸리거나 심지어 죽음에 이르기도 하였다.

(2) 애착형성의 요인

영아와의 애착형성에는 육아담당자, 즉 부모의 애정이 주된 요인이 된다. 이때 애정의 양과 질이 동시에 작용하는데, 부모가 영아에게 자극을 주고 또 영아가 울거나 주의나 관심을 요구하는 신호를 보낼 때 신속한 반응을 보임으로써 애착이 형성된다. 반면, 부모가 영아에게 자극을 적게 주고, 따뜻하게 대해 주지 못하고, 필요에 신속히 반응하지 못하면, 애착형성의 기간이 오래 걸리고 애착의 강도도 약해진다(김혜선 · 유안진, 2011: 250-251).

애착형성에서 영아와 엄마의 일대일의 관계가 반드시 필요한 것은 아니며, 영아와 함께 있는 시간이 길어야 하는 것도 아니다. 이보다는 영아에게 자극을 주고 반응을 하는 애정의 질과 양에 더 좌우된다.

(3) 애착유형

보울비의 애착이론은 에인스워드와 위팅(Ainsworth & Wittig, 1969)에 의해 검증되었는데, 그들은 생후 1년 말(약 12~18개월)에 애착의 차이를 평가하는 낯선 상황 절차(strange situation procedure)를 고안하였다. 이 실험 절차는 각 3분으로 구성된 총 8개의 이야기(episode)로 이루어져 있다. 먼저, 낯선 사람이 들어와서 어머니에게 이야기를 하고 아기와 상호작용을 한다. 그 다음 어머니가 방을 떠나는데, 이때 아기들은 대개 울음을 터뜨리게 된다. 8개의 상황은 다음 표에 요약되어 있다. 그들은 낯선 상황 동안 영아가 보이는 행동에 근거해서 애착유형을 네 가지로 구분하였다.

〈표 7-3〉 **낯선 상황 절차**

상황	참여자	내 용
1	주양육자, 영아, 실험자	관찰자가 실험상황을 설명하고 나간다.
2	주양육자, 영아	주양육자가 있는 상황에서 영아가 낯선 환경을 탐색할 때 관여하지 않는다.
3	낯선 이, 주양육자, 영아	주양육자가 있는 상황에서 영아의 낯선 이에 대한 반응을 체크한다.
4	낯선 이, 영아	첫 번째 분리상황으로 영아가 낯선 이와 함께 있는 상황에서 낯선 이에 대한 반응을 체크한다.
5	주양육자, 영아	첫 번째 재결합 상황으로 주양육자와의 재결합에 대한 영아의 반응을 본다.
6	영아	두 번째 분리상황으로 영아가 혼자 남았을 때 분리에 대한 반응을 본다.
7	낯선 이, 영아	두 번째 분리의 연속으로 영아가 낯선 이와 함께 있을 때 낯선 이에 대한 반응을 본다.
8	주양육자, 영아	두 번째 재결합 상황으로 주양육자와의 두 번째 재결합에 대한 반응을 체크한다.

자료: 박성연 외(2017: 123).

① 안정애착(B유형)

안정애착 유형의 영아는 주양육자를 탐색활동을 하기 위한 안전기반으로 사용하여, 어머니와 분리되었을 때 울거나 매달리지 않고 재결합 시에 어머니에게 달려가 안기고 쉽게 달래지는 행동특성을 보였다. 연구대상의 약 65%가 안정애착 유형에 해당하였다.

② 회피애착(A유형)

회피애착 유형의 영아는 주양육자와 함께 있어도 별 반응이 없으며, 어머니가 떠나도 괴로워하지 않고 낯선 이에게도 주양육자에게 하는 행동과 비슷하다. 재결합 시에는 주양육자를 피하거나 마지못해 반기는 행동을 보이고, 안아주면 매달리지 않는 모습을 보였다. 연구대상의 약 20% 정도가 이에 해당하였다.

③ 저항애착(C유형)

저항애착 유형의 영아는 주양육자와 분리 전에도 주양육자와 가까이 있으려 하기 때문에 탐색활동을 하지 못하고 재결합 시 주양육자에게 화를 내고 저항하거나 때리거나 밀쳐내는 행동을 보였다. 안아주어도 계속 울고 쉽게 달래지지 않으며 낯선 사람을 매우 경계하기도 한다. 연구대상의 약 10% 정도가 이 유형에 해당하였다.

④ 비조직적 애착(D유형)

비조직적 애착유형의 영아는 가장 불안정한 애착으로 주양육자와 재결합 시 비조직적이고 모순된 행동을 보인다. 이 유형의 영아는 낯선 상황에서 큰 스트레스를 받아 두려워하는 모습을 보이거나 멍한 모습을 보이는 등 모순된 행동을 보이고, 양육자가 다시 돌아와 안아주어도 무표정한 얼굴로 먼 곳을 본다. 연구대상의 약 5~10% 정도가 이 유형에 해당하였다.

(4) 애착유형에서의 문화적 차이

낯선 상황 실험은 영아의 애착 안정성을 측정하는 가장 널리 알려진 도구로 사용되고 있으나, 낯선 상황에서의 영아의 행동은 문화에 따라 다르게 해석될 수 있음을 유의해야 한다. 즉, 문화권에 따라 양육방법에 차이가 있으므로 미국과 다른 문화권에서 자란 영아가 낯선 상황 실험에서 보이는 반응으로 과연 애착의 안정성이나 애착유형을 측정할 수 있는가에 대한 의문이 제기되었다. 예를 들어, 에인스워드 등이 수행한 미국 중류층 가정의 12개월 된 영아들을 대상으로 한 연구에서 안정 애착아는 66%, 불안정-회피아는 12%, 그리고 불안정-저항아는 22%로 나타난 반면(Ainsworth & Blehar 2015), 다른 문화권의 연구에서는 그 비율이 미국의 연구 결과와 다소 다르게 나타났다. 즉, 독일의 경우 안정애착아는 57% 정도, 회피아는 35% 정도, 저항아는 8% 정도이며, 일본의 경우, 안정아는 68% 정도, 저항아는 27% 정도, 그리고 회피아는 5% 정도였다(Grossman & Grossman, 1990). 그러나 이러한 문화적 다양성에도 불구하고 안정애착은 가장 보편적인 애착유형임을 알 수 있다(박성연 외, 2017: 123-124).

7) 낯가림과 격리불안

애착이 형성되면, 영아는 낯선 이에게 불안을 느끼는 낯가림 행동을 보인다. 생후 5~8개월경이 되면 낯선 이들을 보고 당황하거나 피하는 등 낯가림을 한다.

낯선 이에 대한 불안반응(strange anxiety), 즉 낯가림은 1세경에 절정에 이르렀다가 점차 감소되어 간다. 낯가림은 낯선 사람의 갑작스런 출현이나 큰소리, 또는 함부로 영아를 다루는 태도 등과 결부되어 공포로 나타나지만, 낯선 사람이라도 잘해주면 공포반응은 줄어든다. 따라서, 사회적 접촉이 빈번한 영아는 낯가림도 심하지 않다.

낯선 이를 경계하게 되면서, 영아는 애착을 형성한 사람과의 격리에 불안을 느낀다. 이 격리불안(separation anxiety)은 낯선 이에 대한 불안반응이 사라지기 시작하는 13~18개월경에 나타난다. 이때는 걸을 수 있기 때문에, 엄마에게서 멀어지면 엄마에게 다가가려는 모습을 보인다(김혜선 · 유안진, 2011: 251).

3. 발달 과업

영아기에 획득해야 할 중요한 과제는 다음과 같다.

1) 대상영속성

대상영속성(object permanence)이란, 영아가 어떤 대상이 시야에서 사라지거나 들리지 않아도 그것이 계속 존재한다고 믿는 것이다. 이러한 개념은 피아제(Piaget)의 인지발달단계에서 감각운동기에 터득해야 할 가장 중요한 도식이다. 처음에는 영아가 더 이상 대상을 지각할 수 없다고 느끼는 순간부터 그것을 즉시 잊어버리지만, 2세 정도가 되면 대상영속성의 개념을 지니게 된다(Zastrow & Kirst-Ashman, 2012).

대상영속성의 개념을 획득하는 과정을 보면, 감각운동기의 1단계와 2단계에서는 대상영속성의 개념이 거의 없으며, 3단계에 주변의 물체가 보이지 않아도 존재한다는 개념을 어렴풋이 얻게 된다는 것이다. 4단계에는 시야에서 사라진 사물을 적극적으로 찾으려고 하며, 5단계에 영아가 보는 앞에서 빠른 속도로 사물을 이리저리 숨겨 놓아도 그것을 찾을 수 있을 정도가 되고, 6단계가 되면 사물을 이리저리 숨기는 과정을 전부 보지 않아도 찾을 수 있게 된다는 것이다. 대상영속성은 영아가 사물이나 다른 사람으로부터 분리되어 존재한다는 자각의 기초가 되며, 시간, 공간, 사물 및 사건을 이해하는데 필수적인 요소가 된다(Papalia, Olds & Feldman, 2006).

대상영속성의 개념을 획득한 영아는 어떤 사물이나 사람이 눈앞에 보이지 않으면 상실감을 느끼고 그것을 되돌아오게 하려고 노력할 것이다. 대상영속성의 개념을 바탕으로 영아는 세계에 대한 기대와 계획을 세우고 상징을 사용할 수 있게 된다.

2) 문제해결력

영아의 문제해결은 초보적이지만, 초기 형태의 시행착오, 통찰, 가설검증을 토대로 이루어진다. 문제해결이라는 목적에 도달하기 위해 장애물을 극복하는 것이므로 학습으로도 볼 수 있다. 영아는 이 목적을 달성하기 위해서 여러 가지 전략을 사용하는데, 때로는 시행착오를 거치게 되고 통찰(insight)을 통해 문제를 해결하기도 한다. 뿐만 아니라, 때로는 체계적인 문제해결과정에서 가설을 세우고, 점진적인 접근을 통해 이를 검증하기도 한다.

영아가 좋아하는 장난감을 장애물 뒤에 놓아두거나, 손이 닿지 않는 곳에 놓아두면, 영아는 여러 가지 시행착오의 과정을 거쳐서 이를 해결한다. 일반적으로 1~2세의 영아들에게는 이런 통찰의 행동이 나타나지만, 그 이전에는 시행착오를 거치면서 먼저 문제에 접근하려 한다.

3) 추리와 기억

추리(reasoning)는 기존의 정보에서 법칙을 찾아내어 그 법칙을 토대로 새로운 정보를 끌어내는 것이므로, 학습의 한 형태로 볼 수 있다. 예를 들어, 영아는 설탕이 달다는 것을 알기 때문에 설탕을 넣으면 음식이 달게 된다는 것을 추리할 수 있다. '사탕'을 달고 맛있는 것으로만 아는 영아가 '독사탕', '생사탕'이라는 말을 들으면, 모두 먹는 사탕을 얘기하는 줄로 오해하기도 하는데, 이는 잘못된 추리라고 볼 수 있다. 이런 추리과정을 통해 일반적인 사실에서 구체적인 사실을 끌어내는 것을 '연역적 추리'(deductive reasoning)라고 하며, 반대로 구체적 사실에서 일반적 사실을 도출하는 것을 '귀납적 추리'(inductive reasoning)라고 한다.

영아의 추리력에는 한계가 있으나, 피아제는 영아의 추리력이 초기의 감각운동적 조절(sensory-motor accommodation)을 통해 획득된다고 했다. 즉, 2세까지의 감각운동기 동안 반사행동에서 개념적 사고로 변화가 일어나는데, 이 과정에서 추리력이 획득된다고 보았다.

1세 이하의 영아의 기억에 대해서는 알려진 바가 없다. 그러나 생후 몇 주일이 지난 영아도 어머니의 냄새와 목소리를 타인의 것과 변별해 내고 기억한다. 울다가도 어머니의 냄새를 맡거나 어머니의 목소리가 들리면, 울음을 그치면서 어머니를 기다린다. 또 생후 3~4개월만 되어도, 낯선 사람에 대해 낯가림을 하지만, 가족들을 보면 반가운 표현을 한다. 이것은 영아기 기억발달의 증거로 볼 수 있다.

1~2세경의 영아에게 아버지가 퇴근 때마다 먹을 것을 사다 주면, 이 영아는 아버지가 퇴근하여 현관을 들어서면 곧장 아버지의 가방을 받아 열어 보며 먹을 것이나 장난감을 기대한다. 이것 역시 기억발달 형성의 한 예로, 볼 수 있지만, 실제 영아기 기억에 대한 구체적 연구 결과는 보고된 바 없다.

4. 발달상의 문제점

영아기의 대표적인 발달장애에는 지적장애, 자폐증 등이 있다. 지적장애(mental retardation)는 지적 발달이 평균 이하의 수준에 머물러 있어 제대로 적응하지 못하는 상태를 말하며, 그 종류로 몽고리즘(mongolism)[9]을 들 수 있다. 영아자폐증(infantile autism)은 출생 후 곧 시작되는 지적 · 사회적 발달의 심각한 장애로서, 이 장애를 가진 영아들은 대인관계에서 고립상태와 비정상적인 증세를 보인다(김혜선 · 유안진, 2011: 252). 영아기의 발달단계에서 다음과 같은 문제점이 발생한다.

1) 지적장애

지적장애(mental retardation)는 적응행동의 결함과 함께 나타나는 것으로 일반적인 지적 기능이 평균보다 상당히 낮은 상태를 말한다(Grossrmn, 1983). 즉, 이것은 지적 발달이 평균보다 훨씬 낮은 수준에 머물러 있어 적응행동을 제대로 나타내지 못하는 상태로 대개 지능지수 70 이하를 말한다(Kail & Cavanaugh, 2015). 이런 증상은 대개 출생 전이나 출생 직후에 발생하지만 취학 전까지 증세를 발견하지 못하는 수도 있다.

지적장애의 원인으로는 유전적 요인, 출산 시 장애, 환경적 요인 등이 있다. 유전적 요인으로는 신진대사의 장애로 나타나는 페닐케톤뇨증(phenylketonuria)[10]이나 유전인자의 결함으로 나타나는 다운증후군 등이 있으며, 부모의 어느 한 쪽의 선천적 이상으로 지적장애아가 되는 경우도 많다. 출산 시 출산 곤란이나 난산으로 인하여 뇌의 산소결핍이나 뇌의 손상으로 지적장애가 일어날 수도 있다. 환경적 요인으로는 생물학적 발달을 저해하는 임산부의 영양실조, 방사선, 약물남용 등에 의한 것이 있을 수 있으며, 출산 후 고열, 영양결핍, 뇌염, 뇌막염 등으로 뇌가 손상되어 지적장애가 초래되는 경우도 있다.

2) 자폐증

자폐증(autism)은 자신의 내적 행동에 열중하는 성격 특성으로서 다른 사람들과 의사소통을 할 수 없고 다른 사람들에 대해서 반응을 보이지 않는 발달장애이다(Zastrow & Kirst-Ashman, 2012). 이것은 출생 후 곧 시작되는 심각한 사회적 발달의 장애로서 대인관계에 있어 고립상태와 비정상적인 증세를 보인다,

자폐증의 주요한 특징을 보면, 다른 사람들과의 정상적인 의사소통에 참여할 수 없으며, 반복적인 행동을 탐닉하고, 사지의 자극적인 운동을 하며, 심각하게 지각이 왜곡되어 있고, 다른 사람에 대한 정상적인 정서적인 반응이 부족하며, 집착이 강한 것 등이다. 즉, 자폐아는 다른 사람들과 눈을 마주치거나 미소를 짓는 사회적인 관심을 나타내지 않으며, 누가 자신을 안아주는 것도 싫어하고, 주위 타인을 의식하지 않고 혼자만의 세계에 갇혀 있길 좋아한다. 자폐아는 주위에서 일어나는 일에 무관심하며, 말을 전혀 하지 않고 상대방이 한 말을 그대로 따라 하기도 하며, 동일한 행동을 반복하는 경향이 있고, 이러한 행동을 방해하면 굉장히 화를 내며, 환경의 변화에 거부반응을 나타낸다(이근홍, 2015: 53).

자폐증의 원인을 정확히 알 수는 없지만 초래할 가능성을 살펴보면, 유전적 소질에 의해서 나타날 수 있으며, 부모와 아동 간의 상호작용의 결핍에 기인할 수 있고, 애정 부족으로 나타나는 반응적 장애일 수 있다. 그밖에도 자폐증은 감각기능이나 대뇌기능의 손상으로 인하여 후천적으로 나타날 수도 있다는 것이다.

보건복지부 대한의학회

자료: http://terms.naver.com/entry.nhn?docId=2120028&cid=51004&categoryId=51004

[그림 7-2] 자폐증

연습문제

1. 영아기의 발달특성으로 옳은 것은?
   ① 상징놀이가 가능하다. ② 애착관계를 형성한다.
   ③ 성적 호기심을 보인다. ④ 자율적 도덕관을 가진다.
   ⑤ 자기주도성을 가진다.

2. 영아기에 대한 설명으로 옳지 않은 것은?
   ① 바빈스키반사는 발가락을 펴고 오므리는 반사운동이다.
   ② 모로반사는 큰 소리가 나면 팔과 다리를 벌리고 마치 무엇인가 껴안으려는 듯 몸 쪽으로 팔과 다리를 움츠리는 반사운동이다.
   ③ 신생아의 두개골에는 6개의 숫구멍(숨구멍)이 존재한다.
   ④ 영아는 움직이는 것보다 정지된 것을 선호하여 지각한다.
   ⑤ 피아제에 의하면 통찰기단계에서 상징적 표상사고가 시작된다.

3. 영아기의 설명으로 옳지 않은 것은?
   ① 장난감을 빼앗아 숨겨도 그것을 찾으려고 하지 않는다면 대상영속성의 개념을 획득하지 못한 것이다.
   ② 태어난 지 1년 이내 몸무게가 2~3배 정도 증가한다.
   ③ 프로이트의 구강기, 에릭슨의 유아기, 피아제의 전조작기에 해당한다.
   ④ 자아개념 및 성격발달의 기초를 형성하는 시기이다.
   ⑤ 애착관계에 관심을 가져야 한다.

4. 영아기의 발달특성에 대한 설명으로 옳은 것은?
   ① 상징놀이가 가능하다. ② 자율적 도덕관을 가진다.
   ③ 수적 호기심을 보인다. ④ 애착관계를 형성한다.
   ⑤ 자기주도성을 가진다.

5. 영유아기 사회적 발달의 특성으로 옳지 않은 것은?
   ① 자기에 대한 인식이 가능해진다.
   ② 낯선 사람에 대한불안감을 느끼다
   ③ 애착은 엄마에게만 나타난다.
   ④ 기초적 도덕성이 발달한다.
   ⑤ 놀이는 학습이 된다.

정답 1. ② 2. ④ 3. ③ 4. ④ 5. ③

Chapter 08

유 아 기

학습목표

유아기는 아동기(학령기)로 가는 다리역할이어서, 기본적으로 유아기에 대한 논의가 활발할 필요가 있다. 유아기의 인성과 학대는 반드시 학습해야 한다.

학습내용

1. 유아기의 개념
2. 발달 특성
3. 발달 과업
4. 발달상의 문제점

개 요

유아기(early childhood)는 대개 만 3세부터 6세 가량까지의 기간을 말한다. 이 시기의 유아는 자기주장과 지배에 대한 욕구가 매우 강하다. 이는 개인으로서의 자신을 의식하기 시작하는 데서 비롯된 것으로 반항과 고집, 자기주장이 나타나기 시작한다. 이 시기의 유아가 경험하는 긴장은 아이의 행동을 제한하고 규제하려는 환경의 요구에서 비롯된다. 본 장에서는 유아기 발달은 물론 발달의 과업과 문제점을 논의하고자 한다.

1. 유아기의 개념

유아기(early childhood)는 대개 만 3세부터 6세까지의 기간을 말한다. 국내법의 규정을 보면, 「유아교육법」에서는 "유아란 만 3세부터 초등학교 취학 전까지의 어린이를 말한다"(제2조 1)고 규정하고 있다. 「영유아보육법」에서는 "영유아란 6세 미만의 취학 전 아동을 말한다"(제2조 1)고 규정하고 있다. 그러나 많은 경우에 학문적으로는 만 2세부터 유아기로 본다.

이 시기의 유아는 자기주장과 지배에 대한 욕구가 매우 강하다. 이는 개인으로서의 자신을 의식하기 시작하는 데서 비롯된 것으로 반항과 고집, 자기주장이 나타나기 시작한다. 이 시기의 유아가 경험하는 긴장은 아이의 행동을 제한하고 규제하려는 환경의 요구에서 비롯된다. 이러한 과정을 거쳐 초기에는 타인과의 상호관계를 고려하지 않는 자기중심적 존재로부터 타인과의 상호관계를 고려하는 존재로 성장한다. 이 시기에 유아는 자신의 고유성을 인식하기 시작하여 유아기 후반에 가면 '내 마음대로' 하는 것보다는 '내 스스로' 하는 것에 더 관심을 갖게 된다(김이영 외, 2015: 180).

유아기 사회성 발달의 주요 특징은 먼저, 주도성이 강해지면서 점차 독립심과 자신감을 얻게 된다. 6, 7세가 되면 유아는 능력과 기술 등이 향상되면서 부모에게서 독립하여 스스로 결정하고 행동하기 시작한다. 또한 관심의 대상이 가족에서 또래로 바뀌면서 경험의 폭이 넓어진다. 이런 또래와의 경험은 유아가 자기중심적 사고에서 벗어날 수 있도록 해주고 자기의 객관적 모습을 보게 해주며 폭넓은 경험을 통해 인지적 성장을 촉진시켜주므로 집단생활의 교육적 의의가 특별히 부각되는 시기이다. 유아기는 영아기에 비해 대인관계의 폭이 넓어지고 다양해지기 때문에 사람과의 관계에 따른 정서적 긴장이 심하게 나타나며, 언어능력의 발달로 자신의 주장을 관철시키기 위한 언어적 표현도 많이 하게 된다. 특히, 유아는 주로 놀이를 통해 사회적 관계를 형성하고 사회적 기술과 역할을 습득하게 된다(강세현 외, 2015: 33).

자유로운 독립보행이 가능하게 되는 유아기에는 무한한 지적 호기심을 충족시키기 위해 많은 탐험과 학습을 하게 된다. 유아기의 두드러진 특징은 활동성이다. 이 시기의 유아는 대단히 바쁘다. 끊임없이 이야기하고 움직이며 계획을 세운다. 또한 부모로부터 사회화 교육을 받고, 이를 바탕으로 향후 사회적 행동의 기준이 되는 가치관을 학습하게 된다. 이 단계에서는 주체성이 확립되기 시작한다. 이전의 시기에 시작되었던 대인관계 및 사회적 관계에 대한 믿음과 불신 그리고 가치관의 확립 등은 향후 독립된 인격체로서의 성장과 정신적인 성숙의 밑거름이 된다(정은, 2014: 206).

유아기는 영아기와 같은 급속한 성장은 보이지 않고, 비교적 완만한 성장을 보이는 시기에 해당한다. 신체적으로 정신적으로 미숙한 상태에서 급속한 성장을 통해서 스스로 걷고 달리며 언어를 사용하고, 사회적으로도 가정 내에서 가족관계로 한정되었던 사회적 관계가 가정을 벗어나 어린이집 그리고 유치원 생활을 하게 되며 가정 밖의 또래들과 어울리면서 사회적 관계의 범위도 상당히 넓어지는 시기이다. 유아 관련법상 연령 구분은 다음과 같다.

〈표 8-1〉 **유아 관련법상 연령 구분**

관련법	호칭	연령 구분
도로교통법	어린이, 유아	어린이: 13세 미만인 사람 유아: 6세 미만인 사람
모자보건법	영유아	출생 후 6년 미만인 사람
민법	미성년	19세 미만의 자
실종아동 등의 보호 및 지원에 관한 법률	실종아동	실종신고 당시 14세 미만인 아동
아동복지법	아동	18세 미만인 사람
아동·청소년의 성보호에 관한 법률	아동, 청소년	만 19세 미만의 자
영유아보육법	영유아	6세 미만의 취학 전 아동 (방과 후 보육은 만 12세 미만까지 가능)
유아교육법	유아	3세부터 초등학교 취학 전 어린이
입양특례법	아동	18세 미만인 자
청소년기본법	청소년	9세 이상 24세 이하인 자
청소년보호법	청소년	만 19세 미만인 사람 (단, 만 19세가 되는 해의 1월 1일을 맞이한 사람은 제외)
청소년복지지원법	청소년	9세 이상 24세 이하의 자
한부모가족지원법	아동	18세 미만(취학 중인 경우에는 22세 미만)의 자
형법	형사미성년	14세가 되지 아니한 자

2. 발달 특성

1) 신체적 발달

(1) 신체적 성장

이 시기의 신체적 성장은 영아기와 같은 성장급등 현상은 나타나지 않지만, 영아기 다음으로 많은 성장을 보이는 시기이다. 대체적으로 6세경의 유아들은 생후 12개월의 영아와 비교해서 체중은 약 2배, 그리고 신장은 약 1.5배 정도 성장한다.

이 시기의 신체적 성장은 영아기에 비해서 느리기는 하지만 일정한 정도를 유지하면서 규칙적인 변화를 보여준다. 신체적 성장에서 두드러진 부분은 팔과 다리가 가장 빠르게 변화하며 머리의 성장은 매우 늦다. 신체적 성장을 통해서 스스로 거의 모든 것을 할 수 있는 시기이며, 호기심이 왕성한 시기에 해당하므로 가장 적극적으로 활동하고 활동에 따른 위험성도 높은 시기에 해당한다. 이러한 신체발달의 특성을 고려할 때, 과잉활동에 따른 휴식을 갖도록 하는 것과 적절한 영양섭취를 통해서 신체적 성장을 뒷받침해 주어야 하며 왕성한 활동에 무리가 없도록 간식도 제공해 주어야 한다. 이러한 이유로 어린이집이나 유치원의 유아들은 오후 취침시간과 간식을 제공하는 프로그램을 필수적으로 운영하고 있다.

적절한 영양섭취를 위해서는 단백질, 탄수화물, 지방, 비타민, 무기질 등으로 구성된 균형 잡힌 식사를 제공해 주어야 한다. 특히, 이 시기의 유아들은 편식하는 경향을 보이는 아동들이 많다. 따라서, 영양 불균형 상태가 될 가능성이 크기 때문에 세심한 주의와 관심이 필요하다.

얼굴과 턱이 자라면서 더 많은 치아가 차지할 공간이 생겨난다. 2세 반경의 아동은 20개의 유치를 모두 가지게 된다. 이 시기 아동은 처음으로 치과를 방문해 치과검진을 받아야 한다. 또한 부모들은 아이가 구강위생을 유지하기 위해 스스로 자기 관리하는 법을 배우도록 도와야 한다. 유아는 부모의 지도 아래 하루 최소 2번 양치를 해야 한다. 몇몇 유아들은 영아기 초기 시작했던 엄지손가락 빠는 버릇을 아직까지 지속할 수 있다. 이러한 습관에 대해서는 전문가들의 의견이 각기 다르다. 엄지손가락을 빠는 것은 치아의 부정교합을 유발할 수도 있다. 그러나 이러한 습관을 쉽게 고치는 방법은 없다. 유아기 동안 이 습관이 이어진다면 전문가의 조언을 구하는 것이 좋다(Polan & Taylor, 2015).

출생 시에 약 20~30% 정도의 뇌 발달을 보이던 신생아가 영아기 말에 이르면 성인 뇌의 약 70~75%에 도달한다. 유아기 말, 즉 6세경의 유아들은 뇌의 발달이 성인의 90% 정도에 이른다. 출생해서 성인 뇌의 90%에 도달하는 시기 동안 인간의 뇌는 급속도로 발달한다. 따라서, 이 시기의 영유아들에게 뇌의 발달을 촉진시켜주는 다양한 자극의 제공을 통해서 뇌를 자극하고 발달시키는 것은 매우 중요하다. 아마도 조기교육 열풍도 이러한 뇌의 발달과 무관하지는 않을 것이다. 즉, 인간의 뇌 발달의 결정적 시기가 영 · 유아기에 해당한다. 이 시기가 지나면 뇌의 발달은 매우 느리거나 어렵기 때문이다.

(2) 운동발달

유아기의 신체변화 중 특징적인 하나가 신체비율의 변화이다. 즉, 영아기는 머리가 상대적으로 다른 신체부위보다 커서 신체가 불균형적인 상태이다. 영아기의 아이들이 균형을 잡지 못하고 잘 넘어지는 것은 신체불균형 때문이다. 그러나 유아기가 되면 머리가 신체에서 차지하는 비율이 상대적으로 작아지면서 무게중심이 신체의 아래로 내려가면서 균형이 좋아진다.

유아가 신체 균형을 유지하는 것이 쉬워지면서 유아의 대근육 운동이 급속히 발달하게 된다. 즉, 영아들은 달리기나 공 던지기를 할 때 균형이 무너져서 제대로 달리거나 던질 수가 없었지만 유아기에는 가능해진다. 자전거를 타거나 롤러브레이드(rollerblade)를 타고 온 동네를 누비는 아이들이 이 시기에 해당한다. 넘치는 활동성을 기반으로 해서 잠시 한눈을 파는 사이에 아이들은 저 멀리 도망을 가기도 한다. 이 시기의 아이들은 언제 어디로 튈지 모르는, 그래서 흔히 '테러리스트'(terrorist)라고 부르기도 한다. 유아가 신체 균형을 유지하는 것이 쉬워지면서 유아의 대근육 운동이 급속히 발달하게 된다. 물론 섬세한 손놀림과 같은 운동에 해당하는 소근육 운동도 급속도로 발달하는 시기이다. 따라서, 색칠하기나 연필로 글씨 쓰기 등이 상당히 정교하게 이루어지는 시기이다.

(3) 감각과 지각의 발달

유아의 시력(visual acuity)은 점차적으로 변화한다. 눈의 근육이 강화되면서 양안시가 발달하게 된다. 유아의 시력은 6피트(2m) 정도 거리의 큰 물체를 볼 때 20/40 또는 그 이상으로 나타난다. 시력은 유아기 말에는 20/20으로 발전한다.

일부 아동은 게으른 눈이라고 하는, 약시(amblyopia) 증상을 나타내기도 한다. 약시를 가진 아동은 복시를 겪게 되지만 비교할 것이 없기 때문에 이를 알지 못한다. 이러한 문제를 확인하기 위해 유아의 안과 검진이 반드시 필요하다. 최근 약시의 치료를 위해서는 눈에 안대를 적용하여 아동이 약한 눈을 사용하도록 만드는 방법이 쓰이고 있다. 교정렌즈와 운동 또한 이러한 문제를 고치는 데에 도움이 된다. 치료되지 않은 약시는 영향을 받은 쪽 눈의 실명을 유발할 수 있다. 사시는 경우에 따라 나타날 수 있는데, 지속되는 경우 전문가의 확인이 필요하다.

유아의 청력은 완전히 발달된다. 일상적인 신체검진에는 주기적인 청각검사가 포함되어 정상으로부터 벗어난 것이 있는지 확인이 필요하다. 말이 늦거나 귀, 코, 목의 반복되는 감염을 나타내는 유아의 경우 더 잦은 검사가 필요하다. 유스타키오관(eustachian tube)이라고 불리는 귀의 한 구조는 중이와 구강인두를 연결하고 있다. 이러한 유스타키오관은 유아가 나이든 아동에 비해 더 짧고 굵기 때문에 상기도의 미생물이 중이로 더 잘 넘어가게 된다. 이로 인해 유아에게서 귀의 감염이 더 빈번히 나타나게 된다. 귀의 감염력을 가진 유아는 청각상실의 위험에 놓일 수 있다. 유아의 귀 감염을 알 수 있는 흔한 증상은 계속되는 울음과 감염된 쪽의 귀를 문지르거나 잡아당기는 모습 등이다(Polan & Taylor, 2015).

2) 인지적 발달

(1) 지각발달

유아는 감각기관이 발달하고 경험의 범위가 확대됨에 따라 지각능력이 향상된다. 지각이란 감각기관을 통해서 들어온 자극을 인지하는 정신적인 과정으로 유아기 동안에는 주의집중력 및 지각변별력과 같은 지각능력이 발달한다. 대부분의 유아는 4~5세가 되면 주의집중시간은 짧지만 선택적으로 주의를 집중하며, 6세 이후에는 기억능력도 현저하게 발달된다.

유아는 시간, 공간, 형태 등에 대한 지각이 발달됨에 따라 그에 따른 여러 가지 개념을 발달시켜 나간다. 그러나 유아는 눈으로 보는 지각에 직접 의지하는 경향이 있어서 보존

개념(conservation)을 획득하지 못한다. 보존개념이란, 물질의 한 측면(질량 또는 무게)이 차례나 모양이 바뀌어도 그대로 그 특질을 유지한다는 것을 이해하는 능력이다.

유아는 유목(category) 간의 전체와 부분에 대한 이해능력과 분류능력을 발달시키지 못하여 여러 가지 속성을 가진 도형을 형태, 색상, 무늬, 크기 등에 따라 분류하지 못한다. 예를 들어, 3세 된 유아에게 크기와 모양이 같은 빨강, 파랑, 초록 색깔의 자동차 장난감들을 놓고 파랑 자동차만 한곳에 모으라고 하면 실제로 그렇게 못한다. 왜냐하면, 유아는 아직 색상에 따라 자동차를 범주화하거나 분류할 수 없기 때문이다. 또한 서로 다른 크기를 가진 자동차 장난감을 주고 차례대로 배열해 보도록 요구해도 3세 유아는 크기의 순서대로 제대로 배열하지 못한다. 이처럼 분류화(classification)와 서열화(seriation)는 유아기에 획득하기가 어렵지만, 7세가 되었을 때 동일한 과제를 내면 잘 수행할 수 있을 것이다. 서열화는 영역별로 차례대로 배열할 수 있는 능력을 말한다. 이 시기의 아동은 거의 시행착오 없이 상호관계에 따라 막대를 순서대로 배열할 수 있게 되는데, 이러한 서열화의 개념은 수들 간의 관계를 이해하는 데 결정적인 역할을 하므로 산수를 배우는 데 필수적이다.

(2) 사고발달

유아는 자아중심성(egocentrism), 직관적 사고(intuitive thought), 물활론(animism), 상징적 기능(symbolic function), 비가역성(irreversibility) 등의 특징을 지니고 있어서 논리적인 사고발달이 어렵다.

자기중심성 때문에 유아는 다른 사람의 입장에서 사물을 볼 수 없다. 즉, 유아는 단지 자기만을 의식하며, 언어와 사고와 다른 사람의 욕구와 견해를 인식할 줄 모를 뿐만 아니라, 다른 사람과 자신을 동일하다고 생각한다.

피아제는 이 개념을 설명하기 위해서 삼면에 거울이 설치된 장소에서 유아에게 인형을 보여주는 실험을 하였다. 유아는 동일한 위치에 있고, 인형을 여러 방향으로 움직이면서 여러 관점에서 그 인형을 관찰할 수 있었다. 유아에게 다양한 그림을 보여주면서 앞에 놓인 인형의 관점에서 본 장면이 어떤 사진인지를 물었지만 대부분의 유아는 다른 그림을 선택하였다. 유아는 인형의 관점이 아니라 자신의 관점에서만 관찰했다는 것을 알 수 있다(표갑수 외, 2016: 64).

물활론은 무생물을 자신과 동일하게 살아 있다고 생각하는 것이다. 유아는 자아중심적 사고를 바탕으로 자신이 경험하는 모든 사물은 사람처럼 살아 움직이는 존재로 생각한다. 그래서 유아들은 그림을 그릴 때 집과 태양, 바람과 자동차에도 자신의 감정을 표현하고, 인형이나 베개를 아기라고 업고 다닌다. 그러다가 6세가 되면 움직이는 모든 것이 살아 있다고 생각하며, 6~8세에는 스스로 움직이는 것만 살아 있다고 생각하기에 이른다.

유아기에는 상징적 기능이 발달해서 상상놀이를 즐기고, 그림그리기와 이야기 듣기를 좋아한다. 상상놀이는 가상적 사물이나 상황을 실제 사물이나 상황으로 상징화하는 놀이로서 유아의 상상력과 창의성의 수단이 된다. 그림과 동화는 유아의 내적 표상이 표출되는 것으로 자신의 머릿속에 있는 심상을 반영하는 것이다.

반면에, 유아는 관계의 또 다른 면을 상상하지 않고 한 방향에서만 생각하는 특성이 있다. 예를 들어, 5세의 유아가 삼촌과 결혼한 외숙모에게 "우리 삼촌은 지난주에 결혼했어요"라고 말해서 "누구랑 결혼했는데?"라고 물으면 유아는 모른다고 대답한다. 그 이유는, 유아는 생각의 방향을 바꿀 수 없고 상황을 단지 한 방향에서만 생각하기 때문이다.

유아기는 지능발달의 결정적 시기라고 할 수 있다. 학자들 간에 지능발달의 결정적 시기에 대해서는 일치하지 않지만 3~10세까지 지능이 급속히 발달하고 그 이후에는 점차 완만해진다고 보고 있다. 따라서, 뇌의 활동이 활발한 유아기에는 환경에 의해 지능이 영향을 받을 수 있기 때문에 충분한 지적 자극이 필요한 시기라 할 수 있다(표갑수 외, 2016: 63-64).

(3) 기억발달

기억은 인간의 학습에서 매우 중요한 요인으로서 경험한 내용을 머릿속에 저장했다가 필요할 때 꺼내어 사용하는 인지과정이다. 3~4세가 되면 기억능력이 발달하게 되며, 6세 이후가 되어야 효과적인 기억을 할 수 있다.

기억은 외부에서 들어온 정보를 우리의 기억 속에 저장했다가 필요할 때 회상하여 이용하는 과정으로 부호화, 저장 및 인출의 세 가지 과정을 거친다. 부호화는 환경 속에서의 여러 가지 정보를 감각기관을 통해 부호로 전환하는 과정이다. 저장은 부호화된 정보를 머릿속에 보유하는 과정으로 감각기억→단기기억→장기기억의 순서로 저장된다. 인출은 저장된 정보를 꺼내어 사용하는 과정이며, 이 과정에는 재인(recognition)과 회상(recall)

이 있다. 재인은 영아기 초기부터 나타나 유아기 동안 현저히 발달하는 기억능력으로 전에 우연히 마주친 어떤 것을 인지하는 능력이다. 회상은 생후 1년 이내에 출현하여 청년기까지 계속 발달하는 기억능력으로 기억에 관한 지식을 재생하는 능력이다(Papalia, Olds, & Feldman, 2006).

유아의 기억은 연령이 높아지면서 증가하고 기억의 흔적이 점점 확대되고 분화하며 지속시간도 길어진다. 기억은 지속기간에 따라 감각기억, 단기기억 및 장기기억으로 분류할 수 있다. 감각기억은 감각기관을 통하여 외부로부터 들어온 정보를 감각기억 저장장치에 저장했다가 빠르게 잊어버리는 경우를 말한다. 단기기억은 기억의 흔적이 약 15~20초 동안 남는 것으로 몇 개 정도밖에는 저장하지 못한다. 장기기억은 짧은 것은 몇 분밖에 기억하지 못하지만 어떤 정보는 일생 동안 기억할 수도 있는 것을 말한다(Craig & Baucum, 2002).

3) 정서적 발달

유아기의 정서는 영아기에 비해 더욱 분화·발달되고, 유아의 정신생활의 중심을 이루고 있다. 정서는 조기에 많은 종류로 분화되나 5~6세경에는 성인과 같은 정도로 복잡한 정서로 분화하게 된다. 즉, 좋다, 예쁘다, 재미있다, 고답다 또는 선악의 정서 등이 그것이다. 허를록(E. B. Hurlock)은 유아기 정서의 특징으로써 ① 일과성, ② 강렬성, ③ 빈발성, ④ 정서표출의 개성화, ⑤ 정서표출 감축의 곤란성 등을 들고 있다. 유아기에 자주 출현하는 정서유형을 구체적으로 설명하면 다음과 같다.

(1) 공포

공포는 유아기 정서의 특징으로 4세경에 특정 대상을 두려워하는 공포심을 심하게 표현하게 된다. 5세경에 공포 반응이 약간 감소하다가 6세경에 더욱 심해진다. 그 이유로 유아의 상상력의 발달과 관찰학습으로 설명할 수 있다. 이는 유아의 경험세계가 전보다 확장됨에 따라 불확실하고 불충분한 지식이 상상력과 결합되어 공포심을 유발하는 것으로 보인다.

유아의 공포심을 유발하는 주요 원인은 어두움과 큰 소리, 낯선 사람이나 사물, 신체적 충격이나 고통 등이다. 유아기에는 상상력이 발달하여 자신이 직접 경험하지 않은 사건에 대해서도 공포심을 갖게 된다. 이러한 공포는 주위 사람들의 암시에 의해 강화되기도 하고 약화되기도 한다. 유아들은 苦포심을 느끼게 되면 얼굴을 가리거나, 공포를 일으키는 대상으로부터 멀리 도망가는 행동과 함께 울게 된다.

유아들이 공포심에 지나치게 노출되면 성격발달에 부정적인 영향을 미칠 뿐만 아니라, 유아신경증을 초래할 수 있기 때문에 공포대상에 대한 자세한 설명과 함께 올바르게 적응할 수 있도록 자신감을 키워주는 것이 중요하다. 공포심은 한편에서 볼 때 위험에서 자기를 보호하기 위해서 필요한 정서이지만 부당한 공포심이나 병적인 공포심은 유아발달의 저해요인이 된다.

(2) 분노

분노심은 욕구가 충족되지 못하거나, 자유가 구속되거나 자기 몸에 상처를 스스로 입혔을 때 생기는 정서이다.

분노는 유아가 자기주장을 관철하기 위한 일종의 반응양식으로 출현한다. 유아의 분노를 유발하는 요인은 욕구좌절, 신체활동의 억제, 부모의 무관심이나 편애, 소유물의 상실 등이 있다. 유아들의 분노는 울거나 떼를 쓰고, 때리고, 던지는 등의 공격행동으로 나타나거나 아니면 위축이나 자해행동을 초래한다. 유아의 분노심은 놀잇감 싸움, 배변이나 옷 입히기를 강제로 할 때, 흥미 있는 활동이 방해될 때 생기기 쉽다. 분노심 표출은 울거나 뒹굴거나 하면서 직접적으로 표출된다. 세 살이 지나면서 난폭한 말을 구사하거나 표출하는 경향이 있지만 유아기에는 일반적으로 분노가 적다. 유아의 분노표출이 자주 발생하면 습관화될 수 있고 이와 함께 부모나 가족과의 관계가 악화될 수 있다. 따라서, 일상생활에서 유아의 분노를 유발시키는 요인을 소거해야 하며, 분노를 해소할 수 있는 올바른 방법을 지도해야 한다(강경미, 2016: 221).

(3) 애정 정서

애정은 영아기에는 모자관계의 애정이나 장난감에 대한 애정에서 시작하여 유아기에는 널리 사회적인 · 지적인 대상에까지 발전한다. 즉, 친구에 대한 애정, 친절한 사람에 대한 애정, 아기에 대한 애정, 예쁜 물건이나 새로운 것에 대한 애정 등이다. 유아의 애정은 안거나, 뽀뽀하는 것 등으로 표출된다. 애정이 감도는 가정에서 자라는 것이 중요하지만 과보호는 독립심이나 자주성이 없고 의지가 약한 아이로 기르기가 쉽다.

유아기 애정표현은 자기 주변의 사람이나 동물 · 사물에 대한 친밀감 · 관심 · 동정 등의 정서로 나타난다. 유아의 애정정서는 감각적 자극으로 인한 즐거움과 가족과의 따뜻한 관계 또는 즐거움과 만족을 주는 사람이나 사물을 통해 형성된다. 유아가 성장하면서 활동범위가 확대되면 주변의 사람이나 다른 매체를 통해서도 애정정서가 형성될 수 있다.

(4) 질투

유아의 질투는 자기에게 주어질 것이라고 기대한 애정이 자기에게 주어지지 않고 타인에게 주어졌을 때, 준 사람과 주어진 사람에 대한 분노의 정서반응이다. 유아는 어머니의 애정상실로 인하여 질투를 나타낸다. 특히, 유아는 부모의 애정을 동생과 나누어 받기를 싫어하는 자기중심적 사고를 가지므로 질투심을 갖는 것은 성장 · 발달 과정에서 볼 때 정상이라고 할 수 있다.

유아가 동생에게 취하는 분노정서 또는 공격적 행동은 친밀하면서도 미워하는 양가성을 갖는다. 즉, 동생을 귀여워하면서도 은근히 괴롭힌다. 상대를 때리거나 놀리기도 한다. 어머니의 주의 획득을 위해서 퇴행현상이 나타나는데 침을 흘리거나, 오줌을 싸고, 손가락을 빨거나, 말을 더듬고, 어리광이 심해지고, 밥을 안 먹는 등의 현상을 보인다.

질투정서는 대체로 남아보다 여아가 심하고 지능이 우월한 아이에게 더 많으며 가족 수가 많은 가정의 유아일수록 질투심은 적다. 이러한 질투현상이 빈번히 나타나고 정도가 심하면 성격발달에 나쁜 영향을 주게 되므로 부모와 가족들은 유아에게 공평한 대우를 해 주고, 지나친 개인 경쟁을 유발시키지 말고, 특히 질투를 갖는 유아와 놀아줌으로써 욕구불만을 해소하도록 도와주어야 한다(강봉규, 2000: 131).

(5) 어리광

어리광은 3~4세경까지 주로 생기지만, 5세 이후에도 남아 있다면, 그것은 유아를 질책하는 방법이 나쁘기 때문이다. 독자, 막내둥이 등 익애 또는 맹목적인 사랑의 분위기에서 자란 아이가 어리광이 더 심하다.

(6) 기쁨

기쁨이란, 쾌락 · 환희 · 행복을 포함하는 정서로서 미소와 웃음으로 표출되며, 유아가 신체적으로 건강하고 편안한 환경이 제공될 때 나타난다. 건강한 유아일수록 기쁨의 표현이 명확하고 자주 표현된다. 유아는 간지럼과 같은 자극적 행동이나 신체활동 · 성인의 칭찬 · 목적의 성취를 통해서 기쁨을 느끼게 된다. 이와 같이 유아의 기쁨 정서는 애정과 밀접하게 연관되어 있다. 유아를 안고 쓰다듬어 주면 기쁨을 느끼고 웃으며, 자신의 애정도 표현한다. 4~5세경에는 자기에게 잘 해주는 사람과 상호적인 애정을 나누기도 하고, 자기보다 어린 아기를 귀여워하고 보살펴 주기도 한다. 그리고 애정을 많이 받은 유아가 그렇지 못한 유아보다 정서적 · 신체적 발달이 빠른 것으로 나타났다. 이 외에도 기쁨정서는 유아의 인격 및 대인관계 형성과도 밀접하게 연관되기 때문에 유아에게 애정을 많이 표현함으로써 기쁨을 느낄 기회를 많이 제공하는 것이 중요하다(강경미, 2016: 220).

4) 사회적 발달

(1) 자아개념과 자아존중감의 형성

유아기부터는 점차 자아개념(self-concept)을 형성하기 시작한다. 유아는 자신에 대해 유능하고 없어서는 안 될 가치 있는 존재, 즉 긍정적으로 자아개념을 인식하거나 또는 자신은 늘 미움을 받는 존재이며 무엇이든 잘할 수 없다고 부정적으로 자아개념을 형성할 수도 있다. 그렇기 때문에 유아가 긍정적인 자아개념을 발달시킬 수 있도록 칭찬과 격려를 해야 한다. 또한 유아가 자율성을 가진 존재로 성장할 수 있도록 '자아존중감'(self-esteem)을 높여 주는 것이 중요하다.

유아는 성장하면서 스스로 대소변을 보고, 음식을 먹고, 신을 신고, 옷을 입고 벗는 행동을 반복하면서 자신의 행동을 자랑스러워하고 더욱 독립적이고 자주적인 성격으로 성장한다. 유아들은 그들의 자율적인 행동에 대해 부모나 다른 사람으로부터 칭찬이나 격려를 받으면 성취동기와 자아존중감이 높아진다. 반면에, 유아들은 꾸중을 듣거나 비난을 받게 되면 수치심과 의심을 갖게 되어 자율성 발달에 장애를 받게 된다.

유아는 2세 이후부터 자기 몸을 하나의 독립체로 인식할 수 있고 스스로 조절할 수 있다는 사실도 알게 된다. 유아들은 4~5세 정도가 되면 여성과 남성 간의 신체적 차이를 알게 되며, 자신의 성과 자신에게 요구되는 행동과 사회적 관계에 관심을 갖게 된다. 그래서 동성의 친구들과 어울리며 그들이 선호하는 옷차림, 놀이, 직업에 대한 사회적 성역할을 의식하고 이에 따라 행동하고자 한다. 이러한 성역할의 내면화는 일상생활을 하는 문화 속에서 남성과 여성에게 적절하다고 인정되는 행동, 태도, 가치를 획득하는 것을 말한다(최옥채 외, 2015: 277).

(2) 성역할 발달

최근 우리 사회에서는 유아의 사회화 과정에서 양성성의 성역할을 학습하고 이에 맞추어 행동양식을 형성하도록 양육하려는 경향이 있다. 일반적으로 한국문화에서는 남성성을 활동적이고 다소 공격적이며 독립심이 강하고 과제중심적인 특성으로 규정하고 있는 반면에, 여성성은 정적이고 온순하며 의존적이고 인간중심적인 특성으로 규정한다.

이 시기의 아동들은 성 안정성과 성 항상성을 확립하게 된다. 성 안정성과 관련된 행동으로, 유아들은 자신의 성역할에 대한 인식을 하게 된다. 성인식을 바탕으로 여아는 여성에게 어울리는 행동과 사회적 관계를 만들고 유지하려는 경향을 뚜렷하게 보이며, 또한 남아들도 동일하게 자신의 성을 인식하고 성인지에 맞는 행동을 하려고 한다. 성에 맞는 사회적 기대를 의식하고 그에 맞는 행동을 하려는 시기이다. 따라서, 어린이집 · 유치원 교사가 양성 평등적 성역할 기대 또는 성인지가 유아들의 성인지에 중요한 영향을 미칠 수 있는 시기이다. 그리고 행동이나 겉모습을 변화시켜도 성은 변하지 않는다는 '성 항상성'을 확립하는 시기이다(이우언 외, 2017: 83).

(3) 기초적 수준의 도덕성 발달

유아기는 도덕적 행동의 기초적인 개념이 형성되는 시기로서 부모의 태도와 가치, 그리고 선악의 행동기준 등을 자신의 것으로 내면화하면서 받아들이게 된다. 프로이트에 의하면, 이것은 초기적 형태의 양심 또는 초자아라고 할 수 있다. 양심은 2~3세경에 나타나기 시작한다. 따라서, 유아는 부모에 대한 동일시를 통해서 부모의 가치와 태도에 자기의 행동이 일치하지 않으면 죄책감과 불안을 느끼게 된다.

콜버그는 유아기를 도덕발달 6단계 모델 중 1, 2단계에 해당하는 것으로 전인습적 수준의 도덕판단을 하는 단계라고 규정하였다. 유아들은 단순히 자기만족과 부모를 비롯한 성인이 바람직하다고 생각하는 행위의 규범에 맞추려는 판단을 한다. 이것은 피아제가 말하는 타율적 도덕성에 해당하는데, 성인의 힘에 대한 두려움과 부모의 권위에 대한 복종에서 비롯되는 도덕성이라고 한다. 이처럼 부모와 교사를 통해 유아가 속한 사회와 문화집단의 규칙과 기준을 학습하는 사회화과정이야말로 유아의 도덕성 발달에 중요한 영향을 미치는 것이다(표갑수 외, 2016: 69).

(4) 부모 · 형제자매 · 또래관계의 발달

유아가 최초로 맺게 되는 사회적 관계는 부모와의 관계이며, 부모와의 관계에서 성격과 사회성 발달에 중요한 영향을 받게 된다. 대인관계는 부모와 유아와의 애착관계를 통한 상호 접촉으로 형성되기 시작한다. 부모의 양육태도가 수용적이면서도 권위 있는 태도를 가질 경우에는 유아가 자아존중감을 갖게 되며, 자신의 감정을 보다 자유롭게 표현할 수 있고, 다른 사람과의 관계에서 개방적이다. 또한 유아는 다른 사람을 사랑할 수 있는 능력을 갖게 되고, 사회적으로 책임감이 있고, 독립적이며, 성취지향적이고, 다른 사람들과 협조적이 된다(최경숙, 2011: 380-382). 일반적으로 애정을 많이 받은 유아는 그렇지 못한 유아보다 정서적 · 신체적 발육이 빠르다.

반면에, 유아기에 어머니와 장기간 분리되었거나 어머니의 애정을 받지 못한 경우에는 신체적 · 인지적 · 정서적 · 사회적 발달에 지체현상을 갖게 되어 사회생활에서 대인관계를 원활히 맺을 수 없고, 건전한 자아형성이 어렵다고 한다. 프로이트에 따르면, 유아기에 아버지 없이 성장한 남아는 성역할 모델링의 부재로 사회화가 어려울 뿐만 아니라, 인지발달에 장애를 갖게 되고, 여아는 의존성이 강해지고 정서적인 문제와 사회부적응의 문제를 갖게 된다(표갑수 외 2016: 69-70).

유아의 성격과 사회성 발달에 영향을 미치는 또 다른 중요한 사회적 관계로는 형제자매 관계와 또래와의 관계이다. 형제자매 관계는 유아에게 행동, 갈등, 협동, 경쟁 등을 배우게 하는 원천이 되며, 이것은 출생순위, 성별, 연령차에 따라 다르게 나타난다. 또래는 유아에게 인지적 · 정서적 · 사회적 발달에 영향을 미치게 되며, 유아의 사회화 과정에서 강화 제공자, 모델, 표준(criterion) 등의 역할을 수행한다. 유아기는 또래관계에서 보다 우호적 · 협동적인 반응이 많아지게 되며, 집단생활과 놀이에 민감해진다. 또래에 대한 관심은 이미 영아기부터 시작되나 친구와 함께 놀기 시작하는 것은 3세경부터이다. 3~6

세 유아는 자기와 비슷한 놀이를 하거나 좋은 경험을 했던 소수의 친구들과 노는 경향이 있다. 그러나 유아의 우정은 지속적인 것이 아니어서 어떤 친구와 재미있던 날은 그 아이가 친구이지만, 갈등이 있던 날은 그 아이가 친구가 아니라고 말하기도 한다(박성연 외, 2017: 153).

(5) 놀이

놀이를 통해서 사회적 관계형성이 확대되고 사회적 기술을 습득한다. 즉, 자신의 역할, 타인의 역할 수용 그리고 역할 관계의 상호성 등을 학습한다. 놀이의 형태는 영아기보다 좀 더 구조화되고 현실지향적인 놀이의 형태로 변화한다. 성역할의 발달로 인해 놀이도 남자 아이는 남아들과 그리고 여자 아이는 여아들과 더 많이 어울려 노는 경향을 보인다. 그리고 관습적인 성역할을 따르려고 하며 벗어나면 비난받을 거라 생각한다. 예를 들어, 남자 아이가 인형놀이를 하면 친구들이 놀리고 자신도 창피하게 생각한다(이우언 외, 2017: 83).

유아의 사회성은 놀이를 통해서 발달한다고 해도 과언이 아니다. 유아의 놀이에는 여러 가지 목적이 있는데, 유아는 놀이를 하면서 운동기술을 숙달시키고, 무엇인가를 창조적으로 상상하고 생각하면서 자아존중과 성취감을 높인다. 또한 사회적 관계 속에서 친구와 어떻게 사귀는지도 배운다. 놀이는 어떻게 의사소통하고, 어떻게 마무리하고, 어떻게 나누는지에 대한 학습의 틀을 제공하며, 일상생활에서 경험하는 좌절을 해소하기도 한다. 이런 것들은 유아를 사회화하는 중요한 길잡이이다.

유아의 놀이는 그 자체가 실제 상황에서 맞게 되는 다양하고도 새로운 어려움을 극복할 수 있는 연습인 동시에 곤란을 스스로 극복하는 과정에서 능력과 인내력을 키울 수 있는 기회라고도볼 수 있다. 유아기에 부모를 비롯한 주위 사람들로부터 칭찬이나 격려를 받는 놀이는 자주 하게 되면서 긍정적으로 강화시키고, 놀이행동을 놀리거나 금지시키는 놀이는 점차 덜 하게 되면서 감소된다. 따라서, 유아의 놀이는 부모의 양육태도와 높은 상관관계를 갖고 있으므로 위험이 따르지 않는 한도 내에서 유아의 호기심을 자극하고 자율성과 성취감을 느끼도록 하는 것이 중요하다. 학습이론의 측면에서 보면 유아의 놀이는 학습된 행동이라고 볼 수 있다.

유아가 놀이를 하는 방식에는 '사회적 놀이'(social play)와 '환상놀이'(fantasy play)의 두 가지가 있다. '사회적 놀이'는 아이들이 놀 때 다른 아이와 상호 정도를 말한다. '환상놀이'는 놀면서 무슨 게임인가를 생각하고 그 게임을 상상하면서 노는 것을 말한다. 페이텐(Paiten)에 따르면, 2~5세의 유아들의 경우 사회적 놀이를 발전시켜 나가는 것을 관찰한 결과, 유아들은 나이를 먹으면서 ① 아무런 행동을 하지 않는 단계, ② 구경꾼 수준의 놀이, ③ 나 홀로 놀이, ④ 평행놀이, ⑤ 연합놀이, ⑥ 협동놀이 여섯 가지 수준에 따라 놀이를 발전해 간다. 페이텐은 놀이의 수준은 연령에 따라 다르다고 말하는데, 2세 정도의 유아는 혼자서 노는 경향이 있고, 3세 정도가 되면 평행놀이를 시작하고, 연합놀이는 4세 이후, 5세 정도가 되면 대부분의 유아는 합동놀이를 한다(표갑수 외 2016: 71 재인용).

[그림 8-1] 어린이집에서의 유아기 놀이 모습

(6) 공격성의 발달

공격성이란, 사람이나 동물 또는 사물에 대해서 해를 끼치는 사회적으로 바람직하지 않은 신체적 또는 언어적 행동을 말한다. 집단에서 공격성이 높은 유아는 10~15% 정도로 많은 편은 아니지만, 이들의 공격성이 다른 유아들에게 큰 피해를 주는 경우가 많다. 또한 공격성이 높은 유아는 문제아동 또는 비행청소년으로 발전할 수 있는 확률도 상대적으로 높다. 유아의 공격적인 행동이 본격적으로 나타나기 시작하는 연령은 약 2세경이다. 2~3세 유아는 일반적으로 물리적 공격을 하지만 3~6세 사이에 언어적 공격으로 바뀌게 된다. 이와 같이 유아의 연령이 증가하면서 물리적 공격이 언어적 공격으로 전환되는 이유 중에 하나는 부모나 주위사람들의 반응과 제제를 통해 자신의 공격적 행동이 목적달성에 적절한 도구적 수단이 되지 못한다는 것을 깨닫기 때문이다(Hartup, 1974).

3~5세의 유아는 도구적 공격을 많이 하는 대신에, 6세 이후의 유아는 적대적 공격을 더 많이 한다. 즉, 유아기 초기에는 자신에게 이익이 되는 무엇인가를 얻기 위해 공격을 하는 반면에, 유아기 후기에는 타인에게 고통이나 해를 가하는 위한 목적으로 적대적 공격을 하는 것이다. 이러한 연령에 따른 변화의 주요 원인은 상대방의 의도에 대한 유아의 잘못된 귀인판단에 있다. 6세 이후의 유아의 경우에는 타인의 의도나 동기를 추론할 수 있게 되면서, 타인의 행동을 고의로 자신에게 해를 가하려 한다는 잘못된 추론의 경향이 높아지기 때문이다. 이와 함께 또래집단이나 성인들이 아동의 적의적인 공격적 행동을 묵인하는 데에도 원인이 있다.

공격성을 설명하는 이론으로는 생리적 이론과 욕구좌절-공격이론, 학습이론, 사회인지이론 등이 있다. 생리적 이론에 따르면, 동물과 인간은 같은 종에 대항하는 기본적인 공격본능을 가지고 태어난다고 주장한다. 동물의 공격성은 생존을 위한 중요한 수단이 되며, 의식적으로 공격성을 감소시키거나 통제할 수는 있지만, 근본적으로는 선천적인 것이다. 프로이트에 따르면, 모든 인간은 삶의 본능과 죽음의 본능을 가지고 태어나며, 공격성은 죽음의 본능에 기인한다. 인간은 선천적으로 자기파괴적 욕망을 가지고 있기 때문에, 공격적인 에너지는 어떤 방법으로든지 외부로 분출되어야 하며, 이러한 공격성이 적절히 분출되지 못하면 파괴행동의 형태로 나타나게 된다(강경미, 2016: 230-231).

돌라드(Dollard et al., 1974)는 프로이트의 이론을 수정 · 보완하여 욕구좌절이 공격을 유발한다는 욕구좌절-공격이론을 제안하였다. 이는 유아가 자기목표에 도달하려고 시도할 때 다른 요인에 의해 좌절당하거나 계속해서 방해받게 되면 화를 내거나 공격적인 반응을 하게 된다는 것이다. 그러나 실증적 연구 결과에서 유아가 좌절하였을 때 공격적인 반응보다는 건설적인 반응이 학습되는 경우도 있는 것으로 나타났다. 따라서, 이 이론은 욕구좌절이 일으키는 여러 반응 중의 하나가 공격성이라고 수정하였다.

행동주의의 학습이론 학자들은 공격성도 다른 행동과 마찬가지로 강화와 모방을 통해 학습된다고 주장하였다. 특히, TV 등의 매체를 통하여 공격적 모델을 관찰함으로써 아동들의 공격성이 증진된다는 사실이 여러 연구에서 입증되었다(Bandura, 1977). 반두라에 따르면, 강화와 모방을 통하여 습득된 공격성은 첫째, 사회적 보상 또는 사회적 승인을 받음으로써 유지되며, 둘째, 자기보호수단 또는 자기존중감의 수단이 됨으로써 유지된다.

사회인지이론에서는 공격성이 잘못된 사회인지적 판단에서 기인한다(Dodge, 1980). 공격적인 유아는 사회적인 정보를 처리하는 과정에 결함이 있기 때문에 적절하게 반응하지 못하고 공격적으로 반응하게 된다. 즉, 유아의 사회인지가 왜곡되어 있어 또래의 행동을 적의적인 의도로 귀인하게 되면서 공격행동이 증가하게 된다.

5) 언어의 발달

(1) 어휘력 및 문법

3~5세의 유아는 폭발적인 어휘력의 증가를 보여, 평균 매달 약 50개의 새로운 단어를 습득함으로써 3세에는 900~1,000개, 4세에는 1,500~1,600개, 5세에는 2,100~2,2007개, 6세에는 2,600개의 단어를 말하고, 20,000개 이상의 단어를 이해한다(Papalia et al., 2003). 어떻게 유아는 이렇게 빨리 새로운 어휘들을 습득할 수 있는가? 유아는 새로운 단어를 접하면 그 단어와 단어가 갖고 있는 의미를 연결시킬 수 있는 '순간설정'(fast mapping)을 하기 때문인 것으로 학자들은 설명한다(Akhtar & Montague, 1999). 이와 관련하여, 보편적으로 행동을 나타내는 동사보다는 사물의 이름인 명사를 강조하는 문화권(주로 서구권)에서는 명사를 더 빨리 습득한다(Bloom, 1998).

유아기에는 문법도 상당히 발달하는데 매년 문장의 길이가 증가하게 되어 간단한 몇 개의 단어만을 사용하던 문장이 더욱 복잡한 수준의 문장으로 발전한다. 3세에는 복수, 소유물, 과거시제, 형용사, 부사, 대명사, 전치사 등을 알지만 문장의 길이는 짧고 단순하며 문법적으로 틀리는 경우도 있다. 4~5세 유아는 4~5개 단어로 된 문장을 구사하고 접속사 또는 절을 포함한 복문을 사용하며, 평서문은 물론 부정문, 의문문, 명령문을 사용한다. 5세 이후에는 수동태의 문장과 능동태의 문장을 사용하기 시작하지만 복잡한 문장의 경우는 그 의미를 잘못 이해하는 경우도 있다. 이러한 문법 규칙의 습득은 40개 이상의 다른 언어권을 대상으로 유아의 언어발달과정을 연구한 결과(Slobin, 1985), 모든 언어권의 유아가 동일한 패턴과 기본전략을 사용하여 언어발달을 이루어 나가는 것으로 보고하여 언어발달의 보편성을 시사하고 있다.

(2) 의사소통 능력

다른 사람과의 의사소통은 사회적 관계의 기초가 되며 유아에게는 자신의 욕구를 표현하고 가족, 또래와의 관계를 형성하는 데 중요한 역할을 한다.

2세 유아는 다른 사람과의 관계에서 자신의 의사를 표현하려고 애쓰나 그 주제로 대화를 계속 이끌어가기는 힘들다. 그러나 3세는 말이 많아지고 상대방이 알아듣는가에 대해 관심을 두기 때문에 상대방 역시 유아의 말을 알아듣기 쉽다. 4세경에는 자신보다 어린 아기에게 말할 때는 단순하게 말함으로써 상대방의 연령에 따라 대화방식을 조절한다. 5세가 되면 상대방이 아는 내용에 맞추어 자기가 하는 말을 조절하며, 자기가 알거나 관심을 가지고 있는 내용에 대해 상대방과 편안하게 대화를 주고받는다(Owens, 1996). 그러나 상위 의사소통 능력(meta communication, 의사소통이 이루어지는 과정에 대한 지식)이 덜 발달하여 자기가 들은 내용을 이해하지 못해도 잘 이해하지 못한다는 것을 모른다. 따라서, 유아와 대화를 나눌 때는 유아가 당연히 이해할 것이라고 생각하지 말고 구체적이고 반복적으로 주지시켜야 한다.

성인의 직접적인 가르침 없이 자연적으로 언어를 터득하게 되는 것으로 보아 언어습득은 선천적이기는 하나, 의사소통 능력의 발달은 아동의 경험과 환경에 의해 영향을 받는다. 따라서, 성인과의 상호작용이나 언어능력이 더 발달한 아동과의 놀이는 유아의 의사소통능력을 발달시키는 데 중요하다.

(3) 유아기 언어발달을 촉진하기 위한 도움

언어적으로 유능한 성인 또는 부모와의 상호작용은 유아의 언어발달에 중요한 영향을 미친다. 즉, 양육자나 부모는 유아의 언어능력을 촉진하기 위해 보다 세심한 피드백(feedback)을 줄 필요가 있는데, 이러한 피드백에는 유아가 말한 것을 다시 표현해 주는 변경하기(recasting), 확장해 주기(expanding), 명명하기(labeling) 방법 등이 있다.

유아가 부정확하게 말한 것을 다시 표현해 주는 방법은 "강아지가 어제 짖고 있어"라고 말했을 때 "그래, 강아지가 언제 짖는 것을 보았니? 음 … 어제 짖는 것을 보았구나"라고 말해 주며 유아의 관심사를 우선 표현하게 하고, 유아가 말한 것을 설명을 통해 좀 더 부연하는 것이다. 그러나 과도하게 지시적으로 아이들과 대화하는 것은 오히려 해로울 수 있다. 또한 확장해 주기 방법은 유아의 단순한 표현을 좀 더 복잡하고 정교하게 확장해

주는 것으로 아이가 "저기 공이 굴러가요" 하면 "그래, 골목길 아래로 빨간색 공이 데구르 굴러가네"라고 확장해줌으로써 유아가 자연스럽게 정확한 표현에 익숙해지도록 하는 것이다. 명명하기 방법은 사물의 이름을 명명해 주는 것으로, 어휘를 많이 획득하는 시기에 도움을 줄 수 있다(Santrock, 2006). 그러나 언어발달을 촉진하는 방법들은 유아의 언어적 실수를 지적함으로써 유아로 하여금 말하는 것에 대한 두려움을 갖게 할 수도 있으므로 주의해서 사용해야 하며, 유아가 또 다른 언어적 표현을 경험하고 시도할 수 있는 기회로 활용되어야 한다. 또한, 풍부한 언어적 환경을 제공하여 유아가 자연스러운 상황에서 말하고 듣고 표현할 수 있도록 격려하는 것이 필요하다. 무엇보다 성인 또는 부모는 유아의 말을 주의 깊게 많이 들어주고 올바른 언어 모델이 되어 주어야 한다(박성연 외, 2017: 148).

〈표 8-2〉 **언어발달 지표**

연령	내용
2세	- 간단한 요구를 듣고 그대로 한다. 예) "철이야, 저 신문을 아빠에게 갖다 줘." "영이야, 네 그림책을 갖고 와 봐." - 그림책에서 어머니가 찾아보라는 것을 찾는다. 예) "개가 어디 있지?" - 일상생활에서 흔히 쓰는 단어를 말한다. 예) 엄마, 우유, 그림책, 공 등 - 자신을 말할 때 이름으로 표현한다. - 라디오나 텔레비전의 광고에 귀를 기울인다. - 정확하지는 않지만 문장을 만들어서 말을 시도한다. - 간단한 노래를 부르고 레코드나 어머니의 노래 듣기를 좋아한다.
3세	- 명사 외에 동사, 전치사, 형용사 등을 이해한다. 예) "큰 공을 찾아 봐." "네 주머니에 있는 장난감을 꺼내." - 완전한 문장을 이야기한다.
4세	- 행동의 순서를 이해한다. 예) "철이야, 동생을 찾아서 저녁 먹을 시간이 되었다고 해."
5세	- 가족 외의 사람도 자녀의 말을 이해할 수 있다. - 친구들과 대화한다. - 문법에 맞는 문장을 사용한다.

자료: 조복희 외(2016: 195).

3. 발달 과업

유아기 발달 과업에는 여러 가지가 채택될 수 있으나 여기에서는 '인성'에 대한 주제가 무엇보다도 중요하다는 점을 인식하고 '인성교육'을 논하고자 한다.

1) 인성교육의 개념

유아기 발달 과업으로 언어의 학습, 올바른 생활습관, 도덕성 교육 등 여러 가지로 분류하여 고찰할 수 있으나, 무엇보다도 유아기에는 인성교육이 앞서야 함을 지적하고자 한다.

인성의 정의에 대해서 동양과 서양, 고대와 현대, 종교와 과학 등 각 분야에서 다양한 시각으로 구정하고 있다. 구체적으로 인간의 본성에 대해 태어날 때부터 고정되는 것인지, 변화하는 것인지, 주어지는 것인지 하는 의문도 각계각층이 다양한 견해를 가지고 있는 것이 현실이다. 인성이란, 사전적 개념으로 '사람의 품성'을 말하며, 영어로 Humanity 또는 Character, 한문으로는 인성, 심성, 덕성 등으로 부른다.

많은 학자들은 인성교육이 무엇인지에 대해서 생각의 방향과 내용이 매우 다르다. 1960년대 중반 이후 미국에서의 인성교육은 도덕적 가치나 인성덕목을 직접 가르치기보다는 합리적 의사결정 과정, 도덕적 추론, 가치명료화 교육이 주류를 이루었다. 1980년대 이후 사회의 급속한 변화와 이에 따른 전통적 가치의 붕괴, 가정 해체, 청소년들의 일탈 행동의 증가는 미국 사회를 보수화로 회귀시키면서 전통적 인성덕목교육의 재등장을 낳게 하였다. 그러나 미국 사회의 도덕성이 예전에 비해 뒤떨어졌다고 하여 1990년부터 인성교육은 도덕교육으로 복귀하게 되었다(안영진, 2010: 12).

인성교육에서 도덕적 추론 교육과 가치명료화 교육 등 인지적 접근방법이 퇴조하고 있으며, 이의 대안으로 과거의 위대한 전통적 인성덕목 살리기 교육이 널리 보급되고 있다. 보편적 가치 추구와 더불어 인성에 대한 정의적 접근이 강화되었고, 협동학습, 프로젝트 학습 등 협동을 요하는 교육방식이 강화되면서, 인성교육에 대한 구체적 학습지도안이 교사에 의해 제안되고 시행되고 있다. 그리고 가정과 학교, 지역사회가 연계된 지역사회 봉사활동, 자원봉사 등 실천과 체험위주의 인성교육이 강화되고 있다.

2010년부터 교육부는 창의적이고 배려심 있는 인재육성을 위해 유치원과 초·중등 교육과정에 '창의 · 인성 교육과정'을 마련하고 있다. 즉, 우선적으로 유치원의 교육과정을 기본과정과 종일과정으로 구분, 기본과정에서는 기초 인성 확립과 체험 · 놀이 중심의 교육과정이다. 또 배려와 공동체 의식, 창의성 · 개방성 등을 자연스럽게 배울 수 있도록 유아 대상의 창의 · 인성 프로그램도 개발할 계획이다. 따라서, 이러한 정책들은 인성교육이 중시되고 있음을 보여준다.

결론적으로 인성교육은 유아들이 참여하고 그들의 경험과 생각을 나누고 더불어 성장하기 위해서는 '삶 나누기' 시간이 되어야 한다. 교실 내에서 일어나는 크고 작은 일들을 주제로 사건에 대한 생각과 느낌을 나누고, 해결방안을 함께 모색하고 교실과 가정에서의 실천과제를 정하여 인성교육을 접근해 보아야 할 것이다.

2) 인성교육의 중요성

유아기에는 기본생활습관이 형성되는 매우 중요한 시기이다. 기본생활습관은 유아들이 여러 가지 환경에 적응해 가는 과정에서 행동의 반복으로 형성되며 한 번 형성된 습관은 쉽게 고쳐지지 않기 때문에 유아기의 생활습관은 인성교육의 기초가 된다고 할 수 있다. 특히, 유아기는 가소성이 있기 때문에 유아들의 좋은 생활습관은 칭찬과 격려를 해주고 나쁜 습관은 고쳐서 바람직한 습관으로 바꾸어 주어야 한다. 따라서, 유아기의 기본생활습관은 인성 형성과 사회성 발달에 중요한 역할을 하며, 초 · 중등학교와 같은 상급학교기관과 연계되어 건전한 민주시민으로 성장하게 되는 것이다.

인성교육의 필요성에 대해 4가지 측면을 제시하고 있다(안영진, 2010: 14-15). 즉, 발달심리학적 측면, 개인적 측면, 사회적 측면, 민족적 · 국가적 측면 등이다. 홍명희(2012: 13-15)는 자신과의 관계에서의 인성교육, 타인과의 관계에서의 인성교육, 환경과의 관계에서의 인성교육 등을 유아 인성교육의 필요성으로 제시하고 있다. 이에 대해 우영효(2010: 19-20)는 발달심리학적 측면, 개인적 측면, 사회 국가적 측면 등을 주장하고 있다.

유아기 인성교육의 중요성에 따라 유아기에 인성교육을 강화해야 하는 이유를 발달심리학적 · 개인적 · 사회국가적 측면에서 살펴보면 다음과 같다.

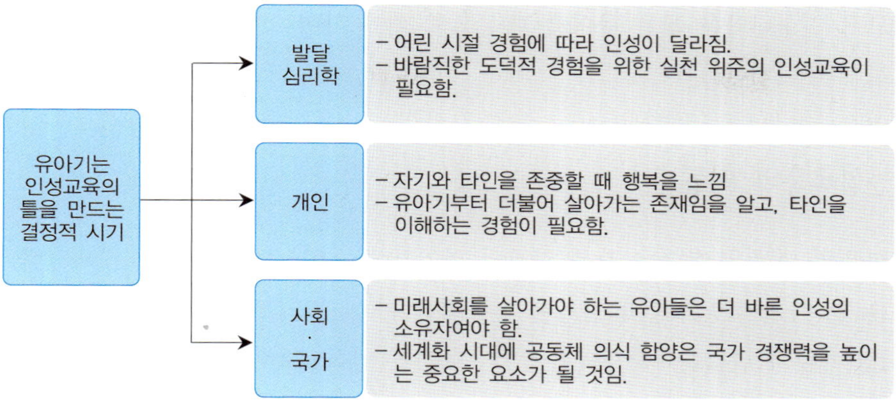

자료: 교육부(2011a: 9) 재구성.

[그림 8-2] 유아기 인성교육의 중요성

인성교육의 필요성은 다음과 같다.

첫째, 발달심리학적 측면이다. 교육부(2011a: 9)에 의하면, 유아기의 인성은 다양한 사회 환경과의 상호작용에 의해서 형성되는데, 특히 유아들이 성장하는 과정에 여러 가지 경험의 축적물이 쌓여 인성이 되어진다. 따라서, 유아기에는 보다 바람직한 도덕적 경험을 할 수 있도록 실천 위주의 교육이 필요하다(우영호, 2010: 19-20).

둘째, 개인적 측면이다. 사람은 누구나 인간으로서의 존엄과 가치를 가지며, 행복을 추구할 권리를 가지고 있다. 그러나 인간은 다른 사람들이 나를 존중하고 인정해 줄 때 최대의 행복을 느끼게 마련이다. 따라서, 다른 사람을 존중하고 다른 사람에게 폐가 되지 않도록 예절과 질서를 지키고 서로 도우며 더불어 행복을 찾도록 하는 교육은 개인의 행복을 가꿔 주는 기본이 된다(안영진, 2010: 15).

셋째, 사회적 측면이다. 교육부(2011a: 10)는 "세계화와 개방화가 진행될수록 우리 고유의 어른에 대한 예절과 공경정신은 우리의 공동체 의식을 높여줄 것이다"라고 주장한다. 그동안의 급속한 경제발전의 역기능으로 가치관의 혼란과 사회병리 현상이 가속화되고 있다(안영진, 2010: 15). 따라서, 풍요롭고 사랑이 넘치는 사회를 만들기 위하여 인성교육은 강화되어야 한다.

넷째, 민족적 · 국가적 측면이다. 교육부(2011a: 10)는 "유아기에 인성교육을 강화하는 것이 국가경쟁력의 중요한 요소가 될 것"이라고 강조한다. 따라서, 지식의 폭발적인 증가와 국경 없는 시대에 살아가는 유아들은 더욱 더 바른 인성의 소유자가 되어야 한다.

그러므로 인성교육은 모든 유아를 대상으로 해야 하며, 전인교육을 기초로 하여 모든 영역에서 이루어져야 한다.

3) 인성교육의 덕목

인성교육의 덕목은 어떤 인간을 길러낼 것인가에 대한 숙고로부터 시작되었다. 즉, 인성교육은 한 사회에서 소중히 여겨온 전통적인 가치, 그리고 민주적인 가치들을 학습자에게 직접 전수해 준다는 데 의의가 있다. 이것은 인성교육이 교육적으로 전수할 가치가 있다고 여겨지는 훌륭한 인격적 특성이나 덕과 같은 도덕성의 내용에 주안점을 두고 있음을 알 수 있다. 따라서, 인성교육의 내용은 실천 위주의 덕목이 교육되어야 한다(홍명희, 2012: 30).

다양한 인성교육의 내용들은 실천 위주의 덕목으로서, 교육적으로 전수할 가치가 있다고 여겨지는 존중, 책임감, 양보와 같은 도덕성 덕목, 타인과 더불어 살아가기 위해서 필요한 자존감, 협력 등의 사회 · 정서 덕목, 민주시민으로서 성장하기 위해 형성되어야 하

〈표 8-3〉 인성 덕목별 유아 인성교육의 내용

덕목	정 의	하위 내용
배려	타인의 필요와 요구에 민감하게 반응, 공감하는 것	친구, 가족, 이웃, 동 · 식물에 대한 배려
존중	사람이나 사물은 기본적으로 그들의 존재만으로 존중할 가치가 있음을 인식하고, 그 가치에 대하여 소중히 여기는 것	자신과 전통 문화에 대한 존중, 다른 사람들과 다른 문화에 대한 존중, 생명과 환경에 대한 존중
협력	두 명 이상의 구성원이 공동의 목표를 설정하고, 이를 달성하기 위하여 개인적 책임을 다하고 서로 조언 및 조력을 주고받는 것	긍정적인 상호의존성, 개인적 책임감, 집단 협력
나눔	자기 스스로 우러난 마음에서 남을 돕기 위해서 하는 일로, 대가를 바라지 않고 지속적으로 도와주는 것	나눔의 의미 알기, 나눔을 실천하기, 나눔에 참여하기
질서	민주주의 사회에서 책임감 있는 민주시민으로서 살아가기 위해 필요한 사회규범을 지키는 것	기초질서, 법질서, 사회질서
효	자식으로서 인간된 도리를 충실히 하는 것	부모, 조부모, 지역사회 어른에 대한 효

자료: 교육부(2011a: 26) 재구성.

는 청결, 질서, 예절과 같은 기본생활습관에 주안점을 두고 있다(교육부, 2011a: 21). 인성 덕목별 유아 인성교육의 내용은 앞의 표와 같다.

결론적으로 인성교육의 덕목에서 보듯이 대체적으로 기본생활의 범주와 사회, 정서적 범주, 그리고 윤리 · 도덕적 범주의 틀 안에 있음을 알 수 있다. 따라서, 인성의 초석기인 유아기 때 어떤 경험을 어떻게 누구와 하느냐에 따라 개인의 삶의 방향과 윤리도덕적인 행동이 결정되기 때문에 이러한 인성적 덕목들이 교육활동을 통해 연령에 맞게 재편성을 경험함으로써 인성발달을 이룰 수 있을 것이다.

4. 발달상의 문제점

유아기의 문제점으로는 생활습관과 관련된 것으로 식사습관 문제, 식욕부진, 비만 등이 있으며, 수면습관과 관련하여 악몽, 야경증 등이 있고, 배설습관과 관련하여 야뇨증, 유분증이 있다. 이외에도 여러 가지 발달의 문제점이 있다. 본 서는 가장 큰 문제점으로 사회문제화되고 있는 유아학대에 대해 언급하고자 한다. '유아'라는 용어에 대해 대부분의 학자들이 '아동'으로 사용하고 있으므로 이를 준용하고자 한다.

1) 아동학대문제의 개념

다양한 문화와 사회적 관점이 공존하는 상황에서 아동학대에 대한 정의를 내리기란 쉽지 않다. 아동학대의 정의에는 그 사회가 담고 있는 부모상과 부모역할의 최소한의 수준, 그리고 부모의 권위를 어느 정도까지 부여할 것인가라는 논쟁이 수반되기 때문이다. 아동학대의 정의는 사회 문화적 배경이나 문화에 따라서, 다양하게 나타나며, 연구하는 분야와 시대에 따라서도 그 의미가 발전적으로 변화되어 왔다(김석조, 2015: 9).

미국의 경우, 1974년 「아동학대예방법」(Child Abuse Prevention and Treatment Act, CAPTA)을 제정하였으며, 아동학대란 '아동을 보호할 책임이 있는 사람이 18세 미만의 아동에게 신체적이나 정신적으로, 또는 성적으로 위해를 가하거나 제공해 주어야 할 것을 해주지 않는 것'이라고 정의하였다. 국내법 역시 「아동복지법」을 제정하여 아동학대에 대한 개념을 정의하였는데, 제2조 제4항을 보면, "보호자를 포함한 성인에 의하여 아동의 건강·복지를 해치거나 정상적 발달을 저해할 수 있는 신체적·정신적·성적 폭력 또는 행위 및 아동의 보호자에 의하여 이루어지는 유기와 방임을 말한다"고 정의하였다. 또한 제3조 제7항에 "아동학대란 보호자를 포함한 성인이 아동의 건강 또는 복지를 해치거나 정상적 발달을 저해할 수 있는 신체적·정신적·성적 폭력이나 가혹행위를 하는 것과 아동의 보호자가 아동을 유기하거나 방임하는 것을 말한다"라고 규정하여 아동학대의 정의와 법적 근거를 마련하고 있다. 이렇듯 아동복지적 차원에서의 아동학대는 보다 넓은 의미의 개념으로 사용되고 있다.

최근 심각한 아동학대의 사례가 계속 발생함에 따라 각계에서 아동학대에 대한 낮은 인식과 아동보호에 대한 사회적 개입의 필요성을 끊임없이 지적하고 있다. 이러한 노력의 결과로, 1961년 「아동복리법」이 제정되었고, 1981년 4월 전문 개정하면서 「아동복지법」으로 그 명칭이 변경되었다. 이로 인해 아동학대 예방을 위한 제도적 기반이 마련되었다. 그러나 아동에 대한 적절한 보호서비스의 체계화와 이에 대한 사회의 전반적인 인식은 여전히 미흡한 상태하고 볼 수 있다(이순형 외, 2014: 235).

아동학대는 대부분 가정 내에서 발생하기 때문에 '가정사'로 치부되어 사회적 관심을 받지 못하고 있는 실정이다. 국내에서 한 해 발생하는 아동에 대한 학대행위자는 사례 10건 중 8~9건은 부모인 것으로 나타났다(보건복지부, 2005-2014: 110, YTN, 2018년 5월 28일). 친부모가족 외 형태는 4,919건으로 전체의 49.1%로 가장 높은 수치를 보였고, 친부모가족은 4,458건으로 44.5%였으며, 대리양육형태와 기타는 각각 271건 2.7%, 43건 0.4%로 나타났다. 특히, 발생장소의 대부분인 86.9%는 '가정'이었고, 학대자의 84.9%는 소위 '부모'였다. 그러나 아동학대 후유증은 신체적 손상뿐 아니라 정서적 손상가지도 수반하며, 일평생 커다란 상처로 남는다. 피해자인 아동이 자신을 괴롭히는 폭력이나 무관심에 대항하여 스스로를 보호할 힘이 없고, 자신의 처지를 타인에게 알려 도움을 요청하는 것은 거의 불가능하다는 점에서 문제의 심각성은 더하다 할 수 있다. 따라서, 아동보호는 사회의 건전한 발전을 위해 매우 중요한 문제이다.

2) 아동학대의 발생원인

(1) 사회적 학대

아동학대는 날로 증가하고 있는 추세에 있다(이찬엽, 2011: 349). 이러한 현상은 그 원인 규명이 필수적이라 할 수 있다. 그 원인으로는,

첫째, 부모의 경험을 들 수 있다. 그 중에서도 폭력에 대한 직·간접적 경험이 가장 문제가 된다. 이와 같은 폭력의 행사는 학습적인 측면이 농후하다. 즉, 부모의 아동기에 폭력을 경험한 경우 아동학대발생률은 매우 높게 나타난다. 아버지의 경우 66.8%, 어머니의 경우, 78.2%를 제시하고 있다. 이는 직접적으로 폭행을 당한 경우이고, 그 밖에 목격경험이 있는 경우까지 합산하면 발생비율은 더욱 높게 나타난다. 이러한 점을 볼 때, 아동학대는 유전적인 측면보다는 경험에 의한 산물이며 환경적인 면을 간과할 수 없다는 점에서, 부모에 대한 정신적인 치료를 우선적으로 수행해야 함을 알 수 있다.

둘째, 부모의 음주문제이다. 아버지의 경우 68% 내외, 어머니의 경우 78% 내외의 발생률을 보고하고 있다. 여기서 아동과 가장 많은 시간을 갖고 있는 어머니의 음주에 의한 폭력이 문제가 된다. 일반적으로 아버지의 음주에 의한 폭력보다 높게 나타나고 있다는 점이다. 이는 여성이 정서적인 측면과 육체적인 측면에서 남자보다 환경에 영향을 더 많이 받는다는 점에서 그 원인을 찾을 수 있고, 자녀에 대한 책임의식과 가족에 대한 소외 등도 그 원인이 될 수 있다.

셋째, 의사결정을 누가 하느냐에 따라 혼자 결정하거나 주도적으로 결정하는 경우에 가장 학대가 높은 것으로 분석되고 있다(김유경, 2008: 34). 이는 어머니의 경우, 아동집착과 소유의식이 매우 높고 목표에 미달할 경우 전적으로 자신의 책임이 된다는 의식이 깊게 자리 잡고 있기 때문이라고 풀이할 수 있다.

넷째, 가족유형 원인을 들 수 있다. 편부가정 31.4%, 일반가정 25.5%, 편모가정 10.3% 등으로 나타났다. 편부는 편모의 경우보다 3배 정도에 이를 정도로 심각하기 때문에 예방과 치료 면에서 많은 시간과 비용이 필요할 것으로 판단된다(허경미, 2003: 240).

다섯째, 경제적 만족도도 한 원인으로 파악되고 있다. 과거와 달리, 가족유지비용과 사회활동비용이 매우 빠른 증가세를 보이고 있는 현실에서 이를 충족하지 못함으로써 발생하게 되는 개인적 허탈감과 사회적 괴리감은 어느 때보다 높아질 수밖에 없다. 김유경

(2008: 63)의 조사에 따르면, 어머니의 경우 70.4%로 나타나 그 심각성은 사회문제로 발전할 가능성까지 있다. 즉, 악의의 유기 또는 방치가 그것인데 아동을 더 이상 책임지지 않으려는 경향을 보이고 있다. 아버지의 경우에는 경제적 만족도와 거의 무관하다는 점과 비교해 볼 때, 주목되는 부분이다. 여기에 부모의 교육수준이 낮을 경우에는 더욱 심각해진다. 우리 사회가 평등사회로 접어들었다고 하더라도 여성이 남성과 동일한 대우를 받으며 사회활동하기란 쉽지 않은 현실이다. 그렇기 때문에 여성 자신의 노력으로 경제적 궁핍을 타개하는 것은 용이한 일이 아닐 것으로 판단된다. 따라서, 이로 인한 스트레스는 남성보다 클 수밖에 없을 것이다. 그 원인은 아동학대로 이어지는 경우가 많고, 이와 같은 행동이 지속되고 반복됨으로써 가정의 균열로까지 발전할 수 있다.

(2) 정신적 원인

아동학대는 부모의 정신적인 측면에서도 찾을 수 있다. 이는 성격구조와 심리적 결함에서 비롯된다. 이러한 결함은 정서적 불안전성이 그 원인이다. 구체적으로는 적대성, 타인에 대한 비난, 무시, 과잉기대 등에 의해 학대로 나아갈 수 있다(이복희, 2007: 102). 또한 부모가 정신질환을 가졌거나 평범하지 못한 정서적 불안을 가지고 있는 경우, 그 피해는 더욱 커질 수밖에 없다. 즉, 부모의 기대수준이 클수록 장애를 갖은 아동에 대한 학대는 증가하게 된다. 이복희(2007: 103)는 "여기에서 심리적인 측면도 고려대상이 되어야 한다"고 주장한다. 즉, 부모의 상대적 박탈감이라든지, 소외의식, 아동을 소유물로 생각하는 것 등은 아동학대로 이어질 가능성이 매우 크다고 진단할 수 있다. 이는 사회적 갈등에서 비롯한 정신적 병리현상이다. 다시 말해서, 통합적인 원인에 의해 발생하는 복합적인 문제인 것이다. 따라서, 이에 대한 예방과 치료 및 대책 수립이 필수적이라고 볼 수 있다. 이 경우 구조적 접근이 필요하다. 왜냐하면 가해자인 부모는 아동학대를 정당한 행위로 합리화하려 하기 때문이다. 그렇지만 여기서도 부모의 의학적 병력이 아동학대와 직접적인 연관성을 갖는다고 단언할 수는 없다고 보아야 한다.

(3) 아내학대에 따른 중복 발생

이는 아내학대와 아동학대가 중복적으로 발생하는 현상을 말한다. 즉, 아내에 대한 폭력이 아동에 대한 학대에 이르는 경우를 의미한다. 다시 말해서, 배우자에 대한 심각한 폭력은 아동에 대한 폭력과 밀접한 성질을 갖는다. 국내의 경우 이에 대한 명확한 통계는 없다. 그러나 임상집단을 대상으로 연구한 결과, 중복 발생률은 50%를 상회하는 것으로 추정하고 있다. 쉼터거주여성의 경우 90%에 이른다(정혜숙, 2009: 111). 이와 같은 현상의 문제점은 아내구타와 아무런 상관없는 아동이 피해를 보고 있다는 점이다. 최근 들어 이와 같은 행위는 특별법으로 규제하고 엄벌하는 방향으로 가닥을 잡고 있어 종전에 비하여는 점차 감소하는 경향을 보이고 있다. 이러한 현상은 여성의 사회적 능력이 향상됨에 따라 일부 가부장적 사고에 젖어 있는 소극적 남성들에게는 받아들이기 힘들 수 있다는 점이다. 따라서, 성역할의 정체성에의 유연성과 개방성이 낮고 가부장적 특권의식이 높을수록 가해 가능성이 높아진다고 할 수 있다(정혜숙 2009: 114). 이러한 문제의 근본원인은 남성의 경우 학대에 따른 책임의식의 결여와 그 결과에 대한 사회적 부각이 용이하지 않은 반면, 여성에 대해서는 무의식적 비판이 작용한다는 점이다. 예를 들어, 미혼모가 자식을 유기한 것과 생부가 같은 행위를 했을 때의 비난의 정도를 비교해 본다면 전자가 더 크다는 것이다. 그렇기 때문에 이를 해결하기 위해서는 사회구조적 측면에의 문제의식의 가시화와 가해자 및 피해자에 대한 공적 지원체계에 대한 형사정책을 실천적으로 강구하지 않으면 안 될 것이다.

3) 아동학대의 유형별 분석

「아동복지법」 제3조 7항에 "아동학대란 보호자를 포함한 성인이 아동의 건강 또는 복지를 해치거나 정상적 발달을 저해할 수 있는 신체적 · 정신적 · 성적 폭력이나 가혹행위를 하는 것과 아동의 보호자가 아동을 유기하거나 방임하는 것을 말한다"라고 규정하여 아동학대의 정의와 법적 근거를 마련하고 있다.

보건복지부(2013)는 아동학대의 유형을 중복학대, 방임, 정서학대, 신체학대, 성학대 등으로 구분하고 있다.

(1) 신체적 학대

아동학대의 유형 중 가장 광범위하고 가장 많이 행해지고 있고 일반적인 것이 신체적 학대(physical abuse)라 할 수 있다. 그 이유는 가장 먼저 눈에 두드러지는 손상을 가져오며 발견하기 쉽기 때문이다(문영희, 2011: 13). 따라서, 신체적 학대는 전반적인 사회적 흐름을 고려하고 체벌을 사용하는 우리의 경우 그 개념의 성격이 다양하다. 신체학대에 대한 정의를 보면,

장화정(2011: 16)에 따르면, 신체적 학대란 보호자를 포함한 성인이 아동에게 우발적인 사고가 아닌 상황에서 신체적 손상을 입히거나 또는 신체손상에 입도록 한 모든 행위를 의미한다.

이여진(2012: 3)은 "신체학대는 보호자를 포함한 성인이 아동에게 의도적으로 신체손상을 입히거나 또는 신체손상을 허용하는 등의 행위를 말한다."고 정의한다.

문영희(2011: 13)는 "생후 12개월 이하의 영아에게 가해진 체벌은 어떠한 상황에서도 심각한 신체적 학대"라고 정의하고 있다. 그러한 구체적인 행위의 예로, 떠밀고 움켜잡는 행위, 뺨을 때리는 행위, 벨트 등 도구를 사용하여 때리는 행위, 발로 차거나 물어뜯고 주먹으로 치는 행위, 팔 · 다리 등을 심하게 비틀어 쥐어짜는 행위, 뜨거운 물이나 물체, 담뱃불 등으로 화상을 입히는 행위 등을 말한다.

아산사회복지재단(1997: 565)의 발표를 보면, 의사들은 병원에 온 아동으로부터 담뱃불로 지진 화상, 끓는 물에 덴 화상, 골절 흔적, 복부 외상, 안구 손상 등의 고의적인 학대 사례를 흔히 발견하게 된다. 부모의 80%는 훈육을 목적으로 체벌을 사용하는데, 그러한 체벌의 결과, 부모의 체벌을 받는 아동의 10%는 타박상, 장골 골절, 장 파열, 심지어 두개골 파열 등 의사의 치료를 요하는 상처를 입고 있으며, 그 중 상당수가 사망하는 것으로 의사들은 보고 있다(문영희, 2011: 14). 부모의 구타에 의해 자녀가 사망해도 훈육의 이름으로 정상참작이 되어 살인죄를 면하게 되는 것이 작금의 현실이다.

신체적 학대 징후를 구체적으로 살펴보면, 신체 여러 부위의 설명할 수 없는 상처나 심한 구타자국, 두 눈에 심한 멍, 줄 등으로 목 졸린 흔적, 목에 난 상처, 담뱃불, 양말이나 장갑 · 다리미 모양의 물체에 의한 화상, 입 · 입술 · 팔 · 다리 · 몸에 난 열상, 설명할 수 없는 골격손상, 경직되고 부어 오른 관절, 다발성 또는 나선형 골절, 없어지거나 흔들리는 치아, 이빨로 물린 자국, 머리카락이 없어진 부분, 스트레스로 인한 원형 탈모, 흔들린 아기증후군(Shaken baby syndrome), 사지골절 및 안구출혈, 고막파열, 내부장기파열, 두뇌손상, 사망 등이다(문영희, 2009: 553).

(2) 정서적 학대

일반적으로 가장 정의 내리기 가장 힘든 유형이 정서적 학대(emotional abuse)이다. 왜냐하면 정서적 학대는 부모의 불행 원인을 아동에게 전가시키는 의미가 담겨져 있고, 정서적 학대는 학대로 생각하지 않는 경우도 많기 때문이다.

장화정(2011: 16)은 "언어적 · 정신적 · 심리적 학대라고도 하는데, 아는 보호자나 양육자가 아동에게 언어적 · 정서적 위협, 감금이나 억제, 기타 가학적인 행위를 하는 것이다." 라고 말한다.

강순옥(2002: 24)은 "정서적 학대란 아동에 대한 무시나 거부 또는 애정이나 칭찬을 하지 않은 것과 같은 소극적 형태의 학대와 끊임없이 고함을 치거나 위협, 공포, 트집 잡기 또는 아동에 대한 언어적 거부 등과 같은 적극적 형태의 학대를 말한다."고 주장한다.

원성희(1997: 13)는 "정서적 학대는 부모의 기대에 미치지 못하는 무능력에 대한 반응 또는 가족 내에서의 스트레스와 욕구불만 등에서 초래하며, 아동의 심리와 정서에 상처를 가하여 인성발달에 손상을 입히는 행위를 말한다."고 주장한다. 정서적 학대에는 아동에게 협박을 가하고, 습관적이거나 극단적인 말 또는 이중 메시지로 자아존중감을 해치는 언어적 공격을 일삼고, 경멸, 모욕감, 수치심을 주거나 처벌을 목적으로 신체를 구속하거나 감금하는 등의 적대적이며 거부적인 처우형태가 포함된다.

김경우 외(2012: 163)는 "정서적 학대란 아동에 대한 부정적인 태도, 언어적 · 정서적 공격"이라고 정의한다. 이순형 외(2014: 238)는 "정서적 학대란 아동의 심리 · 정서에 폭력을 가하는 것을 말한다."고 정의한다. 또한 부모의 편애로 인해 차별을 받거나 부모의 화풀이 대상이 되는 경우도 정서적 학대에 포함된다.

이 유형은 가장 사적인 공간이며 쉽게 눈에 띄지 않는 가정 내에서 발생하는 부모의 태도와 관련된 유형이어서 학대에 관한 보고가 가장 덜 이루어진다.

(3) 성적 학대

아동의 성적 학대(sexual abuse)는 성인에 의해 계획된 범죄이며, 실수에 의해 발생된 사건이 아니라는 점에서 한층 더 주목을 끈다. 특히, 사회적으로는 공통된 아동의 성적 학대 인식이 결여되어 있고, 가정 내에서 은밀히 이루어짐으로써 완전범죄로 끝나는 경우가 많다. 더구나 사회전체의 공통된 인식으로 부장되어 있지 않음으로 인해 높은 발생빈도에도 불구하고 사실상 방치된 경우가 많다.

이여진(2012: 3)은 보호자를 포함한 성인이 자신의 성적 욕구 충족을 목적으로 18세 미만의 아동과 함께 하는 모든 성적 행위로 정의한다.

이순형 외(2014: 238)는 부모나 성인의 성적 만족을 목적으로 아동에게 성인의 성적인 신체부위를 접촉하거나 성관계를 맺도록 하거나 사회적 금기에 위배되는 성적 활동에 개입시키는 것을 포함한다.

문영희(2013: 19)는 구체적인 성적 학대에 대해 성인이 아동에게 자신의 성기나 신체를 접촉하게 하거나 아동의 성기를 만지는 행위, 아동의 옷을 강제로 벗기거나 키스를 하는 행위, 포르노비디오를 아동에게 보여주거나 포르노물을 판매하는 행위, 아동 매춘이나 매매를 하는 행위 등을 제시한다.

이순형 외(2014: 238)은 가족구성원 내에서 발생하는 근친상간을 성적 학대로 해석하며, 이에 주목한다.

결론적으로 성적 학대의 문제점은 겉으로 잘 드러나지 않을 뿐만 아니라, 가정 내 근친상간은 가해자인 성인이 피해자인 아동으로 하여금 타인에게 알리지 못하게 압력을 가하며, 언급조차 금기시 하는 사회적 분위기 때문에 대부분이 은폐되어 적당히 넘어가는 경우가 많아 조기 발견과 해결이 어려운 실정이다.

(4) 방임

아동에 방임(neglect, 유기)은 가장 흔한 유형의 아동학대이며, 광범위한 발생과 위험을 내포하고 있다.

김지미 외(2016: 182)는 기본적인 의식주를 제공하지 않거나 상해와 위험으로부터 아동을 보호하지 않는 등의 신체적 방임, 아동에게 필요한 의료적 처치를 하지 않는 등의 의료적 방임, 보호자가 아동의 의무교육 이행을 챙기지 않는 등의 교육적 방임으로 구분한다.

강순옥(2002: 25)은 방임이란, 음식, 위생, 난방, 의복, 감독, 자극, 안전주의, 의료보호 등 아동의 건강과 안전과 행복을 위해 필요한 것들을 제공하지 않는 것이라고 주장한다.

장화정 외(2011: 16)는 방임의 구체적인 내용으로 아동에게 의식주를 제공하지 않거나 아동이 장기간 위험하고 불결한 주거환경에 그대로 방치하는 물리적 방임, 아동이 학교에 무단결석하는 것을 고의적으로 방치하거나 취학연령이 되었음에도 학교에 보내지 않는 행위, 숙제 및 준비물을 챙겨주지 않는 등의 교육적 방임, 아동이 예방접종을 제때에 하지 않거나 필요한 의료적 조치를 소홀히 하는 의료적 방임 등을 제시한다.

문영희(2013: 21)는 방임이란, 고의적, 반복적으로 아동양육과 보호를 소홀히 함으로써 정성적인 발달을 더해하는 모든 행위로 규정한다. 방임은 아동이 위험한 환경에 처하거나 충분한 영양을 공급받지 못해 발육부진이 되는 경우가 많으며, 나이 어린 아동에게는 치명적인 결과를 가져오거나 사망에까지 이르게 한다. 또한 발달상황에 놓여 있는 아동에게 다양한 측면에서 잠재되어 있는 파생적인 문제들이 발견될 수 있음을 말한다. 그 예로, 청결하지 않은 외모에서 오는 집단 따돌림, 사회문제행동의 피해자 또는 가해자가 되기도 한다.

보건복지부(2013: 8)에서는 2012년도부터 유기를 방임에 포함시키는데 유기에 대해, 장화정 외(2011: 16)는 양육자나 보호자가 아동을 돌보지 않고 버리는 행위라고 정의한다. 이찬엽(2011: 363)에 따르면, 「아동보호법」상 유기라 함은 자신의 보호 또는 감독을 받는 아동을 보호 없는 상태에 둠으로써 생명 또는 신체에 위험을 야기시키는 일체의 행위를 말한다. 따라서, 유기는 형법상 범위보다 넓다고 할 수 있다.

이외에도 중복학대가 있는데, 이는 신체적 학대, 정서적 학대, 성적 학대, 방임 유형 등이 두 가지 이상 복합적으로 발생하는 형태의 학대유형을 말한다.

연습문제

1. 유아의 개인적 욕구와 사회적 요구 간의 갈등이 최초로 발생하며 유아기의 자율성 발달과 밀접한 관련을 맺는 것은?
   ① 자아존중감 ② 도덕성 발달
   ③ 대상영속성 ④ 대소변 훈련
   ⑤ 애착 형성

2. 유아기의 사회적 발달과 관련이 없는 것은 무엇인가?
   ① 또래와의 놀이 ② 대소변 훈련
   ③ 도덕성 발달 ④ 성역할 발달
   ⑤ 대상영속성 개념 획득

3. 유아기(3~6세)의 발달에 관한 설명으로 옳지 않은 것은?
   ① 사고발달에 있어 직관적 사고, 물활론 등의 특징이 나타난다.
   ② 사회성을 발달시키는 데 놀이가 중요한 역할을 한다.
   ③ 주로 감각운동을 통하여 지능발달을 도모한다.
   ④ 영아기(0~2세)에 비해 성장속도가 완만해진다.
   ⑤ 정서의 분화가 두드러지게 나타난다.

4. 유아기(3~6세)에 대한 설명으로 옳지 않은 것은?
   ① 융의 아동기에 해당하며 자아가 형성되는 시기이다.
   ② 에릭슨의 주도성 대 죄의식 단계에 해당하며 책임의식이 고취되는 시기이다.
   ③ 피아제의 전조작기에 해당하며 상징적 사고가 활발한 시기이다.
   ④ 프로이트의 남근기에 해당하며 이성 부모에게 관심을 갖는 시기이다.
   ⑤ 콜버그의 후인습적 도덕발달단계에 해당하며 타인과 좋은 관계를 맺는 데 치중하는 시기이다.

5. 유아기(3~6세)의 발달특성으로 옳지 않은 것은?
   ① 성적 관심을 나타내며 정서분화가 두드러지게 나타난다.
   ② 주도성 대 죄의식의 심리사회적 위기에 직면한다.
   ③ 정서적 표현이 시작되는 시기이다.
   ④ 언어와 지능이 발달하는 결정적 시기이다.
   ⑤ 타율적 도덕관을 가진다.

정답 1. ④ 2. ⑤ 3. ③ 4. ⑤ 5. ③

Chapter 09

아 동 기

학습목표

아동기는 또래관계의 중요성이 부각되는 시기이다. 특히, 아동기의 인지발달에 따른 학습 의욕은 연구 대상으로서의 가치를 지닌다. 아동기의 발달 특성을 중심으로 학습한다.

학습내용

1. 아동기의 개념
2. 발달 특성
3. 발달 과업
4. 발달상의 문제점

개 요

아동기(childhood)는 초등학교 입학에서 졸업까지의 시기로서 7~12세까지를 말하는데, 학령기라고도 한다. 한다. 아동기는 신체적 성장이 급속히 일어나지 않고 꾸준한 성장을 보인다. 살이 빠지고 팔, 다리가 성장하면서 머리와 신체의 비율이 성인과 유사하게 되어 간다. 초기 아동기에는 인지능력과 언어가 놀라운 속도로 발달하기 시작하며, 도덕성이 발달하고 또래관계를 형성하기 시작한다. 후기 아동기는 논리적 사고, 읽기 능력, 자아, 도덕성, 또래와의 우정 등이 증진되는 시기다. 본 장에서는 아동기를 구분하지 않고 하나의 생애주기로 논하고자 한다.

1. 아동기의 개념

아동기(childhood)는 초등학교 입학에서 졸업까지의 시기로서 7~12세까지를 말하는데, 학령기라고도 한다. 이러한 근거는 앞서 유아기 기준에서 6세 미만으로 규정한 데 따른 반사적 적용이라고 볼 수 있다. 또한 국내법으로 초등학교 입학기준을 만 6세 이상으로 한정한 데 따른 연령기준이라고 볼 수 있다. 아동기를 학령기라 부르기도 하는 데, 학령기란 초등학교 재학기간을 나타내며, 청소년기가 13세부터 시작됨을 감안한 기준이라고 볼 수 있다. 하지만 많은 학자들은 7~12세를 아동기로 본다.

아동기는 일반적으로 아동이 유치원에 들어가는 연령인 6세부터 초등학교를 졸업하는 12세까지의 시기이므로 실제로 유치원과 초등학교의 경험은 매우 다르다. 유치원은 사실상 학교교육을 받는 시기라고 보기 어려우나 가족 이외의 사회적 영향력이 새롭게 등장한다는 점에서 이전의 시기와 구별된다. 따라서, 아동기를 유치원 시기에 해당하는 아동기 전기(학령전기)와 초등학교 시기에 해당하는 아동기 후기(학령후기)로 구분하기도 한다(김이영 외, 2015: 181).

아동기(middle & late childhood)는 신체적 성장이 급속히 일어나지 않고 꾸준한 성장을 보인다. 살이 빠지고 팔, 다리가 성장하면서 머리와 신체의 비율이 성인과 유사하게 되어 간다. 초기 아동기에는 인지능력과 언어가 놀라운 속도로 발달하기 시작하며, 도덕성이 발달하고 또래관계를 형성하기 시작한다. 후기 아동기는 논리적 사고, 읽기 능력, 자아, 도덕성, 또래와의 우정 등이 증진되는 시기다(윤가현 외, 2016: 208).

아동기에는 학교 경험이 시작됨으로써 유아기보다 복잡한 사회적 영향을 받게 된다. 아동기 이전의 시기인 유아기까지 아동은 거의 전적으로 가족의 영향 아래 놓여 있다. 아동기 학교는 아동에게 가족 이외의 외부로부터의 평가, 성공과 실패의 기회, 또래집단과의 경험 등을 제공하는 중요한 영향력의 원천이 된다(김이영 외, 2015: 181).

이 시기는 지속적 성장기로서 발육이 왕성하고 운동이 활발하므로 영양공급이 매우 중요하며 충분한 수면이 필요하다. 아직 신체의 소화 · 흡수 능력이 미숙하며, 식사 행동도 자립하려는 단계이다. 유아기의 식습관은 성인 건강의 밑거름이 되므로 이 시기는 중요한 식습관의 확립기라 할 수 있다. 유아의 풍부한 식생활은 신체적 성장과 발달뿐만 아니라, 정서적 · 지적 발달을 촉진한다(김보기 외, 2017: 151).

아동의 신체성장 곡선은 영 · 유아기나 사춘기와 비교해 볼 때 비교적 완만한 형태를 보인다. 비록 성장 속도는 둔화하지만 이 시기에도 신체성장은 꾸준히 지속된다. 학교생활을 시작하면서 아동의 인지능력은 급격한 변화를 겪는다. 비뚤비뚤한 글씨체로 단순한 생활일기를 썼던 아동은 아동기 후반에 이르러 자신의 느낌을 진솔하게 담은 아름다운 시를 쓰는 시인이 된다. 또한 담임선생님과 또래집단을 만나면서 새로운 인간관계를 만들어 나가고 그만큼 심리사회적 발달도 경험한다(신명희 외, 2013: 234).

2. 발달 특성

1) 신체적 발달

(1) 신체적 성장

유아기나 청소년기와 비교할 때 아동기의 신체발달은 규칙적인 변화를 나타내지만 대체로 느리게 성장한다. 키는 커지고 몸무게는 더 무거워지며 신체기관의 성숙과 안정을 이루게 된다.

아동기의 신체발달은 초등학교 입학 시점에는 여아의 신체적 성숙이 남아보다 늦지만 11~12세경에 이르면 여아의 신체적 성숙이 남아보다 더 빠르게 진행된다. 이에 따라 신체적 급성장이 이루어지는 사춘기에 남아보다 여아가 약 2년 정도 빠른 성장을 하게 된다. 아동기 말에는 신장과 체중이 매우 급격히 증가하여 성장의 급등현상이 나타나는 청소년기에 이르게 된다(유수현 외, 2015: 188).

아동의 신체구조는 머리가 체격에서 차지하는 비율이 높지만 얼굴의 면적이 전체 면적의 10% 정도로 줄어든다. 유치가 영구치로 바뀌고, 외모에 별다른 관심이 없고, 청결에 대한 요구에도 반항적 태도를 보이는 경우가 많다. 특히, 남아의 경우가 이러한 경향이 더 강하기 때문에 '미운 7살'이란 말이 있듯이 개구쟁이의 모습을 지니게 된다. 12세경이 되면 뇌 중량이 성인의 95% 정도에 이르러 아동의 지적 발달을 뒷받침해 준다. 임파선(림프절, lymph node)의 발달이 급격하게 일어나 편도선이 최대 크기에 이르게 되며, 성적 기관의 발달은 별로 이루어지지 않는 관계로 성적 중성기라고 한다. 심장은 12세경이 되면 출생 시의 7배 정도에 이르고, 폐는 10세까지 비교적 완만하게 진행되지만 이후부터는 급격히 발달하여 운동 기능의 왕성한 발달을 뒷받침할 수 있게 된다. 미각이 발달하고 운동량이 증가함에 따라 식사량이 늘어나면서 위의 용적도 성인의 2/3 정도에 이르게 된다(이희세 · 임은희, 2015: 195-196).

(2) 운동발달

이 시기에는 운동 면에서 새로운 발달은 없지만 이미 획득한 운동기술이나 근육들의 협응의 정교화가 이루어진다. 그리하여 쓰고 읽는 활동으로부터 단체운동에 이르기까지 다양한 활동이 이루어진다. 특히, 운동협응의 발달상 좋은 지표는 위 아래로 뛰기와 공놀이이다. 나이가 들어감에 따라 아동들은 공을 보다 멀리 던지고 또 잘 받을 수 있게 된다. 운동발달에 있어서는 남아들이 자주 이러한 놀이기술의 발달에 필요한 활동을 많이 하기 때문에 여아들보다 잘 한다.

아동기에 운동기술이 발달하는 것은, 지각이나 신체의 운동을 뒷받침하는 중추신경 및 대뇌의 발달이 대체로 5세에서 7세 사이에 이루어지고, 운동의 반응시간을 구성하는 동작시간과 결정시간이 모두 빨라지기 때문이다. 여기서 동작시간이란, 동작의 시작에서부터 끝까지의 시간을 말하며, 결정시간이란 동작에 대한 신호에서부터 처음 동작까지의 시간을 말한다(서봉연 · 이순형, 2003: 373).

아동은 다양한 신체활동과 규칙성 있는 운동을 통해 자신의 능력을 시험하며 성취감과 자긍심을 얻게 된다. 그러나 운동능력이 부족하거나 그 경험이 적어 또래와의 운동놀이에 잘 참여하지 못하는 아동은 뛰어난 운동능력을 발휘하고 활동적이며 적극적인 아동에 비해 주변으로부터 소외되고 스스로를 평가절하하여 낮은 자아존중감을 갖기도 한다. 이렇듯 아동기의 운동발달은 신체적 발달뿐만 아니라, 아동의 긍정적인 자아상과 자긍심 향상에 영향을 미치는 등 심리사회적 발달에도 중요한 작용을 한다.

2) 인지적 발달

아동기의 시작은 6세부터이고 이때부터 국가가 제공하는 의무교육을 받게 된다. 이 시기의 아동들은 글을 읽는 것에 관심을 갖게 되며, 또한 글을 이해하는 능력이 발달한다.

사고발달은 피아제의 인지발달단계 중 세 번째 단계에 해당하는 구체적 조작기에 해당한다. 유아기 전조작단계 사고의 특징이 자아중심성이며 자아중심적 사고로 인해서 타인의 입장을 고려하지 못한다. 즉, 객관적인 사고능력이 부족한 상태이다. 그러나 아동기가 되면 구체적 조작단계에 이르러서 타인의 입장을 고려하는 객관적 사고, 즉 논리적 사고가 가능해진다. 아동들이 객관적 판단과 논리적 사고가 가능하지만 어디까지나 이는 구체적 사실을 중심으로 가능하다. 다시 말해서, 추상적인 개념에 객관적이고 논리적인 사고는 아직 하지 못하는 단계에 해당한다.

구체적 조작기에 해당하는 아동의 사고의 특징을 살펴보면, 아동은 자아중심성에서 탈피하게 되면서 다른 사람의 시각에서 사물을 보는 능력이 발달하게 된다. 그 결과로 다른 사람을 이해하고 공감하는 능력이 향상된다. 그러나 지나치게 객관화된 사고를 중요시하다보면 규칙과 규정에 얽매이는 강박적인 행동 양상을 보일 수도 있다. 예를 들어, 엄마가 외출을 하면서 약속한 시간에 오지 않으면 어머니의 행동이 잘못되었다고 비난하는 행동을 하기도 한다. 물론 약속을 지키는 것이 중요하지만 지나치게 규칙에 매이는 것도 문제가 있기 때문에 아동들이 때로는 규칙을 지키지 못할 수도 있다는 것도 가르치고 이해하도록 하는 것도 중요하다.

또 다른 사고의 특징은 자기 자신의 객관화된 인식이 가능해진다. 자신을 외부세계의 한 부분으로 존재한다는 사실을 인식할 수 있게 된다. 따라서, 주체와 객체의 분화를 통한 자신의 인식이 가능해진다. 복잡한 사고도 가능해진다. 즉, 다양한 변수를 고려하여 상황과 사건들을 파악하거나 조사하는 것도 가능해진다. 따라서, 이 시기에 아동들이 체험학습이나 수행과제를 통해서 상황이나 사건을 조사하고 관계성 등을 찾아내는 활동들이 가능하며 이러한 활동은 집중력 향상과 같은 아동의 사고능력 향상에 도움이 된다.

구체적 사실에 근거해서 객관적이고 논리적인 사고가 가능하지만 추상적 사실이나 개념에 대해서는 사고하는 것이 아직은 부족하다. 따라서, 아동들이 정치적 이념, 종교적 신념, 철학적 가치 등으로 고민하거나 문제를 제기하는 것과 같은 행동은 보이지 않는다 (이우언 외, 2017: 89-90).

3) 정서적 발달

아동기에는 기본적 정서가 거의 발달하게 되며, 개개인의 기초적 인격이 형성된다. 영유아기와 비교할 때 정서가 안정적으로 발달하며, 지속적이면서 정적으로 된다. 이 시기에는 경험과 학습이 폭넓게 이루어지면서 정서를 일으키는 자극도 다양해진다. 또한 직접적이었던 정서가 간접적으로 나타난다. 이 시기에 나타나는 정서로는 분노, 공포, 불안, 질투, 애정 등이 있다. 분노는 아동이 자신의 행동에 방해를 받거나, 계속 야단을 맞거나, 나이 많은 아동과 불리한 비교를 당하거나, 하지 않은 일로 벌을 받거나, 다른 사람이 부당한 일을 하는 것을 볼 때 느끼게 된다. 분노를 느낀 아동은 떼를 쓰는 대신에 표현하는 방법을 변화시켜 표정이나 언어를 통해 표출하게 된다.

유아기에 이미 성인이 느끼는 대부분의 정서가 나타나지만, 아동기에 들어서 이러한 감정들이 계속적으로 발달하면서 좀 더 분화되고 섬세한 표현을 할 수 있다. 예를 들어, 이전 단계에서는 아동이 화가 나면 소리를 지르고 울고 물건을 던지는 따위의 직접적인 정서표현을 많이 했지만, 아동기가 되면 이러한 방법이 효과적이지 않다는 것을 이해할 뿐 아니라 자신의 감정을 억제하거나 간접적인 방법으로 표현하는 방식을 터득한다. 또한 유아기에 정서를 불러일으키는 자극은 주로 시각이나 청각과 같은 외적인 것인 데 비해, 아동기에는 상상력이 풍부해지면서 존재하지 않는 대상에 대한 두려움을 포함하여 친구들의 놀림이나 따돌림, 교우관계나 교사와의 관계에서 발생하는 갈등, 학업성취의 실패, 부모로부터의 꾸중, 나쁜 행위에 대한 후회 따위와 같은 일상생활이나 과업수행과 관련된 문제들로 인해 다양한 정서를 경험한다(최옥채 외, 2015: 286).

공포는 일상생활에서 자신의 안정을 위협한다고 생각하는 대상으로부터 개체의 안정성을 유지하려고 할 때 일어난다. 이 시기에는 그 이전에 무서워했던 사물, 상황, 동물, 사람 등을 덜 무서워하고 조용하게 받아들인다. 또한 시각적 · 청각적 대상이나 구체적이고 직접적 자극보다는 상상적 · 가상적이거나 비현실적이고 초자연적인 것에 대한 공포가 많아진다.

불안은 공포보다 강렬하지 않은 지속적 기분이나 감정으로, 아동의 상상력 발달과 생활권의 확대에 따라 여러 가지 문제에 대한 불안이 나타난다. 즉, 학교생활에서의 성적, 친구관계, 교사와의 관계 등에서 불안이 나타나며, 상상적 · 추상적인 것에 대해서 불안이 생긴다. 이 시기의 불안은 학업성적을 떨어뜨리는 부정적 면이 있다. 하지만 긍정적 면은 사회통제의 구실을 하거나 양심을 형성하는 데 도움을 준다.

질투는 집이 아닌 곳에서도 나타나고 집에서도 나타난다. 집에서 나타나지 않을 때에는 학급의 다른 아동에게 옮겨간다. 특히, 인기, 운동, 공부 등에서 다른 아동보다 뛰어난 아동에 옮겨간다. 아동은 싸움을 걸거나, 조롱하고 놀리거나, 헐뜯는 말 등으로 질투를 표현한다. 이처럼 아동기에는 강한 경쟁심 때문에 질투가 일어나기 쉽다. 따라서, 질투의 원인을 규명해 부당한 질투가 일어나지 않도록 지도할 필요가 있다.

애정은 대단히 약하게 표현된다. 아동은 자신이 좋아하는 사람과 계속 함께 있고자 하는 욕구가 있다. 따라서, 그를 도와주거나 보조하는 것 등을 통해서 나타난다. 아동이 친구와 떨어져 있을 때에는 그들과 가까이 있고 싶어서 전화나 편지로 교제를 나누기도 한다. 한편, 이동이 다른 사람으로부터 애정을 받는 것은 아동기의 애정발달에 큰 영향을 미친다(최덕경 외, 2014: 204-205).

4) 사회적 발달

초기에는 자기중심성이 잔여적으로 남아 있어 사회생활을 하는 데 개인주의 성향을 보인다. 개인적 놀이나 2~3명 정도의 작은 집단을 형성하여 놀이를 하지만, 8~9세경이 지나면 본격적 사회생활이 시작된다. 이 무렵부터 12~13세경까지 갱에이지(gang age)로, 대개의 경우 8~9명 정도의 벗을 만들어 그들과 소중한 우정의 관계를 형성하고, 서로를 감싸고, 때로는 공동재산이나 집합장소를 비밀리에 조성하기도 하며 은어를 사용하기도 한다. 이성친구보다는 동성친구에 대한 애정이 더욱 강하다.

아동기는 사회성 발달에 매우 중요한 시기이다. 가정 또는 이웃과의 관계 그리고 좀 더 범위를 넓히면 어린이집과 유치원에서 가까이 지내던 소수의 친구들과의 관계에서 초등학교에 입학을 하면서 대부분의 사회적 관계가 학교를 중심으로 형성된다. 학교에서도 대부분의 관계가 학급 내 사회적 관계로 형성된다. 이러한 관계의 변화를 통해서 기본적인 사회적 기술과 태도 등을 학습하게 되는 중요한 시기이다. 학교생활을 통해서 형성되는 주요한 사회적 관계의 대상은 교사와 또래 친구들이며, 이 시기에 교사의 역할 또한 매우 중요하다(이우언 외, 2017: 91).

에릭슨에 의하면, 이 시기의 아동은 물질적 · 사회적 세계에 대한 지식과 이해를 대하기 시작하며 집 밖에서 새로운 영향력을 받게 된다. 집이나 학교에서 활동하면서 근면성을 학습하기 시작하는데 이것은 주로 타인으로부터 인정을 받고 과제완수에서 오는 즐거움을 얻기 위한 수단으로 작용한다. 이러한 새로운 기능들은 주로 부모나 교사의 태도에 의해 결정되는데, 건설적이고 교훈적인 칭찬이나 강화는 근면성을 길러 주지만, 조롱하고 거부적인 태도를 보이면 부적합성이나 열등의식을 발달시킨다(김귀환 외, 2015: 205 재인용).

(1) 학교에 대한 태도

아동의 인지발달과 심리사회적인 발달에 가장 큰 영향을 주는 곳은 학교이다. 학교의 가장 중요한 역할이 사회화인데, 사회화란 개인 자신이 속한 사회의 가치, 역할, 행동을 습득하여 그 사회의 구성원이 되어가는 과정으로써, 일생 동안 계속되지만 대부분 아동이기에 이루어지는 것이다. 학교에서는 사회적 규범을 학습하게 되는데, 학교는 가정과 직장 사이의 전환적 기관의 역할을 하면서 아동에게 사회생활의 규범을 학습하는 경험을 제공한다. 수업과 지도, 상과 벌에 의한 사회적 강화, 사회적 비교 등 학교에서는 아동의 사회적 발달을 도모하고 모든 학생을 획일적인 기준을 적용하는 학교 운영과정을 통해 공평성을 습득한다.

아동은 학교를 통해 특수성을 배우게 되는데, 가정 내에서 부모와 지속적으로 관계 맺는 것과 달리 교사와 학생의 관계는 일시적이라 할 수 있다. 뿐만 아니라, 자신의 일을 처리하고 그 책임을 받아들이는 것을 통해 아동은 자주성을 획득한다. 그리고 성취감도 배울 수 있게 되는데, 탁월성의 기준에 도달하기 위한 노력과 그 결과로 획득된다고 볼 수 있다. 이러한 것들이 아동이 학교생활을 통해 얻게 되는 가장 중요한 규범이라 할 수 있다.

저학년일수록 교사의 영향을 많이 받으며 고학년이 될수록 친구의 영향을 많이 받는다. 교사는 아동의 사회화 과정에 많은 영향을 미치고 교사의 행동이나 지도방법에 의해서 아동은 사회적으로 바람직한 행동과 관련된 규범을 학습하게 되며, 자신의 사회적 지위에 따르는 사회적 정체감을 형성한다. 교사의 태도 못지않게 아동이 교사의 태도를 어떻게 받아들이는가는 매우 중요하다.

(2) 친구관계의 경험

아동기 후기가 되면 친구와 우정을 나누는 소중한 경험을 하게 된다. 이것은 이제까지 가족의 영향 아래 놓여 있던 아동이 학교라는 사회집단의 일원이 되면서 하게 되는 새로운 경험이다. 친구와의 경험은 여러 가지 측면에서 가족과의 경험과 다르다. 가족구성원은 마음대로 선택할 수 없지만 친구는 자유의사에 따라 선택한다. 또한 부모와 자녀, 형제 등 가족성원 간의 관계에는 지위의 차이가 존재하지만 친구간의 관계는 동등하다(이인정 · 최혜경, 2007: 68).

어린이는 친구들과의 일상적인 상호작용을 통하여 다음의 세 가지를 배우게 된다 (Newman & Newman, 2011).

첫째, 친구들과 어울리면서 삶에 관련된 여러 측면에는 다양한 방식이 있다는 것을 알게 된다. 아동이 상호작용하는 대상이 자신의 가족에 한정되었을 때에는 예절, 규범과 같은 생활양식이 자기 가족의 것밖에 없는 것으로 이해한다. 그러나 친구들과 어울리면서 친구의 가족들은 그 나름대로 고유한 인습이 있다는 것을 알게 되고 더 이상 생활방식에 대하여 자기중심적인 사고를 하지 않게 된다.

둘째, 친구집단의 경험을 통하여 또래집단의 사회적 규범과 압력에 점점 더 민감해진다. 초등학교 아동이 되면 점점 더 행동에 대한 기준이 가족으로부터 친구들로 옮아가게 된다. 가족뿐만 아니라, 선생님도 친구들보다는 아동에 대한 사회적 압력에서 약하다. 따라서, 친구로부터 받아들여지고 인정받는 것은 이 시기 아동의 자아개념 형성에 매우 중요한 역할을 한다.

셋째, 동성의 친구와 친밀한 관계를 경험한다. 친구와의 친밀감의 경험은 후에 원만한 대인관계, 그리고 이성과의 친밀한 관계에 기여한다. 그러나 이 시기의 친구와의 친밀성은 동성에 국한하며 이성에 대해서는 부정적인 감정을 보인다.

(3) 단체놀이

아동기에 이르면 단체놀이를 선호하게 되는데, 단체놀이를 통해 노동배분의 개념과 개인의 목표가 단체의 목표에 종속하게 된다는 것을 인식하고 각자에게 부여된 지위와 역할을 충실히 수행하여야만 놀이의 승리를 보장받을 수 있다는 사실을 인식한다. 단체 목표를 위하여 개인적 목표의 성취를 유보시키고 의기투합하여 협동하고 약한 성원을 도와야 한다는 것을 알게 된다. 아동은 단체놀이의 실패에 따르는 사회적 비난을 회피하기 위하여 더욱 노력하고 서로 협력하는 유용한 경험을 하게 되어 경쟁의 본질과 승리의 중요성을 학습한다.

이 시기의 아동들은 신체적으로 조정 통합할 수 있는 능력과 인지적으로 여러 규칙을 한꺼번에 다룰 수 있는 능력이 발달하여 거의 모든 형태의 성인 스포츠를 할 수 있다. 팀 스포츠에 참여함으로써 아동은 집단의 목표를 개인적 목표보다 상위에 놓는 것을 배우며, 분업의 원리와 경쟁의 여러 측면을 깨우친다. 집단 속에서의 자신의 상대적 위치, 팀 승리를 위한 전략, 구성원의 장단점에 대한 판단과 이에 따른 역할 분배, 상황 판단, 승리와 패배의 경험 등을 통해 아동의 발달이 촉진된다(구혜영, 2015: 329-330). 이러한 단체놀이를 통하여 배우게 되는 세 가지 중요한 특성은 다음과 같다(지영주, 2016: 258).

첫째, 아동은 개인의 목표가 단체의 목표에 종속된다는 것을 인식하게 된다.

둘째, 노동의 배분 개념을 학습하게 된다. 즉, 각자에게 부여된 지위와 역할을 충실히 수행해야만 놀이의 승리를 보장받을 수 있다는 사실을 인식하는 것이다. 또한 아동은 단체놀이를 통해 상대를 존중하고, 규칙을 지키는 과정을 통해 아동에게 사회성과 성격발달에 도움을 준다.

셋째, 경쟁에 대해 알게 된다. 아동에게 경쟁의 본질과 승리의 중요성에 대해 알게 해준다. 아동은 실패의 경험으로 인한 고통에 대해 민감하여 실패를 피하기 위해 최선을 다할 것이다.

하지만 단체놀이에서 지는 팀과 이기는 팀이 있기 마련이고, 모든 놀이에서 이길 수는 없다. 이러한 경험을 통해서 아동은 내집단과 외집단의 적대관계의 개념을 인식하고 사회적 상황을 경쟁으로 보게 된다. 아동은 내집단에 대해서 단체목표와 가치, 그것에 대한 자신의 역할과 기여를 배운다. 또한 팀의 승리가 자신에게 만족을 준다는 것을 안다. 외집단에 대해서는 아동은 경쟁의 결과를 승리 아니면 실패의 상황으로 보는 것을 학습한다.

〈표 9-1〉 **단체놀이 경험을 통한 아동 태도의 발달**

아동이 배우는 내집단 태도	아동이 배우는 외집단 태도
- 집단목표의 가치 · 목표에 기여하는 것 - 집단목표를 위해 개인적 목표를 포기하는 것 - 집단성원으로부터 피드백과 도움을 받고 활용하는 것 - 자신의 역할에 대한 가치를 보다 큰 체계 내의 한 부분으로서 인식하는 것 - 집단승리가 개인적인 만족을 주고 집단패배는 좌절 · 우울을 준다는 것	- 경쟁의 결과는 승리나 실패라는 것 - 다른 집단은 '적'이라는 것 - 다른 집단을 쳐부수기 위해서 최선을 다해야만 한다는 것 - 집단 간에는 적대적이라는 것 - 다른 집단을 돕는 것은 비윤리적이라는 것

자료: Newman & Newman(2011).

(4) 자아개념

대부분 심리학자들은 삶에서 가장 중요한 심리적 기제를 거의 절대적으로 '자아'라고 주장한다. 그렇기 때문에 자아에 대한 올바른 인식과 긍정적으로 자신을 바라보는 자아존중감을 무엇보다 중요시하고 있다. 예를 들어, 청소년 비행의 가장 중요한 심리적 요인은 '낮은 자아존중감'이라는 것이 가장 일반화된 이론이다.

자아존중감이란, 자신에 대한 감정적 측면으로서 자기 자신을 긍정적 견해로서 바라보는 것을 의미한다. 자아존중감이 높은 아동들은 자신의 모든 특성에 대해 긍정적으로 평가한다. 자아존중감이 낮은 아동은 자신의 모든 것을 부정적으로 평가한다.

자아존중감 발달에 영향을 미치는 주요 요인은 부모, 성취경험, 사회적 비교 등이다. 이들 요인과 자아존중감의 관계를 살펴보면, 가장 중요한 것이 부모의 역할이다. 부모의 수용적 태도, 애정 표현, 아동의 문제에 대한 관심을 가지며, 설정된 한계 내에서 의견을 자유롭게 표현하고, 가족의사결정에 참여하도록 함으로써 아동은 열성과 강한 호기심을 지니며 자기신뢰, 즉 자아존중감이 높게 나타난다. 또한 아동의 성취경험도 자아존중감 형성에 중요하다. 성공적으로 일상의 과업을 수행하는 경험은 자신의 능력에 대한 신뢰감이 형성되고, 이는 자아존중감의 중요한 기초가 된다. 마지막으로 사회적 비교가 영향을 미친다. 아동들은 또래들과 비교를 통해서 자신이 우수한 결과를 얻게 되면 긍정적인 자아개념이 형성된다(이우언 외, 2017: 93).

그러므로 이 시기에 부모의 애정과 사랑을 제대로 받아야 하며 학교생활을 통해서 성공과 성취의 경험을 얻는 것이 자아존중감 형성에 중요한 영향을 미친다.

(5) 대중매체 영향

이 시기에 아동의 사회적 발달에 영향을 미치는 또 다른 요인은 텔레비전을 비롯한 미디어이다. 즉, 최근 아동의 사회성 발달에 큰 영향을 미치는 또 다른 요인으로 TV를 비롯한 인터넷 등 대중매체를 들 수 있다. 최근 TV · 인터넷이 아동에게 주는 영향에 대해 많은 논쟁이 있다. 물론 다양한 정보나 영화에 나오는 주인공을 역할모델로 선택하여 관찰함으로써, 태도 · 가치 · 정서적 반응 · 새로운 행동들을 학습하고 도덕적 판단이나 도덕적 행동을 배우는 순기능도 있다. 동시에 아동의 공부시간을 빼앗고, 가족 간의 유대관계를 약화시키며, 또래와의 상호작용 등 사회성 발달에 지장을 초래하므로, 아동의 자기중심성 극복을 제한하는 역기능도 한다(표갑수 외, 2016: 86-87).

대부분의 아동이 텔레비전을 시청하지만, 특히 사회경제적으로 낮은 계층의 아동이 그렇지 않은 아동보다 텔레비전을 더 많이 시청하는 것으로 나타났다(Huston et al., 1989). 텔레비전 시청에서 문제가 되는 것은 바로 폭력적이고 공격적인 장면들이 많다는 것이다. 미디어의 폭력성이 아동에게 미치는 영향을 살펴보면 다음과 같다(최옥채 외, 2015: 290).

첫째, 아동이 미디어에서 본 공격적 행동을 모방한다. 즉, 영상에서 폭력적 인물을 보고 현실에서 그대로 흉내 낸다.

둘째, 폭력은 공격적 감정의 표출이자 촉발기제가 될 수 있기 때문에, 그것을 본 아동이 쉽게 통제력을 잃고 폭력적이 될 수 있다.

셋째, 반복적인 폭력장면에의 노출은 아동으로 하여금 이 세상을 바라보는 인식의 틀을 변화시키고, 나아가 가치와 신념체계를 바꾸어 놓을 가능성이 높다. 이 외에도 폭력장면을 많이 시청한 동의 경우 성장한 후에 그들 자신도 폭력적으로 변할 수 있다.

미디어의 영향은 단지 아동의 공격성과 폭력성에만 관련되지 않는다. 실제적으로 다양한 미디어에서는 남성과 여성에 대한 고정된 성역할을 보여주는 경우가 많다. 최근 들어 사회적 분위기가 많이 성숙되고 있지만 아직도 여성을 수동적 · 순종적 · 감정적 이미지와 대상으로 표현하거나, 폭력성을 남성의 특성으로 미화시키는 경우가 많다. 또한 최근에는 각 가정에 보급되어 있는 개인용 컴퓨터와 스마트폰, 게임방 따위를 통해서 아동이 폭력적이고 선정적인 내용을 적절한 지도 · 감독 없이 쉽게 접근하는 경우가 많다. 따라서, 이러한 미디어의 부정적 영향을 통제하고 아동을 적절히 보호할 수 있는 대책이 강화되어야 한다.

5) 언어의 발달

(1) 언어사용능력의 증가

아동기 동안 언어사용능력은 급속히 발달하고 초등학교 졸업시기에는 약 40,000개 정도의 단어를 습득하게 된다. 어휘 증가와 더불어 단어를 더 정확하게 사용하게 된다. 6세까지 아동은 언어의 문법적 규칙을 습득하기 시작하고 10,000개 정도의 단어를 안다. 6세에 아동은 6개의 단어를 사용하여 문장을 만들며 그림을 보지 않고 이야기를 할 수 있다. 7세 아동은 시간에 대한 개념이 생기고 오른쪽과 왼쪽의 차이점을 안다. 8세 아동은 추리의 도구로 언어를 사용하게 된다. 아동은 단어의 문자적 의미를 배우고 비문자적 의미도 이해하기 시작한다. 11세에는 은유적 표현을 이해하여 머리가 아플 때 "내 머리에서 북이 울리는 것 같아요"라고 말할 수 있다. 문장의 오류를 수정하게 되고 문법적으로 보다 복잡하고 긴 문장을 사용할 수 있게 된다. 그러나 아동의 기질, 사회적 · 문화적 요소, 언어적 환경은 언어습득에 영향을 미친다. 이것은 특히 언어표현 기술에서 더 그렇다.

아동기의 언어발달은 언어의 특성이 모든 측면에서 고르게 나타난다(송명자, 2008: 173-174).

첫째, 아동기 동안에 음운론적 발달(phonological development)이 이루어진다. 아동이 개개 자음과 모음을 구분하고 그 발성적 특징을 이해하게 되는 것은 음운론적 발달의 대표적인 예이다. 자국어 음소의 발음과 억양을 정확하게 구사하는 능력을 획득하는 것도 음운론적 발달에 속한다. 또한 아동은 '영시기가하꼬에가따'와 같은 일상의 빠르고 긴 대화의 흐름 속에서 낱말이 연결되어 문장을 구성하는 음운론적 규칙을 터득함으로써 개개 낱말을 정확하게 분리해내는 능력을 발달시켜 간다.

둘째, 의미론적 발달(semantic development)이 이루어진다. 아동들은 자신을 둘러싸고 있는 세계의 수많은 대상과 현상들이 각기 독특한 낱말로 지칭된다는 것을 이해하고 이들 낱말의 의미들을 획득해간다. 또한 아동은 '자다'와 '졸다'의 차이, '빨갛다'와 '벌겋다'의 차이와 같은 유사한 대상이나 현상을 지칭하는 낱말 간의 미묘한 의미의 차이를 구분하는 능력도 획득하기 시작한다.

셋째, 통사론적 발달(syntactic development)이 이루어진다. 아동이 낱말들을 문법적으로 정확한 순서로 배열하여 문장으로 만드는 능력이 발달해가는 속도는 가히 경이적이라고 표현할 만하다. 또한 아동은 '잔다', '먹는다', '간다'와 같은 행동이 과거에 이미 이루어졌을 때는 '잤다', '먹었다', '갔다'와 같이 'ㄴ'이 'ㅆ'으로 바뀐다는 일련의 문법적 법칙들을 이해하고 구사하는 능력을 발달시켜간다.

넷째, 의사소통의 다양성을 낳게 하는 화용론적 발달(pragmatic development)이 이루어진다. 아동은 같은 뜻을 가진 낱말이나 문장도 지시하거나 주장할 때와 간청하거나 애걸할 때 어떻게 달리 표현되는가의 언어행동(speech acts)에 관한 지식을 터득하고 이를 구사할 수 있게 된다. 또한 아동은 같은 '잘했어'라는 표현도 사용되는 상황이나 맥락에 따라 일을 성공적으로 수행했다는 것인지 또는 그렇지 못했다는 비난의 소리인지를 구분하고 이에 적절하게 대처하는 능력을 획득하게 된다.

〈표 9-2〉 **언어발달**

6세	3,000개의 단어를 안다. 복잡한 문장의 의미를 이해한다. 읽을 수 있다.
7세	시간을 말할 수 있다. 글씨를 잘 따라 쓴다.
8세	글을 잘 쓰거나 글씨를 잘 따라 쓴다.
9세	대상을 상세하게 묘사할 수 있다. 글을 잘 쓴다.
10~11세	긴 글을 쓴다. 사전을 활용하기 시작한다. 문법을 잘 따른다.

자료: Polan and Taylor(2015).

(2) 사회화의 도구 기능

의사소통의 도구 외에 언어는 아동이 자기중심성을 벗어남에 따라 사회화의 도구로 쓰인다. 그러나 그들의 정신적 능력과 언어조절은 완전히 발달되지 않았기 때문에, 부모와 교사는 아동이 이해하는 단어를 사용하고 아동의 이해력을 주의 깊게 사정해야 한다. 아동은 글자를 인식하고 그림을 보고 이야기를 하고 보호자가 책을 읽어 주면서 읽는 능력이 발달하기 시작한다. 읽기 능력은 아동이 좋아하는 책을 고르는 것, 성인이 책을 읽어 주는 것, 혼자 책 읽기에 의해 격려된다. 이러한 읽기 능력은 아동의 언어능력을 발달시키는데 매우 중요한 기술이다. 다양한 책을 읽을 수 있도록 하는 것은 학습능력을 향상시키는데 도움이 된다.

아동기는 저속한 욕설을 배우고 시행해 보게 되는 시기로서, 이는 친구, 부모, 영향력 있는 타인 등이 사용하는 언어를 모방하게 되면서 나타나거나, 폭력성 있는 게임, 대중매체의 영향을 받기도 한다. 이런 경우, 아동이 처한 학교생활, 가족관계, 교우관계 등에서 심한 스트레스를 받고 있는 것은 아닌지, 아동의 환경이 아이에게 어떤 영향을 주고 있는지 세심한 관찰과 접근이 필요하다(지영주 외, 2016: 253).

언어능력이 발달하면서 아동들은 타인과 좀 더 효과적으로 의사소통할 수 있다. 언어를 사용하는 능력은 매우 중요하며, 사회화와 집단에의 소속을 강화시킨다. 몸짓과 울음 정도로 제한되었던 초기 형태의 의사소통은, 이제 사회적으로 받아들여지지 않는다. 이렇게 이전 형태의 의사소통 방법이 받아들여지지 않으면서 언어습득을 강화하게 된다(Polan and Taylor, 2015).

3. 발달 과업

이 시기의 주요 과업으로는, 학교생활 적응, 또래와의 긍정적 상호작용, 그리고 삶의 기초 능력인 읽고, 쓰고, 셈하기(3R: Reading, Writing, Arithmetic) 등을 들 수 있다. 이 시기에는 아동의 사회화와 기초기능 습득을 이끌어 줄 부모와 교사의 역할이 매우 중요함을 알 수 있다. 이와 같은 과업 중에 본 장에서는 또래관계가 무엇보다도 중요한 것으로 보아 이를 서술하고자 한다.

아동이 성장함에 따라 사회적 환경은 가정의 울타리를 벗어나 연령이 비슷한 또래집단으로 확대되어 나가게 되며, 이러한 변화는 유아의 사회화 과정에 새로운 의미를 부여한다. 특히, 최근 들어 맞벌이 부부의 증가 등으로 종일제 프로그램이 확산되어 가고, 다산기피로 인한 외유아의 증가로 또래는 더욱 중요한 의미와 역할을 지니게 되었다.

1) 또래와 또래집단의 의미

또래는 사전에서 '서로 동일한 위치에 있는 사람'이라고 설명되어 있지만, 발달심리학에서는 '사회적 동년배' 또는 '최소한 그 순간에는 행동의 복합도가 유사한 수준에서 상호작용하는 개체들'이라고 정의하고 있다(송영혜, 2012: 2). 또래집단은 동년배 집단으로 연령과 신분이 비슷하며 함께 느끼고 행동하는 사람들끼리의 모임을 말한다(조성남 외, 2001: 122). 또래집단은 비슷한 연령 또는 비슷한 성숙수준에 있는 아동과 청소년, 청년들이 비교적 밀접한 상호작용을 주고받는 집단이라고 할 수 있다(한국청소년개발원, 2005: 60). 또래집단은 연령, 신분, 흥미, 성 등이 비슷한 사람들로 이루어지며, 상호 간에 이해와 양보를 요구하는 동시에 경쟁과 갈등을 내포하는 수평적이고 대등한 관계이다(김춘경, 2004: 202).

생애 초기 아기와 양육자의 상호작용 시작으로, 아동의 또래관계는 놀이를 통해 자연스럽게 이루어진다. 아동은 놀이를 통해 함께 있는 사람들 간의 의도를 이해하고 이에 대한 반응이 연쇄적으로 이어지는데, 이러한 과정을 사회적 작용이라고 한다. 특히, 아동들은 또래와의 상호작용을 통해 점차로 동등한 지위 관계 속에서 서로 영향을 주고받게 된다(송영혜, 2012: 2-3). 이러한 과정을 통해 부모나 배려해 주는 연장자 구성원으로부터 독립할 수 있기 때문에, 아동발달에서 또래와 함께하는 놀이활동은 중요한 역할을 한다. 그뿐만 아니라, 사춘기와 성인기에 심리적으로 부적응을 일으키는 것으로 간주하지도 않았다(송영혜, 2012: 3). 그러나 많은 학자들이 또래관계를 '동료의식' 또는 친한 친구 간에 평등성, 상호성, 상호 호혜성을 획득시키며, 후에 이러한 개념은 다른 관계로 확장된다고 보고 있다.

부코우스키와 호자(Bukowski and Hoza)에 의하면, 또래관계는 세 가지의 발달적 의의가 있다(박진재, 2002: 9 재인용).

첫째, 또래관계는 성공적인 사회적 상호작용을 위해 기본적으로 요구되는 사회적 기술을 훈련시킨다.

둘째, 유아에 대한 사회적 지원과 안전감을 느끼게 한다.

셋째, 사회관계 내에서 자아를 정의하게 되므로 자아개념 발달에 기여한다.

2) 또래관계의 상호작용

상호작용이란, 두 사람 또는 그 이상의 사물 · 현상이 작용하여 원인도 되고 결과도 되는 상호교류의 과정이라고 정의한다(손승희, 2014b: 40). 즉, 아동은 물리적 또는 사회적 환경과 능동적으로 상호작용함으로써 세상에 대한 지식을 형성하고, 사회에 적응해가는 기술을 익히게 되며, 어린이집의 일과 속에서 교사, 또래, 놀잇감 등 다양한 환경과 상호작용을 하게 된다. 따라서, 아동은 이러한 과정을 통해 많은 변화와 성장을 하게 된다고 볼 수 있다.

어윈(Erwin)은 아동이 또래 상호작용을 하는 이유에 대해, "친구관계를 맺으려는 특별한 동기가 있고, 친밀성에 대한 확신이며, 친밀성은 애착관계의 연장이다"라고 주장한다(송영혜, 2012: 4 재인용). 즉, 또래는 대등한 입장에 있는 사람과 사회적 상호작용의 기술을 학습하고 연습하는 기회를 제공하며, 사회인지적 발달을 촉진하고 동료애와 사회적 지지를 제공하고 정서적 완충의 역할을 한다고 할 수 있다.

또래와의 접촉은 아동의 연령에 따라 증가하면서 지속적이고 밀접한 상호작용을 하게 된다. 즉, 생후 첫 해부터 쳐다보고, 만져보고, 미는 등 또래에 대한 관심이 나타나기 시작하여 1~2세가 되면 좋아하는 또래에 대하여 더 많은 관심을 보이고, 5~6세가 되면 또래를 낯선 환경에 대한 안전기지로 사용하게 된다. 더 나아가 학령기에는 또래와 보내는 시간이 가족과 보내는 시간보다 많아지게 되며, 또래의 범위도 넓어지고 서로의 감정을 교류하게 된다. 또한 청소년기가 되면서 또래 친구와의 관계가 그들의 생활 전반에 걸쳐 절대적으로 중요한 위치를 차지하게 된다(김춘경, 2004: 202-203).

아동기 또래 간 상호작용은 주로 놀이의 형태로 이루어진다. 발달심리학자들은 이들의 놀이형태가 인지수준에 따라 기능적 놀이, 구성놀이, 가상놀이, 규칙 있는 게임으로 발달한다. 다시 말해서, 기능적 놀이는 대상물을 가지고 또는 대상물이 없이 하는 단순하며 반복적인 근육 움직임으로 딸랑이 흔들기, 뜀뛰기 등이 있다. 구성놀이는 무언가를 만들려는 의도로 사물을 조작하는, 즉 적목 쌓기, 그림 자르기, 그림 붙이기 등이 있다. 가상(극)놀이는 눈앞에 없는 무언가를 상징하기 위해 사물 또는 사람을 이용하는 것이다. 나무토막을 배라고 상상하거나 친구와 병원놀이, 소꿉놀이를 하는 것이다. 규칙이 있는 게임은 미리 만들어진 규칙에 따라 게임놀이를 하는 것이며, 윷놀이, 줄넘기 놀이 등이 있다(송영혜, 2012: 2-3). 아동기가 지나는 동안 아동이 성인과 지내는 시간은 점차 감소하고 또래와 지내는 시간은 점차 증가한다. 특히, 현대 사회에서는 핵가족화, 핵가족화, 자녀수의 감소, 취업모의 증가로 인해 유아가 일찍부터 유아교육 및 보육기관 등과 같은 조직화된 또래집단을 더 일찍 접하게 되고, 많은 시간을 또래와 함께 지내게 되었다(박진재, 2002: 9). 따라서, 또래관계의 중요성은 유아가 생활하는 환경이 변화하고 있다는 사회적 측면 이외에 이론적 측면에서도 찾을 수 있다.

그런데 아동이 바람직한 또래관계를 창출, 유지하기 위해서는 또래관계의 상호작용에서 적절한 사회적 기술을 필요로 한다. 아동기 또래관계의 상호작용의 실제에 대해서는 아동의 놀이, 또래관계, 부모와 자녀의 관계 등의 연구에서 자주 다루어왔으며, 특히 또래관계에 필요한 상호작용의 구체적인 측면, 다시 말해서 상호작용 기술이나 그 기술의 교수 학습에 관해서도 연구가 활발해지고 있다(박진재, 2002: 9).

그러므로 또래관계는 아동의 사회성 발달에 중요한 역할을 하므로, 아동이 또래와 함께 잘 지낼 수 있도록 돕기 위한 적절한 상호작용이 필요하다. 따라서, 또래관계를 맺고 유지하는 가운데 발생하는 또래 문제를 바람직한 방향으로 해결하기 위해서는 다양한 사회적 상호작용 기술이 필요하다.

3) 또래관계에 있어서의 수용(인기도)

유아기에 또래집단으로부터의 수용은 유아의 자기역량 지각을 예측하는 중요한 변인이 되며, 또래와의 관계가 좋지 못한 유아는 학업성취도가 낮고, 학교에서 중도 탈락하거나 이후 청소년 비행에 참여하는 비율이 높은 것으로 나타났다. 초등학교 시절의 또래집단에서의 인기도는 상당히 지속적인 영향을 미치며, 지능지수나 성적, 교사의 평가, 자아개념 등의 변인보다 아동의 이후의 정신건강을 예측하는 데 더 중요한 변인으로 작용한다. 즉, 또래집단으로부터 가치를 인정받는 아동은 성인이 되어서도 다른 사람으로부터 인기 있는 사람이 된다.

부코우스키와 호자는 이 또래 수용도의 의미를 '또래 인기도'라고 표현하고 있다. 아동에게 또래관계가 발달적으로, 사회적으로 중요하다고 하지만 모든 또래관계를 원만하게 맺는 것은 아니며, 또래집단에 수용되는 정도에도 개인차가 있다(박진재, 2002: 10 재인용). 또래관계를 '또래수용'(peer acceptance)이라는 면에서 또래수용은 또래의 관점에 의해 한 아동이 선호하거나 선호하지 않는 정도, 또래집단에서 한 아동에 대해 또래들이 좋아하거나 싫어하는 정도라고 정의할 수 있다. 이는 두 개인 간의 보다 친밀하고 상호적인 관계인 '친구관계'와는 다른 개념으로 해석하고 있는데, 즉 개인에 대한 집단의 견해를 나타내는 일방적이면서 집단지향적인 성격을 띠는 개념이라고 볼 수 있다. 다시 말해서, 또래수용이란, 특정 아동에 대한 또래들의 좋아하는 경향성을 의미한다고 볼 수 있다(박진재, 2002: 9).

이스트(East)는 또래집단에서의 인기도를 가지고 아동을 아래와 같은 다섯 가지 유형으로 분류하고 있다(정옥분, 1991: 542-543 재인용).

첫째, 인기(popular) 아동이다. 가장 인기가 있는 아동은 일반적으로 신체적 매력이 있고, 머리가 좋고, 사교적이고, 행동적이며, 지도력이 있다. 그들은 자아존중감이 높고, 여러 종류의 다양한 친구들과 어울린다. 유머감각이 뛰어나고, 그래서 그와 함께 있는 것이 즐겁다.

둘째, 보통(acceptable) 아동이다. 아동의 반 정도가 이 유형에 속하는데, 친구들이 특별히 좋아하지도 않고 특별히 인기가 있는 것도 아니지만, 그렇다고 친구들이 싫어하는 유형도 아니다. 이들은 집단에 무난히 어울리는 보통 유아들이다.

셋째, 고립(isolated or neglected)이다. 고립되거나 무시당하는 아동은 친구들의 관심 밖에 있기 때문에, 친한 친구로 지명되지도 않거니와 싫어하는 친구로 지명되지도 않는다. 이들은 수줍음을 잘 타고 위축된 성격으로 말미암아, 낮은 자아존중감, 불안, 우울증 등 내적인 문제를 가진 경우가 많다.

넷째, 거부(rejected) 아동이다. 친구들이 가장 싫어하는 유형이다. 이런 아동은 신체적,

언어적 공격을 많이 하고, 교실에서 수업분위기를 망치고, 학업성적도 좋지 못하다. 역시 인기가 없는 아동들과 친구가 되며, 자기보다 어린 아이들과 어울린다. 이들 중에는 약물 남용, 청소년 비행과 같은 외적인 문제가 있는 경우가 많다.

다섯째, 혼합형(controversial)이 있다. 친한 친구로 꼽히기도 하고 싫은 친구로 꼽히기도 하는 혼합형은 공격적이고 파괴적인 면이 있는가 하면, 자기주장이 강하고 지도력이 있다. 이들은 또래집단에서 눈에 띄기는 하지만, 이들을 좋아하는 사람도 많고 싫어하는 사람도 많아 친구들로부터 복합적인 반응을 유발한다. 이 연구 결과, 인기 있는 아동은 좋아하거나 친구가 되고 싶다는 응답을, 거부되는 아동은 싫어한다는 응답을 가장 많이 받은 아동이고, 무시되는 아동은 거의 응답을 받지 못한 아동이며, 혼합형 아동은 좋아한다는 반응과 싫어한다는 반응을 비슷한 정도로 받은 아동으로 나타나고 있다.

결론적으로 또래 내에서의 지위는 아동의 적응 및 발달과 밀접하게 관련된다. 즉, 또래집단에서 인기아는 정서적으로 안정되고 보다 성숙한 행동을 보이지만, 또래집단에 수용되지 않는 아동은 정서적으로 불안정하고, 부정적인 성격을 형성하고 있으며, 문제행동을 일으킬 가능성도 크고, 일탈 및 비행의 문제를 보이기도 한다. 거부되는 아동들은 고립 아동에 비해 고독감, 낮은 자아존중감, 우울증과 다른 정서적인 장애들을 경험하게 될 가능성이 더 높다.

4) 또래관계에서의 갈등

일반적으로 사회학의 입장에서 보면, 사회 전체를 이루고 있는 여러 구성 요소들 사이에는 조화나 통합보다는 이해관심의 차이와 대립이 더 많고, 권력이나 믿음, 생각, 이념, 가치 등의 측면에서도 차이, 분열, 갈등, 적대가 심하다고 본다(한국산업사회학회, 2010: 61). 즉, 현실적으로 사회는 통합적인 측면과 갈등적인 측면이 공존하고 있으며, 각 사회는 거시적이고 미시적인 경제적 · 정치적 · 이데올로기적 · 문화적 조건들에 따라, 개인 · 집단 · 세력들 간에 협동과 조화를 이루기도 하고 갈등과 투쟁을 일으키기도 한다. 따라서, 사람들 사이의 상호작용이 협동적, 경쟁적, 갈등적인 여러 형태로 이루어지고 있다고 볼 수 있다.

갈등의 정의를 보면, 기든스(Giddens, 2009: 24)는 "사회 내에서 분열의 중요성을 강조한다. 사회는 각자의 이익을 추구하는 서로 다른 집단으로 구성되어 있다고 본다"고 주장한다. 김송이(2001: 7)는 "갈등은 개인의 내적인 불일치에 의해 발생하는 개인 내적 갈등, 두 당사자들 간의 불일치에 일어나는 대인간 갈등, 그리고 집단구성원들이나 집단 간의 불일치에 의한 집단 간 갈등으로 구분된다"고 주장한다. 그에 의하면, 개인 내적 갈등은 심리학뿐 아니라 사회과학의 여러 이론들에서 오랫동안 다루어 온 개념으로, 프로이트 등은 갈등을 정서, 동기화, 사고과정, 정신병리 및 성격 발달과 같은 다양한 영역에서 폭넓게 적용하여 왔다. 이렇게 발달해 온 갈등 개념은, 사회심리학자들과 현대 발달심리학자들의 관심을 받으면서 상호작용의 일부로 연구되기 시작하였다. 한국산업사회학회(2010: 63)는 "'갈등'은 둘 이상의 행위자 또는 집단이 동일한 목표를 추구하면서 서로 싸우는 것을 말한다"고 주장한다. 즉, 여러 사람이 한정된 자원이나 보수를 서로 차지하려고 할 경우, 또는 서로 배치되는 가치관이나 이념을 가지고 있을 경우 갈등이 생긴다는 것이다.

이러한 갈등의 과정에는 힘을 형성하거나 힘을 사용하려는 움직임이 있게 된다. 갈등의 상황에서 당사자가 다른 당사자에 비해 훨씬 힘이 강하여, 이 힘으로 자신의 이익이나 의지를 약자의 이익이나 의지에 반하면서 관철시키려는 경우를 '강제', 또는 '지배'라고 한다(한국산업사회학회, 2010: 63).

이러한 갈등은 또래관계에서도 자주 발생한다. 예를 들어, 어느 아동의 놀잇감을 다른 아동이 빼앗으려고 하는 상황이나, 두 아동이 서로 다른 TV방송을 시청하려고 다투는 상황에서 아동들은 갈등한다. 이러한 갈등을 유발시키는 변인으로 또래지위를 들고 있다(김송이, 2001: 20-25). 또래지위란 첫째, 일반으로 또래관계에서 지위가 높은 아동이 낮은 아동보다 집단지향적인 전략을 많이 사용하는 반면, 또래관계에서 지위가 낮은 아동은 방해적이거나 자기지향적인 참여 시도를 더 많이 한다. 둘째, 낮은 지위의 아동의 경우, 높은 지위를 가진 아동보다 자신의 이익에 초점을 두고, 자원에 대해서 더 자주 경쟁을 하며, 공격적이며 통제적인 전략을 더 사용한다. 이에 반해, 또래지위가 높은 아동들은 상호 이익에 초점을 두거나 협동하는 방식으로 갈등을 해결한다. 셋째, 또래집단에 참여하는 상황이나 제한된 상황만큼 또래지위에 따른 차이가 분명하게 나타나지는 않았지만, 또래지위가 낮은 아동은 높은 아동보다 또래의 도전을 적대적인 의도로 더 많이 귀인한다. 따라서, 또래지위가 낮은 아동의 경우는 또래지위가 높은 아동보다 더 잦은 또래 간 갈등을 경험하며, 또래관계의 갈등을 해결할 때에는 사회적 기술이 더 적으면서도 통제전략을 더 많이 사용한다는 것을 알 수 있다.

일반적으로 또래갈등은 갈등의 과정에서 나타난 바와 같이 다른 아동에 대한 반대 행동에서 시작되어 그 반대 행동이 종결될 때까지 시간의 흐름에 따라 확장되면서 일련의 단계를 거친다고 볼 수 있다. 또래갈등의 4단계를 구분하고 있다(김송이, 2001: 13-14). 첫째, 초기 반대 행동(initial opposition)의 단계로, 어느 아동이 자기주장을 하거나 자신의 의견과 불일치하는 다른 아동에게 나타나는 단계이다. 이 또래갈등은 논쟁의 여지가 있는 사건에 관련해서 발생한다. 이 사건은 초기 반대 행동에 기초해서 규명될 수 있다. 둘째, 상호 반대 행동(mutual opposition)의 단계로, 상대 아동이 처음 아동의 영향력에 저항함으로써 발생한다. 이 단계에서 상대 아동이 반대하는 행동을 하지 않거나 화해의 행동을 할 경우에 일방적인 반대의 형태로 갈등이 종결될 수 있다. 넷째, 다양한 반대전략(oppositional strategies)의 단계로, 갈등상황에 놓인 두 아동 간에 반대 행동이 계속되는 단계이다. 4단계는 갈등 종결(conflict ending)의 단계로, 갈등이 당사자들 모두에 의해 해결되거나, 한 아동 또는 참여한 두 아동 모두의 철회에 의해 종결된다.

결론적으로 또래관계에 있어서 갈등이 발생하게 되면, 아동은 자기 자신의 행동목표를 성취하기 위해 다양한 노력을 한다. 즉, 사회적 상호교환의 과정에 참여하게 된다. 따라서, 갈등 결과(conflict outcome)를 종결 짓기 위해서는 갈등에 참여하는 두 개인이 갈등을 해결하고자 노력하는 모습이 필요할 것이다.

4. 발달상의 문제점

일반적으로 아동기에 문제가 발생하게 되면 심리사회적 발달뿐만 아니라, 학습과 또래관계에 문제를 동반하게 되면서, 이후의 발달에 심각한 장애를 초래할 수 있다. 아동기에 출현하는 발달문제는 실제 문제의 일부분으로 도움을 청하는 신호라고 할 수 있으며, 이러한 문제 배후에는 원인이 되는 근본적인 문제가 반드시 존재한다. 그 예로, 공격이나 회피, 고립 등의 행동장애 아동 중에는 심리 내면에 우울증이 존재하는 경우가 많다. 따라서, 표면상으로 나타난 문제에만 치우쳐서 문제의 원인을 해결하지 않을 경우에는 더 심각한 문제로 발전할 수 있다. 또한 아동에게 어떤 문제가 있을 때 그 현상을 아동의 전인격적인 문제로 받아들여서 '문제아'로 취급해서는 안 된다. 아동을 완전히 '문제아'나 '장애아'로 낙인할 경우에는 그 명명 자체가 아동에게 부정적인 영향을 미쳐서, 발달을 전반적으로 저해할 수 있다(강경미, 2016: 306).

아동기에 나타나는 발달문제에는 외부로 드러나는 행동문제가 주류를 이루게 되고, 아동기의 특성상 반사회적 문제행동들이 출현할 수 있다. 아동기의 발달문제는 다음과 같다.

1) 학교공포증

아동은 모방성이 매우 강하여 다양한 정서표현을 학습하게 됨으로써 정서표현에 많은 변화가 온다. 아동기의 정서발달은 아동의 성숙수준과 학습요인에 따라 달라질 수 있다. 가장 두드러진 특징이 공포와 불안이다. 아동기에 느끼는 공포는 시각적이고 청각적인 것으로부터 점차 상적인 것으로 변해간다. 예를 들어, 어두움, 어두움과 연관된 상상의 괴물, 시체나 죽음과 관련된 것들, 나쁜 성적을 받는 것, 따돌림을 당하는 것, 선생님이나 부모로부터의 꾸중, 그리고 과거 잘못한 행위에 대한 죄책감 등이다. 불안한 정서가 강해져서 공포증이라는 정서적 장애로 나타난다.

학교공포증은 아동이 학교가기를 싫어하는 것으로, 원인은 확실치 않지만 학령기 아동이 처음 가족의 울타리를 벗어나 학교라는 새로운 환경에서 적응하지 못하여 발생되는 일종의 분리 불안으로 볼 수 있다. 특징적인 증상으로 학교에 가기 싫다는 것을 표현하지는 않지만 학교에 가야 할 시간에 복통, 두통, 설사, 구토 등과 같은 다양한 신체 증상을 나타내며, 이러한 증상은 학교를 가지 않을 경우 즉각 사라진다. 이에 대한 대처법으로는, 학교공포증이 있는 아동을 즉시 학교로 보내 학교생활을 계속할 수 있도록 하는 것이며, 학교에 가지 않을수록 다시 학교로 돌아가기 어려워진다(지영주 외, 2016: 259-260).

이런 증세는 주로 학교에 가야 할 때 나타나므로, 가지 않아도 된다는 허락이나 결정이 내려지면 곧 해소되어 흔한 꾀병으로 보이기도 한다. 학교공포증은 학교나 학업에 대한

〈표 9-3〉 아동기의 일반적인 공포

6~7세	이상한, 큰 소리, 유령이나 마녀, 밤에 혼자 있기, 신체 손상, 학교
7~8세	어두운 곳, 재해, 사랑받지 못함, 신체적 위협
8~9세	학교에서 잘 해내지 못함, 거짓말이 탄로 남. 부모의 이혼이나 별거, 범죄의 피해자가 됨.
9~10세	아픔, 높은 곳, 통증, 나쁜 사람

자료: Polan and Taylor(2015).

심리적 불안감 때문에 생기기도 하고, 저학년 때에는 어머니와의 분리불안 때문에 나타나기도 한다.

2) 집단따돌림

집단따돌림(이지메, 왕따, bullying)이란, 2인 이상이 집단을 이루어 특정인이나 집단을 자신이 속한 집단에서 소외시켜 구성원으로서, 역할 수행에 제약을 가하거나, 인격적으로 무시 또는 음해하는 지속적인 언어적 · 신체적 모든 행위를 말한다. 이러한 집단따돌림은 단순한 장난이나 싸움과는 전혀 다른 성질의 것으로, 특정 아이를 정하여 장기간 다양한 방법으로 괴롭히는 것이다. 괴롭히는 아이는 옳고 그름의 판단을 내리어도 자제심이 모자라거나 타인의 아픔을 배려하지 못하여 지속적인 괴롭힘을 하게 되고, 괴롭힘을 당하는 아이가 견디지 못하고 극단적인 방법을 선택하고 난 뒤에야 사건의 중대성을 인식하게 되는 경우가 많다.

〈표 9-4〉 **집단따돌림 학생의 특성**

가해학생의 특성	피해학생의 특성
- 또래친구에게 힘 과시 욕구가 강하다. - 적대감과 공격적이고, 충동적이며 반사회적인 성격을 지닌다. - 자기중심적, 책임회비, 자신의 행동 합리화하는 경향이 강하다. - 인권의식이 약하다. - 부모의 과잉보호, 지나친 간섭, 이기적인 태도, 훈육의 방법 일관적이지 않은 태도, 무관심의 경향이 높다.	- 타인에게 열등감을 경험하게 한다. - 내성적이고 소심하다. - 자기주장을 제대로 못한다. - 신체의 결함이 있어 상대방에게 우월감을 제공한다. - 개성이 강하고 집단에 속하지 못한다. - 자신감과 자아개념, 자아존중감이 저하되어 있다.

자료: 지영주 외(2016: 260).

집단따돌림의 문제는 최근 학교의 큰 사회적 문제로 대두되기 시작하였다. 집단에서 어느 한 사람을 따돌리는 것은 오래전부터 어느 사회에서나 있어온 현상이나 초 · 중등학교에서 심각한 문제로 부각되고 있다. 직접적인 따돌림(외부에서의 공격)과 간접적인 따돌림(사회적 소외, 배제)이 있다. 가해학생의 특성은 강한 신체, 강한 반항심 및 지배욕구, 자기 과시, 비행 연루, 낮은 학업성취, 열악한 가정환경 등의 특성을 보이며, 피해학생의 특성은 비만 또는 허약, 전학 온 학생, 내성적이고 예민한 성격, 낮은 자존감, 수동적이고 소극적이며 적응력 부족의 특성을 보인다(구혜영, 2015: 331-332).

집단따돌림의 원인은, 개인적 원인으로 가해학생의 개인 심리적 특성으로 충동적, 공격적, 힘과 지배에 대한 욕구의 특성이 있다. 가정적 원인으로 부모의 과잉보호나 무관심, 학부모의 인식 부족과 같은 가정적 요인 역시 집단따돌림의 중요한 원인이 된다. 학교관련 요인으로 획일적인 교육제도와 학교구조, 비인간적인 학교문화, 성적 위주, 입시위주의 경쟁적 분위기와 같은 학교 요인도 집단따돌림의 원인이 될 수 있다.

집단따돌림으로 인해 피해학생은 가정과 학교생활의 불안과 극심한 스트레스 교우관계와 학교생활 부적응, 심각한 무기력, 우울증, 자살충동과 같은 감정을 경험하게 된다. 집단따돌림은 다양하고 복합적인 문제로 인해 유발된 현상이므로 집단따돌림의 지도와 예방을 위해서는 가정, 학교, 사회, 개인이 함께 해결하기 위한 노력이 필요하다. 부모와 교사는 집단따돌림의 현상을 가능한 빨리 파악하고, 적절한 상담과 갈등중재가 적절히 이루어질 수 있도록 노력해야 한다. 학교에서는 학생 각자의 개성이 존중되는 교육을 실시하고, 교실을 안전하고 개방적인 환경을 만들도록 하며, 학생들이 집단따돌림이 갖는 비윤리성을 이해할 수 있는 기회를 갖는 교육프로그램을 활성화 한다. 학교 내 소집단 활동, 또래 상담활동을 폭넓게 활성화시켜 구성원 간의 공동체의식을 심어주고 피해학생과 가해학생의 개인적인 성격특성이나 심리적인 문제로 인한 것이 확인되면 지역사회 내 상담기관과 연계하여 다양한 심리상담프로그램을 실시하는 것이 필요하다.

왕따 초등생 교실 방화

인천의 5학년 한 초등생이 친구들로부터 왕따를 당한 후 부모가 자신 때문에 싸움을 하자 홧김에 교실에 방화를 하는 사건이 발생해 충격을 주고 있다. 인천 남부경찰서에 따르면 지난 8일 인천의 한 초등학교 5학년 학생이 자신의 교실에 불을 내 에어컨, TV 등을 태워서 2천900만원 상당의 피해가 발생했다는 것.

이에 따르면, 이 초등학생은 학급 친구들 사이에서 '돼지' 등으로 놀림을 받으며 왕따를 당해왔으며, 집에서도 자신의 양육문제로 다툼이 벌어지자 길에서 주운 라이터로 방화한 것으로 알려졌다,

초등생은 "친구들이 놀려 학교에 가기 싫어 불을 냈다"고 밝힌 것으로 전해졌다.

왕따 초등생 교실 방화에 네티즌들은 "놀리는 학생들과 부모 방치가 더 문제", "진짜 심각한 듯", "정말 충격적입니다" 등의 의견을 보였다(부산일보 2012년 6월 12일자).

3) 틱장애

'틱'(tic)이란 갑작스럽고 빠르게 비율동적이고 상동증적인(같은 행동을 반복하는) 운동이나 음성이 반복해서 나타나는 것이다.[11] 틱은 근육의 불수의적인 운동이며 개인의 의사와는 상관없이 근육이 수축하거나 경련하는 증상으로 5~9세 사이에서 많이 발생한다. 모든 형태의 틱은 스트레스에 의해 악화되고 차분한 활동을 하는 동안에는 감소하며, 수면 중에는 출현하지 않는다. 틱이 나타나기 쉬운 부위는 눈이나 입 주위, 팔과 다리이며, 주로 얼굴 부위를 찡그리거나, 팔과 다리를 떠는 경향이 있다. 틱은 크게 운동 틱과 음성 틱으로 구분되며, 나타나는 기간과 정도에 따라 일과성 틱장애와 만성운동 또는 만성음성 틱장애, 뚜렛장애 등 세 가지 유형으로 분류한다.

아동기 틱장애의 발생 원인에 대해 유전적 · 기질적 소인보다는 심리적 · 환경적 요인을 더 강조하고 있다. 틱의 유형별로 원인을 기술하면, 일과성 틱과 만성운동, 만성음성 틱의 경우는 심리적인 압박감이 신경기능의 장애로 발전하거나, 환경 속에서 학습요인과 결합해서 운동성으로 표출되는 것으로 본다. 또한 틱 행동을 자아기능을 강화하기 위한 일종의 방어기제로 지속적인 회피반응에서 발전된 행동으로 간주하기도 한다. 아동의 틱 행동이 발생하는 원인을 살펴보면 다음과 같다(강경미, 2016: 308).

첫째, 아동이 학교에 입학해서 환경이 변하면서 심리적으로 긴장되거나 부담을 느끼는 경우에 나타날 수 있다.

둘째, 부모가 지나치게 엄격하거나, 간섭이 심한 경우에 정신적으로 긴장하기 때문에, 틱이 발생할 가능성이 높다.

셋째, 자신의 감정을 지나치게 억압하거나, 무리하게 자신의 능력 이상으로 보이려고 할 때, 정서적인 긴장이나 갈등상태가 심해지면서 틱이 출현할 수 있다.

넷째, 운동성이 많은 아동의 경우 움직이고자 하는 충동이 억눌려 있다가 분출될 때, 틱으로 나타나기도 한다.

다섯째, 부모나 교사, 또래로부터 갑작스럽게 관심을 잃거나, 애정부족을 느낄 때, 출현할 수도 있다.

틱 행동의 치료방법으로 가장 중요한 것은, 자발적으로 행동하게 하고, 정신적인 긴장을 해소시키는 것이다. 일반적으로 틱 행동 자체에 관심을 두면 증세가 더욱 악화되므로 틱 행동은 무시하면서 관심과 애정을 표시해야 한다. 이 장애 역시 심리적인 후유증이 동반되기 때문에 조기진단과 치료가 반드시 요구된다.

4) 품행장애

품행장애란 아동이 반사회적 · 공격적 · 도전적 행동을 반복적이고도 지속적으로 행하는 것을 말한다. 품행장애는 가족 내 불화와 학교생활 적응의 실패 등 흔히 좋지 않은 사회환경과 연관되어 있으며, 남자에게서 더 흔하다. 진단의 근거가 되는 행동으로는 과도한 다툼, 괴롭힘, 타인이나 동물에게 가하는 잔인한 행동, 심한 기물 파손, 방화, 도둑질, 계속되는 거짓말, 무단결석과 가출 등이 있다. 이 장애를 가지고 있는 아동은 성인이 되어 반사회적 성격장애를 보일 가능성이 높다.

① 거짓말

아동기에 흔하게 나타나는 품행장애는 거짓말이다. 아동은 주로 자신의 욕구충족을 위해 거짓말을 하며, '무의식적인 거짓말'과 '의식적인 거짓말'로 구분할 수 있다. 아동의 경우에는 지능의 발달상태에 따라 거짓말의 내용이 달라진다. 그러나 대체로 아동 초기에는 현실과 공상을 구분하지 못하기 때문에 상상에 의한 거짓말을 하는 경우가 많다. 또한 언어의 표현능력이 제한되어 있기 때문에, 자기도 모르게 하는 말이 거짓말이 되기도 하고, 시공간 개념이 부족하여 거짓말을 하기도 한다. 대체로 8세 이전의 아동은 거짓말의 참뜻을 잘 이해하지 못하는 것으로 나타났다. 이러한 거짓말은 성장과정에서 점차 사라지게 된다. 그러나 주변 인물의 거짓말하는 습관을 모방하거나 벌에 대한 두려움 때문에, 거짓말을 하는 경우와 또는 부모의 부적절한 요구를 강요받을 때 하는 거짓말이 있으며, 이것이 문제가 된다.

아동이 거짓말을 하는 원인을 살펴보면,

첫째, 아동 특유의 공상적인 거짓말을 하거나, 어른이나 다른 아동을 모방해서 거짓말을 할 수 있다.

둘째, 자신의 잘못을 합리화하거나 비난이나 처벌을 피하기 위해 방어적인 거짓말을 할 수 있다.

셋째, 자신이 원하는 것을 획득하기 위해서 또는 어떤 보상을 바라거나 우월심리에서 거짓말을 한다.

넷째, 교사나 부모에게 반항하기 위해 거짓말을 하기도 한다.

일반적으로 거짓말하는 아동은 가정에서 부모나 가족의 거짓말이나 거짓된 행동을 많이 보고 성장하거나, 부모나 교사로부터 충분한 애정이나 인정을 받지 못하는 경우가 많다. 또한 인지나 사회성 발달이 미성숙하거나, 문제가 있어서 현실과 공상을 구분하지 못하거나, 거짓말에 대한 정확한 인식이 부족한 경향이 있다. 이외에도 아동에 대한 부모의 요구와 기대가 크거나 상과 벌이 엄격하고 순종을 강요한 가정에서 자아의 위협을 많이 받고 있는 등의 개인적 특성이 있다.

거짓말 대처법

- 부모가 좋은 예시를 만들도록 한다. 아이에게 전화로 거짓말을 하게 하지 않는다. 예를 들어, 집에 있으면서 아이에게 대신 전화를 받아 부모가 집에 없다고 말하게 하지 않는다.
- 사실을 말하기로 아이와 약속을 하되 어겼을 때의 처벌을 너무 심한 것으로 정하지 않는다.
- 부모 자신의 실수를 인정한다

(Polan and Taylor, 2015).

② 도벽

이 시기의 아동에게는 도벽이 문제가 되기도 한다. 도벽은 자신의 소유가 아니거나 가지고 있어서는 안 되는 그 어떤 것을 소유하고 있는 경우로 간주한다. 사소한 물건을 훔치는 행동은 만 5~8세 사이에 가장 많이 일어나고, 그 후로는 점점 줄어든다. 만 10세 이후에 훔치는 행동은 심각한 문제라고 볼 수 있다. 대개는 거짓말과 동반되고 학업부진, 청소년비행, 성격장애에 선행해서 나타난다. 마음속의 공허감을 다스리는 수단으로 물건을 훔친다. 즉, 우울증의 증상으로 물건을 훔치기도 하며, 학교생활에서 좋지 않은 성적이 압박감을 주어 훔치는 행동으로 나타나기도 한다.

아동의 도벽행동의 원인은 다음과 같다(강경미, 2016: 314).

첫째, 가정과 학교에서 윤리와 도덕의 학습이나 훈련을 못 받았을 경우에 소유욕구가 강한 아동이 충동적으로 할 수 있다.

둘째, 부모의 무관심과 방임 · 학대 · 부모나 가족 간의 갈등이 심한 가정에서 성장하는 경우에 욕구불만이나 부모나 교사의 관심을 얻기 위한 방법으로 도벽행위를 할 수 있다.

셋째, 인지능력의 부족으로 도덕적 가치관이 확립되지 못했거나 소유개념을 이해하지 못하는 경우에 나타날 수 있다.

넷째, 자기가 원하는 지위나 친구들을 얻기 위해서, 불량친구나 집단에 참여하여 그 일원으로 행동하기 위해 도벽행위를 할 수 있다.

이러한 도벽문제를 다룰 때에는 그냥 묵인해서는 안 되며 즉각적으로 대응하는 것이 필요하다. 침착성을 유지하고, 아이의 설명을 들어본다. 남의 것을 들고 오는 것은 나쁘다는 명백한 메시지를 전하면서도 아이의 존엄성을 존중해 주는 태도를 취한다. 같이 가서 값을 치르고 사과를 시키는 것이 매우 중요하다. 잘못을 고백했거나 물건을 돌려주고 난 후에는 부끄럽고 힘든 일을 마친 자녀의 노력을 칭찬해 준다. 용돈이 부족하고 좋은 옷을 입고 싶어서 그랬다면, 또래에 비해 용돈이 어떤지를 진지하게 다시 고려해 본다. 정말 추가적인 돈이 필요하다면 아르바이트 등을 통해서 스스로 돈을 벌어 보는 경험을 하면서, 책임감을 키워 주는 것도 하나의 방법이다(구혜영, 2015: 332-333).

연습문제

1. 아동기의 특징으로 틀린 것은?
   ① 부모 외의 새로운 영향력을 만난다.
   ② 연역적 추리, 조합적 사고가 발달한다.
   ③ 또래집단에 적응하고 성역할을 습득한다.
   ④ 11~12세 여아가 남아보다 몸집이 큰 경우가 많다.
   ⑤ 추상적 사고가 최초로 발달한다.

2. 아동기의 특징을 설명한 것으로 맞는 것은?
   ① 보존개념을 획득한다.
   ② 주도성 대 죄책감의 시기이다.
   ③ 분류능력은 획득하지 못한다.
   ④ 형식적 조작 사고를 할 수 있다.
   ⑤ 가설 설정과 미래사건 예측이 가능하게 된다.

3. 다음의 아동기의 발달과정에 대한 설명 중 옳은 것은?
   ① '솔선성 대 죄의식'의 시기이다.
   ② 상징적으로 사물을 조작할 수 있는 표상기술을 익힌다.
   ③ 형식적 조작기에 해당한다.
   ④ 리비도가 성기에 집중되는 시기이다.
   ⑤ 동일성, 보상성, 역조작 사고가 가능하다.

4. 아동의 사회성 발달에 가장 큰 영향을 미치는 것은 어느 것인가?
   ① 부모 ② 대중매체 ③ 친구 ④ 교사 ⑤ 형제

5. 학습장애의 종류로 거리가 먼 것은?
   ① 난독증 ② 셈하기장애 ③ 쓰기장애
   ④ 읽기장애 ⑤ 철자장애

6. 아동기에 나타나는 심리적 특징은?
   ① 사회적 애착을 확립한다.
   ② 자신의 행동의 자율적 통제가 가능하다.
   ③ 사물이 눈에 보이지 않아도 그 존재에 대한 인식이 가능하다.
   ④ 친지들을 자신과 가까운 순서대로 말할 수 있다.
   ⑤ 성역할에 대한 인식이 생기면서 동성의 친구들과 어울린다.

정답 1. ⑤ 2. ① 3. ⑤ 4. ③ 5. ① 6. ④

Chapter **10**

청 소 년 기

학습목표

청소년기는 생애주기에 있어서 가장 민감한 시기로 인생 진로와 더불어 발달상의 문제점에 대한 연구가 필요하다.

학습내용

1. 청소년기의 개념
2. 발달 특성
3. 발달 과업
4. 발달상의 문제점

개 요

청소년기(adolescence)는 아동기에서 성인기로 전환하는 시기이다. 연령적으로 대략 만 13~18세를 말한다. 사춘기(puberty)로 시작되는 청소년기는 신체적 변화가 일어나는 생물학적 변화로 인해 그 시작이 분명한 반면, 끝나는 시점은 행동적·문화적·심리적 성숙의 개인차로 인하여 사람마다 다양하다. 따라서, 청소년기는 사춘기의 여러 가지 육체적, 심리적 변화로 부모-자녀 관계도 가장 힘들고 청소년 자신도 동요하는 시기이다. 이 시기를 '질풍노도의 시기'라고도 한다. 본 장에서는 사춘기의 발달이론은 물론 발달상에서 발생하는 여러 가지 문제점에 대해 논의하고자 한다.

1. 청소년기의 개념

청소년기(adolescence)는 아동기에서 성인기로 전환하는 시기이다. 연령적으로 만 13~18세를 말한다. 청소년 전기에는 급속한 신체적 변화와 인지적 발달을 경험하며, 청소년 후기는 자아정체감 확립과 더불어 성인생활을 준비하기 위한 여러 가지 과제에 집중한다. 또한 청소년기에는 급격한 신체발달과 더불어 운동능력의 발달도 현저하다. 이것은 개인의 만족과 자신감을 키워주는 역할을 한다(정미경 외, 2015: 132).

특히, 청소년기는 '사춘기'(puberty)라고 이르는데, 이는 이 시기에 일어나는 다른 신체 변화뿐만 아니라 개인의 성적인 면까지 포함하는 생리적 변화를 의미하는 개념이다. 이에 대해 청소년기는 인간발달을 뜻하는 일반적인 용어로서 문화적 개념이다. 즉, 행동적 그리고 문화적인 측면에서 성숙하는 시기이다. 따라서, 청소년이라는 용어는 사춘기의 신체적 성숙뿐만 아니라, 심리적 · 사회적으로 의존에서 벗어나 독립과 책임을 수용하는 것까지 포함된다. 대부분의 청소년기는 중 · 고등학생 시기로 주로 신체적 성숙과 인지적 발달을 경험하게 된다. 사춘기로 시작되는 청소년기는 신체적 변화가 일어나는 생물학적 변화로 인해 그 시작이 분명한 반면, 끝나는 시점은 행동적 · 문화적 · 심리적 성숙의 개인차로 인하여 사람마다 다양하다. 따라서, 청소년기는 사춘기의 여러 가지 육체적 · 심리적 변화로 부모-자녀 관계도 가장 힘들고 청소년 자신도 동요하는 시기이다. 이 시기를 '질풍노도의 시기'(time of storm and stress)라고도 한다(신명희 외, 2013: 292).

역사적으로 청소년이란 용어가 등장하기 시작한 것은, 얼마 전의 일이다. 이 용어는 산업혁명과 더불어 의무교육이 실시됨으로써, 인간의 발달단계에서 청소년기를 고유한 발달시기로 인식하게 하는 데 결정적인 영향을 미쳤다고 볼 수 있다. 즉, 산업화는 기본적으로 교육받은 노동력이 요구되었으며, 학교교육의 의무화는 청소년들이 노동시장에 유입되지 않고 경제활동에서 제외되는 특권을 주었는데, 이러한 요인들이 본격적으로 청소년기를 인식하게 되는 계기가 되었다(홍봉선 · 남미애, 2013: 20).

청소년기는 신체적 · 지적 · 심리적 변화가 격동적으로 일어나면서 아동이 성인으로 발달해 가는 전환기다. 체내 성호르몬의 분비가 증가함으로써 1, 2차 성장이 뚜렷해지고, 임신과 출산이 가능해지는 등 신체적 변화가 급격하게 일어나는 '제2의 신체발육 급증기'이며, 이로 인해서 심리적 갈등과 혼란이 크게 일어나기 시작하는 시기다. 자아정체성을 형성하고, 성인기의 독립적인 삶에 필요한 지식과 능력을 쌓아 가는 시기지만, 아직은 성인의 역할과 책임에서 벗어나 있는 심리사회적 유예기간이기도 하다(Zastrow & Kirst-Ashman, 2012).

청소년기의 가장 중요한 과업은 '자아정체감'을 형성하는 것이다. 자아정체감이란, 자신의 독특성에 대한 비교적 안정된 느낌을 말한다. 자아정체감은 개별성, 통합성, 연속성(또는 계속성)의 차원을 갖는다. 개별성은 나는 다른 사람과 구별되는 고유한 존재라는 인식을 말하며, 통합성이란 자신의 행동이나 태도 등이 전체적으로 일관성이 있으며 통합되어 있다는 인식을 말한다. 연속성은 시간의 경과에도 불구하고 나는 동일한 사람이라는 인식을 말한다. 자아정체감 형성은 아동기 때부터 시작되는 것으로 볼 수 있으나 청소년 후기에 가장 중요한 인생과업으로 등장한다. 자아정체감 형성을 위해서는 자신의 신념, 가치관 등에 대한 고통스러운 의문 제시가 선행되어야 하며 따라서 일종의 위기를 경험하게 된다. 자신이 경험한 많은 요소들을 모아 통합된 명확한 자기정의를 내리는 것은 어려운 일이므로 자아정체감을 형성하는 과정에서 누구나 혼란과 우울증을 경험할 수 있다(김이영 외, 2015: 181).

대부분의 동양권 국가에서는 '소년', '소녀', '미성년', '중 · 고생', '10대', '1318' 등 다양한 용어를 각각의 환경에 따라 사용하고 있다. 이는 어원적인 의미보다는 발달적 · 제도적 성격이 복합적으로 작용하여 사회통념상의 용어로 관행화된 성격이 짙다. 최근에는 이러한 동향도 수정되어 매우 구체적으로 접근하고 있는데, 그 대표적인 예가 이른바 말하는 '1318'이다. 즉, 중학생이 되는 시작연령과 고등학생이 끝나는 연령을 연결시키는 '1318'로 범주화하고 있다. 문제는 이렇게 중 · 고등학생, 청소년, 1318이 동일하다는 등식으로 명확하지만 좁게 사용할 경우, 법적 정의와 충돌하여 청소년 지도와 보호에서 여러 가지 문제가 발생하기 쉽다는 것이다. 또한 학계에서도 사회통념적 정의를 일부 수용하고 있는데, 대표적으로 아동의 권리에 관한 국제협약을 청소년의 권리에 대한 준거로 채택하고 있다는 점이다. 마찬가지로 이러한 학계의 관점을 제도권에서도 수용하여 청소년복지정책에 반영하고 있다(이소희 외, 2005: 18-19).

일반적으로 13세 이상 18세 미만인 자를 청소년으로 구분하지만, 청소년 관련법에서는 다양하게 정의하고 있다.

〈표 10-1〉 청소년 관련법상의 연령

관련 법률	호칭	연령 구분
아동복지법	아동	18세 미만의 자
청소년기본법	청소년	9세 이상 24세 이하의 자
청소년보호법	청소년	19세 미만의 자
청소년 성보호에 관한 법률	청소년	19세 미만의 자
청소년활동진흥법	청소년	9세 이상 24세 이하의 자
청소년복지지원법	청소년	9세 이상 24세 이하의 자
민법	미성년	19세 미만인 자(19세 성년)
형법	형사미성년	14세가 되지 아니한 자
근로기준법	연소자	18세 미만인 자
모·부자복지법	아동	18세 미만인 자 (취학 중인 때에는 20세 미만)
국민기초생활 보장법	아동	18세 미만인 자
소년법	소년	19세 미만인 자
영화 및 비디오물의 진흥에 관한 법률	청소년	18세 미만의 자 (고교 재학 중인 자 포함)

자료: 김보기 외(2016: 71).

청소년 관련법에서 나타나듯이 청소년의 정의와 호칭과 연령 등을 정비할 필요가 있다. 청소년기본법, 청소년 관련법에서 청소년에 대한 연령을 다양하게 규정함으로써 발생되는 문제를 최소화해야 한다. 그러나 현 시점에서 민법에 준하는 것이 타당하다고 보아 청소년기는 13~18세까지로 한다. 즉, 중·고등학교에 해당하는 연령이다.

2. 발달 특성

1) 신체적 발달

청소년기의 신체적 발달은 키와 몸무게 등 급속한 외적 성장과 아울러 성호르몬의 분비가 증가하면서, 생식능력이 갖추어지는 성적 발달에 주요 특성이 있으며, 청소년 후기가 되면 성인과 거의 같은 수준의 신체적인 성숙이 이루어진다. 이 시기는 신체적 건강과 힘이 최고 수준에 있으므로 활기차고 민첩하며 넘치는 에너지를 운동이나 다양한 외부 활동에 사용할 수 있게 된다. 질병 이환율이 가장 낮으며 생식기관, 근육 및 내부기관의 기능이 최고조에 달하게 된다(오창순 외, 2015: 284-285).

청소년기에 신장과 체중의 변화는 급격하게 이루어진다. 개인차가 있으나 사춘기가 시작되는 청소년 전기가 되면 성인의 98%까지 신장과 체중이 증가한다. 신장의 경우에는 여자는 10~11세경에, 남자는 12~13세경에 시작하여 성장판(physeal plate)이 닫힐 때까지 평균 5~13cm 정도씩 자란다. 여자의 경우에는 성숙한 골격구조와 신경구조를 가지고 태어나기 때문에 아동기를 거쳐 청소년 전기에 남자보다 빠르게 성장하지만, 남자의 신체적 발달이 우세해지는 13~14세의 무렵에 남자의 성장속도가 여자를 추월하며 남자의 경우 21세까지 성장하기도 한다(유수현 외, 2015: 206).

청소년기의 가장 특징적인 발달 중의 하나는 성적 성숙이다. 청소년기를 간혹 사춘기(puberty)라고 부르는 것도 바로 이러한 성적 성숙 때문이다. 그러나 사춘기는 단순히 생식기관의 발달로 인한 생식능력의 발달에 초점을 둘 때 사용하는 용어이며, 성적 성숙(sexual maturation)이라고 하면 생식기관의 발달과 관련되어 일어나는 사회적 · 심리적 적응과정 모두를 의미하는 것이다(권중돈, 2014: 149).

청소년기의 신체적 특성은 다음과 같다.

첫째, 청소년기의 신체발달은 사춘기의 발달현상으로 설명된다. 그 이유는 사춘기가 호르몬의 변화로 급격한 신체적, 성적 성숙이 이루어지는 시기이기 때문이다. 청소년은 신체의 각 부분이 같은 비율로 골고루 성장하지 않는 관계와 자아정체감의 형성으로 외모에 관심이 많다(최선화 외, 2015: 300). 청소년기는 자신의 신체와 용모에 대해 관심을 가지고 급격히 변화하는 신체적 특징에 대해 민감하게 반응한다.

둘째, 성적 성숙으로 인하여 성에 대한 호기심과 욕구가 많아진다. 이것은 기성세대의 보수성의 영향인 사회적 압력으로 인하여 부자연스럽게 그리고 음성적으로 이루어지는 경우가 많으며 왜곡된 성 정보의 수집으로 성에 대한 호기심과 욕구가 잘못 처리되는 경우가 많다. 즉, 청소년들은 갑작스럽게 나타나는 생리적 변화로 놀라움 · 당황스러움 · 수치감 · 불안함 등을 느끼지만, 동시에 정상적 성적 발달이 이루어지고 있다는 것에 안도감을 느끼며, 한편으로는 자신의 성적 기능에 기대감을 가지기도 한다. 그래서 청소년들은 그들의 성 발달과 관련하여 매우 복잡한 반응을 보이고 행동하는 것이다(이소희 외, 2005: 37). 성적 욕구, 즉 성 충동, 자위행위 등에 대한 어려움을 느끼고 있다.

〈표 10-2〉 자신의 신체 변화에 대한 청소년들의 걱정

남	여
- 음경의 크기: 대부분의 남아들은자신의 성기 크기를 친구들과 비교해본다. 음경의 평균 길이는 발기했을 때 약 5~7인치(12~17cm)이다. - 갑작스러운 발기: 언제든지 나타날 수 있다. 진정을 위해 다른 생각을 하도록 노력한다. - 아침의 발기: 꿈을 꾸면서 흔히 나타날 수 있다. - 몽정: 꿈을 꾸면서 흔히 나타날 수 있다. - 목소리의 변화 : 후두가 커지면서 목소리가 점차적으로 깊어진다. - 땀: 아포크린샘이 매우 활동적으로 변하면서 땀이 증가한다. 매일 잘 씻고 데오도란트를 사용한다. - 여드름과 피부 문제: 흔히 나타난다. 매일 잘 씻고 국소적으로 피부색의 크림을 바르는 것이 흠을 가리는 데에 도움이 될 수 있다.	- 유방의 크기: 양쪽이 정확히 같지 않을 수도 있다. 유방의 크기는 다양하다. 잘 맞는 속옷을 골라 착용한다. - 월경: 보통 11~14세경 시작하며 평균적으로 매 28일마다 5일간 지속된다. - 월경 시 불편감: 열 적용, 애드빌이나 타이레놀 복용, 적정량의 활동을 통해 경감될 수 있다. - 임신: 월경을 하게 되면 이제부터 임신이 가능하다. - 위생: 특히 월경 중 위생은 중요하다. 규칙적으로 목욕하고 샤워하도록 한다. - 땀: 아포크린샘이 매우 활동적으로 변하면서 땀이 증가한다. 매일 잘 씻고 데오도란트를 사용한다. - 여드름과 피부 문제: 흔히 나타난다. 매일 잘 씻고 국소적으로 피부색의 크림을 바르는 것이 흠을 가리는 데에 도움이 될 수 있다.

자료: Polan and Taylor(2015).

2) 인지적 발달

청소년기의 인지발달은 아동기의 적극적 발달에 이어 본격적으로 발달된다. 청소년기 초에는 과도기적 현상으로 아동기적 행동이 많이 나타나지만, 청소년기 중반부터는 인지적 기능이 논리적 사고, 추상적 사고, 이상, 형식적 추리, 문제해결적 사고, 비판적 사고 등의 발달로 나타나게 되며, 이 시기의 사고발달 과정을 통해서 성인과 유사한 사고양식을 가지게 된다.

청소년기는 피아제가 말한 형식적 또는 추상적 조작기에 해당하는 사고가 이루어지기 시작하는 시기로, 새로운 지식을 습득할 뿐만 아니라, 지식을 이해하고 이용하는 방법이 달라진다. 추상적이고 가설적인 가능성에 대해 논리적으로 사고하고 추리를 하는 능력과 연역귀납적인 문제해결능력이 발달한다. 모든 가능성을 체계적으로 검증할 수 있는 종합적 분석이 가능해지며, 확률에 대한 이해를 한다. 즉, 복잡성이 증가하고 가능성에 대해 생각하게 되며 정보처리의 속도와 효율성이 증가한다는 것이다.

이러한 인지발달적 변화를 통하여 청소년들은 이전과는 다른 청소년기 특유의 독특한

사고와 행동특성을 보인다. 두 범주 이상의 변수를 실제로 조작하지 않은 채 정신적으로 다룰 수 있다. 또한 사건이나 관계가 미래에 변화한다는 것을 사고에 고려해 넣을 수 있다는 것과 일어날 수 있는 사건들의 연속에 관해 가설을 세울 수 있다. 그리고 자신의 행동결과를 예측할 수 있다. 일련의 진술이나 문장에서 논리적 일관성의 유무를 구분한다. 자신과 자신이 속한 세계에 대해서 상대론적 입장에서 생각할 수 있게 된다. 즉, 자신의 가치관이나 행동양식은 자기가 속한 사회와 규범 때문이라는 것을 이해함으로써 다른 사회에 속한 사람은 그 사회의 규범에 따라 자신과 다른 방식으로 행동할 수 있다고 기대한다. 따라서, 다른 사람에 대한 이해와 포용력이 증가한다(구혜영, 2015: 343-344).

(1) 형식적 조작

청소년은 아동과는 다른 방식으로 세계에 대한 개념을 형성하기 시작한다. 피아제는 청소년기 사고의 특성을 형식적 조작능력이라고 기술하였다. 청소년은 이제 자신의 지각과 경험보다는 논리적 원리에 의해 지배되기 때문에, 보다 추상적인 사고가 가능해지며, 이전에는 불가능했던 사건에 대한 가설을 설정할 수 있게 된다. 형식적 · 조작적 사고는 다음과 같은 능력을 포함한다(정은, 2014: 237).

- 고도의 추상 개념을 사용할 수 있다.
- 가설을 설정하고 미래의 사건을 예측할 수 있다.
- 모든 가능한 개념의 조합을 고려할 수 있다.
- 몇몇 관련된 변인을 동시에 다룰 수 있다.

(2) 자기중심성

형식적 조작기의 청소년은 타인의 생각이나 관점을 추론할 수 있지만, 자기 몰두로 잘못된 가정을 하기 쉽다. 아동기의 자기중심성이 자신과 타인 사이에 상이한 관점을 갖고 있다는 것을 인식하지 못하기 때문에 나타나는 것이라면, 청소년기의 자기중심성은 자신의 사고나 상위 인자에 대해 사고할 수 있는 발달된 인지능력 때문에 나타난다고 볼 수 있다.

10대의 청소년은 자신을 마치 '상상의 청중'(imaginary audience) 앞에 서 있는 존재로 생각하는 경향이 있기 때문에 자의식이 강하다. 청소년은 자신에 대한 타인의 견해에 지나치게 관심을 갖는 동시에 자신의 감정이나 욕구는 타인의 그것과 비교될 수 없는 독특한 것이라고 생각한다. 따라서, 청소년 자신의 사고는 성인의 사고와는 비교될 수 없으며, 성인은 자신을 이해할 수 없다고 생각한다. 청소년기의 자기중심성은 11세 무렵에 나타나기 시작하여 15세 무렵에 정점에 도달했다가 다양한 대인관계 경험을 통해 객관적인 이해가 이루어지면서 사라지게 된다.

3) 정서적 발달

급격한 신체의 발달과 성적 성숙을 경험하는 청소년들은 달라지는 신체를 통해 자신의 이미지를 형성해 나가고, 동시에 성숙에 따른 심리적응 문제를 경험하게 된다. 인지적 기능도 발달해짐에 따라 추상적이고 논리적인 사고가 가능해지고, 사춘기를 경험하면서, 다양한 감정이 표출되고, 감정에 따른 사회적 행동이 나타나기도 한다. 이러한 과정을 통해 자아정체성을 구축하게 된다.

청소년기는 대체적으로 감정의 기복이 심하며, 긍정적이거나, 부정적인 감정의 교차와 자부심과 수치심의 교차가 빈번하게 일어난다. 청소년기의 정서는 일관적이기보다 불안정하고, 긍정적인 감정보다는 부정적인 감정표출이 높아질 수 있다. 불안, 우울, 고독, 열등감, 죄의식, 분노 등 강하고 변화가 심한 감정으로 인해 가족관계와 또래관계에 영향을 주고받는다. 또한 성적 성숙이 일어나면서 성적 충동으로 인한 성적 호기심이 생겨나고, 성의식이 높아지면서 변화되는 신체적 변화와 성장과 관련하여 성적 수치심이 강해질 수 있다(유수현 외, 2015: 211).

청소년기에는 2차적 성적 특징의 발달과 그로 인한 성적 충동으로 인해 성적 색채가 강한 정서를 보이며, 극단적 정서경험과 변화를 수반한다. 여러 측면에서 급격히 일어나는 변화와 발달에 대처할 수 있는 충분한 지식이나 기술을 아직 갖추고 있지 못하기 때문에, 항상 불안과 혼란 속에서 끊임없이 긴장하고 갈등한다. 자신의 능력에 대한 확신 부족, 신체 이미지에 대한 자신 부족, 장래에 대한 확신 부족으로 정서적인 불안정을 경험하게 되고, 이상과 현실 사이의 괴리를 목격하고 실존적 공허감에 빠지기도 한다. 정서의 특징은 이상주의와 낭만주의, 감상주의적 경향이 짙으며, 청소년기 후기에 이르면 이성을 통해 정화된 조용하고 고상한 정서가 표현되어 나타난다. 청소년들은 감수성이 대단히 예민하여 쉽게 흥분하고 동요되며, 다른 사람의 비판이나 훈계, 간섭 등에 지나치게 민감하다 지나치게 남을 의식하고 남들 앞에서 부끄러움을 많이 느끼며 자신을 남과 비교하여 평가하기도 한다. 청소년의 정서적 불안상태는 감정의 양면성에서 가장 잘 나타난다(구혜영, 2015: 346).

4) 심리사회적 발달

(1) 사춘기

사춘기 동안에는 여러 일반적인 행동특성이 흔히 나타난다. 이 시기의 개인은 행복한 듯하다가 점차적으로 자신의 태도나 상호작용에서 부정적인 모습을 보이게 된다. 이러한 부정적인 모습은 자의식이 자라면서 나타난다. 자기회의와 걱정은 이들의 변화하는 신체와 관련이 있다. 대부분의 행동은 전체적으로 부정적인 외모의 영향을 받는다. 이 연령대의 아이들은 이전보다 자신의 방에서, 또는 혼자 지내는 시간이 많아진다. 많은 아이들이 이전의 친구관계에서 멀어지고, 새로운 집단환경에서 자신의 자리를 찾는다. 자기 자리를 찾을 때까지 이들은 고립되고 혼자일 수도 있다.

사회적 적대감은 이들이 가족, 친구, 사회와 상호작용할 때 흔히 보일 수 있다. 가족환경에서 청소년기 이전 아이들은, 부모에게 따지기 좋아하고 형제자매를 질투한다. 독립에 대한 이들의 갈망은 권위를 가진 사람 사이에서 갈등의 근원이 된다. 이들은 감시와 지시에 분개하며 나약함과 무력함의 징후를 모두 보이기도 한다. 이러한 적대감은 동성 간의 관계로 확장될 수도 있다. 가족관계는 이 시기에 극적으로 바뀐다. 이러한 변화가 혼란과 갈등을 유발한다. 독립을 위한 갈등 속에서 아이들은 제한과 부모의 통제로부터 벗어나고 싶어 한다. 집안일, 통행금지, 데이트, 전화사용, 돈, 운전, 과제, 우정 등의 문제가 부모와 아이 사이의 의견충돌을 야기할 수 있다. 부모는 청소년이 말을 듣고 규정을 따르기를 원한다. 청소년들은 자신이 신뢰받고 있지 못하다고 불만을 토로한다. 흔히 이들은 "난 왜 다른 사람들처럼 할 수 없어요?"라고 소리친다. 이들은 흔히 따지기 좋아하고 부모의 방법에 대해 비판적이다. 일부 청소년들은 부모로부터 멀어지거나 털어놓고 얘기하는 일이 줄어들면서 부모에게 자신이 떨어져 나왔거나 제거되었다고 느끼게 만들기도 한다. 청소년들은 종종 마치 부모와 함께 있는 것이 어색한 것처럼 행동하기도 한다.

〈표 10-3〉 청소년의 행동

반항적임, 따지기 좋아함, 무례함	- 모른 척 넘어가준다. - 싸움을 피한다. - 참을 수 있는 한 참는다. - 부모의 사랑을 거부하는 행동은 신경 쓰지 않는다.
사생활을 필요로 함	- 청소년이 자신만의 공간을 가지고 있음을 확실시한다. - 청소년들의 자의식적 행동을 이해한다. - 개인은 사생활을 어느 정도 필요로 한다는 사실을 받아들인다. - 도움을 제공하되 아이가 거부하면 물러선다. - 의사소통 창구를 계속 개방해둔다.
정직하지 못함	- 과도한 반응은 피한다. - 현실을 강화시킨다. - 일관적인 원칙을 지킨다.
책임감	- 주의를 기울여 듣는다. - 아직 완전히 성숙하지 않았음을 예측한다. - 의사결정과 책임감의 수용을 격려한다. - 합리적인 규칙을 정한다.
통행금지	- 의도하지 않게 늦게 들어오는 것을 받아들여준다. - 전화로 자주 연락하도록 격려한다. - 아이에게 좋은 예시가 되어준다. - 집에 중점을 두고 사회적 삶을 허용해준다.
친구들	- 친구들을 비난 없이 받아들여준다. - 친구들에 대해 알고자 노력한다. - 못마땅해 하는 모습을 보이지 않는다.

자료: Polan and Taylor(2015).

(2) 가족관계

청소년기의 특징적인 사회적 발달 중의 하나는, 부모나 가족으로부터 분리되어 친구나 자기 자신에게 의존하려는 경향이 높아진다는 점이다. 청소년기에는 신체적 성숙이 이루어짐에 따라 부모의 통제를 받지 않으려 하며, 부모의 지시를 논리적으로 비판하거나 반항하며, 친구관계에서 배운 가치관을 가족관계에 적용하려고 한다. 이러한 청소년의 특성 때문에, 부모는 청소년이 성장한 데 대하여 보람도 느끼지만, 거부당하는 데 대한 상실감도 동시에 경험한다. 하지만 부모의 애정과 지원에 깊이 뿌리내리지 못한 상태에서 독립을 위한 날갯짓을 하게 되면 실패할 가능성이 높다. 지금까지 청소년기의 발달에 관한 연구에서는 청소년의 독립과 자율성만을 강조해 왔으나, 최근 들어서는 청소년의 건강한 발달에 부모와의 안정적인 애착관계와 부모로부터의 지원이 필수적이라는 점을 강조하기 시작하였다.

청소년들이 부모의 보호로부터 벗어나서 자기의 판단에 의해 독립적으로 행동하려는 성향을 '심리적 이유'라고 부른다. 대부분의 청소년기 가족에서는 부모들이 이러한 청소년들의 심리적 이유를 지지하고 격려해 줌으로써 커다란 갈등 없이 청소년기를 보낼 수 있게 된다. 하지만 청소년들은 부모에게 의존함과 동시에 부모로부터 독립해야 하는 상황에서 끊임없이 갈등을 하게 되며, 부모 역시 자녀의 독립을 원하지만 동시에 계속해서 의존해 주기를 희망한다. 이러한 이중적 상황과 청소년 자녀와 중년기 부모의 급격한 발달상의 변화로 인하여 부모와 십대 자녀 간에 갈등관계를 형성하게 되는 경우가 많아진다. 특히, 어떤 부모들은 청소년기 자녀를 이해하기보다는 동기와 마찬가지로 지나치게 보호하고 간섭하려 하기도 한다. 청소년 자녀들은 이러한 부모의 태도에 불만을 품고 비판 또는 반항하거나 도피행위를 함으로써, 부모와 청소년 자녀 사이에 극도의 긴장관계가 형성되기도 한다. 이와 같이 청소년이 심리적 이유를 추구하는 과정에서 부모에게 반항하는 행동적 특성 때문에 청소년기를 '제2의 반항기'라고도 부른다.

(3) 교우관계

청소년기에는 우정이 가족 간의 애정보다 더 중요한 시기가 되므로, 청소년들은 가족과의 대화보다는 친구를 만나거나 전화나 인터넷을 통해 친구와 연락하는 데 더 많은 시간을 보내게 된다. 따라서, 청소년들은 동년배집단과 강한 유대관계를 형성하고 자신의 집단 내 지위와 역할을 예측하고 평가하며, 필요한 사회적 기술을 학습하게 되고, 청소년기의 원만한 친구관계는 사회적 적응과 정신건강에도 많은 영향을 미친다. 그러나 청소년기의 친구관계는 긍정적 측면뿐만 아니라, 부정적 측면도 동시에 지니고 있다. 즉, 청소년들은 친구관계를 통하여 술, 약물, 문제행동을 배우거나 직접 행동에 옮기기도 하며, 친구들로부터 거부되고 무시당함으로써 극도의 스트레스와 좌절감을 경험하여, 정신건강이나 부적응적인 행동문제를 일으키기도 한다.

청소년기 동안에 우정의 의미와 질은 끊임없이 변화한다. 청소년기 초기의 우정은 개인적인 특성보다는 태도나 행동, 관심분야의 유사성에 기반을 두며, 비교적 피상적이고 활동중심으로 동성의 친구가 대부분이다. 청소년기의 우정은 정서적으로 강렬한 관계중심적 유형을 띠며, 신뢰할 수 있고, 비밀을 터놓을 수 있는 친구를 찾게 되는데, 이렇기 때문에 우정에 금이 가게 되었을 때에는 정서적으로 매우 큰 상처를 입게 된다. 이 시기는 동성친구가 이성친구보다 더욱 중요성을 지닌다.

청소년기에 이성친구에 대한 관심이 높아지지만, 실제로는 동성의 친구들을 더 많이 사귀며 가장 친한 친구 역시 동성의 친구인 경우가 많다. 자신이 직면한 심각한 문제에 대해 의논하는 상대도 동성의 친구인 경우가 많다. 청소년기의 이성교제는 대체로 또래 집단과의 활동이나 단체활동을 통해 이루어지는 경우가 많은데, 이성교제를 하는 단계를 살펴보면, 처음에는 동성친구관계의 연장된 형태로 동성과 이성의 친구가 집단으로 접촉을 하다가 점차 개인적인 데이트를 하고 사랑에 빠져드는 단계로 옮아간다(Dunphy, 1963).

청소년기가 되면서 부모와 성인보다는 또래들의 지지와 이해가 더 필요하며, 이런 또래로부터의 지지와 이해를 통하여 사회성이 발달한다. 또래집단은 청소년에게 소속감과 연대감, 지지와 수용 등의 긍정적 요인이 되고, 규범과 행동기준을 제공하며, 또한 이를 준수했을 때 청소년들은 집단으로부터 인정과 지지를 받는다. 청소년들은 이 시기의 우정을 통하여 타인을 이해하고 배려하는 사회적 기술을 획득하게 된다(장수환 외, 2017: 85).

3. 발달 과업

청소년기에는 무엇보다도 장래에 대한 희망과 불안이 교차하는 시기이다. 따라서, 청소년기에는 '진로상담'이 무엇보다도 중요한 발달 과업이 아닐 수 없다.

진로를 뜻하는 'career'의 어원은 라틴어 *carro*에서 유래한 것으로, '수레가 다니는 길을 따라간다'(to roll along on wheels)는 뜻이다. career는 여러 가지 의미로 다양하게 사용되고 있는데, 일반적으로 '한 개인의 생애의 전 과정'이라고 정의하고 있다.

호이트(Hoyt, 1974)는 진로란 인간이 일생을 통하여 하는 일을 총칭하는 말로써, 그것은 삶의 중핵이며 인간이 목표를 이루는 길이기도 하다. 진로는 임금을 받는 직업에만 국한되지 않으며, 유년기에서 시작하여 나이가 들어 직장에서 은퇴한 후에도 계속되는 모든 활동을 포함한다. 맥다니엘(McDaniel, 1978)은 진로를 개인의 직업 또는 직무 이상의 개념으로, 자신의 인생 전반에서 수행하게 되는 연속적인 일이나 여가 모두를 포함하는 '생활방식'이라 정의하고 있다. 한센과 카이어레버(Hansen & Keierleber, 1978)에 따르면, 진로란 역할

통합에 영향을 주는 상호관계적인 현상으로써 개인이 자신의 가족, 일, 교육과 관련되는 선택을 할 때 그 개인을 도와주는 모든 행위의 개념이라고 정의한다. 레이노어와 엔틴(Raynor & Entin, 1982)은 진로란, 지각적 개념과 행동적 개념을 모두 포함하는 것이며, 한 개인이 가지는 사회적 환경, 즉 미래에 대한 계획, 과거의 성공과 실패 그리고 현재의 적성 또는 재능으로써 자기 자신을 어떻게 보느냐로 정의하고 있다. 결국 진로란, 자아와 직업세계에 대한 이해를 통하여 개인의 일생을 체계적으로 선택해 나가는 일의 개념으로 볼 수 있다.

브라운과 브룩스(Brawn & Brooks, 1985)는 진로상담이란, 개인이 직업을 탐색 · 선택하고 그것을 달성하도록 준비하고, 그 직무를 효과적으로 수행할 수 있도록 도와주는 활동으로서, 전 생애에 걸쳐 진로선택과 관련된 모든 상담활동을 지칭하는 것이라고 주장하였다. 서퍼(Super, 1972)는 진로상담이란, 일의 세계에서 적절히 융화된 자신의 역할상과 자아상을 발전시키고 수용하여 현실 속에서 자신의 모습을 검토해 보고, 검토한 결과 그 자체에서 자신에 대한 만족 그리고 사회에 이익이 되는 현실로 전환하도록 개인을 도와주는 과정이라 하였다. 미국의 진로발달협회(National Career Development Association, NCDA)에 따르면, 진로상담은 내담자가 가장 적절한 진로 결정을 하기 위해, 자신과 환경의 이해를 종합하고, 응용하도록 돕는 목적을 가진 상담자와 내담자 사이의 개인과 또는 개인과 소집단의 관계이다.

결론적으로 '진로교육'이 가장 포괄적인 의미를 가지며, 다음으로 '진로지도'이다. 그리고 '진로상담'은 진로에 관한 교육 및 지도활동을 구체적으로 실천하는 가장 대표적인 방법이라고 규정할 수 있다. 한편, 학교상담의 영역에서 보면 진로상담은 그 원리나 방법 자체는 일반상담과 크게 다를 바 없으나, 진로상담이 상급학교 진학과 직업의 탐색 · 선택 · 준비 등의 측면을 개인의 적성과 정서와 관련하여 구체적으로 다룬다는 점에서는 다르다고 할 수 있다.

4. 발달상의 문제점

청소년기는 자아정체감을 확립하는 과정으로 인간발달의 필수적 시기이다. 이는 인간의 발달에 있어서도 비약적으로 성장하는 가장 중요한 시기이기도 하다. 이러한 성장과정에서 성장통이 발생할 수 있다. 청소년에게는 그 나름의 욕구와 욕망이 있다. 그러나 이를 분출하는 것을 미성숙의 증표인 양 여기는 현재의 사회에서는 청소년들이 고유한 정체성을 갖고 있음을 부정한다. 또 청소년 문화는 종종 잘못된 욕구와 욕망의 분화구로 묘사되기도 한다. 청소년은 감성적으로 예민하고, 아직은 자제력이 부족한 시기이기 때문에, 어떠한 유혹이나 비행에 쉽게 빠져들 수 있다. 청소년문제에 대한 이해는 여기에서부터 시작한다. 그것은 바로 청소년이 쉽게 중독될 수 있는 유혹 또는 일탈로서의 비행을 이해하는 것이다(김지미 외, 2016: 209-210).

청소년문제가 어느 사회를 막론하고 심각한 문제로 인식되는 것은, 현재의 청소년이 미래사회의 주역으로서 장차 국가의 장래를 결정할 주요한 자원이기 때문이다(김근홍 외, 2013: 187). 오늘날 청소년들은 사회와 가정의 환경이 급격하게 변화함에 따라 더욱 심각한 문제들을 경험하고 있다. 특히, 가족의 변화에 따른 갈등문제는 성장기에 있는 청소년들에게 지대한 영향을 미치고 있다. 이제 전통적으로 가족이 담당해온 역할을 더 이상 가정 내에서 기대할 수 없게 됨에 따라, 청소년에 대한 보호와 양육 그리고 교육기능의 위기가 초래되었고, 이에 따른 사회적 책임의 필요성도 증가하고 있다.

청소년문제는 사회문제의 하나이며, 청소년이라는 특수한 인구집단과 관련된 문제로서 그 심각성과 해결의 긴급성은 더 말할 나위 없이 중요하다. 청소년문제는 사회구조적 요인과 개인의 주변적 환경 그리고 개인의 성향이 상호작용을 일으켜 발생하는 문제로 보아야 할 것이다(최일섭 · 최성재, 2004: 141).

청소년에 대한 왜곡된 이해는 청소년들에게서 발생하는 여러 문제에 대해 근원적인 오해를 하고 있기 때문에, 필연적인 부작용을 야기한다. 따라서, 청소년문제를 이해하기 위해서는 청소년의 관점에서, 청소년의 고유한 주체성을 인정하되 그들이 성장하는 단계에서 발생하는 문제들에 초점을 맞추어야 한다.

일반적으로 청소년문제는 청소년비행, 학교폭력, 청소년 자살, 인터넷 중독 등으로 구분할 수 있다. 본 장에서는 청소년문제 가운데 학교폭력에 관하여 언급하고자 한다.

청소년문제에 있어서 학교폭력은 청소년인 학생과 학교가 결합된 문제인 만큼 형사적이 아닌 교육 및 청소년복지적 차원의 접근이 필요하다. 따라서, 학교폭력의 개념도 광의로 해석해야 하며 교육의 현장에서 청소년에게 정서적 · 지적 교육의 실천에서 자연스럽게 이루어져야 한다(최선화 외, 2016: 310).

학교폭력의 연구가 활발하게 진행됨에 따라 다양한 학교폭력의 정의가 있다. 올베우스(D. Olweus, 1993; 강은지, 2016: 6 재인용)는 학교폭력을 한 명의 학생 또는 그 이상의 학생들로부터 반복적이며 지속적인 부정적 행동에 노출된 것이라 정의하였다. 부정적 행동이란, 공격적인 행동으로 상대방에게 의도적으로 상처를 주거나 피해를 주는 것을 의미한다.

국내의 학교폭력은 1990년대 이후로 더욱 심각한 양상으로 나타나고 있다. 이에 학교폭력의 문제를 해결하고 대응하기 위하여 2004년 「학교폭력 예방 및 대책에 관한 법률」을 제정하였다. 「학교폭력 예방 및 대책에 관한 법률」에서는 학교폭력을 다음과 같이 정의한다.

> 제2조(정의) 1. "학교폭력"이란 학교 내외에서 학생을 대상으로 발생한 상해, 폭행, 감금, 협박, 약취 · 유인, 명예훼손 · 모욕, 공갈, 강요 · 강제적인 심부름 및 성폭력, 따돌림, 사이버 따돌림, 정보통신망을 이용한 음란 · 폭력 정보 등에 의하여 신체 · 정신 또는 재산상의 피해를 수반하는 행위를 말한다.

학교폭력 사안의 처리는, 「학교폭력 예방 및 대책에 관한 법률」에 의하여 학교폭력 발생 시 담임교사, 학교장, 학교폭력전담기구의 구성원은 각자의 역할을 분담하여 사안을 처리하도록 구분되어 있다.

첫째, 학교폭력을 인지한 교사, 학생, 학부모 등은 지체 없이 학교폭력전담기구에 신고하여 한다. 이때 신고자와 관련된 정보는 비밀보장을 원칙으로 한다.

둘째, 학교폭력전담기구는 신고 된 사안을 신고대장에 반드시 기록하고, 학교장과 관련학생 담임교사에게 보고한 후 보호자에게 연락하여 사안을 통지한다.

셋째, 피해학생의 보호를 위해 긴급하다고 인정하거나 피해학생이 긴급보호 요청을 하는 경우 즉시 조치를 실시할 수 있다. 피해학생 긴급조치의 내용으로는 심리상담 및 조언(1호), 일시보호(2호), 그밖에 필요한 조치(6호)를 할 수 있다. 이 경우, 자치위원회에게 즉시 보고를 해야 한다.

넷째, 신고 된 사안을 바탕으로 가해 및 피해사실 여부 확인을 위한 구체적인 사안조사를 실시한다. 사안조사는 주로 면담조사로 이루어지며, 정황을 파악하고 관련학생의 요구사항을 확인해야 한다. 또한 조사한 결과를 바탕으로 사건보고서를 작성하여 보관하도록 한다.

다섯째, 사안 조사결과에 대해 해당학생 보호자에게 알리고, 향후 처리 절차 등에 대해 정확하게 통보해야 한다. 이를 토대로 사안 조사결과를 종합적으로 정리하여 학교장 및 자치위원회에 보고하고, 자치위원회가 해당 사안에 대해 심의하고 의결하여 적절한 조치를 받을 수 있도록 한다.

마지막으로, 자치위원회 결정을 해당학생 및 보호자에게 통보한다. 통보 시 재심 및 분쟁조정을 위한 방법을 함께 안내해야 한다. 또한 관련 학생들에게 결정된 조치사항을 실행하고 지도해야 한다.

〈표 10-4〉 **학교폭력 사안처리 진행과정**

<table>
<tr><th>진행과정</th><th>처 리 내 용</th><th>비고</th></tr>
<tr><td rowspan="3">초기대응</td><td>학교폭력 인지
- 사건을 인지한 교사, 학생, 학부모 등은 학교폭력 전담기구에 신고</td><td>전 교원</td></tr>
<tr><td>신고 접수 및 학교장보고
- 학교폭력 전담기구는 신고 된 사안을 학교장과 담임교사에게 보고한 후 피해·가해학생 학부모에게 통지</td><td>전담기구</td></tr>
<tr><td>즉시조치 〈긴급조치포함〉
- 필요시 진행하는 조치로 피해학생 및 신고·고발한 학생이 가해학생으로부터 보복을 당하지 않기 위한 조치
- 긴급조치를 취한 후, 자치위원에 즉시 보고</td><td>학교장
전담기구
담임교사</td></tr>
<tr><td colspan="3">↓ ↓ ↓</td></tr>
<tr><td rowspan="4">갈등조정</td><td>사안조사
- 학교폭력전담기구에서 구체적인 사안조사 실시</td><td>전담기구
담임교사</td></tr>
<tr><td>관련 학생 및 보호자 면담
- 관련 학생과 보호자 면담을 통한 요구사항 파악
- 사안조사 결과를 관련학생 보호자에게 알리고, 향후 사안절차에 대해 통보</td><td>전담기구
담임교사</td></tr>
<tr><td>조사결과 보고
- 사안조사 결과를 종합적으로 정리하여 학교장 및 자치위원회에 보고(자치위원회 요청이 있는 경우)</td><td>전담기구</td></tr>
<tr><td>자치위원회
- 학교폭력 사안을 심의·의결하여 조치결정</td><td>전담기구</td></tr>
<tr><td colspan="3">↓ ↓ ↓</td></tr>
<tr><td>사후관리</td><td>- 관련 학생과 보호자에게 자치위원회 결정 통보
- 통보 시 재심 및 분쟁조정에 대한 방법 안내
- 자치위원회 결정 실행</td><td>학교장
전담기구
담임교사</td></tr>
</table>

자료: 강은지(2016: 9).

학교폭력의 원인으로는 개별적 요인이 가장 많이 언급되고 있는데, 그 내용은 다음과 같다(최선화 외, 2014: 310-312).

첫째, 학교폭력과 열등의식과의 관계가 학교폭력의 원인이 된다. 일반적으로 폭력행위를 하는 학생은 일종의 열등의식을 가지고 있다. 즉, 청소년기는 다른 사람에게서 자신의 능력을 인정받으려 하고, 자신의 정체감을 세워가는 시기이므로, 열등의식을 가지고 있는 학생은 매우 사소한 일로도 자존심을 침해받는다. 따라서, 열등의식을 가지고 있는 학생은 폭력을 행사함으로써 자신의 자존심을 회복하려는 시도를 한다. 그런데 이러한 대부분은 입시 및 성적 위주의 교육에 따른 부산물이라고 할 수 있다.

둘째, 무력감과 단절의식, 누적된 공격성, 그리고 자기 통제력의 결여가 학교폭력의 원인이 된다. 무력감과 단절의식은 열등감의 또 다른 표현으로서, 청소년들은 입시와 성적에 지나치게 의존하고 있으므로, 성적이 낮은 학생들은 무력감에 빠져들며, 이로 인해 주위로부터 받는 사회적 단절감을 극복하고자 폭력 수단을 사용하게 된다. 누적된 공격성은 공격적 성향이 누적적으로 보상받아 온 소수의 일정한 공격적 학생들에 의해 주도된다는 것이다. 자기통제력의 결여란, 자신의 행동의 의미와 그 결과에 대한 충분한 생각 없이 충동적으로 저질러지는 경향성이 높은 행동으로서, 이러한 사태는 대체로 자신의 충동적 욕구를 억제하는 능력인 자기 통제력의 결핍에 기인하는 것으로 보인다.

셋째, 학교폭력을 심리학적 원인으로 보는 요구좌절 및 공격이론이다. 이 이론에 따르면, 사람들은 자신이 성취하고자 하는 목표의 달성이 좌절되거나 그 목표에 도달하는 길이 차단되었을 때, 공격충동을 갖게 되고, 이 공격충동은 다시 욕구좌절을 일으키게 만든 대상을 향한 공격행동으로 본다. 또한 폭력을 당해 본 사람이 그렇지 않은 사람보다 더 공격적이며, 폭력을 행사할 가능성이 높다는 것이다.

넷째, 성격장애가 학교폭력의 원인으로 작용한다. 청소년기는 자아정체감이 형성되고 지속적 성격구조를 다지는 시기이므로, 성격장애의 문제발생, 즉 반사회적 성격장애, 경계선 성격장애, 자기애적 성격장애 등 흔히 적대감을 보이는 성격장애가 있을 수 있다.

결론적으로 학교폭력의 원인은 학교 내외에서 폭력을 저지르는 학생은 이러한 폭력의 반복으로 인한 자학적 자아상의 형성과 또한 주변의 멸시로 인하여 결국 부정적 자아개념이 형성되어 자기 자신을 필요 없는 존재, 무능한 존재, 약한 존재로 규정하며 그러한 방향으로 삶을 이끌어 간다.

연습문제

1. 청소년기에 관한 설명으로 옳은 것은?
   ① 체벌적 훈육법은 내적 통제능력을 길러준다.
   ② 이상적 자아와 현실적 자아의 괴리로 인해 갈등과 고민이 많은 시기이다.
   ③ 또래집단에서 단체놀이를 통해 상대를 존중하고 규칙과 예절을 배운다.
   ④ 에릭슨은 이 시기를 친밀감 대 고립감의 위기로 표현했다.
   ⑤ 직업과 배우자 선택, 자녀양육 등으로 스트레스를 받는다.

2. 청소년기의 특징 중 옳지 않은 것은?
   ① 상상적 청중이 특징으로 나타난다. ② 또래집단에 몰입한다.
   ③ 자아정체감 대 역할혼란이 일어나는 시기이다. ④ 자아정체감의 확립이 주요 발달과업으로 나타난다.
   ⑤ 탈중심화가 일어난다.

3. 생애주기별 주요 발달과업의 연결이 옳은 것은?
   ① 영아기-직관적 사고, 애착발달, 자기중심성
   ② 아동기-부모로부터 독립, 자존감의 발달
   ③ 청소년기-형식적 조작사고 발달, 자아정체감 형성
   ④ 중년기-노부모 부양, 직업선택, 도덕성 발달
   ⑤ 노년기-만족스러운 직업성취, 가족 내 역할변화와 적응

4. 품행장애에 대한 설명으로 옳지 않은 것은?
   ① 여자보다 남자의 발병이 더 빨리 나타난다.
   ② 18세 미만자에게서 나타나는 반사회적 행동이다.
   ③ 소아나 청소년기에 나타나는 반사회적 성격장애이다.
   ④ 품행장애는 여러 형태로 공격적 행동을 표출한다.
   ⑤ 가정의 사회경제수준과 발병률은 무관하다.

5. 자아정체감을 형성하는 데 있어 개인이 노력도 하지 않고, 기존의 가치관에 대한 의문도 제기하지 않는 상태는 무엇인가?
   ① 정체감 유착 ② 정체감 유실 ③ 정체감 혼란
   ④ 정체감 유예 ⑤ 정체감 형성

6. 청소년기의 여성에게 발병할 가능성이 높은 정신장애는?
   ① 학습장애 ② 정신분열증
   ③ 섭식장애 ④ 틱장애

정답 1. ② 2. ⑤ 3. ③ 4. ⑤ 5. ③ 6. ③

Chapter **11**

성 인 기

학습목표

성인기는 생애주기에 있어서 복잡한 시기로, 이 시기에는 반전의 상황을 고려하여 학습할 필요가 있다.

학습내용

1. 성인기의 개념
2. 발달 특성
3. 발달 과업
4. 발달상의 문제

개 요

성인기(adulthood)는 청년기 또는 성인 초기 등으로 불리며, 20세에서 40세에 이르는 시기로서, 신체적·지적인 면에서 인생의 가장 정점에 해당하며, 성인기 이전의 시기를 준비기라고 한다면, 성인기 이후는 이제까지 준비해 온 것을 실현하고 구체화하고 통합화하여 다음의 인생을 대비하는 중요한 의미를 갖는 시기라고 할 수 있다. 심리사회적 측면에서는 다른 사람을 보살피는 능력이 심화된 사람은 타인과의 상호관계에 집중할 수 있다. 부모로부터의 심리적·경제적 독립을 시작하며, 직업과 결혼, 군대 등의 환경 변화에 따라 다양한 역할 탐색과 선택을 하는 시기이다. 본 장에서는 성인기의 방대한 내용을 압축하여 논의하고자 한다.

1. 성인기의 개념

성인기(adulthood)는 청년기 또는 성인 초기 등으로 불리며, 20세에서 40세에 이르는 시기로서, 신체적 · 지적인 면에서 인생의 가장 정점에 해당하며, 성인기 이전의 시기를 준비기라고 한다면, 성인기 이후는 이제까지 준비해 온 것을 실현하고 구체화하고 통합화하여 다음의 인생을 대비하는 중요한 의미를 갖는 시기라고 할 수 있다. 심리사회적 측면에서는 다른 사람을 보살피는 능력이 심화된 사람은 타인과의 상호관계에 집중할 수 있다. 부모로부터의 심리적 · 경제적 독립을 시작하며, 직업과 결혼, 군대 등의 환경변화에 따라 다양한 역할 탐색과 선택을 하는 시기이다. 특히, 우리나라의 경우 고등학교 교육이 대학 진학을 위한 준비 차원에서 이루어지고 있으므로, 대학생 시기에 이르러서야 학생들은 비로소 자기 자신에 대해서 새롭게 탐색하며 인간관계 및 사회적응 기능의 습득을 위한 시간적 · 심리적 여유를 누리게 된다.

성인기의 기준은 아동기나 청소년기처럼 새로운 신체적 기능이나 인지적 능력의 획득에 의한 것이 아니라, 사회적 · 문화적 요소를 적용하게 된다. 즉, 연령 · 신체적 · 생리적 · 심리적 · 사회적 성숙도 등의 기준을 들 수 있다 성숙도는 안정된 직업이나 결혼에 대한 준비 태도, 자아정체감의 정착 정도 등이 포함된다(구혜영, 2015: 358).

발달에 대한 잠재력은 전 생애에 걸쳐 존재하지만, 성인기 이후의 발달은 아동기나 청소년기와는 그 성격이 다르다. 다시 말해서, 성인기 이후의 발달은 새로운 신체적 기능이나 인지적 능력의 획득에 의해 일어나기보다는, 주로 사회적 · 문화적 요소에 의해 주도된다(Specht & Craig, 1987).

레빈슨(Levinson, 1978)에 따르면, 성인기에 다음과 같은 발달과제를 성취해야 한다고 설명한다.

첫째, 아직 현실에 기반을 두지 못하고 다소 과장된 목표로 구성되어 있는 꿈과 희망을 명확하게 정의해야 한다.

둘째, 청년의 목표를 인정해주고 기술이나 지혜를 가르쳐주며, 청년이 자신의 경력에서 전진하도록 영향력을 발휘하고 자신감을 갖게 해주는 지도자(mentor)를 발견해야 한다.

셋째, 직업을 선택하고 나아가 경력을 쌓고 발전시켜 나가야 한다.

넷째, 친밀한 관계를 형성해야 한다. 친밀한 가족관계의 형성은 결혼이나 자녀의 출생과 꼭 일치하는 것은 아니며, 청년은 여성과 관련하여 자신에 대해 계속해서 학습하고 30대에 비로소 진지한 이성관계의 능력이 생긴다.

굴드(Gould, 1978)에 의하면, 성인기의 발달은 어린애 같은 환상과 그릇된 가정들을 버리고 자기신뢰와 자기수용을 선택하는 과정이다. 22~28세에 청년들은 계속적인 부모의 도움에 대한 환상과 기대에서 벗어나 자신의 삶에 대해 전적인 책임을 받아들여야 하며, 그러기 위해서 자신의 생활기술이 발달되어야 하고, 사고가 비판적, 분석적, 논리적, 목표지향적이 되어야 한다. 또한 28~34세 동안에 삶이란 단순하고 지배할 수 있는 것이라는 그릇된 가정에서 벗어나 삶이 생각처럼 단순하지 않다는 것을 인정하고, 자신의 한계를 의식하며 노력에 입각한 능력의 개발에 정진함으로써 성장을 추구해야 한다고 하였다.

성인기의 발달기준은 다음과 같다.

〈표 11-1〉 **성인기의 발달에 관한 연구들**

연구자	기준 내용	기타
Specht & Craig (1987)	- 새로운 신체적 기능이나 인지적 능력의 획득에 의해 구분되는 것이 아니라 주로 사회적·문화적 요소에 의해 결정	
Levinson (1986)	- 꿈과 희망에 대한 명확한 정의 획득 - 멘토의 발견 - 직업의 선복과 경력 및 발전 - 친밀한 관계 형성	성인기의 발달과제
Gould (1978)	- 자기신뢰와 자기수용, 삶에 대한 전적인 책임 수용 - 생활기술의 발달 - 분석적·비판적·목표지향적 사고 - 삶에 대한 신중함과 자신의 한계 인식 - 노력에 입각한 능력의 개발과 성장추구	

자료: 구혜영(2015: 359).

성인기는 대부분의 청소년들이 예측하고 얻기 위해 노력해온 시기이다. 이 시기로 들어가는 것은 보통 긍정적인 느낌, 꿈, 포부 등을 동반한다. 이 시기의 목표는 직업을 선택하고 취득하는 것, 성적 욕구를 만족시키는 것, 가정 및 가족을 만드는 것, 사교관계 확장시키기, 성숙함의 발달 등이다. 이 시기를 완수하기 위해 성인들은 자신의 이전의 꿈과 업적을 비교하기 시작한다. 이러한 일들이 발생하면서 성인들은 차이를 조정하고 현실을 받아들이거나 변화를 만들어가야 한다(Polan and Taylor, 2015).

2. 발달 특성

1) 신체적 발달

(1) 신체적 변화

성인기는 신체적 건강이 정점에 있는 시기라고 할 수 있다. 성인기는 아동기보다 더 건강하고 질병률도 낮으며, 이러한 최적의 건강상태는 중년기에 건강이 쇠퇴하기 시작할 때까지 지속된다. 신장 확대와 근육 발달의 시간적 차이로 인한 청소년기의 어색한 모습은 사라지고 성인기에는 균형 잡힌 모습을 갖추게 된다. 육체적인 힘은 25세에서 30세 사이에 최고조에 이르며 그 후에는 점진적으로 쇠퇴한다(Specht & Craig, 1987). 성인기에는 신체적 성장이 완료된다. 남성은 30세까지 느리게 척추가 성장한다. 이러한 성장으로 인해 신장이 3~5cm 정도 더 자랄 수 있다. 여성은 보통 20세 이전에 키가 모두 자란다. 인간의 신체는 25~30세 때 가장 강건하며, 30세가 지나면 신체적 기능이 감퇴하기 시작하여 손이나 손가락의 동작도 점차 둔감해진다. 시각, 촉각, 후각, 미각 등은 20세경에 최고에 달했다가 40세 정도부터 점점 나빠지기 시작한다. 육체적인 힘은 25~30세 때 최고조에 이르고, 이후 점진적으로 쇠퇴하나 대부분의 신체적 능력과 기술은 규칙적으로 시용하기만 하면 그 기능이 청소년기 이후에도 지속된다.

감각들은 대체로 성인 초기에 가장 예민한 상태이며 성인전기 동안 거의 변화가 없다(지영주 외, 2016: 291). 이 시기에는 모든 장기와 신체체계가 완전히 발달하고 성숙해진다. 최대 심박출량에 도달하는 시기는 20~30세 사이이다. 이 이후에는 심박출량이 점차 감소하기 시작한다. 성인기 동안 심근이 두꺼워지고 혈관 내에 지방 침전물이 쌓이면서 혈류를 감소시키게 된다. 알코올 섭취나 흡연, 고콜레스테롤 식이 등은 개인의 심혈관계 질환 발생 위험을 증가시킨다. 심장과 혈관은 나이가 들수록 점점 탄력이 줄어든다. 이러한 변화가 후기 성인기에 심박출량을 감소시키고 혈압을 증가시키는 원인이 된다.

공기를 들여보내고 내보내는 폐의 능력을 폐활량이라고 한다. 폐활량은 20~40세 사이에 감소하게 된다. 최대 호흡기능은 남성에서 25세, 여성에서 20세경에 나타난다. 이러한 기능은 폐의 탄력이 감소하면서 점차적으로 떨어지게 된다. 흡연을 하는 성인은 이러한 탄력을 잃는 속도가 비흡연자에 비해 빠른 경향을 보인다. 이렇게 탄력을 상실하면서 개인은 호흡기계 감염에 노출될 위험이 더 높아진다. 운동을 통해 폐활량을 유지하고 최대화시킬 수 있을 것이다.

식욕은 변함없이 유지된다. 30세가 넘어가면 위 분비 및 소화액의 분비가 매우 감소한다. 부적절한 식이습관 흔히 위의 불편감이나 소화불량으로 이어질 수 있다. 개인이 쉴 때 사용하는 에너지량인 기초대사량[12)](basal metabolism) 또한 나이가 들면서 감소한다. 이러한 변화로 인해 식이습관이 변함없이 유지된다고 해도 체중이 증가할 수 있다. 성인은 적당히 섬유소가 든 음식과 수분섭취를 통해 장운동을 정상적으로 유지시켜야 한다. 식이와 운동의 균형을 맞추고 규칙적인 배설양상을 유지하는 것이 정상적인 장 기능을 증진시켜 준다. 정상적 배설양상에 어떤 문제가 생기든 의사와 상의하고 필요 시 적절한 의학적 중재 및 치료를 받는 것도 필요하다.

피부세포는 태양과 환경의 오염물질들에 노출되면서 일련의 변화를 경험한다. 자외선에 대한 과도한 노출은 특히 밝은 피부색을 가진 사람들에게서 피부암을 유발할 수 있다. 청소년기에 나타났던 여드름은 성인이 되면 보통 깨끗해진다. 그렇지 않은 일부 경우 여러 종류의 치료방법이 제공될 수 있다.

신경계 세포의 수 및 뇌의 크기 또한 사춘기가 지나면서 줄어들기 시작한다. 감각과 지각의 변화가 이 시기 동안 인지될 수 있다. 그러나 지각의 속도나 정확도는 아직 영향을 받지 않는다. 반응시간, 즉 사람이 자극에 반응하는 속도는 20~30세 사이에 눈에 띄게 향상된다. 시력은 25세를 지나면서 탄력성의 감소 및 수정체의 혼탁도 증가로 인해 나빠지기 시작한다. 40세가 되면 멀리 있는 물체를 보는 능력이 흔히 나빠지게 된다. 이러한 상황을 노안이라고 하며, 나이가 들면서 발생한다. 적절한 렌즈를 사용해 이러한 상황을 겪는 경우 교정된 시력을 제공할 수 있다. 청력은 20세에 가장 좋고 그 후 점차적으로 감퇴된다. 특히, 고주파음을 듣는 능력이 영향을 받는다. 이 시기에 나타나는 청력감퇴는 개인의 일상활동에 거의 영향을 주지 않는다. 음악을 듣거나 작업 중 큰소리에 과도하게 노출되는 것이 청력손실을 가속화시킬 수 있다. 대부분의 성인들은 경미한 손실에 대해 보상하는 방법을 배운다.

최고의 능력으로 기능하는 신체의 체계는 실질적으로 생식과 관련된 것들이다. 여성의 경우 월경주기가 잘 나타나게 된다. 월경주기가 불규칙하거나 심각한 불편감이 나타나는 여성들은 의사의 도움을 받아야 한다. 일반적으로 남성들은 이 시기에 생식기 문제로부터 자유롭다. 부부의 성생활 및 정서적 안녕을 위협하는 한 가지 문제는 불임이다. 약

14% 정도의 부부가 불임을 경험한다. 불임으로 인해 어려움을 겪는 부부는 의학적인 방법 및 상담을 필요로 한다. 이들은 보통 매우 큰 스트레스와 불안을 경험하며, 스스로 또는 각자 서로를 탓하기도 한다. 불임검사와 평가를 받기로 결심한 사람들은, 빈번히 높은 병원비와 마주하기도 한다. 일부에서는 불임치료가 성공적이지 않을 수도 있다. 이러한 부부에게는 지지와 함께 다른 선택을 고려할 시간이 필요하다(Polan and Taylor, 2015).

(2) 성발달

성인은 먼저, 자기 자신을 성적인 존재로 받아들이는 법을 배우며, 자신의 성에 대해 편안해진다. 성(sexuality)은 해부학, 성 역할, 관계, 성에 대한 사고, 감정, 태도 등 넓은 범위를 포함하는 용어이다. 많은 요인들이 성 발달에 영향을 미친다. 여기에는 생물학적 발달, 성격, 문화 및 사회적 영향, 종교, 윤리적 가치 등이 포함된다. 교육은 성인의 지식을 확장시키고 성행위에 대한 이해를 증진시키며, 긍정적인 느낌을 가지게 한다. 이를 통해, 친밀한 관계 내에서 의사소통 및 개방성을 증진시킬 수 있다. 성 발달의 목표는 사람들로 하여금 자신들의 관계 내에서 즐거움과 성적 만족을 얻을 수 있게 하는 것이다.

성욕을 충족시키는 것은 성인이 사랑을 경험하고 나누는 능력의 일부이다. 낭만적인 사랑은 깊은 정서적 경험으로 상호 간에 따뜻함과 부드러운 감정을 공유하게 된다. 이전 시기와는 달리 성숙한 성인은 이제 이처럼 강렬한 관계를 형성할 기반을 가지고 있다. 낭만적인 사랑은 친밀성과 열정을 포함한다. 모든 사랑은 상호적이며 서로에게 주고 나누는 것을 허용한다. 나눔의 호혜와 헌신적인 유대는 이들 사이의 안정감을 강화시킨다. 사랑은 사람들을 묶어주며 단순한 성적인 경험 이상의 의미를 가진다. 대부분의 남성과 여성에게 있어서 보통 이 시기는 성적으로 안정적이다. 대부분의 성인은 20대 중순부터 성행위에 대해 안정된 패턴을 형성하며 자신의 남성성 또는 여성성에 대해 편안하게 느낀다(Polan and Taylor, 2015).

많은 연구에서 인간의 성적 반응에 대해 다루어왔다. 사람마다 감정이나 태도는 매우 다르지만, 성적 자극에 대한 기본적인 반응은 대부분 보편적인 형태를 보인다.

2) 인지적 발달

인간의 지적 능력은 연령이 증가함에 따라 어떤 변화가 일어나는가? 성인기에 지적 능력은 증가하는가 또는 감소하는가? 이러한 질문에 대해 어떤 학자들은 성인기에 지적 기능이 감소한다고 주장하는 반면, 어떤 학자들은 나이가 들어도 지적 기능은 성인기 동안 안정적이라고 주장한다. 또 다른 학자들은 반응속도와 관련된 측면에서는 감소하지만, 실생활과 관련된 지식이나 지혜와 같은 측면은 증가한다고 주장한다(박성연, 2017: 252).

인간의 인지발달은 대략 25세경부터 하강 곡선을 그리는 것으로 알려져 있다. 인간은 나이가 들어감에 따라 기억력, 추리력, 문제해결력 등이 저하되는데, 이러한 능력 저하의 원인은 정보처리 속도의 저하, 복잡한 정신적 자극에 대한 조작능력의 저하 등에 따른 것으로 설명되고 있다. 그러나 연령이 증가함에 따라, 인지기능의 쇠퇴가 거의 없거나, 매우 적으며, 인지기능의 쇠퇴가 있다고 하더라도 각 기능에 따라 변화 정도가 다르다는 주장도 있다(정은, 2014: 259).

연령의 증가와 함께 시각-운동적 협응능력과 같이 쇠퇴하는 인지기능이 있는가 하면, 결정지능과 시각화 능력과 같이 안정성을 얻거나 성장하는 영역도 있다. 이와 같이 지적 발달의 이중적 현상은 이중적 지능 개념의 변용을 통해 보다 쉽게 설명될 수 있다. 지능의 이중적 구조 개념을 인지적 발달심리학적 개념과 혼합하여 '인지적 기제'(cognitive mechanics)와 '인지적 활용'(cognitive Paradigmatics)으로 구분했을 때, 인지적 기제는 뇌의 중추신경의 신경생리학적 기능을 반영하는 것이고, 인지적 활용은 개인의 사회적 · 문화적 환경 속에서 획득한 지식을 의미하는 것으로 이해된다. 카텔(Cattell, 1971)의 지능이론에 의하면, 유동지능은 인지적 기제의 측면 또는 기본적 정보처리 과정으로서의 지능이라고 할 수 있는데, 이 유동지능은 전 생애적 발달과정에서 25세까지 급격한 상향 곡선을 그리다가 25~30세를 전후하여 완만한 하향 곡선을 그리게 된다. 웩슬러 성인지능검사(Wechsler Adult Intelligence Scale)를 사용하여 조사한 결과, 언어적 검사 점수는 청년기에 상승하는 데 반하여, 동작성 검사 점수는 26세를 정점으로 하강하는 것으로 보고하였다(Turner & Helms, 1983).

한편, 결정지능은 인지적 활용의 측면 또는 문화적 지식으로서의 지능이라고 할 수 있는데, 이 결정지능은 25세까지 유동지능과 같은 상향 곡선을 그리다가 25~30세를 전후하여 상승세가 거의 멈추고, 그 이후는 현상을 유지하거나 지극히 미세한 상승세를 보인다.

지식에 기초하는 결정지능은 적어도 60대가 될 때까지는 유의미한 하향적 추세를 보이지 않는다. 따라서, 고도로 숙련된 전문가들의 경우, 지능의 활용영역에서는 연령의 증가에도 불구하고 지능이 발달할 수 있다.

연령에 따르는 지능의 변화에 관한 한 종단적 조사는, 지능을 다음과 같은 네 가지 유형으로 구분할 수 있다(Baltes & Schaie, 1974).

① 결정성 지능: 언어적 이해력, 수에 관련된 기술, 귀납적 추론과 같이 교육과 경험의 축적을 통해 습득되는 능력
② 인지적 융통성: 동의어나 반대어를 생각해내는 것처럼 익숙한 지적 운용의 맥락에서 한 사고로부터 다른 사고로 전환하는 능력
③ 시각-운동적 융통성: 시각과 운동능력의 통합을 요구하는 과제에서 익숙한 방식에서 새로운 방식으로 전환할 수 있는 능력
④ 시각화: 복잡한 그림에서 간단한 형상을 찾아내거나 불완전한 그림을 확인해내는 것처럼 시각적 자료를 조직하고 처리하는 능력

네 차원의 지능 중에서 시각-운동적 융통성은 성인기, 즉 25세 전후를 정점으로 쇠퇴하였으나 인지적 융통성에는 변화가 없었으며, 결정성 지능과 시각화 능력은 오히려 연령이 증가함에 따라 향상되었다. 이러한 연구 결과들은 성인기 이후에 특정한 영역의 인지적 능력만 감소하며, 실제로 많은 부분이 유지된다는 것을 보여준다.

이러한 인지적 변화에 관하여는 많은 연구들이 있다. 일반적으로 인지적 능력은 청년기 이후에 감퇴하는 것으로 알기 쉬우나, 이러한 편견은 실증적 연구들에 의해 반증되었다.

3) 심리적 발달

(1) 친밀감의 발달

성인기의 중요한 발달 과업 중의 하나는, 가족 이외의 다른 사람들과 친밀한 관계를 형성하는 것이다. 친밀감의 형성은 능동적인 과정으로서, 자신의 정체감을 잃을지도 모른다는 두려움 없이 타인과 개방적이고, 지지적이며, 조화로운 관계를 형성하는 능력이다. 타인과 친밀한 관계를 형성한 사람은 자신의 견해나 계획을 다른 사람들과 의논할 수 있으며, 감정이입능력, 욕구조절능력, 자기통제능력 등을 갖추고 있다. 친밀감의 형성은 자

아정체감을 확립한 후에 이루어지는 것으로 자신을 가치 있고 유능하며 신뢰할 수 있는 사람으로 지각할 수 있을 때 가능하다(이근홍, 2015: 114).

성인기의 친밀감은 혼인상대와 애정을 나눌 수 있으며, 사회생활에서 우정을 나눌 수 있는 관계를 포함한다. 친밀감은 대개 혼인관계에서 형성되지만, 결혼이 곧바로 친밀감으로 이어지는 것은 아니다(권중돈, 2014: 177). 즉, 혼인 초기의 상호적응, 첫 자녀의 출산, 부모와 친척의 기대 등이 부부의 친밀감 형성을 방해할 수 있다. 그러나 혼인생활을 통하여 서로의 욕구를 만족시키고 약점을 수용하면서 친밀감을 형성해 가며, 인간관계가 점차 성숙해진다.

성인기 친밀감의 형성에는 성별로 차이가 존재한다. 남성은 친밀하고 상호의존적인 관계형성에 저항하는 경향이 있기 때문에 친밀감의 형성에 어려움이 존재한다. 그러나 여성은 친밀감 형성의 준비가 되어 있으며, 자신의 문제에 관심을 가지고 지지해 주는 사람들과 친밀한 관계를 형성할 수 있다. 성인기에 친밀감을 획득하지 못한 사람은 지나치게 자기의식적이고, 자신의 사회적 행동과 적응에 대해 걱정하고 불안해하기 때문에, 원만한 사회적 상호작용을 하지 못하여 고립감에 빠져들게 된다. 그들은 친근감의 형성이 자신의 정체감 확립을 손상시킨다고 생각하여 자신과 타인과의 관계형성을 제한한다. 그러나 여성은 사회화과정에서 표현적, 양육적 역할을 여성적인 역할로 수용함으로써, 초기 성인기의 친밀감 형성에 보다 유리한 입장에 있을 수 있다(장수한 외, 2017: 98).

(2) 성격의 성숙

성인기는 개인적인 성격이 성숙해지는 것은 물론 사회적으로도 성숙해지는 시기이다. 성인기에는 타인과 친밀한 관계를 형성하면서 자신과 타인을 인정하고 수용하며, 정서적으로 안정되고, 독립성과 목표의식을 갖는 등 성격이 성숙해진다. 성인기는 사회생활에서 자신의 책임과 의무를 다하며, 사회와 국가의 발전에도 기여하는 시기이다.

성숙한 성격을 지닌 사람의 특성을 살펴보면, 그들은 현실을 객관적으로 지각하며, 생활의 전 영역에서 일시적인 감정, 선입관, 편견 등을 배제시킨다. 그들은 배우자, 부모, 형제, 친구, 동료 등 주위의 많은 사람들과 친근감을 표현할 수 있으며, 타인을 수용하며 신뢰한다. 그들은 정서적으로 안정되어 있어서 불안, 스트레스, 좌절 등을 효율적으로 해결할 수 있으며, 자신의 과업에 적합한 기술을 발휘할 수 있고, 책임감과 삶에 대한 긍정적 시각을 지니고 있다(Schultz, 1977).

성숙한 성격을 지닌 사람은 또한 자신에 대한 정확한 지식을 소유하고 있으며, 타인의 의견에 개방적인 태도를 지니고 있다. 그들은 삶의 목표가 뚜렷하고, 자발적이고, 독립적이며, 인간미가 풍부하다. 그들은 독창성이 풍부하여 창의적이고 혁신적이며, 다양한 상상력과 사고능력을 소유하고 새로운 무엇인가를 추구하기 위해서 노력한다(이근홍, 2015: 116).

성인기는 개인적인 성격의 성숙과 더불어 그가 속해 있는 직장, 지역사회, 국가, 문화 등을 이해하고 받아들여 사회적으로 성숙해지는 시기이다. 이 시기에는 자신의 권리와 의무를 동시에 수행하는 사회적 역할을 다해야 하며, 자신의 이익과 사회의 이익을 조화시키고, 건전한 사회변화와 발전을 주도하고 협력해야 한다.

4) 사회적 발달

성인기 사회적 관계의 특징은 청소년기의 친밀한 관계에 비해 보다 공식적이고, 상호호혜적인 관계로 발전해 나가며, 가족관계의 의존성에서 탈피하고, 독립적인 홀로서기의 능력을 키워나가야 할 때이다. 그리고 이성과의 교제를 통해서 친밀감을 형성하고, 나아가 배우자를 선택하고, 결혼을 준비하는 인간관계의 특성을 지닌다. 주요한 사회적 관계의 특성들을 살펴보기로 한다(이우언 외, 2017: 2017: 114-115).

(1) 가족관계(부모)

성인은 신체적 · 정신적 · 정서적 모든 면에서 독자적인 생존이 가능한 성장을 이루었다. 그리고 미래를 대비하는 능력과 문제해결능력과 같은 인지능력도 거의 완성이 되었고, 개인적 가치관의 내면화와 동료집단에의 참여 등을 통한 사회적 발달도 자주성을 갖는 정도의 성숙을 이루었다. 따라서, 이제는 부모에 대한 의존을 매듭지어야 할 시기가 왔다고 할 수 있다.

부모에 대한 의존관계를 매듭짓고 혼자서 독립적으로 살아갈 수 있는 준비가 필요하다. 단지 부모와 정서적 의존관계 나아가 금전적 의존관계를 벗어나는 것이며 부모에 대한 거부나 소외, 또는 부모로부터의 분리와는 다른 독립의 의미이다. 즉, 부모와 자녀가 서로 상대방의 고유성을 받아들이는 자주적인 심리상태이다. 성인기에 이르기까지 부모와 자녀 간의 친근하고 지지적인 관계는 지속되어야 한다. 동시에 청년의 자율성을 발달시키는 것이 무엇보다 중요한 시기이다.

(2) 친구(동성)

이 시기에 성인들은 자신들의 인생문제나 고민을 함께 나눌 수 있는 친한 친구를 원하고 필요로 한다. 성인기의 우정 변화는 나이가 들어가면서 같은 친구를 계속해서 사귀는 경향이 있으며, 여자들의 우정이 남자들의 우정보다 더 오래 지속된다. 그 이유는 남자들의 우정은 개방적인 반면에, 여자들의 우정은 오직 한 사람의 단짝 친구를 사귀는 경향이 많기 때문이다.

(3) 이성 친구

성인기의 가장 중요한 사회적 관계는 '이성관계'이다. 물론 최근 발달의 가속화와 성에 대한 개방적 문화의 영향으로 중학교 정도의 시기에 많은 학생들이 연애를 시작하고 성관계 경험도 많아지고 있지만, 기성세대로부터 '자연스러운' 행동으로 인정을 받고 성숙한 사랑을 나눌 수 있는 시기가 성인기일 것이다.

이성과 사귀게 되면 당사자 두 사람은 서로 만나 대화하고, 데이트하고, 때로는 여행도 같이 하면서 한 대상에게만 열중하게 된다. 그리고 감정적 유대가 깊어지면 결혼도 가능하다.

3. 발달 과업

오늘날 결혼풍속도는 과거와 전혀 다른 양상을 나타내고 있다. 즉, 대개 결혼을 안 하고 혼자 사는 '싱글족'이나 '비혼남녀'가 대세다. 결혼을 하더라도 매우 늦게 하는 경우가 많다. 한 결혼정보회사에 따르면, 우리나라 결혼 연령은 남성은 36세, 여성은 33세로 나타났다. 결혼을 하고서 아이를 갖지 않는 경우도 많다. 통계청과 여성가족부가 조사한 우리나라 1가구당 출생아 수는 1.17명에 불과하다. 이는 무엇보다 경제적인 이유 때문이다.

취업, 연애, 결혼을 포기한 '삼포세대'(연애, 결혼, 출산 포기)에 이어 주택 구입 및 취업까지 포기한 '오포세대'의 등장은 우리를 우울하게 만든다(인천일보, 2017년 10월 18일자).

성인기의 발달 과업으로 여러 가지가 있을 수 있으나, 본 서는 결혼, 출산과 양육, 직업 선택으로 압축하여 서술하고자 한다.

1) 결혼

(1) 결혼의 목표

결혼은 성인기에 친밀감과 성숙한 사회적 관계를 성취하는 데 중심이 되는 배경이다. 대부분의 성인에게 있어 삶의 행복은 성인 생활의 다른 어떤 영역보다도 만족스러운 결혼생활에 달려 있다. 결혼양식에서 변화가 있다면 점점 더 많은 젊은이들이 20대 후반까지 독신으로 지낸다는 것이다. 그 결과로 나타나는 사회적 현상은, 아이를 갖는 연령이 점점 늦어지는 것, 소수의 자녀를 갖는 것, 자녀양육기간이 짧아지는 것 등이다.

사람들은 결혼에 있어서 더욱더 동반자적인 관계(companionship)를 갈구하고 있다. 사람들은 결혼해서 험하고 기복이 많은 세상을 헤쳐 나가는데 위안이 될 수 있는 정서적인 안식처를 기대하고 있다. 특히, 결혼은 개인이나 두 사람에게 성장계기를 마련해 주는 원천으로 간주한다. 여기에는 과거보다 결혼생활 이외의 활동 참여에 더 많은 자유가 주어지고 있을 뿐만 아니라, 덜 엄하게 규정된 역할을 수행하고 있음이 함축돼 있다(강봉규, 2000: 217-218).

최근 들어 질적인 결혼관계가 결혼의 지속성보다 더욱 중요하게 되었다. 이러한 견해는 개인 행복은 사치라기보다는 당연한 것이라는 믿음이 점차 팽배하고 있음을 부분적으로 반영하는 것이다. 따라서, 과거보다 결혼에서 기대하는 바가 많으며, 불행한 결혼은 빨리 끝내고 있다. 이로 인해 결혼계약에 있어서 서로의 기대와 요구를 형식화하게 되었으며, 차이점을 상호 행복을 극대화시킬 수 있는 안목에서 협상하게 되었다.

(2) 결혼상대자의 선정

결혼상대자를 선택하는 것과 결혼하겠다는 결정을 내리는 것은 대략 네 단계를 거쳐 그 정도가 강화된다(이인정 · 최혜경, 2007: 100-101 재인용).

첫 번째 단계에서는, 상호작용의 가능성과 기회가 있는 사람들 중에서 파트너가 선택

된다. 청소년기와 성인기에 이루어지는 선택들-대학에 갈 것인가? 어떤 직업을 선택할 것인가? 어떤 종류의 집단이나 모임에 참가할 것인가? 이 상호작용할 수 있는 사람들을 결정한다. 따라서, 결혼상대자의 선택은 그 사람이 관련되어 있는 상호작용의 관계망에 의존하게 된다. 이러한 관계망에 의하여 만나는 사람들 중에서 어떤 사람은 관심을 끌고 어떤 사람은 관심을 끌지 못한다.

두 번째 단계에서는, 상대방에게 자신에 관한 정보를 드러내기 시작하며 관계가 깊어지는 방향으로 진전된다. 이 단계에서는 서로 간의 근본적인 유사성의 발견과 대화가 잘 되는 조화적 관계라는 느낌이 관계를 지속하는 데 중요한 요소이다. 사람들은 자신을 이해하고 정서적 지지를 제공할 수 있는 결혼상대자를 원하기 때문에, 유사성은 매력을 증가시키는 데 중요한 역할을 한다. 반대 견해를 가졌거나 자신과는 다른 기질을 가졌거나 아주 다른 가족배경을 가진 사람에게는 잘 끌리지 않는다고 한다.

세 번째 단계에서는, 역할조화[13)](role compatibility)와 공감의 발견이 관계의 지속에 중요하다. 점점 더 자신을 드러내는 영역이 확장되면서 이에 대한 상대방의 긍정적이고 지지적인 반응이 관계의 신뢰수준을 깊게 해준다. 그러나 자신에 대한 정보를 드러낸 후에 부정적인 반응을 얻게 되면 여기서 관계는 종결된다.

네 번째 단계가 되면, 서로 많은 부분을 드러냄으로써 다른 사람에게 시도해보지 않은 자신을 드러내는 위기를 극복했다는 감정이 존재한다. 그리고 이제 새롭게 다른 사람에게 끌리는 것보다 둘의 관계에 확신을 갖게 해주는 편안함과 공감이 형성된다. 배우자 선택이론은 다음과 같다.

〈표 11-2〉 **배우자 선택이론**

이론	내용
근접성 이론	학교나 직장 등 지리적으로 가까운 사람을 배우자로 삼게 될 가능성이 크다.
이상형 배우자 이론	자신이 바라는 특성과 특질을 이상적으로 갖춘 사람을 선택한다.
가치의 일치이론	자신의 가치와 의식적 또는 무의식적으로 일치하는 사람을 선택한다.
동형 배우자 이론	자신과 유사한 인종, 경제적 · 사회적 특징을 지닌 상대를 선택한다.
보완형 욕구이론	자신에게 부족한 특성을 지닌 상대를 선택하거나 자신이 원하는 유형이 될 수 있도록 도와줄 수 있는 사람을 선택한다.
조화이론	자신을 이해하고 받아들이며 유사한 인생철학을 지니고 있어서 원활한 의사소통이 가능한 상대를 선택한다.

자료: 정은(2014: 262).

우드리(Udry)는 그의 저서 『결혼의 사회적 맥락』(*The Social Context of Marriage*, 1971)에서 배우자 선택이론 중 여과망 이론(filter theory)을 주장한다. 그에 따르면, 모든 가능한 데이트 상대와 관계를 시작한 후 한 사람을 선택하여 결혼에 이르기까지 다음과 같은 6개의 여과망을 거쳐 최종적으로 한 사람을 선택한다.

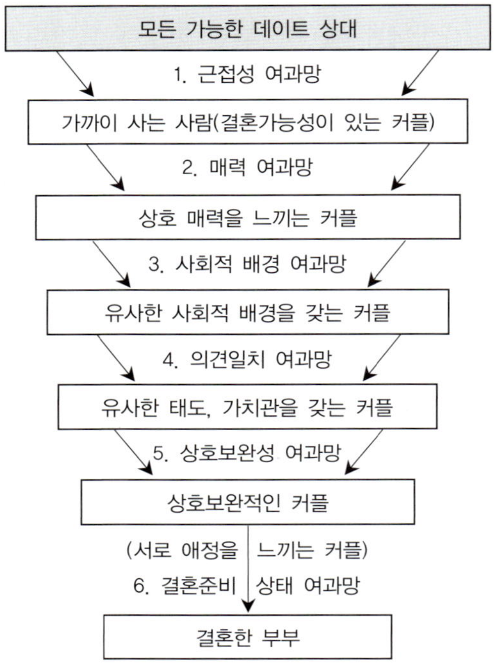

자료: Udry(1971; 정서영 외, 2017a: 61 재인용).

[그림 11-1] **배우자 선택의 여과망 이론**

이 배우자 선택이론은 잠재적 배우자의 범위를 단계적으로 좁혀가는 발달적 모형에 근거를 두고 있다. 이 이론은 시기와 상황에 따라 6개의 여과망이란 것들의 내용은 종종 바뀔 수 있기 때문에 타이밍이 매우 중요하다. 그러나 외적인 압력이나 순간적인 감정에 의해서 일생의 동반자를 선택해버린다는 것은 매우 위험한 일이다. 따라서, 배우자를 선택하는 것은 수동적인 과정이 아니며, 자기의지에 의한 능동적인 과정이다.

(3) 결혼에 대한 적응

결혼하게 되면 결혼 초기의 몇 년은 상호 적응의 과정이다. 실제로, 이 시기를 보내는 것이 매우 어려운 데, 이는 결혼 초기에 오는 긴장이나 갈등이 존재하리라고 예상하지 못했기 때문이다. 이러한 사실은 결혼한 후 2~4년 사이에 이혼율이 가장 높다는 보고에 의해서도 알 수 있다. 결혼 초기에 긴장의 원인이 될 수 있는 것은, 사회계층적, 문화적 배경에 차이가 있을 때 여러 가지 결정을 내리는 것이 둘 사이의 타협을 요구하며, 이것이 긴장을 유발할 수 있다. 즉, 이전에는 그러한 결정들을 혼자서 해왔지만 이제는 상대방의 의사를 고려해야 하며, 두 사람 다 만족할 수 있는 결정을 찾아야 한다는 것이 부담을 초래한다(이인정 · 최혜경, 2007: 101-102).

결혼에 대한 비현실적 기대, 역할 기대의 차이, 직업, 경제력, 부적절한 의사소통, 인척과의 문제, 성적인 문제, 질투, 성장배경의 차이 등은 결혼생활의 적응에 장애요인이 될 수 있다. 부부간에는 사회계층적 · 문화적 배경의 차이로 여러 가지 결정을 내릴 때 서로 간에 타협이 요구되는데, 이로 인하여 긴장과 갈등이 유발될 수 있다. 결혼 초기에 부부는 결혼생활에서 서로에게 허용하는 한계를 깨달아야 하며, 동시에 어느 정도의 자유를 느낄 수 있어야 한다(정은, 2014: 262).

이 시기에 결혼에 대한 적응의 일부로서 서로 간에 심리적 헌신을 확보해야 한다. 그리고 결혼 초기에 결혼관계가 허용하는 한계를 깨달아야 하며, 그러면서도 어느 정도의 자유를 느낄 수 있어야 한다. 결혼 초기에 부부들은 결혼생활의 문제를 가장 예민하게 의식하며, 중년 또는 그 이후의 부부들보다 배우자로서 부적합하거나 어색한 감정을 느끼는 경향이 있다.

2) 자녀의 출산과 양육

(1) 자녀출산

자녀를 갖는 것은 삶에서 매우 중요한 사건이다. 자녀를 기르는 것은 부부의 삶의 방식과 결혼생활을 바꾸어 놓는다. 그러나 결혼한 부부가 다 부모가 되는 것은 아니며, 부모가 되는 시기도 다양하다. 대부분의 부부들이 결혼 초기에 아이를 갖지만 근래에는 그 시기를 연기하는 부부도 증가하고 있으며, 또한 전보다 적은 수의 자녀를 갖는 경향이 있다.

자녀의 출생은 부부의 인생에 있어서 중요한 전환점이 된다. 부부만의 친밀한 관계로부터 전적으로 의존적인 인물을 포함하는 가족관계로의 전환은 혼인생활을 변화시킨다. 부모가 된다는 것은 개인의 인생에서 갑작스러운 변화로서 혼인생활의 낭만이 줄어들고, 부부가 보다 동반자적 관계로 되어 간다는 것을 의미한다.

자녀의 출생은 부모가 되는 기쁨과 함께 혼인생활의 만족감과 행복감을 저해할 수 있다. 자녀 출생 후 몇 개월 동안 부모들은 수면부족 때문에 고통을 겪는 동시에, 새로운 의무감과 가사의 분담문제에 직면하게 된다. 신생아를 돌보는 일에 대한 자신감의 부족과 양육방식의 차이는 잠재적 갈등의 원인이 된다. 신생아는 부부간의 질투심을 자극하기도 하며, 맞벌이 부부의 혼인생활에 더 많은 긴장과 갈등을 불러일으킨다. 자녀의 출생으로 부부간의 애정표현과 대화가 줄어들고, 여가활동을 함께 하는 일도 줄어든다. 자녀출생과 함께 부부는 많은 어려움을 겪게 되지만, 자녀는 혼인관계를 안정시키며 가족생활의 만족과 행복을 가져다주는 원천이 된다. 자녀출생의 어려운 시기를 서로 협력하며 참고 견딘 부부는, 영아에 대한 애착을 바탕으로 부모-자녀 간의 깊은 애정을 형성하며, 그 이후의 가족생활에서 배우자와의 강력한 유대관계를 형성할 수 있다(이근홍, 2015: 120-121).

(2) 자녀양육

성인기의 중요한 발달과업 중의 하나는 배우자를 선택하고 자녀를 양육하는 것이다. 자녀양육은 정서적 · 인지적 학습이 요구되는 어려운 과정이다. 자녀양육과 부모의 역할에 대한 충분한 지식과 경험이 부족한 젊은 부부들은 자녀양육에 대해 긴장하고 실망한다. 그러나 부모가 자녀를 보호하고 양육하는 데 몰두하면, 그들의 특성과 요구에 효과적으로 대처할 수 있는 능력을 획득하게 된다.

자녀가 성장함에 따라 부모의 양육방식에 변화가 일어나게 된다. 영아기에는 계속적인 부모의 보호와 관심이 필요하며, 유아기에는 자율성을 획득할 수 있도록 노력해야 하므로 부모의 훈육과 인내가 요구된다. 아동기에는 또래집단과의 관계형성 및 기술획득과 재능발휘를 위해 부모의 도움이 필요하며, 자신의 능력을 확장시키고 가정 밖의 새로운 세계에 대한 탐색을 위하여 새로운 경험이 요구된다. 특히, 성격발달과 지적 발달이 유아기와 아동기에 각각 거의 이루어지기 때문에, 부모의 자녀양육은 자녀의 발달에 큰 영향을 미치게 된다.

40세 이하의 부부에 대한 조사 결과, 자녀를 가짐으로써 얻는 효과는 아기가 사랑을 주고 애정을 나눌 수 있는 기회를 제공하며, 어른들을 외로움에서 보호하여 준다는 것이다 (Newman & Newman, 2011). 우리는 누군가를 보살피고자 하는 욕구를 갖는데, 자녀는 이러한 양육의 욕구를 충족시켜 주는 역할을 한다. 그러나 아기를 갖는 것은 이와 같이 만족을 주는 반면에, 새로운 적응을 필요로 하는 급격한 변화를 동반한다. 이것은 결혼 초기에 형성되기 시작한 부부간의 친밀감에 위협이 되기도 한다. 따라서, 첫 자녀의 출산은 결혼생활에서 스트레스가 존재하는 시기가 될 수도 있다.

일반적으로 아이의 존재는 낮은 결혼 만족도와 관련되는데 이것은 자녀를 가진 후에도 결혼에 대한 만족은 지속되나 그 정도가 다소 낮아진다는 것을 뜻한다. 그 원인으로는 자녀의 출산에 따르는 새로운 책임의 등장, 이러한 책임의 분담, 그리고 아이에 맞춘 일과 등을 들 수 있다. 그 외에 아기를 돌보는 데 대해 자신이 없는 것, 육아에 대한 가치관이 부부간에 일치하지 않는 것 등이 결혼생활에 긴장을 가져온다.

자녀의 출산과 양육은 결혼생활에서 중요한 부분을 차지하는 동시에 스트레스 요인으로 작용하기도 한다. 자녀의 출산이 결혼에 대한 의욕을 낮추기도 하는데, 이는 자녀의 출산에 따른 책임감, 역할의 분담, 자녀에게 맞춘 일과 등이 원인이 된다.

결론적으로 자녀양육은 부모가 자녀의 성장·발달에 관한 지식과 기술을 갖추어 무기력한 자녀로 하여금 독립된 인간으로 성장할 수 있는 능력을 갖추도록 하는 것이다. 이것은 자녀가 속한 사회의 생활양식, 행동규범, 가치체계를 배우도록 돕는 것이며, 사회에 적응하면서 사회적 역할을 수행할 수 있도록 하는 것이다. 따라서, 성인기의 부모는 자녀의 요구에 성공적으로 대처하면서 자녀양육에서 다양한 역할을 수행해야 한다.

3) 직업

(1) 직업선택의 의미

남자가 자신과 자기 가족을 부양하는 것은 성숙의 중요한 증거이다. 그리고 이것은 점점 더 여자에게도 해당되는 경향이 있다. 직업에 대한 태도는 사회적 계층, 연령, 성, 성격 등에 따라 달라진다. 대부분의 사람들은 직업을 생존을 위해 필수적인 것으로 간주하지만, 어떤 사람들은 창의력을 발휘하거나 자부심을 획득하기 위한 기회로 간주하기도 한다(Specht & Craig, 1987).

남자들은 직업을 자신의 정체감의 중심적인 부분으로 느끼도록 사회화된다. 반면에 여자들은 직업에 대하여 복합적인 사회화를 경험한다. 다시 말해서, 어떤 여자들은 직업과 성취에 대해 포부를 갖도록 사회화된 반면, 어떤 여자들은 직업을 결혼과 어머니 역할에 대한 대체물로 간주하기도 한다. 또 어떤 여자들은 직업과 결혼을 만족스럽게 결합시키기도 하고, 경제적 필요에 의해 직업을 갖되 자신의 일차적 역할을 아내와 어머니로 간주하는 여자들도 있다.

일과 가정의 우선도를 살펴보면, 취업자는 일과 가정생활 중 '일을 우선'으로 생각하는 비율이 53.7%이며, '가정생활을 우선'으로 생각하는 사람은 11.9%에 불과 하는 것으로 나타났다. 또한 남녀 모두 일을 우선시 하지만 그 정도는 남자가 여자보다 19.4% 높게 나타났다. 남자의 경우 '가정생활 우선' 항목에서 9.4%에 불과하여 남자의 경우, '일을 우선' 항목에 비해 현저히 낮음을 알 수 있다. 여자의 경우에도 남자보다는 가정생활을 우선시 하고 있다고 할 수 있지만 42.3%에 비해 15.6%는 격차가 매우 크다 할 수 있다.

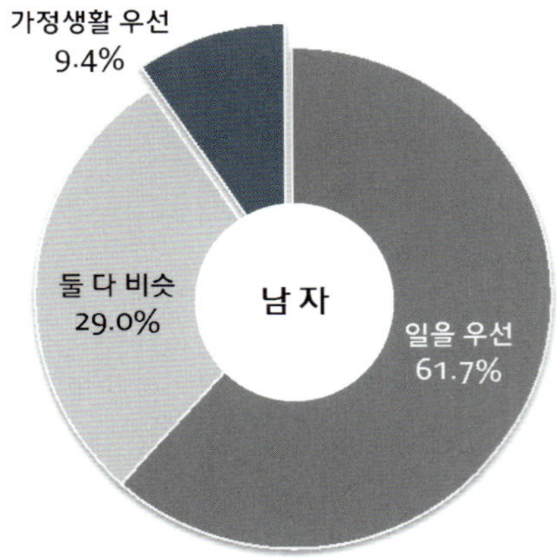

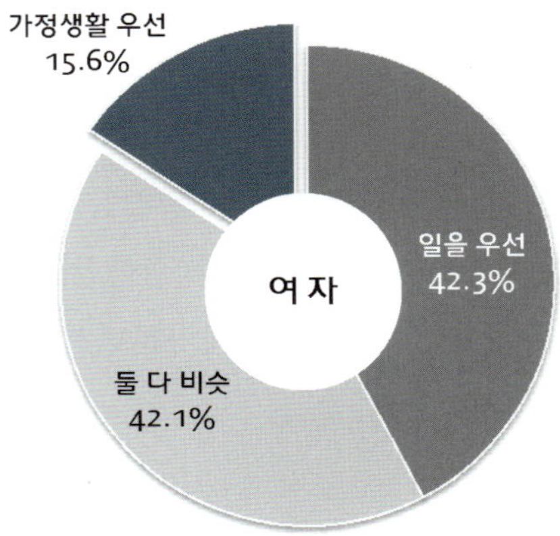

자료: 통계청(2016: 44), 「2015 경제활동인구조사」.

[그림 11-2] **일과 가정의 우선도**

(2) 직업선택의 준비

성인은 더 이상 부모의 보호와 사회의 아량 속에서 살아갈 수는 없다. 하나의 독립된 인간으로서 자신의 행동에 책임을 져야 하며, 사회적으로 기대되는 역할을 담당해야 한다. 그러나 역할수행과정에서 성인은 여러 가지 부적응의 문제와 부딪치게 된다. 나름대로의 생활설계를 실천하기에는 사회는 때때로 부당한 것처럼 느껴지고 불안감을 갖기 쉽다. 이러한 이상과 현실의 갈등 속에서 스스로의 확고한 인생관을 가지고 자신의 행동을 결정할 수 있어야 한다. 건전한 인생관의 확립은 일생의 생업인 직업을 선택하는 데 중요한 요건이 된다(김혜선 · 유안진, 2011: 352).

성인기의 취업과 안정이라는 발달과업을 완수하기 위해서는, 먼저 자신에 대해 정확하게 인식할 필요가 있다. 자신의 취미, 적성, 능력은 물론이고 성격상의 결함, 장점까지도 정확히 알고 있다면 진로결정에 큰 도움이 될 것이다. 또한 자신이 최선의 능력을 발휘할 수 있는 분야가 어딘지를 파악해야 할 것이다. 직업을 통해서 개인의 자아를 실현할 수 있다는 점을 생각할 때, 무엇보다도 '하고 싶어 하는 일', 즉 자신의 적성이 직업선택의 절대적 준거가 되어야 할 것이다. 자신을 완전히 쏟아 부어 몰두할 수 있는 일이 어떤 종류의 일인가를 인식했다면, 다음에는 그 일을 위해 필요한 자식과 기술을 습득하고 있는지 또는 습득할 능력과 가능성을 지니고 있는지를 검토해 보아야 한다.

성인기는 직업을 선택하는 시기이다. 직업을 찾거나 직업에 대해 준비하는 과정에서 그 사람은, 자신의 개인적 능력과 특정한 직업이 갖는 다음과 같은 요소들이 조화를 이루는지를 평가해야 한다(Newman & Newman, 2011).

첫째, 전문적 기술로, 대부분의 직업은 그 직업에 고유한 일정한 수준의 기술적 전문성을 필요로 한다. 따라서, 각 개인은 특정한 직업에서 요구되는 기술이나 능력이 자신에게 있는지 평가해야 한다. 또한 앞으로 그러한 기술을 향상시킬 잠재력이 있는지 그리고 그러한 능력을 발휘하는 데서 만족을 얻을 수 있는지에 관해서도 평가해야 한다. 직업에 대한 준비나 훈련의 단계는 그 직업에 필요한 새로운 기술의 학습을 반드시 포함하는데, 이러한 학습의 성공 여부가 그 직업에 종사하겠다는 결정을 내리는 데 중요한 역할을 한다.

둘째, 권위적 관계로, 각 직업에서 직장의 구성원들은 지위와 정책 결정에 관해 계급에 입각한 상하관계를 갖는다. 따라서, 직업을 선택할 때는 누가 자신의 일을 평가할 것이며, 평가에 대해 어떤 기준이 적용될 것인가를 이해하고, 직책에서 자신의 자율성의 한계를 파악하여야 한다. 새로 직장에 들어가면 명령계통의 구조를 파악하고 권력을 쥐고 있는 사람들에게 순응해야 한다. 그리고 정책결정의 통로를 알고 자신이 영향을 미칠 수 있는 길을 알아내야 한다.

셋째, 그 직업에 존재하는 고유한 요구나 위험이다. 모든 직업은 독특한 직업적 요구를 갖는다. 예를 들어, 생산성에 대한 규칙이라든지 자기표현에 대한 규범과 같은 것이다. 어떤 직업은 높은 수준의 헌신을 요구하기도 하는데, 이 경우에는 직업상 역할에 의해 여가나 가족생활 등이 모두 제한을 받게 된다. 근무자가 상당히 소외되는 직업도 있으며, 또 어떤 직업은 신체적인 위험이나 심리적 스트레스가 존재하는 경우도 있다. 직업에 관한 한 조사에 의하면, 응답자의 78%가 위험한 화학물질, 전기충격, 공기오염과 같은 건강이나 안전에 대한 위험에 한 번 이상 노출된 것으로 나타났다(Quinn & Staines, 1979). 타인과 정서적 접촉을 해야 하는 직업을 가진 사람들은 '탈진'(burnout)의 위기를 경험하기도 한다. 직업마다 종사자에게 가하는 위험이 다르며, 이러한 위험에 대한 취약성에서도 개인마다 차이가 있다. 그러므로 직업에서 얻는 보상에 비추어서 그 직업에 존재하는 특정한 위험을 받아들일 것인지 스스로 결정해야 한다.

넷째, 동료들과의 인간관계로서 이것에 대한 규범은 협동적 또는 경쟁적인 관계로 구분할 수 있다. 협동적 관계를 가질 수 있는 우호적인 동료들의 존재는 작업환경을 크게 향상시켜 준다. 이에 반해, 어떤 직업은 경쟁을 강조하며 경쟁을 촉진하기 위하여 자극이 주어진다. 어떤 사람에게는 경쟁적 환경이, 또 어떤 사람에게는 협동적 환경이 적성에 맞는다. 따라서, 새롭게 직업을 갖는 사람은 그 직업 그리고 직장의 인간관계의 질을 평가하고 그것이 자신의 사회적 욕구를 충족시켜 줄 수 있는지를 결정해야 한다.

실제로 직업을 선택하는 과정에서 이상의 네 가지 요소에 관한 정보를 얻는 것은 쉬운 일이 아니며, 최초의 직업에 대한 결정은 매우 제한된 정보에 입각해서 이루어지는 경우가 많다. 이것이 젊은 사람들이 직업이나 직장을 자주 바꾸는 원인이 된다고 볼 수도 있다.

결론적으로 어떤 직업이든 개인의 이상과 요구를 완전히 충족시켜 주지는 못한다. 직장에서 발전하기 위해 보다 최신의 전문지식을 스스로 습득하며, 참신한 기술과 선진국의 전문기능도 갖추는 것이 자기신장을 도모하는 일이 된다. 따라서, '교육'이란 용어의 개념 역시 학교교육에 한정되지 않고, '요람에서 무덤까지'라는 평생교육으로 변화되고 있다.

4. 발달상의 문제

1) 20대의 도전

성인 초기에는 가족 외의 사람들과 성공적인 친교를 맺는 것은 매우 중요하다. 이 단계에는 자신의 주체성을 촉진시키는 수단이라기보다도, 그들 자신을 위해 사람들과의 교제를 바란다. 친교의 대상이 가족에서 친구로 바뀌는 데에는 일종의 모험이 따른다. 더욱이 많은 피상적인 관계는 사람을 더욱 고독하게 만들기 때문에, 친교를 맺는 사회생활을 중요시하지 않을 수 없다. 20대에 발생하는 스트레스 원인에는 부모나 친구 또는 직장동료 간의 갈등관계를 참고 견디어야 한다는 데에서 오는 것이 가장 많다.

직장생활의 인간관계에 있어서의 발전에는, 이 시기에 맺은 훌륭한 지도자(mentor)와의 만족스러운 관계가 결정적으로 영향을 미치기도 한다. 훌륭한 지도자는 개인의 직업에 대한 열망을 지원하고 충족시켜 주며, 다른 사람을 위한 직업역할 모델이 되어 봉사를 한다. 이와 같은 인물과의 만족스러운 관계는 성인 초기의 개인에게 큰 이점이 될 수 있다. 남성들은 그들의 직장에서 남성 지도자를 모시는 경향이 있지만, 반면에 여성들은 무의식적으로 자신의 역할에 애정관계를 개입시키는 남성 지도자와 일을 하게 되므로, 자신의 직업을 위협당하기도 한다.

직장생활에서 뿐만 아니라, 개인생활과 가족생활에 있어서 만족스러운 관계를 유지하는 것은, 이 시기에 요구되는 하나의 과업이라 하겠다. 남성과 여성은 직업과 결혼에 대해 각기 다르게 중요성을 부여하지만, 이들은 두 가지 영역에 걸친 자신의 감정을 잘 조화시켜야 한다는 공통문제를 갖고 있다. 남성에 있어서 그것은 직장세계에 있어서의 야심과 진실된 가장으로서의 역할실행 사이에 균형을 이루어야 한다(강봉규, 2000: 225-226).

성인 초기의 남성들은 직장에서 출세하기 위하여 많은 시간을 소비한다. 따라서, 아내와 가족을 위한 시간을 갖지 못했다는 것 때문에 괴로워한다. 여성에게 있어서 20대는 상급학교 진학, 직업선택과 아울러 자녀를 갖기에 가장 이상적인 시기라는 점에서 더욱 어려운 때이다. 그래서 많은 여성들은 직업과 결혼 가운데 하나를 선택한다. 그러나 30대의 여성들은 직업과 결혼을 성공적으로 결합시킨다. 그 이유는 자아정체감 수준이 낮은 상태에서 20대는 결혼과 직업을 통합하려고 하기 때문이다(Sheehy, 2006).

2) 30대의 의문

30대 초반에 접어든 인간은 더욱 자기반성적(self-reflective)으로 된다. 20대에 활기를 돋웠던 꿈같은 계획들은 성인세계에서의 경험으로 대체되며, 현재 생활은 전보다 더 복잡하고 모순된 것으로 보인다. 열망과 성취 간의 간격은 더 많은 내적 의심을 불러일으키며, 이 시기의 사람들은 보편적으로 무언가 부족함을 느낀다. "느리게 울리는 북소리처럼 애매하긴 하나 어떤 새로운 것을 원하는 지속적인 느낌이 자주 생긴다"(Sheehy, 2006).

한편, 30대는 시간이 지나가버리고 만다는 느낌에서 자신을 재평가하게 된다. 굴드(1978)는 "약 30대 중반까지는 내가 하길 원하는 일들의 대부분을 할 충분한 시간이 있다고 본다는 사실에 많은 남녀가 동의하고 있다. 그러나 너무 늦어서 나의 직업에 어떤 중요한 변화를 일으킬 수 없다고 생각하는 사람들도 현격히 증가했다."고 주장한다. 결과적으로 20대 후반과 30대 초반의 사람들은 자신의 직업을 바꿀 수 있는 이 시기에 직업을 바꾸는 경향이 있는 것으로 볼 수 있다.

이 시기의 자기의문(self-questioning)은 결혼과 가족에 대한 많은 긴장에서 비롯되며 친밀했던 인간관계에까지도 영향을 미친다. 굴드(Gould, 1978)는 "20대 후반과 30대 초반의 사람들 중 나는 나의 배우자가 현 상태대로의 나를 수용해 주길 바라고 있다라는 진술에 동의하는 사람이 현격히 증가하고 있으며 나에게 결혼은 좋은 일이었다라는 진술에 동의하는 사람은 점차 감소하는 경향이 있음을 발견했다."고 말한다. 결과적으로 이 시기에는 많은 불안과 변화가 있어서 부부는 자신의 결혼에 대해 의심하기도 하며, 심지어는 이혼하기도 한다. 대체로 30세 이상의 시기는 보다 긴박한 40대를 준비하기 위한 심리적인 변화가 따른다.

연습문제

1. 성인기의 특징으로 옳은 것은?
   ① 자아정체성을 확립해야 하는 시기이다.
   ② 직업선택과 여가선용이 가장 중요한 역할과제이다.
   ③ 독립으로 인한 양가감정을 느낀다.
   ④ 심리사회적 유예기간으로 직업탐색이 중요한 시기이다.
   ⑤ 직업적 성취도가 최고조에 이르러야 한다.

2. 성인에 관한 설명으로 옳지 않은 것은?
   ① 삶과 직업에 관한 목표와 희망을 명확하게 정의해야 한다.
   ② 자신의 과거에 대한 재평가를 통해 변화 가능성을 탐색해야 한다.
   ③ 신체발달이 완성되며 매우 건강한 시기이다.
   ④ 타인과의 관계 속에서 친밀감을 형성한다.
   ⑤ 직업을 선택하고 경력을 쌓아야 한다.

3. 성인기의 발달과업으로 옳지 않은 것은?
   ① 결혼을 준비한다.
   ② 사회적 역할을 융통성 있게 수행하고 적응한다.
   ③ 부모로부터 정서적으로 독립한다.
   ④ 사회적으로 건강한 발달을 이룬다.
   ⑤ 직업을 선택하고 경력을 쌓아나간다.

4. 성인기의 가장 중요한 발달과업으로 상대방과 가깝게 되는 과정에서 자신의 정체감을 잃지 않고 상대와 개방적이고 지지적이며 조화로운 관계를 맺는 것을 의미하는 것은?
   ① 감정이입 ② 자기통제 ③ 친밀감
   ④ 자아정체감 ⑤ 수용

5. 성인기를 대상으로 실시할 수 있는 프로그램으로 맞는 것은?

가. 예비부부 프로그램	나. 사회체험
다. 예비부모 체험	라. 직장체험

   ① 가, 나, 다 ② 가, 다 ③ 나, 라
   ④ 라 ⑤ 가, 나, 다, 라

정답 1. ③ 2. ② 3. ② 4. ③ 5. ⑤

Chapter 12

중 년 기

학습목표

발달 과업과 문제점을 파악하고 이를 현실에 적용할 방법을 강구하고자 한다. 특히, 중년기의 위기는 향후 극복되어야 할 주제로 보고, 이에 대한 대책을 마련하는 방안을 학습하고자 한다.

학습내용

1. 중년기의 개념
2. 발달 특성
3. 발달 과업
4. 발달상의 문제

개 요

중년기(middle adulthood)는 성인 후기, 장년기 또는 베이붐 세대 등으로 불리는데, 연령으로 볼 때, 40~45세 이후부터 65세 이전까지 약 20~25년의 기간을 말한다. 중년기는 인생의 목표를 성취해 나가는 시기로 심리적·직업적·가정적으로 안정되어 있으며, 사회에 공헌할 수 있는 능력과 태도를 갖추게 된다. 중년기 발달에서 가장 현저하게 진행되는 변화는 노화로 신체적·성적 변화가 우선하며, 이와 함께 나타나는 심리적 변화로 성격과 정서의 변화가 있다. 사회적으로는 가정과 사회에서 윗사람으로서의 역할 변화가 있다. 본 장에서는 중년기의 발달을 논의하고자 한다.

1. 중년기의 개념

중년기(middle adulthood)는 성인 후기, 장년기 또는 베이비붐 세대 등으로 불리는데, 연령으로 볼 때, 40세부터 65세 이전까지 약 25년의 기간을 말한다. 이는 국내법상 노인을 65세로 규정하고 있기 때문이다. 학문적으로는 40~60세를 일컫는 경우도 많다.

중년기는 인생의 목표를 성취해 나가는 시기로 심리적 · 직업적 · 가정적으로 안정되어 있으며, 사회에 공헌할 수 있는 능력과 태도를 갖추게 된다. 특히, 중년기의 자녀 성장이나 직업적 성취, 후배 배출 등의 생산성은 중년기 발달에 원동력으로 작용한다. 중년기 발달에서 가장 현저하게 진행되는 변화는 노화로 신체적 · 성적 변화가 우선하며, 이와 함께 나타나는 심리적 변화로 성격과 정서의 변화가 있다. 사회적으로는 가정과 사회에서 윗사람으로서의 역할 변화가 있다(강경미, 2016: 362).

이 시기에는 경제적 · 직업적으로 비교적 안정되는 기간이기도 하지만, 새로운 위기가 시작되는 기간이기도 하다. 중년기에 들어서면서 지혜를 통하여 문제를 해결하려고 시도하고, 대인관계를 이성보다는 사회적인 관계를 받아들이며, 감정의 대상을 다양화하고, 새로운 사고에 대하여 수용적이어야 건강하다고 할 수 있다. 이 시기는 사회적 관점에서 '빈둥지(empty nest)'시기라고 한다. 이는 자녀가 성장함에 따라 집을 떠나게 되어 부부만 남게 되는 것을 말한다. 각 가정의 부부의 결혼 연령, 자녀의 수, 자녀들의 교육기간, 자녀의 결혼 유무, 결혼 시기 등과 같은 여러 요인에 따라 그 기간이 결정된다. 즉, 이 시기는 남성보다는 여성, 특히 전업주부는 심리적으로 공허감이나 우울감을 느끼게 되어 부적응적 양상이 나타날 수 있으며, 이를 '빈둥지증후군'(empty nest syndrome)이라고 한다. 이러한 현상에 잘 대처하기 위해서는 원만한 부부관계를 유지하기 위한 노력이 필요하며, 다양한 사회적 활동에 참여하는 것이 도움이 된다.

이 시기는 인생의 목표를 성취해 가는 인생의 절정기이다. 이 시기에는 노화가 시작되는 자신의 신체적 · 생리적 변화를 인정하고 적응하며, 사회에 공헌하고 생산성을 획득해 나가면서 중년의 위기에 대처한다. 성숙한 부모의 태도를 소유하고 자녀를 지도하며, 부부간의 동반자 의식을 신장시키고, 노부모를 부양한다. 또한 직업안정을 통하여 경제적 안정을 누리고, 여가를 활용하며, 은퇴에 대비해 나간다(이근홍, 2015: 125). 특히, 중년기의 자녀 성장이나 직업적 성취, 후배 배출 등의 생산성은 중년기 발달에 원동력으로 작용한다.

베이비붐 세대(baby boom generation)**와 에코붐 세대**(echo boomers)

베이비붐 세대란, 전쟁 후 또는 혹독한 불경기를 겪은 후 사회적 · 경제적 안정 속에서 태어난 세대를 지칭한다. 각 나라의 사정에 따라 그 연령대가 다르다. 우리나라에서는 한국전쟁 이후인 1955-1963년, 일본은 1947-1949년, 미국은 1946-1965년 사이에 출생한 세대를 지칭한다. 우리나라의 베이비붐 세대는 고도 경제성장과 1997년 외환위기, 그리고 최근 글로벌 금융위기를 경험했다.

베이비붐 세대는 그동안 한국 사회에서 주목받지 못하고 6 · 3세대와 386세대, 아날로그와 디지털 세대 사이에 '낀 세대'로 취급당하는 애물단지일 뿐이었다. 앞뒤의 세대들 사이에서 낀 세대로서의 비애를 느끼지 않는 세대는 없을 것이다. 그러나 베이비붐 세대는 IMF 외환위기로 인한 충격과 부담을 별다른 준비 없이 온몸으로 부딪쳐야 했던 세대라는 점에서 더 큰 박탈감을 느끼고 있는 것 같다. 정치적으로 그들은 3김과 386세대에 낀 세대이다. 베이비붐 세대 중에는 정치적 · 사회적으로 대중적인 스타가 없다. 그것은 자칫 튀었다가는 위기감에 젖어 있는 국민들에게 비난받기 일쑤이던 시대의 산물이다. 학업보다는 군사독재와의 투쟁을 본업으로 삼다시피 하고 학우들의 전면적인 지원을 배경삼아 전투적인 학생운동을 했던 386세대에 비해, 베이비붐 세대는 여건이 열악했기 때문이기도 하다. 최근에는 386세대 후배에게 국회의원 공천 자리를 양보해야 하는 신세가 되기도 한다. 오늘날 베이비붐 세대는 선배인 4 · 19세대와 6 · 3세대, 더구나 후배인 386세대에 비해서도 제대로 평가받지 못했다고 각성하며, 386세대가 개혁의 전위대로 부상하고 있는 최근의 사회분위기 속에서 상대적 박탈감을 더욱 뼈저리게 느끼기도 한다.

에코붐 세대는 베이비붐 세대의 자녀 세대로, 일반적으로 1980년대에 태어난 이들을 가리킨다. Y세대, 밀레니얼(millennial) 세대, 네트(net) 세대라고도 불린다. 1970년대 말 또는 1980년대 초부터 1980년대 말 또는 1990년대 말까지 태어난 이들을 가리킨다.

출생률이 현저하게 상승했던 베이비붐 세대의 자식 세대인 만큼 이들이 태어난 시기의 출생률도 비교적 높아 에코붐 세대(echo boomers), 즉 메아리 세대라는 말이 붙었다. 이들은 대체로 풍족한 환경에서 자라 유행에 민감하고 쇼핑을 좋아하며, 어려서부터 컴퓨터와 친숙하고 최신 IT기술을 잘 활용하는 특징을 가지고 있다.

에코붐 세대는 그들의 부모와 한국 사회의 70 · 80년대의 상황 인식을 공유하고 있으며, 향후 한국 사회의 추동력 세대로 떠오르고 있다. 즉, 베이비붐 세대의 한계를 에코붐 세대가 뛰어넘고 있으며, 386세대와는 또 다른 생명력을 보이고 있다.

2. 발달 특성

1) 신체적 발달

(1) 신체적 변화

중년기가 되면 성년기 후반부터 시작되던 신체적 노화가 본격적으로 진행되면서, 신체 활력이 저하되고 신체기능이 점차적으로 쇠퇴한다(강경미, 2016: 362).

나이가 들어가면서 사람들은 키가 1~4인치 정도 점차적으로 줄어든다. 몸통 부분에 지방이 쌓이면서 신체의 윤곽은 변화한다. 중년의 성인들은 신체의 체중이 재분배되면서 체중이 늘지 않은 경우라고 해도 큰 사이즈의 옷이 필요하게 된다. 적절한 운동과 식이를 통해 노화가 신체에 미치는 영향을 늦출 수 있다.

이 시기 대부분의 생리적 변화는 점차적으로 일어나며 사람에 따라 시기에 따라 다르게 나타난다. 이 시기의 눈에 띄는 변화는 근육의 강도 및 접합조직의 탄력성 감소와 관련이 있다. 관절이 닳고 손상되면서 퇴행성 관절염에 걸릴 위험이 높아진다. 운동, 체중 조절 및 식이를 통해 정상적인 관절기능을 유지할 수 있다. 얼굴, 복부 및 엉덩이의 피부가 늘어지고 이전보다 덜 탄탄해지기도 한다. 근육의 강도가 감소하면서 근육의 힘 또한 점차적으로 떨어진다.

골질량은 35세에 최고점에 다다른 후 천천히 떨어지다가 폐경 이후 가속화되어 감소한다. 골질량의 손실은 탈무기질화에 의해 발생한다. 이 결과, 뼈는 구멍이 더 생기고 잘 부서지며 골다공증으로 이어질 수 있다. 골다공증은 남성보다는 여성에게서 더 많이 발생한다. 유전 요인, 흡연, 알코올과 카페인 섭취, 정적인 생활양식이나 부적절한 영양 등이 골다공증에 기여하는 주된 요인들로 알려져 있다. 골다공증은 백인과 아시아계에서 더 잘 나타난다. 운동, 식이, 태양광선에의 노출, 호르몬 대체 및 적절한 칼슘섭취 등이 예방을 위해 조절할 수 있는 요인들이다.

일부 성인들은 치아가 모두 나는 반면, 일부는 사랑니가 완전히 다 나올 만한 충분한 공간이 없을 수 있다. 만일 이런 사랑니가 통증이나 문제를 유발한다면 외과적 시술이 필요할 수도 있다. 치주질환은 적절히 구강관리를 하고 유지함으로써 예방할 수 있다. 정기적으로 치과를 방문하고 적절한 양치질 및 치실 사용을 하는 것이 건강한 치아와 잇몸을 유지할 수 있는 방법이다.

심장 및 폐의 근육이 탄력성을 상실하면서 최대 효율이 약간 감소하게 된다. 그 결과 혈압이 약간 상승하며 공기교환의 효율성은 어느 정도 떨어진다. 일반적으로 모든 근육이 작업할 수 있는 역량이 조금 떨어지고 회복하는 데에는 더 많은 시간이 필요해진다.

가장 눈에 띄게 변화가 나타나는 곳은 피부이다. 피부(내층)가 탄력성이 떨어지면서 주름과 축 처진 피부가 나타난다. 얼굴에서 가장 명백한 변화가 나타나는 곳은 웃을 때 생기는 입 주변의 팔자주름, 눈 주위, 뺨의 늘어지는 피부 등이다. 체중이 많이 감소하면 이러한 변화가 더 악화되기도 한다. 일부에서는 머리카락이 회색으로 변하거나 가늘어지거나 성장이 늦어지는 등 변화가 확실히 보이기도 한다. 인종, 유전자, 성별 등 모든 것들이 머리카락의 성장패턴에 영향을 미친다(Polan & Taylor, 2015).

중년기에 가장 뚜렷하게 감퇴가 느껴지는 두 가지 기능이 시각과 청각이다. 시각의 감퇴는 대체로 40~49세 사이에 나타나며, 노안이 대표적 징후이다. 실제로 성인 중기 동안에는 가까운 것을 보는 데에도 어려움이 생긴다. 눈으로 가는 혈액공급이 감소되어 시각의 범위는 좁아지는 반면에, 사각범위(blind spot)는 커진다(송명자, 2017: 373). 즉, 수정체가 두꺼워지고 혼탁해지면서 주변시야가 감소하게 된다. 눈은 가까운 물체에 초점을 맞추는 능력이 떨어지고, 어두운 곳에서 밝은 곳으로 왔을 때 적응하는 능력이 감소한다. 대부분의 시력변화는 교정렌즈를 통해 성공적으로 관리할 수 있다. 새로운 레이저 수술은 이러한 문제를 교정할 수 있으며, 회복도 빠르게 이루어진다. 많은 사람들이 노인성 난청 또는 청력의 저하를 경험한다. 이는 귀의 모세혈관벽이 두꺼워지면서 발생한다. 부적절한 관리 및 큰 소리에의 과도한 노출이 이러한 상실을 악화시킨다.

중년기 동안 맛을 구별하는 능력도 점차적으로 감소하기 시작한다. 이런 변화는 매우 경미하기 때문에 식욕이나 음식의 선택에 크게 영향을 주지는 않는다. 구강과 치아의 전반적인 상태가 오히려 식이에 더 큰 영향을 미친다.

〈표 12-1〉 중년기의 신체 변화

신체 기능	주요 변화 시기	변화 상태
시각	40대 중반	수정체 조절능력 저하 빛에 민감, 암순응 저하 색체 지각 변화
청각	50~60세	아주 높거나 낮은 음역은 난청
후각	40세경	냄새 구분 능력 감소
미각	없음	맛 구분 능력 변화 없음.
근육	50세경	근육조직 상실
골격	30대 중반	뼈 속 칼슘 성분 상실
심폐기능	35~40세	운동, 일에서 능력 변화
신경계	성인기 전 기간	뇌신경계 상실 뇌 크기, 무게 감소 신경세포 수상돌기 감소
면역체계	성인기	T세포 감소
생식기능	여: 30대 중반	가임 능력 감소
	남: 40세경	활동 정자 수 감소
세포		점차적 피부, 근육, 힘줄, 혈액을 포함한 대부분 세포 감소
신장	40~80세	1~2인치 축소(척추 디스크 압축 현상)
체중	중년기	최고 도달
	노년기	점차 감소
피부	30~40세	탄력성 상실, 주름 형성
모발	50세경	가늘어지고 희어짐.

자료: 신명희 외(2013: 412).

(2) 성적 변화

중년기가 되면 성별로 차이가 있기는 하지만, 남녀 모두 생리적 변화로 인하여 성적 능력이 저하된다. 여성은 40대 후반에서 50대 초반 사이에 월경이 중지되고 생식능력이 상실되는 폐경(menopause)을 경험하게 된다. 여성이 폐경에 이르기까지 다양한 생리적 변화를 겪게 되는 기간을 '갱년기'(climacteric)라고 한다. 갱년기에는 여성호르몬인 에스트로겐[14)] (estrogen)의 생산이 감소되며, 월경이 불규칙해지기 시작하다가 점차 중단되게 된다(Crandell et al., 2011).

폐경기의 여성에게는 얼굴의 홍조현상, 두통, 구토증, 현기증, 골반통, 피로감, 호흡장애, 골다공증 등이 나타나며, 호르몬 분비의 급격한 감소로 인하여 유방과 자궁이 퇴화되기 때문에 신체적 고통을 일으키게 된다. 폐경기 동안 여성에게 우울증과 불안감이 있을 수 있으나, 많은 여성들은 당연한 사건으로 받아들이고 생활에 큰 변화가 없는 것으로 나타나고 있다. 대부분의 여성들은 폐경기 이후에도 성공적인 부부생활이 가능하며, 여성의 특성을 계속 유지하게 되고, 점차 자녀의 혼인, 노화, 배우자의 사망 등과 같은 사회적 변화에 관심을 갖게 된다.

중년기 남성은 여성에 비해 심한 생리적 변화는 없으나, 남성호르몬인 테스토스테론(testosterone)[15]의 생산이 감소되어 정액과 정자의 감소, 절정감의 약화, 성적 능력의 저하 등을 초래한다. 남성들은 상당히 늦은 나이까지도 계속해서 생식능력을 갖게 되지만, 일부 중년기 남성은 수정능력 및 오르가즘 빈도가 감소하고 발기불능이 증가하게 된다. 중년기 남성에게 나타나는 발기불능과 같은 성적 무능력은 갱년기 증상이라기보다는 직업에서의 성공과 재산 증식에 대한 과도한 관심, 정신적 피로, 과음, 만성질환, 성적 수행에 대한 실패공포 등에 기인한다. 중년기 남성은 전립선이 비대해지면서 요도를 압박하여 소변보기가 힘들어지며, 남성호르몬의 감소로 근육조직의 손실과 심장질환의 위험을 증가시키기도 한다.

중년기의 성별 생식기능의 변화와 증상은 다음과 같다.

〈표 12-2〉 **중년기의 생식기능의 변화**

	여성	남성
호르몬의 변화	에스트로겐과 프로게스테론의 감소	테스토스테론의 감소
증상	홍조 · 질 건조증 비뇨장애(urinary dysfunction) 성에 대한 관심 감소	분명하지 않음.
성적 변화	각성의 세기 감소 덜 자주, 빠른 오르가즘	심리적 각성의 감소 반응이 덜 자주 발생되며 오르가즘이 느려지고 발기 간의 회복에 더 시간이 걸리며 발기부진의 위험성 증대
생식 능력	종료	생식능력 유지, 생식 발생 감소

자료: 신명희 외(2013: 417).

남성의 갱년기는 여성보다 늦게 시작되며, 변화가 보다 점진적으로 진행된다. 생리적 변화가 점진적으로 이루어지기 때문에 심각한 신체적·정신적 어려움은 없으나, 남성다움의 상실에 대한 두려움을 갖는다는 것이다. 갱년기 동안 남성들에게도 정서적·심리적 변화가 나타나지만, 이것은 갱년기의 증상이라기보다는 배우자와의 이혼이나 사별, 가족문제, 혼인생활의 갈등, 자신과 아내의 질병, 부모의 죽음, 직장에서의 스트레스나 퇴직 등과 관련되어 있는 경우가 많다(이근홍, 2015: 126-127).

2) 인지적 발달

일반적으로 중년기의 인지적 반응속도는 늦다. 인간의 지적인 능력은 18세에서 25세 사이에 최고조에 달하며, 이후에 나이가 들어감에 따라서 지적 기능이 변화한다. 중년기에는 행동이 전반적으로 완만해지는데, 이러한 느림은 감각의 예민함이나 말초신경 작용의 속도, 반응 동작의 속도 등과 같은 말초신경 요소들의 기능에서 먼저 일어난다기보다는 중추신경체계가 정보를 전달하는 과정에서 기본적인 변화가 일어난다. 인지적 능력의 변화는 지적 능력의 유형에 따라서 다른 양상을 보여준다. 즉, 유동성 지능(단순 기억력, 기본적인 학습능력 등)과 비언어적 능력(동작을 포함하는 반응의 기민성 등과 같은)은 나이가 들수록 감소하게 된다(이우언 외, 2017: 124). 비록 새로운 학습능력은 저하된다 하더라도 오랜 경험을 통해 획득한 지혜가 있기 때문에 문제해결능력은 높아진다. 청각적 기억은 40세 이후부터 일정하게 유지되고, 시각적 기억 역시 60세까지는 감퇴 없이 유지된다. 기억능력도 감퇴하는 것처럼 보이는 이유는 정보처리시간이 길어지기 때문이다(구혜영, 2015: 377).

정신적 기능은 중년기에 최고조에 달한다. 중년기에도 새로운 기술을 지속적으로 학습할 수가 있고, 이미 알고 있는 것을 기억할 수 있다. 언어능력에 있어서도 어휘력을 발전시킬 수 있다. 그러나 대부분의 중년기 사람들은 자신의 지적인 능력을 충분히 활용하지 않고, 과거의 다양한 경험으로부터 얻은 지혜로 대처하고 보상하려는 경향이 있다. 그리고 기억능력의 감퇴가 이루어지는 것처럼 보이는데, 실제로는 단기기억능력은 약화되지만 장기기억능력은 큰 변화가 없다. 즉, 새로 학습하는 능력은 저하되지만 오랜 경험을 통해 획득된 지혜가 있기 때문에 문제해결능력은 오히려 높아진다.

중년기의 인지 변화에 대해서는 상반된 주장들이 있다. 신체적 능력의 감소에 따라 인지적 능력이 하강한다는 견해와 함께 인지적 능력이 감소하지 않으며, 이 시기 특정 측면의 인지능력은 상승한다는 견해가 대립하고 있다.

대체로 중년기의 성인들은 단기적 기억력이 약화되어 새로운 것을 배우거나 빠른 속도를 요구하는 과제에 대한 해결 속도가 느리지만, 가설을 세우고 추론하는 통합된 사고능력과 문제해결 능력이 탁월하다. 중요한 점은 중년기 성인이 정신기능의 잠재력은 거의 변함이 없지만, 스스로 부정적인 인지변화를 자각하여 잠재력에 비해 정신적 · 신체적으로 위축되거나 소극적 태도로 인해 일에 대한 수행능력이 떨어지는 결과를 낳을 수 있다. 중년기의 인지적 발달의 강점을 중심으로 창조적 생산성을 발휘할 수 있는 지원이 필요하다. 이를 통해 중년기에 인생의 결월을 맺을 수 있으며 인생의 경험과 연륜을 통합한 리더십을 발휘할 수 있다(강기정 외, 2015: 259).

중년기 지능에 관한 연구를 횡단적 연구 결과에 근거하여 살펴보면, 가장 높은 점수를 얻은 사람은 청소년 또는 젊은 성인들이며, 더 나이 많은 연령집단은 더 낮은 점수를 얻었다. 지금까지 연구된 지능에 관한 횡단적 연구 결과들은 일관성 있게 20대 후반이나 30대 초반에서부터 지능점수의 감퇴가 시작된다고 보고한다. 그러나 이러한 연구 결과들은 횡단적 연구방법의 한계로, 같은 시대에 태어나 같은 역사적 환경에서 성장함으로써 나타나는 '출생동시집단효과'(cohort effects)를 고려하지 못한다는 비판을 받고 있다. 즉, 지적 과업 수행에는 교육수준이 매우 중요한 영향을 미치는데, 세대 간의 상이한 교육수준의 차이가 이러한 결과를 초래하였음을 의미한다는 반론이다.

이에 반해, 종단적 연구 결과에 의하면, 연령 증가에 따른 감퇴현상이 나타나지 않았다. 대부분의 지적 능력이 60세 이전까지는 감퇴의 증후를 나타내지 않으며, 연령보다는 출생동시집단효과가 지적 기능의 감퇴에 더 큰 영향을 준다(박성연 외, 2017: 276).

중년기 지능발달의 특징을 종합하면 다음과 같다(지영주 외, 2016: 309).

첫째, 중년기 지능의 일률적인 감퇴는 일어나지 않으며 지능의 감퇴 여부는 교육경험, 사회문화적 배경에 따라 개인차가 크고 과제에 따라 차이가 다르게 나타난다.

둘째, 중년기 유동성 지능은 감퇴한다. 따라서, 정보처리속도를 둔화시켜 반응시간이 증가하게 된다. 이러한 감퇴는 신경원의 정보 전달 기제의 쇠퇴에 기인한다.

셋째, 중년기 결정성 지능의 감퇴 여부는 직업, 교육수준, 문화적 배경 등에 따라 차이가 있다.

결론적으로 중년기의 많은 사람들이 기억감퇴를 호소하지만 실제로 기억 감퇴가 일어나는 영역은 거의 없다. 하지만 기억 과제 연습량의 감소로 인해 기억 감퇴가 일어나기도 하므로 연령과는 관계가 없다.

3) 정서적 발달

안정성 있고 심리적으로 잘 성숙된 인격의 소유자도 나이를 먹어감에 따라서 언젠가는 차차 여러 가지 변화를 나타내게 마련이다. 그런 것이 때로는 다소 신체적인 변화와 관련이 있을 수도 있지만 실제로 대개는 심리적인 변화이다. 중년기에 이르러서는 차차 자기가 늙어 가고 있음을 자각하게 된다. 점점 나이를 먹어 갈수록 자기 모습도 달라져 가고 머리도 희어지며 체력이 감퇴되었음을 완연히 느낀다. 동시에 지적 활동도 저하되어 가고 있음을 우연한 기회에 느끼기 시작하게 되고, 옛적 젊었을 때가 즐겁게 회상되고 늙어 가고 있는데 대해 그저 초조하고 불안한 생각이 든다.

성격적으로는 남성은 여성성이 증가되고, 여성의 경우에는 남성성이 증가하는 경향이 있다. 중년기는 남성성, 여성성이 통합되어 성역할이 보다 융통성 있게 변화하는 시기이며, 남녀가 양성성(androgyny)의 성향을 보일수록 중년기 적응력이 높다(강기정 외, 2015: 260).

새로운 것을 배우는 학습능력도 점점 감소되고 융통성이 없어져 감으로써 완고하게 되고, 새로운 것을 받아들이기가 힘들며, 옛날에 얽매여 변화에 저항하는 경향이 생긴다. 그리고 대체로 지나치게 보수적이며 내향성이 증가하고 고집이 세어져 독단적으로 되기가 쉽다. 흥미권도 좁아질 뿐 아니라, 모든 일에 의욕과 열성이 줄게 되고, 주변의 모든 일들에 불평과 불만이 많아져 비관적이고, 체념적인 생각을 많이 하게 된다. 이럴 때 본래 인격상에 신경증적인 문제가 있었던 사람들은 그러한 성격특성이 더욱 확대되어 심하게 나타나는 수도 있다. 반면에, 전부터 적응이 잘 되어 있던 사람은 감퇴된 능률을 잘 보상하여 침착성, 지혜, 판단 등의 좋은 점을 돋보이게 나타낼 수도 있다(강봉규, 2000: 245).

늙어갈수록 고독감을 쉽게 느끼게 되어 있다. 근래와 같이 전통적인 가족제도가 붕괴되어 가고 핵가족화되어 가고 있는 상태 하에서는 성장한 자녀들은 모두 독립해 나가고, 더구나 도시생활과 같은 서로의 유대가 없어지고 서로가 의지하고 마음의 유대를 가지고 살아갈 수 있는 여건이 안 되어 있는 환경에서는 항상 고독하고 쓸쓸한 감을 면하기가 힘들다고 할 수 있다. 거기에다 의존심의 대상이었던 배우자나 집안사람들, 또 사회적 유대를 맺어 주던 벗과 주위의 친지들의 죽음은 고독감과 쓸쓸함을 한층 더 심하게 할 것이며, 자연히 자기 자신의 죽음에 대한 불안감을 증대시킨다.

배우자와의 사별 이후 노인의 정신장애가 급격히 악화한다는 연구들이 많이 있다. 우리 사회에서는 특히, 남자의 경우 직업 여부가 사회적 · 경제적 · 심리적 관련성이 깊다. 직장에서의 은퇴와 이에 따르는 사회적 지위와 위신의 하락, 그리고 권력의 감퇴와 그에 수반되는 경제적 타격 등은 노인들에게 사회적 소외감과 고독감을 더욱 강하게 느끼게 할 것이고, 거기에 수반되는 죽음의 임박에 대한 불안과 공포를 가져오게 된다.

스트레스를 주는 여러 가지 일들은 적절히 대처하면 노인들에게서도 무사히 넘어갈 수 있다. 그러나 우울을 초래할 때도 있고, 때로는 흥분 · 착란 · 정신병적 사고를 부를 때도 있다. 무력감 · 실패감, 자존심과 자신감의 손상 등은 화 · 분노 등을 일으키고 적대적인 감을 주는 주위에 대한 불만과 더불어 우울은 더욱 심해진다.

일시적으로나마 분노를 터뜨리고 나면 결과적으로 죄의식을 느끼고, 보복에 대한 현실적인 공포감 또 자기 자신 더욱 쓸모가 없어진 것 같은 감을 느낌으로써 우울은 더욱 심해질 수 있다. 노년에 있어서의 우울은 흔히 있는 것이나 절대로 등한시하고 가볍게 생각해서는 안 된다.

4) 사회적 발달

전 생애의 전망으로 보면 중년기는 변화(change)와 계속성(continuity)의 두 가지 측면을 모두 가지고 있다. 나이가 들면서 젊을 때와는 달리 신체적 특성이나 성격이 변하기도 하지만, 자신의 특성을 그대로 유지하기도 한다. 중년이 되면 수명의 유한성에 대한 자각이 증가하고 인생의 다양한 경험을 가지며 생성적 관심들이 증가한다. 인생 초기의 경험이 후반기의 삶에 결정적인 영향을 주는 것은 아니며, 중년 초기와 후기의 삶이 같을 수도 있지만 다를 수도 있다. 사회적 변화로 사람들의 삶이 다양해지면서 40대와 60대에 어떤 삶을 사는 것이 전형적인 삶이라고 말하기 어려워졌다. 어떤 사람은 40대에 첫 아이를 낳는가 하면, 어떤 사람은 그때 이미 조부모가 되기도 한다. 어떤 사람은 중년기에 제2의 인생을 시작하는가 하면, 조기은퇴로 직업활동을 정리하기도 한다. 이처럼 중년기는 개인차가 큰 시기다(신명희 외, 2013: 437).

중년기가 되면 외적으로 팽창을 추구하고 사회적 성공과 명성을 위해서 에너지를 가정 밖 사회를 위해서 집중해 오다가, 40세 이후 중년의 나이가 되면 외부세계를 향하던 에너지가 자기 자신의 내면을 향하게 된다. 그리하여 갑자기 지금까지 헌신해오던 일을 그만 두고 새로운 도전을 시도하려고 하기도 하고 남과 여는 각기 반대의 성적 측면을 보이게 된다. 즉, 남성은 여성적으로, 여성은 남성적으로 변화하여, 남성은 일찍 귀가하여 드라마를 보려고 하고, 여성은 가정 밖으로 나아가 사회적 활동에 집중하려는 변화를 보이게 된다. 이런 반대적인 현상으로 인해 부부간의 역할 재조정과 상호이해가 필요하다. 이런 이해와 역할 조정이 잘 이루어지지 못하는 경우에, 갈등이 야기되고 이혼을 하게 되기도 한다. 최근 우리나라도 결혼 초기의 이혼율은 낮아지고 소위 말하는 '황혼이혼율'이 높아지는 것도 남녀 간의 이런 변화가 원인이 되기도 한다(이우언 외, 2017: 125).

(1) 가정의 운영

가정은 개인의 성장과 정신건강을 촉진하는 환경을 제공하는 잠재력을 가지고 있다. 그러한 환경을 꾸리는 것이 바로 중년기의 과업이다. 풍요로운 가정환경을 조성하는 것은 가족의 욕구와 자원을 조직화하는 어른의 능력에 따라 좌우된다.

가정은 인간의 성장과 정신건강을 조성하는 장이고 이러한 가정환경을 운영해 나가는 것이 중년기의 과업이다. 이를 위해서 중년기 성인은 가정 내에서 가족구성원이 갖고 있는 욕구, 기호 재능을 파악하여 가족구성원 간의 욕구 차이를 이해하고 다양한 욕구에 반응해야 한다. 중년기 성인들이 가정 운영상 결정을 내려야 하는 구체적인 영역은 주거, 재정, 교육, 일상적 활동, 여가, 사교, 자녀양육 등에 관한 것이다. 특히, 이러한 영역에서 결정을 내릴 때는, 가족성원들의 욕구를 잘 충족시킬 수 있는 방식으로 자원과 시간을 적절하게 조직하여 적합한 결정을 내릴 수 있어야 한다. 한편, 현재 가정 운영의 목표뿐만 아니라, 미래에 대한 설계도 필요하다. 가족으로 하여금 현실적인 목표를 세우고, 목표성취를 위한 계획과 실천단계를 개발하도록 하는 것이 요구된다. 마지막으로 중년기의 성인은 가족 밖에 존재하는 개인들, 확대가족 성원들, 직업에 관련된 집단들, 종교집단, 교육집단, 지역사회집단 등 다른 사회적 체계들과 가족과의 관계를 확립해야 한다.

효과적인 가정의 운영은 몇 가지 관리기술을 요하는데, 이를 살펴보면 다음과 같다(Newman & Newman, 2011).

① 가족구성원의 욕구와 능력 평가

대부분의 가정은 세대 간 연령의 폭이 넓다. 이에 따라 중년기의 성인은 가족의 고유한 욕구, 기호, 기술, 재능 등을 파악해야 할 필요가 있다. 가족구성원 간의 차이가 나이에 따른 세대 차이일 수도 있고, 각 연령별 특성에 의한 것일 수도 있다. 따라서, 가정의 관리를 책임지고 있는 사람은 가족구성원들의 욕구의 차이를 이해하고 각자의 다양한 욕구에 기꺼이 반응해야 한다.

② 결정능력

가정 운영에서 이루어지는 결정에는 '무엇을 먹을 것인가'라는 단순한 문제에서부터 '아이를 가질 것인가, 몇 명이나 가질 것인가', '주택을 구매할 것인가'와 같은 장기적이고 중요한 문제에 이르기까지 다양하다. 효과적인 가정 운영을 위해서는 삶의 모든 영역에서 합리적인 결정을 내리는 능력이 필요하다. 가정 내에서 권력이나 책임의 분배 정도에 따라 남성이 결정권을 갖는 경우, 여성이 결정권을 갖는 경우, 어른이 결정권을 갖는 경우, 가족이 공동으로 결정권을 갖는 경우 등 네 가지 유형으로 나누어 볼 수 있다.

③ 시간조직화

가정을 성공적으로 운영하는 데 필요한 또 다른 요인은 가족의 시간을 효율적으로 조직화하는 것이다. 시간의 조직화는 생활습관 및 직업과 밀접하게 관련되어 있다. 시간을 조직화하는 것은 일상적인 생활뿐만 아니라, 한 주, 한 달, 일 년, 발달단계, 생애주기 단위로 계획할 수 있어야 한다.

④ 목표설정

가정 운영은 현재뿐만 아니라, 미래에 대한 설계도 요구한다. 미래의 목표에 대해 생각할 때는 삶에서 추구할 만한 가치가 있는 것은 무엇인지를 평가해야 한다. 어떤 사람은 부를 획득하는 것, 또 어떤 사람은 명예를 얻는 것, 또 다른 사람들은 마음의 평화를 인생의 목표로 삼을 수 있다. 가족의 목표 설정은 3단계로 설명될 수 있는데, 1단계에서는 가족을 위한 현실적인 삶의 목표를 설정한다. 2단계에서는 목표 달성을 위해 구체적인 단계를 전개한다. 마지막으로 3단계에서는 삶의 목표를 향한 진행과정을 계속하여 평가한다.

⑤ 그 밖의 사회구조와 관계 확립

장년기의 성인은 가족과 다른 사회적 집단, 즉 가족 밖에 존재하는 개인, 확대가족 구성원, 다른 가족들, 직업 관련 집단 등의 유대를 확립하여야 한다. 가장은 다양한 사회구조와 가치 있고 만족스러운 관계를 유지하는 동시에, 가족이 지나친 외부의 요구에 시달리지 않도록 보호할 수 있어야 한다.

(2) 부부관계

중년기는 결혼생활에서 서로에게 적응하는 기간을 경험한 다음 진정한 동반자 의식이 결실되는 시기이다. 성인 전기 동안 자녀의 출산과 양육에 골몰하면서, 부부는 서투른 부부로서의 적응, 부모로서의 적응, 새로이 형성된 가족관계에 대한 적응에 바빴다. 그러나 중년기가 되면서 자녀들도 어느 정도 자율적으로 생활해 가면서, 중년의 부부는 전보다 더 밀착된 관계로 발전해 간다. 또한 공적 · 사적인 생활에서 안정을 찾음으로써 부부의식이 새로워질 수 있는 여유도 생긴다. 그러나 중년기 동안 각자의 가치관, 생활태도, 삶의 목표 등이 서로 어긋날 때에는, 동반자 의식보다 새로운 각기 다른 방식의 해결책을 갖게 된다. 또 때로는 시부모를 비롯한 주변가족들과 인간관계가 조화를 이루지 못해 부부관계가 결렬에 이르기까지 한다.

중년기는 성인기 부부간의 적응과정에서 나타난 어려움들을 극복하고, 부부가 진정한 일체로서의 의식을 발전시킬 수 있는 요인들이 비교적 많이 마련되는 시기이므로, 부부가 서로 노력한다면 참다운 동반자로서 인생의 새로운 만족을 경험할 수 있다. 그 내용은 다음과 같다(김혜선 · 유안진, 2011: 386).

첫째, 중년기에는 성인 전기의 자녀출산과 양육에 대한 육체적 · 정신적 부담에서 어느 정도 해방되고, 물리적 보호의 부담이 상당히 줄어들어 생활의 여유를 갖게 된다.

둘째, 성장하는 자녀로 인한 공통된 만족감을 찾을 수 있다. 부부 두 사람의 공동노력의 결과로 성장하는 자녀를 통해 부부의식을 강화하면서 결혼생활의 보람을 느끼게 된다.

셋째, 오랜 기간의 부부생활로 식성, 취미생활 등 여러 특성들이 동질화되어 감에 따라 심리적 공감대가 더욱 넓어지며, 부부간의 의사소통이 더욱 원활하게 이루어져 상대에 대한 이해의 폭이 넓어진다.

넷째, 가정생활의 상보적 관계나 역할수행에 익숙해져 있다. 오랜 기간의 동거생활로 부부역할 면에서 갈등의 과정을 넘기고, 상호이해를 바탕으로 한 생활형태를 이룩하는 시기가 중년기이다. 자기가 맡은 책임역할 영역에 대해서 누구보다도 잘 알게 되며, 부부라는 전제조건과 테두리 내에서 자기의 목표와 가족의 목표를 조화시키는 데에도 익숙해진다.

그러므로 중년의 부부는 비로소 부부중심적인 생활을 꾸며 나갈 수 있고, 새로운 만족을 얻으며, 새로운 만족은 상호신뢰를 바탕으로 한 믿을 수 있는 만족감이 된다.

(3) 자녀 교육문제 및 관계

부모는 아동의 변화에 맞는 적절한 자녀교육 및 훈육방식을 선택적으로 활용할 수 있는 능력을 지니고 있어야 한다. 즉, 중년기 부모는 자녀의 발달단계에 맞는 자녀훈육방법을 습득하여, 자녀의 요구뿐만 아니라 변화하는 상황에 융통성 있게 대처하여야 한다. 자녀의 발달단계를 기준으로 하여 볼 때, 중년기 부모가 직면하는 가족발달단계는 자녀 아동기에서부터 자녀들이 모두 독립하는 자녀 독립기까지에 해당한다. 유아기부터 아동기에 속한 자녀를 훈육하기 위해서는 부모가 규칙을 설정하고 자녀들이 이에 순응하도록 훈육하고, 자녀들이 해야 할 일을 적절히 수행할 수 있도록 원조하는 교육자 또는 비서로서의 역할을 수행해야 하며, 부부하위체계 내에 자녀를 위한 공간을 마련해 주어야 한다.

자녀가 청소년기로 이행하는 시기에는 청소년의 독립을 인정하는 방향으로 부모-자녀 관계를 재조정해야 한다. 부모는 지나친 간섭이나 통제보다는 스스로 판단하여 행동하도록 허락하면서 동시에 적절한 한계를 규정지어 줌으로써 부모로서의 권위를 유지할 수 있어야 한다. 첫 자녀의 결혼에서부터 시작하여 막내 자녀가 독립하기까지의 자녀독립기에는 자녀를 성인으로서 인정하고 그들의 의사를 존중해 주며, 결혼준비를 지원할 뿐만 아니라, 출가한 이후에도 지속적인 관심과 지원을 할 수 있어야 한다. 이와 함께 부부관계를 친밀한 2인군 관계로 재조정함과 동시에 며느리, 손자녀 등을 위한 공간을 마련하는 등 전체적인 가족관계를 재조정하여야 한다(권중돈, 2014: 191-192).

중년기에는 성인 자녀의 부모가 된다. 막내 자녀가 대학에 진학을 하는 경우도 있겠으나, 대체로 먼저 낳은 자녀는 대학을 졸업하고 취업을 하거나 결혼을 하여 분가를 하게 된다.

이제는 자녀가 성인이 된 만큼, 자녀를 한 사람의 성인으로서 대하는 태도가 필요하다. 수많은 문제에 부딪히면서 성인자녀는 부모의 인생경험을 빌리고자 하며, 여러 가지 문제해결에 인생의 경륜과 지혜를 얻기를 바란다. 부모 역시 기꺼이 자녀에게 자신들이 일생 동안 축적한 소중한 경험과 경륜, 지혜를 전수해 주고자 한다.

그러나 성인 자녀가 바라는 것은 부모의 시대에 적당했던 그런 지혜와 경륜을 있는 그대로 물려받는 것이 아니다. 더욱이 급변하는 현대사회는 전 시대에 지극히 타당했던 가치를 현 시대에서는 부적절하게 만들어 버릴 수도 있기 때문이다. 부모는 자신이 이룩하지 못한 어떤 면을 자녀가 성취해주기를 강요하기도 한다. 특히, 대학의 전공 선택문제에서는 자녀의 적성이나 흥미, 능력보다 가업이라는 이유나 현재의 인기도 등을 고려한 진로를 강요해 자녀와 의견마찰이 있을 수 있다. 부모는 언제나 자신이 문제의 본인 또는 주인이 아니며, 어디까지나 자녀를 지원해 주는 협조자에 불과하다는 점을 잊지 말아야 한다. 좋은 상담자로서 자신의 경험과 지혜를 아낌없이 빌려 주되, 일차적으로 당사자는 자녀라는 점을 먼저 고려해야 한다(김혜선 · 유안진, 2011: 390).

(4) 노부모 관계

중년기 성인은 부모세대에게 예전처럼 더 이상 의지할 수 없음을 알고, 오히려 부모세대가 자신들에게 의지한다는 것을 깨닫게 된다. 특히, 중년기는 부모세대가 신체적으로 노화나 질병으로 어려움을 경험하고, 경제적으로나 심리적으로 의존적인 시기이므로 이들에 대한 부양자로서의 역할이 강조된다. 자신이 중년기 위기를 경험하면서 동시에 노부모에 대한 신체적 부양의무를 다하고, 가족의 지출이 가장 최고조인 시점에서 경제적인 부양자의 역할을 담당하는 것은 중년기의 문제를 더 심화시키는 요인으로 작용한다.

세대 간의 관계는 부모가 건강할 때는 가장 원만하나, 노인들이 병약해지면 노부모를 돌봐야 하는 부담으로 종종 관계가 위축된다. 노부모를 돌보는 사람들은 비슷한 계층의, 비슷한 연령의 다른 사람들과 비교하여 결혼만족도가 더 낮은 것으로 나타났다. 특히, 여성은 가족관계에서 친족관계를 유지하는 원천으로 노부모를 보살피는 역할을 주로 담당하므로 더 힘들다. 서구에서는 딸이, 한국에서는 며느리가 노부모를 보살피는 주부양자 역할을 담당한다. 그러나 오늘날 기혼여성의 취업 증가 등으로 중년기의 딸이나 며느리도 노부모를 부양하기가 어려운 실정이다(박성연 외, 2017: 292).

노인들의 수명이 길어지고 치매 등의 발생이 증가하면서 부모를 돌보는 것에 대한 어려움을 경험하지만 사회적 지지를 활용하는 사람들은 아직 많지 않다. 나이 든 부모를 돌보기 위해 다른 가족구성원들과 역할을 나누고 그들의 도움을 구하는 것이 필요하다.

특히, 사회적 지지는 간병 스트레스를 감소시키는 데 바람직하다. 50세 이상의 중년 여성들은 노인 봉양에 신체적, 심리적, 경제적 어려움을 경험한다. 이를 지원할 수 있는 지지서비스가 필요한데 많은 여성들은 이런 지지서비스가 필요하다고 인식하지 않거나 사용할 수 있다는 것을 모르고 또는 접근할 수 없어서 사용하지 않는다(Brodaty et al., 2005).

(5) 직업 관리

중년기의 직장생활은 가족의 생계유지나 사회적 관계 측면에서 큰 역할을 줄 수 있기 때문에 굉장히 중요하다. 중년기에는 대부분 직업 내에서의 직무수행능력이 매우 높은 편인데, 이는 오랜 경험을 통해 축적된 지식으로 높은 수준의 직무성취도를 보이기 때문이다. 또한 선택적 능력 발휘를 통한 보상이 가능하다. 즉, 자신의 핵심적인 업무에 집중하고 다른 업무에 대해 위임하거나 업무량을 줄여 자신의 업무에 필요한 기술을 최고 수준으로 유지하는 등 자신의 강점을 최대한 살리고 약점을 최소화하여 높은 생산성과 직무수행을 높일 수 있다.

한편, 중년기에는 자신이 일하던 직업에 대해 불만족이 생기는 시기이기도 하다. 과다한 업무량, 역할갈등, 직업이 주는 보상에 대한 불만, 직장과 개인생활의 부조화 등으로 인하여 직업 전환에 대한 고려를 하기도 한다.

중년기에 이루어지는 직업 전환은 자발적 전환과 비자발적 전환으로 구분한다. 먼저, 자발적 전환이란 개인의 동기나 성격, 취업기회 등 자신의 의지에 따라 직업 전환이 이루어지는 것을 말한다. 대체로 맞벌이 가족의 경우나 비전문직에 종사하는 경우, 적극적인 성격의 소유자가 직업 전환을 하는 경우가 많은 편이다. 하지만 직장에 대한 불만족, 피로 등을 이유로 직업 전환을 하고 싶어도 가정에 대한 경제적 책임이나 부모로서의 역할 등 현실적인 조건 때문에 직장을 쉽게 바꾸지 못하는 경우도 많다. 또한 대부분의 사람들은 이미 습득한 기술, 교육, 취미를 토대로 직업 전환을 한다. 그러나 어떤 사람들은 보다 적극적으로 직업 전환에 필요한 기술의 습득을 위하여 부가적인 교육을 받기도 한다. 직업 전환을 계획하거나 고려하는 데 많은 시간을 투자할수록 그 변화는 성공적이다.

비자발적 직업 전환은 개인의 직무수행능력의 저하, 회사나 사회 전체가 불황상태에 있는 경우에 많이 나타나며, 이러한 현상으로 본인의 의지와 상관없이 실직자가 되거나 명예퇴직, 정리해고 같은 상황이 발생한다. 비자발적 퇴직의 경우에는 퇴직에 대한 재정적 대비를 하지 못하기 때문에 가정에 경제적인 문제가 발생할 수 있다. 퇴직으로 인한 경제적 문제를 해결하기 위해 가족원 중 한 명이 가장의 역할을 하거나 직업생활을 시작한다. 이때 중년여성이 취업하는 경우가 많다(지영주 외, 2016: 314-315).

먼저, 실업(unemployment)은 어느 연령층을 막론하고 대단히 위협적인 사건이다. 특히, 중년기의 실업은 수입상실로 인한 경제적인 어려움뿐만 아니라, 자존심을 상실하게 하며, 가정생활을 어렵게 한다. 중년기에는 그 어느 시기보다도 실업에 대한 두려움이 가장 높다. 중년기에 실직하면 새로운 직업을 구할 기회가 매우 드물며, 새로운 직업을 구한다고 하더라도 이전보다 수입이 적어 어려움이 많다(이근홍, 2015: 135). 중년기의 실업은 자녀교육을 포함한 많은 금전적 지출에 대비하기 어렵기 때문에 재정적인 압박 등으로 많은 스트레스를 받게 된다. 장기간의 실직은 불안, 우울증, 공허감, 신체적 건강 약화, 알코올 중독 등의 증상을 보이게 되며, 심지어는 자살에 이르기도 한다. 중년기의 실업에 대처하기 위해서는 개인적 차원에서 신체적 건강의 유지, 특수한 직업기술의 소유, 가족의 사회적 지지, 실업에 대한 인지적 이해능력, 직업상실의 예상과 준비, 융통성 · 경험의 개방성 · 탄력성 등과 같은 개인적 성격 특성, 재정적 자원 등이 있어야 한다(Papalia & Feldman, 2003). 사회적 · 국가적 차원에서는 고용의 안정, 정년의 연장, 퇴직 후의 직업재훈련 프로그램, 고용보험제도의 활성화 등이 있어야 한다.

둘째, 은퇴이다. 중년기에 일어나는 직업에서의 정년 은퇴는, 특히 남성에겐 중요한 사건이다. 그 이유는 여성은 가정에서 익숙해진 일을 계속할 수 있지만, 남성은 자신이 하던 중요한 활동을 중단해야 하기 때문이다. 은퇴에 대한 사람의 태도에 대한 연구에 의하면, 기꺼이 은퇴한 사람은 마지못해 은퇴한 사람보다 잘 적응한다. 일반적으로 높은 교육수준, 높은 경제적 지위를 지닌 사람은 기꺼이 은퇴한다(Streib & Schneider, 1991).

한 사람의 은퇴가 자발적인가 강제적인가의 여부도 생활에 중대한 차이를 가져오는데, 강요에 의해 예기치 않게 은퇴를 하는 것은, 스트레의 유발요인 40개 중에서 9번째의 순위를 차지하고 있다(Shapiro, 1997)는 연구 결과는 주목을 끌기에 충분하다. 65세에 강제로 은퇴를 해야 한다는 정책은 아직도 일할 수 있는 능력이 있고 일하기를 원하는 사람의 노동력 낭비일 뿐 아니라, 노인의 실업률을 증가시키므로 사회적으로 큰 손실을 가져올 수도 있다. 최근의 정년퇴직제를 철폐하는 법률상의 변화가 강제은퇴를 많이 감소시킨다는 점에서, 바람직하게 보는 이유도 여기에 있다. 최근 정년퇴직제는 연령대를 상향조정하고 있는 추세이다. 성격 특징 역시 사람의 은퇴에 영향을 미치는데 성격유형과 은퇴의 성패에 관한 연구 결과는 성공적으로 은퇴한 집단을 셋으로 나누어 볼 수 있다. 이중 첫째 집단은 은퇴를 품위 있고 태연히 극복하는 성숙도를 지닌 사람들을 말하며, 두 번째 집단은 책임감에서 벗어난 자유로움을 느끼며 자신의 소극적인 필요를 충족시킬 기회를 환영하는 사람을 말한다. 세 번째 집단은 활동을 계속함으로써 신체쇠퇴에 대한 공포를 피하려는 사람들을 들 수 있다. 한편, 실패적으로 은퇴하는 사람은 두 가지 유형이 있는데 자신의 실패에 대해 타인을 비난하는 집단과 만족스럽지 못했던 직업을 가졌던 자신을 비난하는 집단을 들 수 있다. 이러한 성격유형이 사람의 일생을 통해 직장생활에 계속 영향을 주고 있다는 사실은, 여가활동, 직업선택, 일에 대한 태도 등을 통해 평상시에 은퇴를 준비해야 함을 시사한다(강봉규, 2000: 249).

3. 발달 과업

인생에서 가장 중요한 시기로 중년기를 강조한 융(Jung, 1961)은 인생의 후반기가 시작되는 중년기에 대해, 외부적으로는 사회적인 관계와 활동이 증가하지만, 내부적으로는 자신의 내면세계에 집중하여 자기를 강화하고 자기를 실현하는 시기, 즉 개성화를 이루는 시기라고 하였다. 이와 함께 개인적 · 사회적으로 감당해야 하는 책임과 의무도 막중해서 심리적 스트레스나 부담감도 크게 증가하는 시기에 해당된다. 중년기에 반드시 실행해서 완수해야 하는 과제는 다음과 같다(Cornway, 1997).

첫째, 다음 세대 배출을 위한 생산활동에 적극적으로 참여해야 한다.

둘째, 중년기 신체적 · 심리적 변화에 빠르게 적응해서 건강을 유지한다.

셋째, 연로한 부모님을 모시기 위한 심리적 · 경제적 준비를 해야 한다.

넷째, 자녀들이 사회적으로 올바른 성인으로 성장할 수 있도록 교육적 지원과 함께 적절한 진로를 선택할 수 있도록 지도한다.

다섯째, 자녀들이 성장해서 집을 떠난 후에 빈 둥지를 지키기 위해 배우자와의 친밀한 관계를 유지하기 위해 노력한다.

여섯째, 사회활동 및 여가활동을 확대해서 고립을 예방하는 것 등이 있으며, 비교적 막중한 편이다.

중년기의 주요 발달 과업은 다음과 같다.

〈표 12-3〉 중년기의 주요 발달 과업

발달단계	연령	과업
중년기 전환기	40~45세	성인 초기와 중기 사이의 교량역할을 하는 시기로, 지난 시절의 삶에 대한 의문이 생기면서 자신의 삶의 가치와 스스로 추구해 오던 목표에 대한 재평가를 시도한다. 이 단계의 위기는 개인적인 영역을 넘어서 타인과의 관계로 자신을 확장할 때 극복된다.
중년기로의 진입	45~50세	자신의 삶의 새로운 구조를 형성하기 위해 노력하는 시기이다. 가족관계 재정립 및 직업영역에서 재조정을 어떻게 하는지가 다음 단계에 영향을 미친다.
50세 전환기	50~55세	50세 전환기는 중년기에서 또 한 번의 위기를 경험한다. 만약 중년기 전환기에서 위기가 없었다면 이 단계에 위기가 올 가능성이 있다.
중년기의 절정기	55~60세	중년기를 마무리하는 안정된 단계이다. 만약 자신과 자신의 역할 변화에 성공적인 적응을 했다면 만족스러운 시기가 된다.

자료: Levinson(1986).

4. 발달상의 문제

중년기가 되면 이전에 가치를 두었던 삶의 목표와 과정에 의문을 제기하게 되며, 다양한 신체적 · 심리적 · 사회적 변화를 겪게 되는데, 이를 '중년의 위기'(midlife crisis)라고 한다. 이 용어는 자크(Jacques, 1965)가 예술가 310명의 중년기와 노년기 삶의 변화과정을 분석한 연구를 통해 최초로 사용한 용어이다(Irwin, 1994). 자크에 따르면, 중년기 위기는 죽음을 의식하고 심리적으로 죽음을 준비하는 시기에 시작되는 것으로 보고 있다.

중년의 위기는 침체성, 무력감, 불행, 지루함 등의 정서적 위기를 느끼게 하는 것으로 나타나고 있다. 중년기가 되면서 수행해야 할 과제에 비해 시간이 짧아지고 있다는 것을 느끼면서 우울해하기도 하고, 신체적으로 점차 노화가 일어나 건강에 대한 자신감이 없어지기도 하며, 정신적 허무감, 불안, 갈등 등을 경험하기도 한다. 또한 직업생활에 위기를 느끼면서 절망감에 빠지기도 하며, 부모-자녀관계, 자녀의 학업성적과 진로문제 등에 대한 불만족으로 스트레스를 많이 받게 된다.

수십 년 동안 많은 연구들은 사람들이 중년의 위기로 인한 어려움을 겪는다는 것을 입증하는 데 실패하였다. 번스와 레오나르도(Burns & Leonard, 2005)는 호주 중년 여성 60명과의 심층면담에서 자신의 과거 대부분의 시기보다 중년이 인생에서 더 만족스러운 시기로 인식하였다. 그들은 중년을 새로운 것을 시도하고 오래된 습관을 뒤로 하고 떠나는 '새로운 출발'의 시기로 묘사하였다.

중년은 중요한 하나의 터닝 포인트(전환점, turning point)라고 할 수 있다. 의미 있는 삶의 목적과 방향으로 전환하는 데 중요한 변화의 시점이다. 터닝 포인트로서 중년기는 인생의 주요한 사건과 규준의 변화, 또는 과거 경험에 대해 긍정적이든 부정적이든 새로운 이해를 갖게 되는 시점이 될 수 있다. 여러 연구에서 많은 응답자들이 스트레스 상황에서 성공적인 해결을 했을 때 긍정적인 성장을 했다는 결과가 있다. 사실 오늘날 50세 이상의 여성들은 과거 세대가 생각지도 못했던 경험을 하고 있다. 특히, 여성해방운동의 영향을 강하게 받은 현재의 50대와 60대는 덜 전통적이고, 자신에 대해 더 편안하고, 자신의 삶의 과정을 결정하며, 자신의 목표를 추구하는 경향이 있다(신명희 외, 2013: 444).

중년의 터닝 포인트가 위기인지 아닌지는 나이보다는 개인의 환경 및 자원과 더 관계가 있다. 자아탄력성(ego resilience)이 높은 사람들은 중년의 변화를 다룰 수 있는 인성자원

〈표 12-4〉 **자아탄력성을 가진 사람과 부족한 사람의 특성 비교**

자아탄력성을 가진	자아탄력성이 부족한
- 자신의 동기와 행동에 대한 통찰력을 가짐. - 따뜻함을 가지고 있으며 긴밀한 관계를 맺는 능력 소유 - 사회에 대한 균형 잡힌 태도 - 생산적이며 일을 잘함. - 침착하고 누그러진 태도를 가짐. - 상상놀이의 사회적 기법에 관한 기술을 가짐. - 상호작용의 단서에 대한 사회적 지각 능력 소유 - 중요한 문제의 중심을 볼 수 있는 능력 소유 - 순수하고 신뢰할 만하며 책임감 소유 - 유머에 반응적임. - 독립성과 자율성에 가치를 부여 - 선호와 수용적 경향 - 유머가 있음.	- 자기 방어적: 스트레스 하에서 부적응적이고 자기 패배적임. - 불확실하고 복잡한 것에 대해 불편함. - 작은 좌절에도 과도한 반응을 보이고 성을 잘 냄. - 불쾌한 생각과 경험에 대해 부정적임. - 역할을 바꾸지 않으며 늘 모두에게 같은 방식으로 관계를 가짐. - 기본적으로 불안함. - 좌절이나 역경으로부터 위축되거나 포기함. - 정서적으로 덤덤함. - 실제 또는 근거 없는 위협에 쉽게 상처받고 두려워함. - 생각에 골몰하고 곰곰이 생각하는 경향이 있음. - 사기당하거나 희생당했다는 느낌을 가짐. - 인생에서 자신의 의미를 낮게 부여

자료: Papalia & Feldman(2003).

을 가지고 있어 변화와 성장의 기회로 중년기를 경험한다. 반면, 자아탄력성이 낮은 사람은 중년기를 정체와 쇠퇴의 시기로 경험한다. 신경증이 심한 사람은 중년의 위기를 상대적으로 더 심각하게 경험한다. 자아탄력성을 가진 사람과 그렇지 못한 사람의 특성은 앞의 표와 같다.

중년 부부가 위기감을 줄이고 보다 건전한 생애주기를 형성하는 데는 여가활동이 중요하다. 여가활동은 결혼 만족도를 높이고 중년의 위기를 줄인다. 여가활동을 통해 부부간의 솔직한 대화가 증가하면 부부간의 갈등이 줄어든다. 경쟁적이고 성과 위주의 우리나라 직장 풍토에서 의사결정의 핵심적 역할을 맡고 있는 중년의 남성이 여가를 통해 삶의 질을 개선하기에는 현실적으로 어렵다. 그러나 많은 선행연구에서 여가를 함께 즐기는 중년 부부가 그렇지 않은 중년 부부보다 배우자 만족도나 결혼 만족도가 높고, 주관적 삶의 질이 높은 것으로 나타나, 중년 부부의 여가에 대한 인식개선이 필요하다(신명희 외, 2013: 444).

결론적으로 중년의 위기가 존재하느냐 하지 않느냐 하는 것은 사회경제적 수준과 문화적 배경에 따라 차이가 있다. 중년기에 직업을 가지고 사회활동을 활발히 하는 경우에는 중년의 위기를 경험하지 못할 수 있으나, 직업이 없으며 사회경제적 지위가 낮은 경우에는 위기를 경험할 수 있다. 특히, 여성의 경우에 직업이 없이 가정주부의 역할만을 수행하는 문화에서는 중년의 위기가 존재할 수 있다. 그러나 중년의 위기는 불가피한 것이 아니라는 견해가 많다. 많은 사람들은 중년의 위기를 경험하지 않고 중년을 넘기며, 이것을 인생의 전환기로 생각한다(Papalia & Feldman, 2003).

연습문제

1. 중년기의 특성으로 옳지 않은 것은?
① 이 시기는 부부간 진정한 동반자 의식 강화가 중요하다.
② 남성들은 성적 능력의 저하로 나타나는 갱년기 장애를 겪지 않는다.
③ 성적 변화로 인해 성적 능력의 저하가 이루어진다.
④ 신체적 변화로 인해 어려움에 처한다.
⑤ 결정성 지능은 전 생애를 통해 발달하기 때문에 중년기에도 계속 발달한다.

2. 중년기에 대한 설명으로 옳지 않은 것은?
① 신체적 능력과 건강이 감퇴하기 시작해서 건강에 문제가 나타나기도 한다.
② 사회경제적 활동능력이 최고조에 달하며 높은 성취감을 맛보게 된다.
③ 기억의 감퇴현상이 나타나지만 문제해결능력은 높아질 수 있다.
④ 에릭슨의 친밀감 대 고립감 단계에 해당한다.
⑤ 신진대사가 둔화되는 것을 느끼기 시작한다.

3. 중년기의 성공적인 적응을 위한 바람직한 태도가 아닌 것은?
① 명예로운 은퇴를 하기 위해 경쟁 중심의 사고와 태도를 유지한다.
② 지나온 삶을 반추하고 앞으로의 인생 계획을 세운다.
③ 타인과의 관계를 보편적인 사회적 인간관계로 재정의한다.
④ 평생교육기관의 프로그램을 활용하여 지적·정서적 융통성을 가진다.
⑤ 육체적인 활동보다는 정신적 활동에 에너지를 기울인다.

4. 중년기에 보여야 하는 바람직한 성격변화로 옳지 않은 것은?
① 개방적 생활태도 ② 미래지향적 생활태도 ③ 자아개념의 재수립
④ 사물이나 인간에 대한 조심성 ⑤ 지도자적 특성

5. 중년기의 가족생활과 경제력에 대한 설명으로 옳지 않은 것은?
① 중년은 은퇴에 대비하여 자신과 배우자의 노후대책을 마련해야 한다.
② 중년기에는 사회경제적으로 최고조의 지위를 가지므로 경제적인 계획이 요구되지 않는다.
③ 부부가 진정한 동반자 의식을 갖기 위해 서로 존중하고 지원하며, 부부간의 일체감을 발달시켜야 한다.
④ 자녀가 성인이 된 만큼, 부모가 자녀를 대할 때도 한 사람의 성인으로서 대하는 태도가 요구된다.
⑤ 부부간의 갈등과 마찰을 제대로 해결하지 못할 경우 이혼을 결정하기도 한다.

6. 중년기의 사회적 발달과 관련되지 않은 것은?
① 부부관계 ② 여가생활 ③ 직장생활
④ 결혼 ⑤ 자녀와의 관계

정답 1. ② 2. ④ 3. ① 4. ④ 5. ② 6. ④

Chapter 13

노 년 기

학습목표

노년기는 생애주기 중 마지막 단계로 인간발달이론에서 가장 어려운 과제를 안고 있다. 특히, 발달 과업과 문제는 사회문제화되어 사회구성원 모두가 관심을 가져야 하는 중대한 사항이다.

학습내용

1. 노년기의 개념
2. 발달 특성
3. 발달 과업
4. 발달상의 문제

개 요

노년기(late adulthood)는 인생의 마지막 단계로, 일반적으로 65세 이상인 사람을 '노인'이라고 한다. 인간의 발달단계를 생애주기로 구분할 때, 노년기는 성인기 이후부터 죽음까지를 일컫는다. 노년기에 들어서면 성인기에서의 생활로부터 급격한 삶의 변화가 온다. 아울러 임종과 함께 죽음을 맞이하는 노인들은 본인뿐 아니라, 가족을 포함한 주변인들에게 적지 않은 영향을 미친다. 특히, 임종과 죽음을 맞이하면서 발생하는 노인들의 심리적 변화와 이들의 가족 간 관계가 불러일으킬 수 있는 여러 문제는 사회문제로까지 대두하고 있다. 본 장에서는 노년기에 발생한 여러 사회적 문제들을 폭넓게 논의하고자 한다.

1. 노년기의 개념

노년기(late adulthood)는 인생의 마지막 단계로, 일반적으로 65세 이상인 사람을 '노인'이라고 한다. 우리나라 역시 연령적으로 65세 이상을 '노인'이라고 정의하며, 이를 세분해서 60~69세를 연소노인, 70~75세를 중고령노인, 75~84세를 고령노인, 85세 이상을 초고령노인으로 구분하는 경향이 있다. 그러나 노화가 시작되는 시기는 개인에 따라 차이가 있고, 개인마다 운동능력과 사고능력의 노화 정도가 다르고 의식수준도 개인차가 심하기 때문에 노인을 한마디로 규정하기는 어렵다. 따라서, 일상적 활동이 감소하면서 사회와 유리되는 은퇴시기를 노년기로 간주하고 있다(강경미, 2016: 372-373). 「노인복지법」에서는 65세를 노인으로 규정하고 있으며, 일반 기업체의 정년퇴직 연령은 55세 정도인 경우가 가장 많다. 우리 사회에서는 55~65세 사이에 노년기가 시작된다고 할 수 있다. 하지만 50대 후반의 사람을 노인으로 규정하는 경우는 매우 드물며, 「노인복지법」에서 규정한 노년기의 시작 연령인 65세부터 사망에 이르기까지의 기간을 노년기로 규정하는 것이 타당할 것이다.

2017년 우리나라 전체 인구는 5,144만 6천명으로, 이 중 65세 이상은 13.8%인 707만 6천명이며 2060년에는 41.0%까지 늘어날 전망이다. 연령별로 살펴보면, 65~69세와 70~79세는 비중이 감소하는 반면, 80세 이상의 비중은 지속적으로 증가할 것이다. 2017년 인구피라미드는 30~50대가 두터운 항아리 형태이며, 2060년에는 고령화로 인하여 60대 이상이 두터운 모습으로 변화될 것으로 전망이다(통계청, 2017: 15).

인간의 발달단계를 생애주기로 구분할 때, 노년기는 성인기 이후부터 죽음까지를 일컫는다. 물론 노년기의 시점에 관한 견해는 다양하여 노년기의 시작 나이를 일률적으로 규정하기는 쉽지 않다. 그러나 노년기에 들어서면 성인기에서의 생활로부터 급격한 삶의 변화가 온다. 아울러 임종과 함께 죽음을 맞이하는 노인들은 본인뿐 아니라, 가족을 포함한 주변인들에게 적지 않은 영향을 미친다. 취업활동을 비롯한 노년기 사회활동이 하향곡선을 그리면서 생활환경이 바뀌고, 노화로 제반활동이 줄어들고, 결국 가족이나 노인복지시설에 의지하는 경향이 강하다. 이뿐만 아니라, 임종과 죽음을 맞이하면서 발생하는 노인들의 심리적 변화와 이들의 가족 간 관계가 불러일으킬 수 있는 여러 문제는 사회문제로까지 대두하고 있다(최옥채 외, 2015: 347).

이 시기에는 자녀양육 책임으로부터 벗어나 부부관계에 보다 초점을 맞추게 되고 또한 자녀들이 성인이 되는 등 중년기까지의 자신의 삶이 결혼생활과 자녀양육에서 그리고 직업 등에서 성공했는지 실패했는지를 평가할 수 있는 증거가 축적된다. 따라서, 노년기에는 지나온 삶에 대한 평가를 하게 되는데, 이 과정에서 자신의 성취한계를 깨닫고 어느 정도의 실망을 하게 된다. 문제는 이것을 어떻게 받아들이는가인데, 어떤 경우에는 지나온 삶을 돌아보면서 극도의 우울감에 빠져 현재의 어떤 경험도 그 우울을 보상하지 못하는 경우가 있는가 하면, 어떤 경우에는 지나온 삶에 대한 평가를 지나치게 긍정적으로 합리화하여 극도의 자신감을 표현하는 경우도 있다(김이영 외, 2015: 185).

한편, 노년기의 의미를 바라보는 관점은 긍정적 관점과 부정적 관점이 있는데, 노년기를 죽음에 이르기까지의 인생의 마지막 단계로서 신체적 능력의 쇠퇴와 사회적 관계의 축소, 그리고 사회경제적 지위의 하락과 같은 쇠퇴가 일어나는 시기로 보는 시각이 있으며, 다른 시각은 노년기까지 삶을 살아오는데 축적된 경험과 지혜를 바탕으로 사회를 위해 봉사할 수 있으며, 죽음에 대비해 자신이 살아온 삶을 정리하는 과업이 중요한 시기로 보는 긍정적인 관점이 있다(지영주 외, 2016: 320).

2. 발달 특성

1) 신체적 발달

노화(aging)란, 정상적 성장과 발달의 한 과정으로 연령 증가에 따라 인간 유기체에서 일어나는 생리 및 신체, 심리, 사회적 측면의 쇠퇴나 무기력화 현상이라고 정의할 수 있다. 이 중 신체적 노화란, 연령의 증가에 따라 일어나는 신체 구조적 및 신체 내적 기능의 변화를 의미한다. 이 시기에 들어서면 얼굴의 표피는 점차 얇아지고, 주름이 지며, 제2차 성장이 점차 위축되어 성별의 특징이 사라지게 된다. 골격은 뼈의 경화, 철분의 퇴적, 뼈대 구조의 변화가 나타나고, 신장이 줄어들며, 근육은 탄력성을 잃고 섬유소가 증가한다. 또한 감각기관의 능력이 감퇴하고 자극에 둔감해지며, 뇌의 무게가 줄고 뇌공은 팽창하며 피질조직은 좁아진다. 신체 기능상의 변화도 뒤따르는데, 자율적 조정능력이 감퇴하여 동작이 느려지고 동작 사이의 조정이 잘 이루어지지 않아 행동이 서툴고 어색하며, 지능이나 기억력 등 정신능력의 감퇴가 일어난다.

신체 내부의 장기는 40세부터 중량이 감소하지만, 심장은 말초혈관의 동맥경화에 의한 심장 비대, 지방분의 증가 등이 원인이 되어 오히려 중량이 늘어난다. 따라서, 심박출량과 심장박동능력이 떨어지면서 노년기에는 각종 심장질환에 걸릴 가능성이 높아진다. 노년기는 치아 결손, 소화효소분비량의 감소, 위 근육의 약화 등으로 소화기능이 감퇴된다. 그리고 폐용적의 감소로 폐 속에 잔기량이 증가하여 기관지 질환이나 호흡기 질환에 걸릴 가능성도 높아진다. 심장기능의 저하와 혈관기능의 저하는 혈액순환에 방해를 가져와 혈압의 상승을 가져오고, 이에 따라 동맥경화나 혈관성 치매에 이를 가능성 또한 높아진다(정은, 2014: 280).

노년기에는 수면에도 변화가 온다. 전체 수면시간은 줄어들며 자주 잠에서 깨어난다. 노인들은 하룻밤에 평균적으로 약 20번 잠에서 깨어나며, 밤 시간의 약 20%는 깨어 있다. 노인의 약 1/3이 불면증을 호소한다. 잠자는 동안 일시적으로 호흡이 중단되는 현상(apnea)도 노년기 수면의 한 특징이다. 호흡 중단은 한 번에 약 2초에서 2분간 지속되며 하룻밤에도 수백 번 나타날 수 있다(Hayachi & Ende, 1982).

감각기능의 손상 또한 현저하다. 눈의 렌즈의 조절기능의 약화로 인해 시야 가까이 다가오는 물체에 대한 시각적 예민성이 급격히 감소된다. 노안이 오며, 하나 이상의 초점이 형성됨으로써 시야가 흐려지게 된다. 홍채의 유연성이 떨어져서 약한 불빛에서 동공의 크기가 확장되지 못하므로 밤눈이 어두워진다. 실제로 불빛이 흐린 상태에서 노인의 망막은 젊은이의 약 10~33%의 밝기밖에 받아들이지 못한다(Kosnik et al., 1988). 50대부터 색깔 변별능력이 낮아지는데, 초록과 파랑색 계통의 변별력 손상이 먼저 오며 빨강색은 가장 늦게 나타난다. 이러한 시감각 능력의 변화는 시지각 감퇴를 유발한다. 생리적 기능의 감소는 신체적 질병 가능성을 증가시킨다.

결론적으로 65세 이후에 신체적 문제가 전혀 없는 노인은 발견하기가 어렵다. 연령 증가와 함께 심장혈관계의 효율성이 감소하고, 허파, 신장, 간, 신경계 활동 등 신체 전반의 활동이 저하된다.

2) 인지적 발달

인간의 성장의 의미는 퇴화도 함축하고 있다. 소위 연륜이라는 개념도 고연령에서는 의미가 없다. 그런 측면에서 인지적 변화는 노화의 측면에서 마음이나 지적 능력이 젊은지 늙었는지에 관계된 정신연령과 달력연령의 결합된 결과라고 할 수 있다. 그러나 노화에 있어서 중요한 사실은, 인지능력에서 정신연령과 달력연령이 반드시 비례하는 것은 아니라는 점이다. 왜냐하면 과거와 다른 영양상태의 증진과 의학기술의 발달은 인간의 평균수명뿐만 아니라 건강수명까지도 연장시켰기 때문이다.

노년기의 특징인 지적 능력의 저하가 환경의 산물이라고 주장한다(Newman & Newman, 2011). 노년기의 환경은 새로운 사고나 체계적 사고를 강화하고 격려하는 유형이 아니며, 이러한 요인이 인지적 능력의 쇠퇴에 기여한다. 예를 들어, 많은 노인들이 혼자서 사는데 이것은 지적 분화와 새로운 사고형성을 촉진하는 다양한 사회적 상호작용이 결핍된 환경이다. 또한 노인들은 과거에 대해 이야기할 때 강화 받는 경향이 있으며, 이렇게 회상에 사로잡히는 것은 새로운 방향의 사고를 격려하지 않는다. 스키너(Skinner, 1958b)는 노년기에 인지적 능력의 쇠퇴를 막기 위한 개입으로 타인들과 언어적 상호작용을 촉진하는 규칙적인 기회를 가질 것, 기억이 감퇴하는 것을 막기 위해 책이나 논문의 개요를 작성해 볼 것, 아이디어가 떠올랐을 때 즉시 행동에 옮길 것 등을 제시했다.

노년기의 인지능력의 변화는 다음과 같다(김귀환 외, 2015: 258-259).

① 감각과 지각의 변화: 시각 퇴화에 따른 원근감각의 약화, 고음청취 곤란 및 소리식별 능력 쇠퇴, 청각 쇠퇴로 인한 대인관계상의 문제, 촉각과 통각의 쇠퇴, 후각 · 미각 · 균형감각의 쇠퇴 등이다.

② 지적 능력의 변화: 추리력 · 기억력 · 도형지각력 등과 같은 유동성 지능은 감소하지만, 어휘력 · 상식 · 이해력 등 결정성 지능은 증가한다. 즉, 많은 경험들은 후형식적 사고[16)]를 가능하게 하며, 결국 그것은 지혜의 증가를 의미한다.

③ 학습과 기억능력의 변화: 전반적인 학습능력의 저하, 단기 기억력 · 최근 기억력의 급감, 장기 기억력 · 최고 기억력의 점진적 감소, 동기 · 압박감 · 노력 · 보상 등에 의한 창의성의 개인차 · 다양화 등이다.

3) 정서적 발달

노년기에는 신체적 건강수준의 쇠퇴, 만성질환, 평생토록 함께 살아 온 배우자의 죽음, 정년퇴직으로 인한 경제사정의 악화, 가족이나 사회로부터의 소외 등으로 인하여 외로움, 고독감, 불안감, 좌절감, 죄의식 등을 갖게 되어 우울증 경향이 증가한다.

노년기가 되어 사회활동이 줄어들면서 노인들은 사회로부터 위축되어 내면의 자아로 몰두하게 되면서 내향성이 증가하게 된다. 또한 노인들은 어떤 일을 처리하는 데 있어서 스스로 노력이나 시도를 해보기도 전에 포기하거나 문제해결을 우연에 맡기는 경향이 있으며, 능동적이라기보다는 수동적이다.

노년기에는 융통성이 부족하고 경직성이 증가하여 환경의 변화에 적응하지 못하고 과거의 사고방식이나 태도를 고집하는 경향이 있다. 또한 시각, 청각 등의 감각기관의 퇴화와 과거의 경험을 바탕으로 한 정확성과 완벽성의 추구로 인하여 어떤 일을 할 때 조심성이 증가한다. 노인들은 가족구성원 간의 감정적 유대관계를 중요시하고, 믿고 의지할 사람을 찾게 되며, 물질적 도움보다는 심리적으로 의존할 수 있는 대상을 필요로 한다.

노인이 되면 그동안 살아온 자신의 인생을 되돌아보고 과거의 다양한 경험을 회상하는 일이 많아지며, 자신이 오랫동안 소중하게 여겼던 물건들이나 주위의 친근한 사물에 대해 애착을 갖게 된다. 노년기에는 시간의 흐름에 대한 인식이 달라져 생애의 나날이 젊은 시절보다 더욱 빠르게 느껴지며, 자녀, 재산, 작품 등과 같은 유산을 남기고자 하는 경향이 나타나게 된다. 또한 노인이 되면 남성과 여성의 성역할 지각의 변화가 나타나 남성은 집 안에 있기를 좋아하는 반면, 여성은 사회활동을 좋아하게 된다.

노년기에 들어서면 여러 가지 신체적 · 인지적 노화현상으로 인해 성격의 변화가 나타난다. 노년기의 성격변화의 특성을 살펴보면 다음과 같다(지영주 외, 2016: 335-336).

첫째, 우울한 경향이 증가한다. 노년기로 접어들면서 신체적 질병을 앓거나 배우자의 죽음, 경제적 어려움, 사회로부터의 고립, 일상생활에 대한 자기통제불가능 등으로 인하여 전반적으로 우울경향이 나타난다.

둘째, 나이가 들어감에 따라 사회적 활동이 점차 적어지고, 사물에 대한 판단과 활동방향을 외부에서 내부로 돌리는 행동양식이 많이 나타난다. 모든 문제에 능동적인 자세보다는 누군가의 도움을 받아 수동적으로 해결하거나 우연히 잘 되도록 내맡겨 버리는 경향이 증가한다.

성격 특성은 원래부터 일정한 것이기 때문에 노년기가 되어도 젊은 시기의 성격을 그대로 유지한다는 주장과 변화한다는 주장이 동시에 제기되고 있다. 그러나 대개 노년기에 이르면 다소 변화되어 어떠한 독특한 성격 특성이 존재한다고 보고 있다. 이러한 성격 특성은 다음과 같다(이근홍, 2015: 140~141).

① 우울증 경향의 증가
② 내향성과 수동성의 증가
③ 경직성의 증가
④ 조심성의 증가
⑤ 의존성의 증가
⑥ 생에 대한 회상의 증가
⑦ 친근한 사물에 대한 애착심
⑧ 생애의 나날이 짧아지고 있음을 느끼는 시간전망의 변화
⑨ 유산을 남기려는 경향
⑩ 성역할 지각의 변화 등

4) 사회적 발달

(1) 사회관계적 변화

노년기에는 퇴직, 배우자와 친구의 상실 등으로 인하여 사회적 관계망이 줄어드는 것이 일반적이다. 그리고 직장 등과 같은 2차 집단과의 유대관계 및 참여 정도는 줄어들고, 가족, 친구, 이웃 등과 같은 1차 집단과의 관계가 사회적 관계의 중심이 되며, 그 중에서도 가족이나 자녀와의 관계가 핵심적 관계축이 된다.

노년기에는 평균수명의 연장과 출산자녀수의 감소로 자녀양육기간은 줄어들고, 배우자 사망 이후 독신으로 생활하는 기간과 여가시간이 늘어나게 된다. 따라서, 노년기에 있어서 원만한 부부관계의 유지는 삶의 만족도를 유지하는 데 필수적인 요인이 된다. 노년기에 원만한 부부관계를 유지하기 위해서는 건강 및 경제적 자립, 생활범위 조정 등이 이루어져야 한다. 특히, 남성노인의 경우 은퇴 이후 익숙하지 않은 가정이라는 공간에서 머물게 되는 시간이 늘어나게 되면서, 배우자와 갈등을 일으키는 경우가 많아질 수 있으므로,

양성적 성역할을 사전에 학습할 필요가 있다. 노년기가 되면 배우자의 사망이라는 상실을 경험하게 되는데, 이때 많은 노인들이 슬픔, 불면증, 식욕상실, 체중감소, 사회활동에 대한 관심 저하, 불안, 우울, 분노, 비통, 죄의식 등과 같은 애도 감정이나 이와 관련된 행동을 나타낸다. 전통사회에서는 일부종사의 유교적 윤리에 근거하여 노년기의 이혼과 재혼을 금기시해 왔으나, 최근에는 황혼이혼이 점차 증가하고 있으며, 노년기 재혼에 대해 보다 허용적 태도로 바뀌고 있다.

노년기에는 성인 자녀와 적절한 유대관계를 형성해야 하지만, 노인이 부양자의 지위에서 피부양자의 지위로 전환하는 과정에서 많은 어려움을 겪기도 한다. 특히, 핵기족화, 소가족화의 영향으로 자녀와 별거하는 비율이 높아지고, 부모자녀 간의 정서적 유대관계도 소원해지는 등 질적 관계에서도 많은 변화가 일어나고 있다. 결혼, 취업 등으로 인하여 자녀가 모두 부모의 곁을 떠나고 노부부만 남게 되는 '빈둥지(empty nest) 시기'를 자유롭게 자기 자신을 개발할 수 있는 기회로 활용하는 경우가 있는가 하면, 자녀가 떠난 빈자리로 인하여 우울을 경험하는 경우도 있다. 노년기에 부모-자녀관계를 원만하게 유지하기 위해서는 자녀에게 일방적으로 의존하기보다는 상호지원 관계를 유지하고, 신체적 건강의 유지, 안정된 소득기반의 조성 그리고 심리적 건강 등을 확보하여야 한다.

부양의무에 대한 견해의 조사(통계청, 2017: 26)에 따르면, 2016년 65세 이상 고령자는 부모의 노후를 '가족과 정부 · 사회', '가족'이 책임져야 한다고 생각하는 사람이 각각 32.6%로 높고, 그 다음은 '부모 스스로 해결'해야 한다고 생각하는 사람이 27.2%로 나타났다. 가족

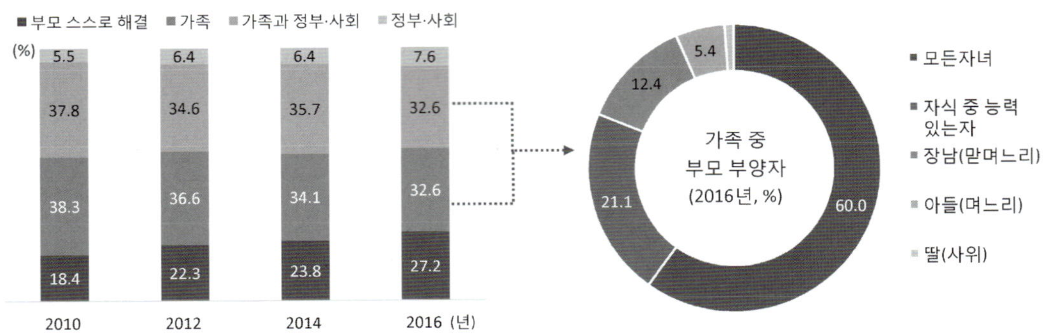

자료: 통계청(2017: 26), 「2017 고령자 통계」.

[그림 13-1] 부양의무에 대한 견해

〈표 13-1〉 부양의무에 대한 견해(65세 이상)

(단위 : %)

	계	부모 스스로 해결	가족	가족과 정부 사회	정부 사회	가족 중 부모 부양자 소계[1]	장남(맏며느리)	아들(며느리)	딸(사위)	모든 자녀	자식중 능력 있는자
2010	100.0	18.4	38.3	37.8	5.5	100.0	28.2	8.6	1.0	47.8	14.3
2012	100.0	22.3	36.6	34.6	6.4	100.0	16.7	5.5	0.6	60.8	16.4
2014	100.0	23.8	34.1	35.7	6.4	100.0	14.2	5.0	0.7	62.4	17.8
2016	100.0	27.2	32.6	32.6	7.6	100.0	12.4	5.4	1.0	60.0	21.1
남자	100.0	31.3	30.6	31.9	6.2	100.0	11.9	5.3	1.1	61.0	20.7
여자	100.0	24.3	34.1	33.0	8.6	100.0	12.7	5.5	1.0	59.4	21.4

자료: 통계청(2017: 26), 「2017 고령자 통계」.
주: 1) 부모의 노후 생계를 '가족', '가족과 정부 · 사회'가 돌보아야 한다고 응답한 자임.

중에는 '모든 자녀'가 부모를 부양해야 한다는 견해가 60.0%로 가장 많았고, 부모 부양을 '부모 스스로 해결'해야 한다고 생각하는 사람의 비율은 남자가 31.3%로 여자 24.3% 보다 높고, 이런 생각을 하는 사람은 지속적으로 증가하는 추세이다.

노년기에 들어서 새로운 친구를 많이 사귄다는 것은 어려운 일이지만, 오래된 친한 친구의 존재는 노인의 삶의 의욕을 유지시키고 인생의 만족감을 경험하게 하는 요인으로 작용한다. 노년기에도 친구관계는 친밀감을 제공하며 여가활동을 함께하고, 인지적인 자극을 주는 역할을 하며, 노년기의 즐거움과 기쁨의 원천이 된다. 또한 친밀한 관계의 친구는 일상생활에서의 긴장이나 스트레스를 경감시키고 통제할 수 있도록 도움을 주는 역할을 한다.

노년기에는 직장동료관계 등과 같은 기존의 사회적 관계가 축소됨에 따라 친구의 수가 줄어들게 되지만, 새로운 친구를 사귀기가 쉽지 않으며, 대부분 지역적으로 가까운 곳에 사는 이웃노인이 친구가 되는 경우가 많다. 따라서, 노년기에 친밀한 친구관계를 유지하기 위해서는 경제적으로 안정되어 있어야 하며, 건강상태가 양호해야 하며, 동일한 지역에서 오래 거주하는 것이 바람직하다. 대다수의 노인들은 자신이 거주했던 집에서 살고 싶어 하며, 주거지를 변경하는 경우는 많지 않다.

(2) 사회화와 사회적 역할

사회화(socialization)란, 사회적 상호작용을 통하여 사회의 규범, 가치, 역할기대 등을 학습하고 사회생활에 필요한 사회적 기술들을 발전시키게 하는 사회적 학습과정이라 할 수 있다(Atchely & Barusch, 2003). 노인들도 사회의 연령규범과 사회화에 대한 기대에 순응하여야만 적응적인 삶을 영위할 수 있게 된다. 한 사회의 연령규범이 명확할수록 구성원들의 사회화과정은 보다 쉽게 이루어질 수 있다. 그러나 급격한 변화를 경험한 우리 사회는 노년기에 대한 긍정적 시각과 부정적 시각이 혼재해 있고, 노년기의 사회적 역할과 연령적합행동에 대한 사회적 합의가 이루어지지 못하고 있는 실정이다.

이와 같이 노년기와 관련된 명확한 연령규범의 부재로 인하여 중년기 이후에 노년기에 적합한 가치, 기술, 지식, 행동 등을 사전에 학습하고 싶어도 할 수가 없게 되며, 예비적 사회화과정을 거치지 못한 채 노년기에 진입하게 됨으로써 노후생활에 많은 혼란과 어려움을 경험하게 된다. 또한 한국사회는 어린이나 젊은이의 사회화에 주력하는 관계로 노인은 새로운 지식이나 기술을 습득할 수 있는 기회가 제한됨으로써 사회에서 분리될 수밖에 없다(권중돈, 2014: 208).

노년기의 역할 변화가 삶의 중요한 기능에서의 전환을 가져온다. 즉, 이 시기에 배우자 사망, 은퇴 등에 의해 역할 상실이 일어난다. 또한 조부모 역할, 퇴직자 역할과 같이 새로운 행동양식과 관계형성을 요구하는 역할들이 출현한다. 노년기에는 퇴직, 배우자와 친구의 상실 등으로 인하여 사회적 관계망이 줄어들게 되는데, 노년기의 사회적 관계는 주로 가족을 중심으로 한 1차적 관계가 중심을 이루게 되는 것이 일반적이다. 그리고 노년기에는 중요하고 가치 있는 사회적 지위와 역할을 상실하는 경우가 많다. 그래서 노년기를 두고, '상실의 시기'(time of loss) 또는 '역할 없는 역할(roleless role)을 갖는 시기'라고 말하기도 한다.

그러나 노년기가 꼭 사회적 지위나 역할을 잃기만 하는 것은 아니며, 새로운 역할을 얻기도 하고, 동일한 역할을 수행하더라도 그 수행방법이 달라지며, 역할 자체의 중요성이 변화되는 등 다양한 역할전환을 경험할 수도 있다. 달라지는 노년기의 지위와 역할을 살펴보면, 우선 노년기에는 직업인의 지위에서 물러나서 퇴직인의 지위를 갖게 되며, 가족의 생계를 책임지는 가장으로서의 역할 또는 아내로서의 역할에서 피부양자, 독신, 조부모의 역할로 전환되게 된다. 그런 점에서 볼 때, 노인들의 직장이나 사회단체 등의 이차

집단에서의 지위와 역할의 수와 종류는 줄어들지만, 일차집단 내에서의 지위와 역할은 종류를 달리할 뿐 큰 변화는 없다고 말할 수 있다. 그러나 중요한 사실은 노년기에 노인들이 중요한 지위와 역할을 상실하고, 사회적으로 가치가 낮은 지위와 역할을 획득하게 됨으로써, 노인 스스로 자신의 가치를 평가절하하게 되고, 그로 인하여 자존감과 삶의 만족도 등이 낮아지게 된다는 점이다(장수환 외, 2017: 119). 그리고 사회 역시 노년기의 지위와 역할 상실을 당연하게 받아들이거나 오히려 이를 조장하는 경향을 보임으로써 노인의 사회적 분리와 소외를 초래하는 경향이 있다. 그러나 노년기의 역할전환이 항상 부정적 결과를 초래하는 것은 아니며, 대다수의 노인들은 이러한 역할전환에 성공적으로 적응하고 있고, 새롭게 획득한 지위와 역할에 만족하는 경우도 많이 있다.

(3) 부부관계 및 배우자 사별로 인한 역할 변화

노년기 부부는 자녀를 독립시킨 후 이전보다 더 많은 시간을 함께 보내고 질병을 앓거나 몸이 불편한 배우자를 보살피며 상호 간에 의지하며 살아간다. 노년기 부부에게 배우자는 동반자로서 매우 중요한 의미를 갖는다.

결혼 만족에 대한 연구들은 노부부만이 남는 시기가 자녀를 양육했던 시기보다 그 만족수준이 높다는 것을 보여준다. 노년기의 부부관계는 결혼 초기에 비해 덜 열정적이고, 상호 간 자아노출의 수준이 낮아지나, 상대적으로 결혼관계에 대한 상호적인 투자와 가족애, 상호 간 충정심의 수준이 높아진다고 나타났다.

그러나 부부간의 갈등으로 인하여 노년기 이혼율이 최근 증가하고 있어서 소위 황혼이혼이 사회적 관심을 받고 있다. 최근의 이혼통계에 의하면, 20년 이상 동거한 부부의 이혼 비중이 지속적으로 증가하고 있으며, 55에 이상 연령에서의 이혼 비율이 연령별 분포에서 증가추세를 보이고 있다.

고령자의 이혼 건수 조사에 따르면, 2016년 우리나라 65세 이상 남자의 이혼 건수는 6천 101건으로 전체 이혼 건수(10만 7,328건) 중 5.7%를 차지하고, 여자는 2천910건으로 2.7%를 차지한 것으로 나타났다. 2016년 전체 이혼 건수는 전년에 비해 1.7% 감소한 반면, 65세 이상 남녀의 이혼 건수는 각각 4.3%, 9.6% 증가하여 반대의 모습을 보이고 있다.

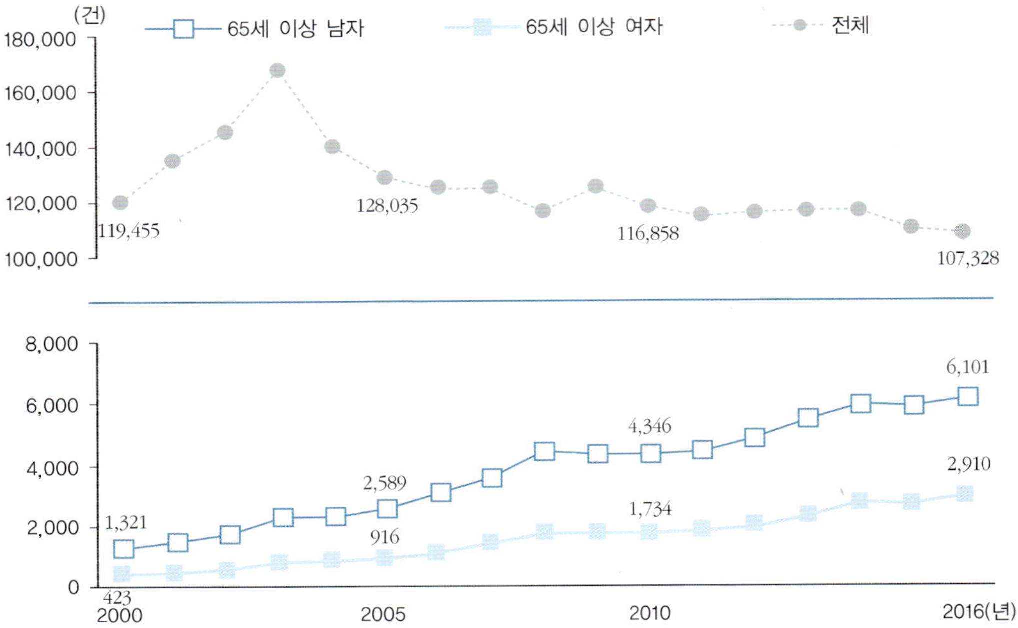

자료: 통계청(2017: 24), 「2017 고령자 통계」.

[그림 13-2] 이혼 건수

〈표 13-2〉 이혼 건수

(단위 : 건, %)

	이혼		
	전체	65세 이상	
		남자	여자
2000	119,455	1,321	423
2005	128,035	2,589	916
2010	116,858	4,346	1,734
2015	109,153	5,852	2,655
2016	107,328	6,101	2,910
전년 대비	-1.7	4.3	9.6

자료: 통계청(2017: 24), 「2017 고령자 통계」.

노년기의 이혼은 다른 연령대에 비로 그로 인한 영향이 심각한 것으로 볼 수 있는데, 이혼을 한 후에 제한된 인간관계로 인해 오히려 사회적으로 소외될 가능성이 높고, 고립된 생활을 할 가능성이 높아진다. 한편, 이혼한 노인의 1/3 정도는 친구와 접촉하지 않고 남성이 여성보다도 고립되는 경향이 있다.

(4) 퇴직자(은퇴자)의 역할

2017년 55~64세의 퇴직 사유를 보면, '사업부진, 조업중단, 휴·폐업'이 31.0%로 가장 많았으며, 그 다음은 '건강이 좋지 않아서'가 19.2%로 나타났다. 남자는 '사업부진, 조업중단, 휴·폐업' 37.7%, '권고사직, 명예퇴직, 정리해고' 20.0%, 여자는 '가족을 돌보기 위해' 27.4%, '사업부진, 조업중단, 휴·폐업' 25.4%, '건강이 좋지 않아서' 25.1% 순으로 나타났다(통계청, 2017: 26).

〈표 13-3〉 퇴직 사유(2017)

(단위: %)

	계[1)]	사업부진 조업중단 휴·폐업	건강이 좋지 않아서	가족을 돌보기 위해	권고사직 명예퇴직 정리해고	일을 그만둘 나이가 되었다고 생각해서	정 년 퇴 직	기타[2)]
전 체	100.0	31.0	19.2	15.5	11.9	4.2	8.0	10.2
남자	100.0	37.7	12.2	1.4	20.0	2.8	13.9	12.0
여자	100.0	25.4	25.1	27.4	5.1	5.4	2.9	8.7

자료: 통계청(2017: 28), 『2017 고령자 통계』.
주: 1) 55~64세 인구 중 가장 오래 근무한 일자리를 그만둔 사람
2) '경제적으로 여유가 있어서', '여가를 즐기기 위해', '기타' 포함

노동시장의 안정을 도모하기 위해 조기퇴직이 증가하는 추세이다. 조기퇴직은 노인들에게 다양한 문제를 불러일으킨다. 물론 고용자가 노동자에게 조기퇴직을 강요할 수는 없지만 여러 가지 수단과 분위기를 통해 미묘한 압박을 주어 조기퇴직을 유도한다.

조기퇴직은 사회적으로 노동공급을 감소시키고 젊은 인력을 노동시장으로 빨리 끌어들일 수 있다는 장점이 있지만, 반면에 조기퇴직자들에 대한 퇴직연금 지불비용은 이미 거대한 수준이다. 또한 개인에게 퇴직은 아무런 준비나 도움 없이 새로운 인생과 지위에 직면하는 것을 의미한다.

개인적으로 여러 가지 여건이 좋지 못한 상황에서 퇴직한 노인들의 생활은 여러 문제에 봉착하게 된다. 특히, 우리 사회가 젊은 노동자를 대상으로 하는 노동시장 진출과 관

련한 교육 및 다양한 제도를 개발해 온 반면, 노인이 퇴직을 준비하는 데 필요한 제도는 거의 개발해 오지 않았다(지영주 외, 2016: 333).

퇴직한다는 것은 개인의 삶의 많은 부분을 바꾸는 변화이다. 개인의 일상생활이나 사회적 관계, 자아정체감 등이 직업을 중심으로 형성되어 왔기 때문이다. 퇴직은 어느 정도 예측된 사건이므로 사전에 준비를 충실히 할수록 퇴직자의 역할에 대한 적응이 순조로운 것을 알려져 있다. 퇴직이 갑작스러울수록, 그리고 그 사람의 직업역할에 깊이 뿌리박고 있을수록 퇴직자의 역할 적응에 어려움을 겪는 것으로 나타나고 있다.

3. 발달 과업

노년기에는 여러 가지 발달 과업이 산적해 있는 것이 사실이다. 그 중에서도 노인에 대한 사회적 배제는 발달 과업에서 겪지 않을 수 없는 과정이다. 여기에서는 노년기 발달 과업으로 사회적 배제를 제시하고자 한다.

사회적 배제는 일반적으로 시기와 국가 및 학문적 성향에 따라 달리 정의하고 있으므로, 단일하게 명확한 개념을 정의하는 것은 어렵다고 볼 수 있다. 사회적 배제라는 관념은 정치인들이 자신들의 사회복지정책을 구상하기 위해 다양한 방식으로 사용해 왔는데, 이 때문에 이 개념이 갖는 의미가 최근 들어 상당히 모호해져버렸다. 정이윤(2003: 3)은 "사회적 배제에 대해 시기와 국가에 따라, 그리고 학문적 성향에 따라 다르게 정의하고 있으므로 한마디로 명확한 개념정의를 하는 것은 어렵다."고 주장한다. 사실상 사회적 배제의 개념에 관한 정의에 대해서는 논란이 많다. 유럽에서 사회적 배제는 사회정책적으로 매우 구체화되고 있음에도 불구하고 아직까지 논란이 되고 있으며, 이 용어는 다양한 맥락에서 상호 간에 다른 뜻으로 사용되어 많은 경우, 그 대상에 있어서도 해석적 측면에서 문제의 소지가 있을 수 있다. 이처럼 사회적 배제는 담론이 활발하게 진행되고는 있지만 개념 정립에 이르지는 못하고 있는 실정이다.

사회적 배제는 사회문제의 하나로서 나타난 개념이라고 할 수 있다. 사회적 배제를 처음 학문적으로 연구한 학자는 베버(M. Weber)라고 할 수 있는데, 그는 사회적 배제를 사회적 폐쇄(social closure)의 한 형태로 파악하여, 한 집단이 자신의 우월한 지위와 특권을 유지할 목적으로 다른 집단을 희생시키려는 시도로 이해하였다(Burchardt et. al., 2002: 1-2). 그러나 이러한 사회적 배제 현상에 관한 연구는 분석적 차원으로 발전하지 못하다가, 1960년대에 들어서면서, 프랑스 드골 대통령 당시 경제기획성의 책임자였던 마세(Masse)에 의해서 최초로 공식적인 사용이 시작하였다. 그는 사회적 배제를 사회보험제도의 사각지대에 머무르고 있는 사람, 즉 국가의 행정대상에서 제외되어 있는 사람들을 지칭하기 위한 개념으로 '사회적 배제'라는 용어를 사용하였다(문진영, 2004: 257). 이후 르느와르(René Lenoir, 1974)가 사회적 배제에 관한 인식의 지평확장을 한 이후 현실세계에서 사회적 배제를 극복하기 위한 정책을 모색하기 시작하였다(심창학, 2001: 189-191). 르느와르가 사회적 배제의 핵심에 사회적 부적응(social misfit)이 있다고 정리한 이후에, 유럽에서는 '빈곤을 넘어서서 사회적으로 배제되는 현상'에 대한 학문적 연구뿐만 아니라, 정책적 대안을 적극적으로 모색하기 시작하였다(Sen, 2000: 1). 즉, 르느와르는 '사회적 배제된 자'(les esxlus)라고 범주화하면서 빈곤에 대한 새로운 접근을 시도하였고, 사회적 배제는 1990년에 이르러 기존의 빈곤과 불평등을 대체하며 사회정책의 대표용어로 자리 잡게 되었다(강현정, 2009: 6). 따라서, 이 개념 자체는 처음에 사회학자들이 불평등(inequality)을 초래하는 새로운 원인을 지적하기 위하여 사용한 것이며, 현재도 불평등에 관한 여러 가지 사회조사에 활용되고 있다. 오늘날 사회적 배제 담론은 빈곤과 불평등을 동일선상에서 이해하고 있는 등 다양한 논의가 이루어지면서 사회적 배제의 개념이 점차 넓은 범위에서 해석이 이루어지기 시작하여 현재의 개념에 이르렀다.

기든스(Giddens, 2009: 498)는 "'사회적 배제'(social exclusion)란 개인들이 사회에 포괄적으로 참여하는 길(full involvement)이 막혀 있는 상황을 의미한다."고 주장한다. 그에 따르면, 교육시설이 낙후되었고, 고용기회가 거의 없는 빈민 주거지역에 사는 사람들은 결과적으로 대부분의 사람들에게는 보다 더 윤택하게 삶을 영위할 수 있는 기회조차도 얻지 못할 것이다. 또한 사회적 배제라는 개념은 '사회적 포섭'(social inclusion)이라고 하는 정반대의 의미도 함축하는 것으로서, 주변화된 집단(marginalized groups)을 사회적으로 포섭하려는 노력은 현대 정치 아젠다의 주요 부분을 차지하고 있다. 하지만 이것이 시도되는 방식은 사회마다 다양한 모습을 보여주고 있다. 배지연 외(2006: 10)는 "노인의 사회적 배제에 대해 노인들이 사회 · 경제 · 정치 · 문화적인 활동에 참여할 수 없게 됨으로써 나타나는 문제의 현상들"로 정의를 내리고 있다. 베르그만(Berghman, 1995: 21)에 따르면, 사회적 배제와 빈곤 개념의 차이는 정태적인 결과에 있어서 박탈과 빈곤으로 보고 있으며, 역동적 과정에서는 사회적 배제를 소득의 궁핍화로 보는 빈곤과 개념을 달리하고 있다. 강현정(2009: 7)은 사회적 배제의 개념을 사회의 질을 구성하는 하나의 층으로 간주하면서 사회적 불안(social insecurity)과 아노미(anomie)의 중간층을 사회적 배제로 분리하여 설명하고 있다. 즉, 사회적 불안은 생존을 보장해주는 제도로부터 어느 개인이 보호받을 수 있는지의 여부를 말한다면, 사회적 배제란 평등을 가능하게 하는 구조적 요인들로부터 제외된 상황을 뜻한다. 따라서, 사회적 불안보다 높은 수준의 사회통합과 관련시켜서 사회적 배제를 설명하고 있다. 또한 아노미(anomie)란, 사회적 네트워크의 형성 및 유지를 저해하는 것으로 구분하여 논의를 전개하고 있다.

이렇듯 사회적 배제의 개념이란 다양한 의미를 함축하고 있다. 사회적 배제의 개념을 감안할 때, 기든스(2009: 498)가 "사회적 배제라는 개념에 대해 개인의 책임성에 의문을 제기한다고 볼 수 있다."라고 주장은 유의미하다고 할 수 있다. 다시 말해서, 무엇보다도 배제라는 용어는 누군가가 또는 무엇인가가 누군가에 의해 철저히 외면되었다는 의미를 지니고 있다. 개인들이 스스로가 통제할 수 없는 결정에 의하여 배제당하는 사례는 분명히 존재한다. 예를 들어, 은행은 특정 지역에 거주하는 사람들에게 당좌계정을 신규로 하거나 신용카드의 발부를 거부하기도 한다. 일시적으로 해고당한 사람들은 나이 때문에 더 이상 직업을 구할 수 없을지도 모른다고 볼 수 있다.

결론적으로 노인에 대한 사회적 배제란, 노인이 기본적으로 가지고 있는 여러 단점에 대하여 이를 해결하기 보다는 고착화되어 노인이 사회 각 부문에서 배제되는 형태를 말한다.

4. 발달상의 문제

노년기는 인간발달단계에 있어서 마지막 단계에 속하므로 가장 많은 문제점을 보유할 수밖에 없으나, 여기서는 노인치매에 대해 서술하고자 한다.

치매(dementia)의 어원은 라틴어 *dementatus*에서 유래하였다. *dementatus*라는 말은 '정신이상', '정상적인 마음에서 이탈된 것', '정신이 없어진 것'이라는 의미를 갖고 있다. 18세기 말까지는 넓은 의미의 정신이상을 표시하는 말로 사용되었으나, 19세기에 와서 치매가 사고과정의 장애라는 것이 파악되었다. 치매란, 인간이 가진 여러 가지 인지기능인 기억력, 주의력, 언어기능, 시 · 공간능력과 판단력을 포함하여 사고과정의 어려움을 초래하는 상태를 말한다. 즉, 기억력을 포함하여 다른 인지기능 중 한 가지 이상의 장애가 있는 경우를 치매라고 하며, 단순히 기억력만 저하된 경우를 치매라고 말하지는 않는다. 치매는 단일 원인 또는 단일 병리과정에 의해 발생되는 특정 질병이 아니고, 70~90가지의 다양한 병리적 원인에 의해 발생되는 증후군이다(강용규 외, 2013: 323).

치매란, 뇌의 만성적 진행성 변성 질환으로 기억력, 사고력, 지남력, 이해력, 계산능력, 학습능력을 포함하는 여러 고위피질 기능의 장애가 일어나는 임상적 증후군을 말한다.

미국정신의학 정신장애의 진단 및 통계편람 제4판(DSM-IV) 분류에 의하면, 치매는 직업적 일이나 통상의 사회활동 또는 대인관계에서 유의한 장애가 있을 정도의 인지기능 및 지적능력의 감소를 뜻한다. 인지기능장애는 기억력 장애와 언어, 판단, 추상능력, 공간시간능력 및 기타 새로운 기술습득의 장애를 포함하며 성격변화도 흔히 나타난다.

의학적으로 치매를 기억력과 여러 가지 지적기능을 상실하는 만성 진행성-퇴행성의 뇌질환에 의한 임상증후군으로 정의하는데, 이는 하나의 특정한 질환이나 진단에 대한 명칭이 아니라, 여러 가지 원인 질환에 의해 발생되는 뇌기능의 전체적인 저하상태를 뜻한다. 흔히 노망이라 부르기도 하는데, 기억력이 감퇴되어 같은 말을 반복하거나 방금 한 일을 잊어버리거나 사람을 알아보지 못하며, 판단력이나 자제력을 상실하여 평소에 하지 않던 이상한 행동을 하는 상태를 말한다.

치매는 크게 가역성 치매와 비가역성 치매로 나눌 수 있다. 가역성 치매란, 원인 질환을 치유하면 다시 정상으로 되돌아올 수 있는 치매를 말하며, 우울증을 비롯하여 약물, 알코올 및 화학물질 중독에 의한 정신과적 질환 등이 원인이 된다. 또 전해질 이상, 갑상선 질환, 비타민 결핍증, 일시적인 뇌기능 장애를 초래하는 감염성 뇌질환, 두부 외상 등과 이외에도 정상 압력 뇌수종과 다발성 경색증 등도 가역성 치매를 유발할 수 있다. 그러나 치매의 대부분은 비가역성 치매로 알츠하이머병 등 퇴행성 뇌질환이 대표적 원인이다(박석돈 외, 2016: 360).

(1) 노인치매의 실태 분석

건강보험심사평가원(2016년 11월 1일자)은 '자신에게 발생할까 봐 걱정하는 질환(국민 걱정 질환)'에 대해 암이 13.6%로 가장 높았고, 관절염(10.2%)과 고혈압(10.0%), 치매(9.9%) 순으로 나타났다고 밝혔다. 통계청의 「2016년 사망원인통계」에 따르면, 치매에 의한 사망자 수는 총 9,164명으로 10년 전 대비 114.1% 증가한 것으로 나타났다. 치매 사망률(인구 10만 명당 명)은 17.9명으로 10년 전 대비 9.2명 증가하였으며, 치매 사망률 성비는 0.5배로 남자(11.2명)가 여자(24.7명)의 절반 수준이었으며, 남자의 사망률은 10년 전 대비 122.4%, 여자는 97.3% 증가한 것으로 나타났다.

〈표 13-4〉 **치매 질환의 성별 사망률 추이, 2006-2016**

(단위: 인구 10만 명당 명, %)

			사망자 수	사망률			
				전체	알츠하이머병	혈관성 치매	상세불명의 치매
남녀 전체	2006년		4,280	8.8	2.5	0.3	6.0
	2015년		9,460	18.6	9.9	1.7	7.0
	2016년		9,164	17.9	9.4	1.4	7.1
	'15년 대비	증 감	-296	-0.6	-0.4	-0.3	0.1
		증감률	-3.1	-3.4	-4.5	-16.6	1.3
남	2006년		1,230	5.0	1.6	0.2	3.3
	2015년		2,823	11.1	5.4	1.4	4.3
	2016년		2,850	11.2	5.5	1.1	4.5
	'15년 대비	증 감	27	0.1	0.1	-0.2	0.2
		증감률	1.0	0.7	1.5	-16.8	5.3
여	2006년		3,050	12.5	3.4	0.4	8.7
	2015년		6,637	26.0	14.3	2.0	9.7
	2016년		6,314	24.7	13.4	1.7	9.6
	'15년 대비	증 감	-323	-1.4	-1.0	-0.3	-0.1
		증감률	-4.9	-5.2	-6.8	-16.5	-0.5
사망률 성 비 (남/여)	2006년		0.4	0.4	0.5	0.4	0.4
	2015년		0.4	0.4	0.4	0.7	0.4
	2016년		0.5	0.5	0.4	0.7	0.5

자료: 통계청(2017: 25), 「2016년 사망원인통계」.

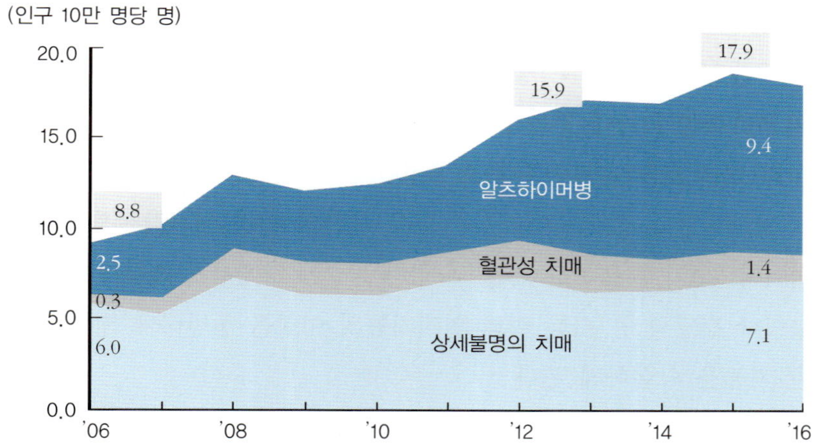

자료: 통계청(2017: 25), 「2016년 사망원인통계」.

[그림 13-3] 치매 사망률 추이, 2006-2016

〈표 13-5〉 연령별 치매 사망률 추이, 2015-2016

(단위: 인구 10만 명당 명)

연 령 (세)	2015년	2016년	치매 관련 질환		
			알츠하이머병	혈관성 치매	상세불명의 치매
전 체	18.6	17.9	9.4	1.4	7.1
50세 미만	0.0	0.0	0.0	0.0	0.0
50~59	0.6	0.5	0.2	0.1	0.2
60~69	4.7	4.6	2.1	0.8	1.6
70~79	49.6	44.1	20.9	5.5	17.7
80~89	410.4	370.7	197.1	28.9	144.6
90세 이상	1876.8	1723.3	949.3	82.1	691.9

자료: 통계청(2017: 25), 「2016년 사망원인통계」.

(2) 노인치매의 종류 및 증상

① 퇴행성 치매

퇴행성 치매에는 대표적으로 알츠하이머병, 루이체 치매, 전두측두엽 치매 등이 있다. 이들 질환은 모두 특정 단백질의 비정상적인 응집과 관련이 있으며 뇌 내에 비정상적으로 특정 단백질이 축적되어 있는 것으로 알려지고 있다.

알츠하이머병(Alzheimer's Disease: AD)은 노년기에 발생하는 연령관련 질환 가운데 가장 흔하게 치매를 유발하는 질병이다. 알츠하이머병은 치매를 일으키는 가장 흔한 퇴행성 뇌 질환으로, 서서히 발병하여 기억력을 포함한 인지기능의 악화가 점진적으로 진행되는 병을 말한다. 알츠하이머병은 1907년 독일의 정신과 의사인 알츠하이머(Alois Alzheimer) 박사에 의해 최초로 보고되었다. 알츠하이머병은 매우 서서히 발병하여 점진적으로 진행되는 경과가 특징적이다. 초기에는 주로 최근 일에 대한 기억력에서 문제를 보이다가 진행하면서 언어기능이나 판단력 등 다른 여러 인지기능의 이상을 동반하게 되다가 결국에는 모든 일상생활 기능을 상실하게 된다.

알츠하이머병은 그 진행과정에서 인지기능 저하뿐만 아니라, 성격변화, 초조행동, 우울증, 망상, 환각, 공격성 증가, 수면 장애 등의 정신행동 증상이 흔히 동반되며, 말기에 이르면 경직, 보행 이상 등의 신경학적 장애 또는 대소변 실금, 감염, 욕창 등 신체적인 합병증까지 나타나게 된다.

현미경으로 알츠하이머병 환자의 뇌 조직을 검사하였을 때 특징적인 병변인 신경반(neuritic plaque)과 신경섬유다발(neurofibrillary tangle) 등이 관찰되고, 육안 관찰 시에는 신경세포 소실로 인해 전반적 뇌 위축 소견이 보인다. 이러한 뇌 병리 소견은 질병 초기에는 주로 기억력을 담당하는 주요 뇌 부위인 해마와 내후각뇌피질 부위에 국한되어 나타나지만, 점차 두정엽(parietal lobe), 전두엽(frontal lobe) 등을 거쳐 뇌 전체로 퍼져나간다. 이러한 뇌 병리 침범 부위의 진행에 따라, 초기에는 기억력 저하가 주로 나타나다가, 진행됨에 따라 점진적인 경과를 보이면서, 임상 증상이 다양해지고 점점 더 심해지게 되는 것이다.

알츠하이머병의 호발 연령은 65세 이후이나 드물지만 40, 50대에서도 발생한다. 발병 연령에 따라 65세 미만에서 발병한 경우를 조발성(초로기) 알츠하이머병, 65세 이상에서 발병한 경우 만발성(노년기) 알츠하이머병으로 구분할 수 있다. 조발성 알츠하이머병은 비교적 진행속도가 빠르고 언어기능의 저하가 비교적 초기에 나타나는 등의 특징을 보이는 반면, 만발성 알츠하이머병의 경우 상대적으로 진행이 느리고 다른 인지기능 저하에 비해 기억력의 손상이 두드러진다는 보고도 있으나, 근본적으로 두 연령 구분에 따른 병리 소견의 차이는 없으므로 동일 질병으로 간주된다.

알츠하이머병에 걸릴 경우 모든 인지기능이 손상되어 간다. 가장 두드러진 증상은 기억력 장애를 꼽을 수 있다. 지갑이나 열쇠 같은 중요한 소지품을 잘 잃어버리거나, 전화번호나 사람이름을 잘 잊어버리는 증상이 있을 경우, 알츠하이머병이라고 의심할 수 있다. 또한 가스 불에 음식을 올려놓은 것을 잃어버리고 음식을 태우거나, 방금 한 말을 반복하거나 같은 질문을 계속하는 등의 증상도 보일 수 있으며, 환자 자신은 있었던 일 자체도 기억하지 못할 수 있다.

이처럼 알츠하이머병은 잊어버리는 것으로 시작하여 심해지면, 환각을 보고 간질과 비슷한 발작을 일으키게 된다. 알츠하이머병의 정확한 원인은 아직까지 밝혀지지 않고 있지만, 유전자적 인지인자를 보유하고 있는 이들에게서 더욱 높게 나타나는 것으로 알려지고 있다(서울대학교병원 의학정보 http://www. snuh.org).

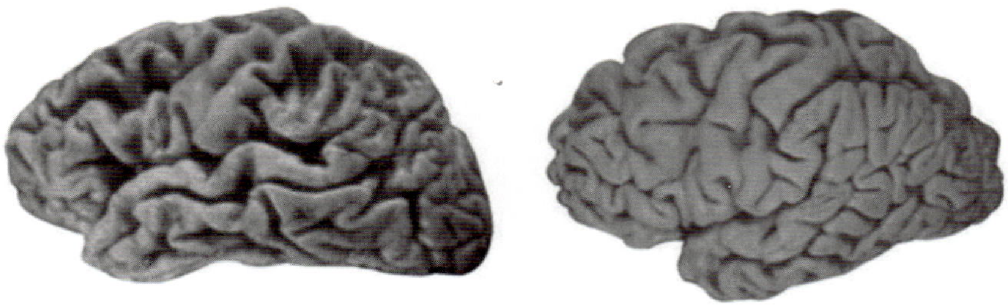

자료: 서울대학교병원 의학정보 http://www.snuh.org/

[그림 13-4] **알츠하이머병 노인과 정상 노인의 뇌 모습**

루이체 치매(Dementia with Lewy bodies)는 1900년대 초에 비정상적인 단백질 침전물인 Lewy body inclusions을 처음 발견하였다. 루이체 치매는 치매 환자의 대뇌피질에서 알파-시누클레인 염색이 발견된 후 1990년대 중반부터 진단되어 왔다. 기억상실이 주 증상인 알츠하이머와는 달리, 주의력, 실행기능 및 시각공간 기능에 문제가 먼저 생겼다. 예를 들어, 집 근처에서 길을 잃거나, 거리의 위치를 잘못 판단하는 시각공간 기능의 문제와 업무 수행 능력 저하, 운전능력 저하가 그 예이다. 또한 낙상, 실신, 일시적인 의식 상실을 포함하여 기립성 저혈압에 관한 증상이 있다. 치매의 증상이 보행장애, 근육이 뻣뻣해지는 파킨슨 증상을 앞서거나 파킨슨 증상 후 1년 이내에 치매증상을 보이거나 생생한 환시가 있고, 인지력의 등락을 보이는 주기가 확연하게 보일 때 루이체 치매라는 질환을 의심해야 한다. 특히, 꿈 수면 시에 잠꼬대를 하거나, 꿈을 실제 행동으로 옮기는 수면이상행동은, 추후에 파킨슨병이나 루이체 치매로의 진행가능성을 높여 준다(박석돈 외, 2016: 362).

전두측두엽 치매(Frontotemporal dementia)는 두뇌의 전두엽 및 측두엽의 위축으로 인해 발생하는 전형적인 행동장애이다. 환자군은 나이에 따라 다르다. 십만 명당 3~15명의 유병률을 보인다. 임상적으로 전두측두엽 치매라 하면, 유사한 병인, 신경조직학적 소견, 그리고 생화학적 소견을 보이는 일련의 산발적인 또는 가족성의 신경퇴행성 질환을 묶어서 지칭한다. 치매의 이상행동은 알츠하이머 치매에서는 중기 이후에 발생하나 드물게 초기에 발생하기도 한다. 치매 초기에 기억력보다는 우울증 비슷하게 성격변화, 반복적 행동, 조급증, 돌발행동 등 이상행동 증상을 보이면 전두측두엽치매를 의심해 보아야 한다. 전두측두엽 치매에서는 기억장애보다는 인격의 변화나 이상행동이 초기 단계에서부터 눈에 띄게 나타나는 것이 특징이다. 전에는 옷도 잘 입고 다니고 세련된 사람이 갑자기 옷에 신경도 쓰지 않고 몸가짐도 엉망이 되면서 폭언을 일삼거나, 감정 조절이 되지 않아 자신의 욕망이 그대로 드러나는 행동을 보일 때, 머리에 떠오른 것을 아무생각 없이 말하거나, 한 가지 일에 과도한 집착을 보일 때 등 증상이 나타나기 전이라면 도저히 하지 않을 말과 행동을 보이게 된다.

② 혈관성 치매(vascular dementia)

혈관성 치매는 뇌혈관 질환에 의해 뇌 조직이 손상을 입어 치매가 발생하는 경우이다. 1672년 토마스 윌리스에 의해 뇌졸중 후 치매 증례가 처음 보고된 후, 17세기 말경부터 혈관성 치매의 용어가 사용되기 시작하였다. 1970~1980년경에는 반복적인 뇌경색에 의해 발생하는 다발성 경색 치매(multi-infarct dementia)라는 용어가 혈관성 치매와 동일하게 사용되기도 했다.

그러나 신경영상 기법의 발전 및 관련 연구의 확대로 다발성 뇌경색뿐만 아니라, 전략적 뇌 부위의 단일 뇌경색, 다발성 열공(매우 작은 뇌경색), 피질하 소혈관 질환, 여러 형태의 뇌출혈 등도 혈관성 치매를 초래할 수 있다는 사실이 알려지면서, 현재는 다양한 뇌혈관 질환에 의해 초래되는 치매를 모두 포함하는, 이전보다 확장된 개념으로 혈관성 치매라는 용어가 사용되고 있다. 최근에는 치매뿐만 아니라, 치매보다 경미한 인지기능장애까지 포함하는 개념으로 혈관성 인지장애(vascular cognitive impairment)라는 용어가 사용되기도 한다.

혈관성 치매는 갑자기 발생하거나 급격히 상태가 악화되는 경우가 흔하며, '중풍을 앓고 난 후 갑자기 인지기능이 떨어졌다'고 하는 경우 혈관성 치매의 가능성이 높다. 그러나 모든 혈관성 치매가 이러한 경과를 보이는 것은 아니다. 뇌의 실핏줄이라고 할 수 있는 소혈관들이 점진적으로 좁아지거나 막히는 원인에 의한 경우, 점진적인 경과를 보이기도 한다.

혈관성 치매는 알츠하이머병에 의한 치매와는 달리, 초기부터 한쪽 마비, 구음 장애, 안면마비, 연하곤란, 한쪽 시력상실, 시야장애, 보행장애, 소변 실금 등 신경학적 증상을 동반하는 경우가 많다. 그러나 뇌혈관질환 또는 뇌졸중이 있다고 해서 반드시 혈관성 치매가 나타나는 것은 아니며, 손상 받는 뇌의 부위, 크기, 손상 횟수에 따라 혈관성 치매 발병 여부와 심각도가 결정이 된다.

혈관성 치매에서는 기억력 감퇴, 언어능력 저하, 시공간파악능력 저하, 판단력 및 일상생활 수행능력의 저하 등의 인지기능 저하, 무감동, 우울, 불안, 망상, 환각, 배회, 공격성, 자극 과민성, 이상 행동, 식이 변화, 수면 장애 등의 정신행동 이상 외에 비교적 초기 단계부터 편측운동마비, 편측감각저하 또는 소실, 시야장애, 안면 마비, 발음 이상, 삼키기 곤란, 보행장애, 사지 경직 등 다양한 신경학적 이상 증상이 자주 동반되며, 심한 경우 대소변 실금, 낙상, 욕창, 폐렴, 요도감염 등의 신체적 합병증이 나타나기도 한다.

알츠하이머병의 경우 초기에 주로 최근 기억 감퇴가 나타나고 점진적으로 진행하면서 다른 기억력 외 다른 인지기능의 저하 및 정신행동 증상이 빈번해지며, 말기에 이르면 사지경직, 보행장애, 실금 등의 신체증상이 출현하는 비교적 일정한 진행 패턴을 보이는 데 비해, 혈관성 치매는 원인이 되는 뇌혈관 질환 위치나 침범 정도에 따라 나타나는 증상의 종류나 정도, 출현 시기 등이 매우 다양할 수 있다. 인지기능 저하 증상에 있어서도 기억력 저하에 비해 언어기능이나 판단력, 계산력 등 다른 인지기능의 저하가 두드러지기도 한다(서울대학교병원 의학정보, http://www.snuh.org).

③ 혼합형 치매

알츠하이머병과 인지기능에 영향을 줄 만한 뇌혈관 질환이 동시에 나타나는 것을 혼합형 치매(mixed dementia)라고 한다. 이는 크게 두 가지 형태로 나뉘는데, 첫째는 알츠하이머병의 환자에서 신경영상검사상 뇌혈관 병변이 발견되는 경우이고, 둘째는 알츠하이머병과 혈관성 치매가 혼합된 임상양상을 보이는 경우이다.

혼합형 치매의 발생기전에 관해서는 아직까지 정확하게 밝혀진 바는 없다. 뇌혈관 및 심혈관 질환이 알츠하이머병의 변화를 촉진한다거나 반대로 알츠하이머병이 뇌혈관 질환의 발생을 유발한다는 주장들이 있고, 뇌혈관 질환과 알츠하이머병이 뇌허혈이라는 기전을 공유함으로써 양 질환이 한 환자에서 동시에 발생한다고 하는 주장도 있다.

결론적으로는 알츠하이머병과 혈관성 치매 사이에 연관성이 있을 것으로 예상되어지긴 하지만 정확한 기전은 아직 모르는 상태이다. 그러나 알츠하이머병 진단과정에서 치료 가능한 심혈관계 질환과 뇌졸중 및 혈관성 치매 요소를 찾아내어 각각의 요소들을 적절 치료하는 것은 매우 중요하다(강용규 외, 2013: 15).

연습문제

1. 노년기(65세 이상)의 특징으로 옳지 않은것은?
   ① 전반적인 성취도는 떨어지지만 지적 능력이 전적으로 떨어지지는 않는다.
   ② 자아통합의 과업을 달성해야 하는 시기이기도 하다.
   ③ 친근한 사물에 대한 애착심이 강하고 수동성이 증가한다.
   ④ 이 시기의 위기를 잘 극복하면 지혜라는 자아특질을 얻게 된다.
   ⑤ 생에 대한 회상이 증가하고 융통성이 증가한다.

2. 다음 중 노년기의 심리적 특성과 거리가 먼 것은?
   ① 지나온 생애의 회고 ② 우울증적 경향
   ③ 물건에 대한 애착심의 증가 ④ 외부지향적인 활동에 대한 욕구
   ⑤ 심리적 의존성의 증가

3. 다음 중 노년기에 경험하게 되는 일상생활에서의 어려움이 아닌 것은?
   ① 목욕 ② 옷 입기 ③ 대화하기
   ④ 식사 ⑤ 화장실 이용

4. 이혼한 딸이나 취업한 딸을 위해 손자녀와 함께 살면서 실질적인 부모역할을 수행하는 경우 이는 조부모 역할 중 무엇에 해당되는가?
   ① 대리부모형 ② 재미추구형 ③ 공식형
   ④ 가족지혜저장형 ⑤ 원거리형

5. 노년기와 관련된 이론적 관점이 잘못된 것은?
   ① 에릭슨은 장년기 위기극복 결과에 따라 노년기의 위기극복은 달라진다고 하였다.
   ② 큐블러-로스는 죽음에 적응하는 세 번째 단계를 타협이라고 하였다.
   ③ 활동이론에서는 성공적 노화를 위해 다양한 사회활동 참여를 제안한다.
   ④ 팩은 노년기 과업으로 자기분화, 신체초월, 자기초월을 제시했다.
   ⑤ 분리이론에서는 장년기의 다양한 역할로부터의 분리가 노년기에 미치는 부정적 영향을 강조한다.

6. 노화에 대한 설명으로 옳은 것은?
   ① 어휘는 다른 정신능력에 비해 감퇴 정도가 심하고 감퇴속도도 빠르다.
   ② 탈모현상이 나타나면서 눈썹 및 귀나 코밑수염이 성글어지고 힘이 없어진다.
   ③ 피부의 진동이나 압력에 대한 민감성이 증가해 통증을 아주 심하게 느낀다.
   ④ 노년기에 이르면 대체로 이전보다 수면시간이 한 시간 정도 줄어들고, 수면의 깊이가 얕아져서 자주 깨거나 불면증적 증상이 나타나는 등 렘 수면시기(REM period)가 짧아진다.

정답 1. ⑤ 2. ④ 3. ③ 4. ① 5. ⑤ 6. ④

참고문헌

1. 국내문헌

1) 단행본

강경미(2016). 『발달심리학』. 파주. 경기: 양서원.

강기정 외(2015). 『인간행동과 사회환경』. 고양. 경기: 공동체.

강봉규(2000). 『인간발달』. 서울: 동문사.

강상경(2011). 『인간행동과 사회환경』. 서울: 나남.

강세현 외(2013). 『아동관찰 및 행동연구』. 서울: 학지사.

______ 외(2015). 『인간행동과 사회환경』. 파주. 경기: 양서원.

강영희(2014). 『생명과학대사전』(*Encyclopedia of Life Science*). 서울: 여초.

강용규 외(2011). 『21세기 사회복지정책』. 서울: 청목출판사.

______ 외(2013). 『노인복지론』. 서울: 공동체.

강진령(2013). 『상담과 심리치료』. 파주. 경기: 양서원.

곽호완 외(2008). 『실험심리학용어사전』. 서울: 시그마프레스.

구은미 외(2016). 『아동상담』. 파주. 경기: 양서원.

구혜영(2015). 『인간행동과 사회환경』. 서울: 신정.

국립특수교육원(2009). 『특수교육학 용어사전』. 서울: 하우.

권육상(2007). 『노인복지론』. 서울: 유풍출판사.

______(2008). 『인간행동과 사회환경』. 서울: 유풍출판사.

권중돈(2014). 『인간행동과 사회환경』. 서울: 학지사.

______(2016). 『노인복지론』. 서울: 학지사.

권향임 외(2013). 『인간행동과 사회환경』. 서울: 창지사.

김귀환 외(2015). 『인간행동과 사회환경』. 파주. 경기: 정민사.

김근홍 외(2013). 『사회문제론』. 서울: 신정.

김남순(2003). 『발달심리학』. 서울: 과학교육사.

김남일 외(2015). 『심리학개론』. 파주. 경기: 동화기술.

______(2005). 『심리학』. 대전: 신세계커뮤니케이션즈.

김남희 외(2014). 『노인복지론』. 서울: 동문사.

김민남 외(2004). 『도덕발달의 철학』. 서울: 교육과학사.

김보기 외(2016). 『최신 사회문제론』. 파주. 경기: 양서원.

______ 외(2017). 『인간행동이해를 위한 심리학』. 파주. 경기: 양서원.

김선희 외(2012). 『인간행동과 사회환경』. 서울: 신정.

김성민(2001). 『분석심리학과 기독교』. 서울: 학지사.

김수희(2010). 『아동발달』. 파주. 경기: 양서원.

김신일(2013). 『교육사회학』. 파주. 경기: 교육과학사.

김영호(2010). 『인간행동과 사회환경』. 파주. 경기: 양서원.

김용선(1992). 『피아제와 반피아제론』. 서울: 형설출판사.

김용태(2007). 『통합의 관점에서 본 기독교상담학』. 서울: 학지사.
김유숙(2015). 『가족상담』. 서울: 학지사.
김윤재 외(2017). 『인간행동과 사회환경』. 파주. 경기: 양서원.
김이영 외(2015). 『인간이해를 위한 심리학』. 파주. 경기: 양서원.
김지미 외(2016). 『사회문제론』. 파주. 경기: 정민사.
김진(2016). 『콜버그의 도덕발달』. 울산: 울산대학교출판부.
김청자 · 정진선(2006). 『상담의 이론과 실제』. 서울: 동문사.
김춘경 외(1999). 『인성교육론』. 서울: 문음사.
______ 외(2004). 『아동학개론』. 서울: 학지사.
______ 외(2016). 『상담의 이론과 실제』. 서울: 학지사.
김치영 외(2014). 『노인복지론』. 서울: 동문사.
김태형 · 전양숙(2007). 『성격과 심리학』. 담양. 전남: 새뜰심리상담소.
김혜선 · 유안진(2011). 『인간발달』. 서울: 방송방송통신대학교출판부.
김흥규(2015). 『최신 상담심리학』. 파주. 경기: 양서원.
김희수 외(2014). 『노인상담의 이해』. 파주. 경기: 양서원.
김희수 · 이은숙(2014). 『노인상담의 이해』. 파주. 경기: 양서원.
나동석 외(2015). 『정신건강론』. 파주. 경기: 양서원.
남궁달화(1995). 『콜버그의 도덕교육론』. 서울: 철학과현실사.
________(1999). 『인성교육론』. 서울: 문음사.
노안영 · 강영신(2011). 『성격심리학』. 서울: 학지사.
도미향 외(2015). 『인간행동과 사회환경』. 서울: 신정.
문선모(2012). 『교육심리학의 이해』. 파주. 경기: 양서원.
박경애 외(2011). 『청소년 심리 및 상담』. 파주. 경기: 공동체
박근주 외(2016). 『영아 교사를 위한 부모상담 실제』. 파주. 경기: 양서원.
박석돈 외(2016). 『노인복지론』. 파주. 경기: 양서원.
박성연 외(2017). 『인간발달』. 서울: 파워북.
박순길 외(2017). 『아동상담』. 파주. 경기: 양서원.
박아청(2010). 『에릭슨의 인간이해』. 파주. 경기: 교육문화사.
박인숙 외(2014). 『인간성장발달』. 서울: 포널스출판사.
박희숙 · 김민희(2017). 『인간행동과 사회환경』. 서울: 창지사.
백지숙 외(2009). 『청소년상담』. 서울: 신정.
서강식(2010). 『피아제와 콜버그의 도덕교육이론』. 고양. 경기: 인간사랑.
서봉연 · 이순형(2003). 『발달심리학』. 서울: 중앙적성출판사.
서울대 교육연구소(1995). 『교육학용어사전』. 서울: 하우371
서창원(1996). 『현대심리학』. 서울: 한맥.
서혜석 외(2014). 『인간행동과 사회환경』. 서울: 청목출판사.
손광훈(2012). 『인간행동과 사회환경』. 고양. 경기: 공동체.
손병덕 외(2014). 『인간행동과 사회환경』. 서울: 학지사.
손승희(2014a). "보육과정 총론". 『보육과정 및 상호작용』. 서울: 한국보육진흥원 : 29-38.

______(2014b). “상호작용 총론”. 『보육과정 및 상호작용』. 서울: 한국보육진흥원 : 40-50.
손진훈 외(1994). 『심리학의 이해』. 서울: 영진서관.
손홍숙(2011). 『아동발달론』. 고양. 경기: 공동체.
송대현(1981). 『사회심리학』. 서울: 박영사.
송명자(2008). 『발달심리학』.
송영혜(2012). 『또래관계』. 서울: 시그마프레스.
송지영(2012). 『정신병리학 입문』. 서울: 집문당.
신기원 외(2016). 『인간행동과 사회환경』. 고양. 경기: 공동체.
신명희 외(2013). 『발달심리학』. 서울: 학지사.
신희경 외(2011). 『교육심리학』. 서울: 신정.
신희천(2009). 『성도착층과 성정체감 장애』. 서울: 학지사.
심의보 외(2016). 『인간행동과 사회환경』. 서울: 파워북.
안범희(2011). 『성격심리학』. 서울: 하우.
안영진(2004). 『유아생활지도』. 서울: 삼광출판사.
______(2010). 『유아인성교육』. 서울: 창지사.
양병환(2010). 『정신병리학 총론』. 서울: 중앙문화사.
양옥남 외(2010). 『노인복지론』. 고양. 경기: 공동체.
양정남 외(2009). 『인간행동과 사회환경』. 서울: 청목출판사.
엄신자(2008). 『인간행동과 사회환경』. 서울: 인간과복지.
엄태완 외(2017). 『인간행동과 사회환경』. 고양. 경기: 공동체.
예병일(2007). 『내 몸안의 과학』. 서울: 효형출판.
오만록(2017). 『생활지도 · 상담이론과 실제』. 파주. 경기: 정민사.
오수성 외(2013). 『정신병리학』. 서울: 학지사.
오창순 외(2015). 『인간행동과 사회환경』. 서울: 학지사.
옥선화(2004). 『결혼과 가족』. 서울: 하우.
우영효(2010). 『영유아 인성교육의 이론과 실제』. 파주. 경기: 양서원.
유수현 외(2015). 『인간행동과 사회환경』. 파주. 경기: 양서원.
윤가현 외(2016). 『심리학의 이해』. 서울: 학지사.
이광자 외(2009). 『현대심리학』. 서울: 아세아문화사.
이근홍(2015). 『인간행동과 사회환경』. 고양. 경기: 공동체.
이동귀(2016). 『너 이런 심리법칙 알아?』. 파주, 경기: 21세기북스.
이동원 외(2007). 『개인·관계·사회』. 파주. 경기: 양서원.
이소희 외(2005). 『청소년복지론』. 서울: 나남.
이순형 외(2014). 『아동복지 이론과 실천』. 서울: 학지사.
이순형 · 성미애(2014). 『인간발달』. 서울: 한국방송통신대학교출판문화원.
이신동(2016). 『생활 속에서 만나는 라이프 심리학』. 고양. 경기: 공동체.
이억범 외(2014). 『심리학개론』. 서울: 동문사.
이연호(2005). 『노인학대, 위험요인과 피해』. 파주. 경기: 한국학술정보.
이영실 외(2013). 『인간행동과 사회환경』. 서울: 창지사.

이영호(2010). 『정신건강론』. 고양. 경기: 공동체.
이옥형 외(2012). 『교육심리학』. 서울: 성신여자대학교출판부.
이우언 외(2017). 『인간행동과 사회환경』. 서울: 동문사.
이윤로(2006). 『인간행동과 사회환경』. 서울: 창지사.
이윤상(1995). 『심리학개론』. 서울: 기독교문서선교회.
이은희(2016). 『인간행동과 사회환경』. 고양. 경기: 공동체.
이인정 · 최혜경(2007). 『인간행동과 사회환경』. 서울: 나남.
이장호 · 김영경(2013). 『노인상담』. 서울: 시그마프레스.
이종복 · 전남련(2011). 『인간행동과 사회환경』. 파주. 경기: 학현사.
이종성(1992). 『윤리학(II)』. 서울: 대한기독교출판사.
이주희 외(2013). 『심리학의 이해』. 고양. 경기: 공동체.
이지연 외(2013). 『교육심리학』. 파주. 경기: 양서원.
이진향 외(2016). 『인간행동과 사회환경』. 서울: 창지사.
이훈구(1995). 『사회심리학』. 서울: 법문사.
이희세 · 임은희(2015). 『인간행동과 사회환경』. 파주. 경기: 양서원.
임규혁 · 임웅(2013). 『교육심리학』. 서울: 학지사.
임상록 외(2012). 『상담의 이론과 실제』. 서울: 파란마음.
______(2009). 『청소년복지론』. 서울: 학지사.
임은희(2010). 『인간행동과 사회환경』. 파주. 경기: 양서원.
장기수 · 송관재(2001). 『심리학의 이해』. 서울: 홍익대학교출판부.
장미경 외(2007). 『아동상담의 이론과 실제』. 서울: 태영출판사.
장수복 외(2014). 『인간행동과 사회환경』. 서울: 동문사
장수한 외(2011). 『아동복지론』. 서울: 학지사.
______ 외(2017). 『인간행동과 사회환경』. 고양. 경기: 공동체.
장혁표(2000). 『집단상담의 이론적 접근』. 서울: 중앙적성출판사.
정문자 외(2011). 『아동심리상담』. 파주. 경기: 양서원.
정미경 외(2011). 『아동복지론』. 서울: 학지사.
______ 외(2015). 『심리학개론』. 파주. 경기: 양서원.
정서영 외(2017a). 『인간행동과 사회환경』. 파주. 경기: 양서원.
______ 외(2017b). 『상담이론과 실제』. 파주. 경기: 양서원.
정순례 외(2015). 『청소년상담: 이론과 실제』. 서울: 학지사.
정옥분 외(2011). 『아동복지론』. 서울: 학지사.
______(2011). 『아동발달의 이해』. 서울: 학지사.
______(2015). 『전생애 인간발달이론』. 서울: 학지사.
______(2014). 『발달심리학』.
정은(2014). 『인간행동과 사회환경(2판)』. 서울: 학지사.
정의석(2013). 『대학생을 위한 심리학』. 서울: 시그마프레스.
정정숙(2002). 『기독교 상담학』. 서울: 베다니출판사.
정철수(1985). 『사회심리학』. 서울: 법문사.

정태석 외(2014). 『사회학』. 서울: 한울아카데미.
정희영(2008). 『피아제와 교육』. 파주. 경기: 교육과학사.
조민식 외(2015). 『대중을 위한 사회학의 이해』. 파주. 경기: 양서원.
조복희 외(2016). 『인간발달』. 서울: 교문사.
조성연 외(2004). 『아동학개론』. 서울: 학지사.
______ 외(2012). 『청소년복지론』. 서울: 창지사.
조형숙 외(2014). 『인간행동과 사회환경』. 파주. 경기: 정민사.
조흥식 외(2010). 『인간행동과 사회환경』. 서울: 학지사.
조희금 외(2009). 『건강가정론』. 서울: 신정.
지영주 외(2016). 『인간성장발달』. 서울: 퍼시픽북스.
천성문 외(2010). 『성문화와 심리』. 서울: 정인.
최경숙(2011). 『아동발달심리학』. 파주. 경기: 교문사.
최덕경 외(2014). 『인간행동과 사회환경』. 파주. 경기: 양서원.
최선화 외(2014). 『사회문제와 사회복지』. 파주. 경기: 양서원.
최옥채 외(2015). 『인간행동과 사회환경』. 파주. 경기: 양서원.
최일섭 · 최성재(2004). 『사회문제와 사회복지』. 서울: 나남.
최정윤 외(2015). 『이상심리학』. 서울: 학지사.
표갑수(2014). 『사회문제와 사회복지』. 서울: 나남.
______ 외(2016). 『인간행동과 사회환경』. 서울: 신정.
하정미 외(2017). 『인간행동과 사회환경』. 고양. 경기: 공동체.
한국교육심리학회(2000). 『교육심리학용어사전』. 서울: 학지사.
한국사전연구사 편집부(1996). 『간호학대사전』. 서울: 한국사전연구사.
한국심리학회(2004). 『현대심리학의 이해』. 서울: 학문사.
___________(2014). 『심리학용어사전』. 서울: 한국심리학회.
한국산업사회학회 편(2010). 『사회학』. 서울: 한올아카데미.
한국청소년개발원 편(2005). 『청소년문화론』. 서울: 교육과학사.
한규석(2009). 『사회심리학의 이해』. 서울: 창지사.
한미현 외(2013). 『아동복지』. 서울: 창지사.
한성심 외(2013). 『아동복지론(제4판)』. 서울: 창지사.
허경미(2003). "아동학대사범의 교정정책방향 연구". 『교종연구』. 제18호 : 235-253.
허정철 외(2017). 『인간행동과 사회환경』. 고양. 경기: 공동체.
현성용 외(2015). 『현대심리학의 이해』. 서울: 학지사.
현승일(2012). 『사회학』. 서울: 박영사.
홍기원 외(2016). 『알기 쉬운 심리학』. 고양. 경기: 공동체.
홍명희(2012). 『유아인성교육: 유아인성교육의 이론과 실제』. 서울: 형설출판사.
홍봉선 외(2013). 『청소년복지론』. 고양. 경기: 공동체.
홍봉선 · 남미애(2013). 『청소년복지론』. 고양. 경기: 공동체.
홍숙기(1990). 『성격심리학』. 서울: 박영사.
황희숙 외(2011). 『아동발달과 교육』. 서울: 학지사.

2) 논문

강은지(2016). "학교폭력 사안 처리에 대한 예비교사의 대처능력 척도 개발". 중앙대학교 대학원. 석사학위논문.

강현정(2009). "노년기 사회적 배제". 한서대학교 대학원. 박사학위논문.

권금주(2007). "노인학대과정에 관한 연구". 이화여자대학교 대학원. 박사학위논문.

김석조(2015). "부모로부터의 학대경험이 청소년의 자살생각에 미치는 영향 : 위축의 매개효과 분석". 연세대학교 사회복지대학원. 석사학위논문.

김송이(2001). "또래 지위와 친구 관계에 따른 아동의 또래 갈등 분석". 연세대학교 대학원. 박사학위논문.

김유경(2008). "아동학대 실태와 정책방안". 『보건복지포럼』. 제143호 : 30-43.

문영희(2003). "유아를 위한 생태학적 관점의 교육에 대한 프로그램운영의 실제". 『한국영유아보육학』. 제33집 : 27-236.

______(2004). "부모의 아동학대와 아동의 적응변인 연구: 서울시 초등학교 5, 6학년 대상으로". 서울기독대학교 박사학위논문.

______(2009). "아동 학대 의의와 실태 및 대처방안에 관한 고찰". 『한양대학』. 제27집 : 549-569.

______(2010). "개정 아동복지법 과 아동 학대". 『한양대학』. 제37집 : 215-236.

______(2011). "아동 학대방지와 학대피해아동의 보호방안에 관한 연구". 동국대학교 박사학위논문.

문진영(2004). "사회적 배제의 국가간 비교연구: 프랑스, 영국, 스웨덴을 중심으로". 『한국사회복지학』. Vol.56 No.3 : 253-277.

박진재(2002). "아동의 또래관계증진을 위한 사회적 기술중재 프로그램의 효과". 연세대학교 대학원. 박사학위논문.

배지연 외(2006). "사회적 배제와 우울에 관한 탐색적 연구". 『노인복지연구』. 통권 33호 : 7-27.

심창학(2001). "사회적 배제 개념의 의미와 정책적 함의: 비교관점에서의 프랑스를 중심으로". 『(계간) 한국사회복지학』. No.44 : 178-208.

이기학(2008). "재가 노인 학대에 관한 연구". 한서대학교 대학원. 박사학위논문.

이복희(2007). "부모의 아동학대와 아동의 적응변인 연구". 『교육문화연구』. 제13권 제1호.

이연호(2002). "노인학대 위험요인과 피해에 관한 연구". 이화여자대학교 대학원. 박사학위논문.

이찬엽(2011). "아동학대에 관한 형사법적 고찰". 『일감법학』. 제20호 : 343-374.

정혜숙(2009). "아내학대와 아동학대의 중복발생을 둘러싼 여성주의 비판모델과 여성복지적 과제의 검토". 『한국여성학』. 제25권 제4호 : 109-140.

조성남 외(2001). "청소년 하위문화와 정체성 정치: 또래집단을 중심으로". 『사회과학 연구논총』. Vol.7 : 117-162.

2. 외국문헌

Ainsworth, M. D. & Blehar, M. C.(2015). *Patterns of Attachment: A Psychological Study of the Strange Situation*. Psychology Press.

______________ & Wittig, B. A.(1969). Attachment and exploratory behavior of one-year-olds in a strange situation. In B. M. Foss(Ed.). *Determinants of infant behavior(Vol. 4)*. London: Methuen.

______________(1979). Infant-Mother attachment. *American Psychologist. 34* : 932-947.

Anderson, R. E. & Carter, I.(1984). *Human Behavior in the Social Environment.* NY: Aiaine.

Apter, S. J. & Conoley, J. C.(1984). *Childhood Behavior Disorders and Emotional Disturbance: An Introduction to Teaching Troubled Children.* Englewood Cliffs. N.J.: Prentice-Hall.

Arlin, P. K.(1975). Cognitive Development in Adulthood. *Developmental Psychology. 11* : 602-606.

Arlow, J. A.(1979). Psychoanalysis. In R. J. Corsini (Eds.). *Current Psychotherapies* (2nd ed). IL: F. E. Peacock Publishers. Inc. : 1-43.

__________(1989). Psychoanalysis. In R. J. Corsini (Ed.). *Current psychotherapies.* Itasca. IL: Peacock : 19-64.

Asher, S. R. & Dodge, K. A.(1996). Identifying children who are rejected by their peers. *Developmental Psychology. 23(4)* : 444-455.

Atchely, R. C. & Barusch, B.(2003). *Social Forces & Aging.* (10th Edition). Cengage Learning.

Atkinson, R. C. & Shiffirin, R. M.(1971). The Control of Short-term Memory. *Scientific American. 225* : 82-90.

Baker, E. L.(1985). Psychoanalysis and psychoanalytic psychotherapy. In J. L. Lynn & J. R. Garske (Eds.). *Contemporary psychotherapies.* Columbus. OH : Merrill/Prentice Hall : 19-67.

Bales, R. F.(1970). *Personality and Interpersonal Behavior.* New York: Holt, Rinehart & Winston.

Baltes, P. B. & Baltes, M. M.(1990). *Successful Aging.* Cambridge: Cambridge University Press.

__________ & Schaie, K. W.(1971). Aging and the IQ: The Myth of the Twilight Years. *Psychology Today. 7* : 35-40.

Bandler, B.(1963). *The Concept of Ego-supportive Psychotherapy.* In H. Parad, & R. Miller (Eds.). *Ego-oriented Casework: Problems & Perspectives.* NY: Family Service Association of America : 60-73.

Bandura, A. & Walters, R.(1963). *Social Learning and Personality Development.* NY: Holt, Rinehart and Winston.

__________(1965a). Vicarious processes A case of no-trial learning. In L. Berkowitz (Ed.). *Advances in experimental social psychology. Vol. 2.* New York: Academic Press.

__________(1965b). Influence of Model's Reinforcement Contingencies on the Acquisition of Imitative Responses. *Journal of Personality and Social Psychology. 1* : 589-595.

__________(1969). *Principles of Behavior Modification.* New York: Holt, Rinehart & Winston.

__________(1971). *Psychological modeling: conflicting theories.* Chicago: Aldine · Atherton.

__________(1973). *Aggression: a social learning analysis.* Englewood Cliffs. N.J.: Prentice-Hall.

__________(1974). Behavior Theory and the Models of Man. *American Psychologist. 29* : 859-869.

__________(1977). *Social Learning Theory.* Englewood Cliffs. NJ: Prentice Hall.

__________(1986). *Social Foundations of Thought and Action: A Social Cognitive Theory.* Englewood Cliffs. N.J.: Prentice-Hall.

__________(1997). *Self-efficacy: the exercise of control.* New York: W.H. Freeman.

__________(2015). *Moral Disengagement: How People Do Harm and Live with Themselves.* New York, NY: Worth.

Beck, A. T. & Freeman, A.(1990). *Cognitive therapy of personality disorders.* New York: Guilford Press.

__________ et al.(1979). *Cognitive Therapy of Depression.* The Guilford Press. 원호택 외(2008). 『우울

증의 인지치료』. 서울: 학지사.

__________(1967). *Depression: Clinical Experimental and Theoretical Aspects.* New York Harper & Rcw.

__________(1972). *Depression: Causes and Treatment.* University of Pennsylvania Press.

__________(1973). *The Diagnosis and Management of Depression.* University of Pennsylvania Press.

__________(1976). *Cognitive Therapy and the Emotional Disorders.* New York: International University Press.

__________(1985). *Anxiety Disorders and Phobias: A Cognitive Perspective.* New York: Basic Books.

__________(1989). *Love Is Never Enough: How Couples Can Overcome Misunderstandings, Resolve Conflicts, and Solve.* Harper Paperbacks.

Bergman, J.(1995). *Social Exclusion in Europe: Policy Context and Analytical* Framework. Beyond the Threshold: the measurement and analysis of social *exclusion.* Bristol: Policy Press.

Berk, L. E.(1994). *Child development* (3rd ed.). Boston: Allyn & Bacon.

Bigner, J. J. and Gerhardt, C. J.(2013). *Parent-child relation: An introduction to parenting* (9th ed). Pearson.

__________(1983). *Human development: A life-span approach.* New York: Macmillan Publishing Co. Inc.

Bowlby, J.(1973). *Attachment and loss. Vol. 2: Separation.* New York: Basic Books.

__________(1989). *Secure attachment.* New York: Basic Books.

Brodaty, H. et al.(2005). Why caregivers of people with dementia and memory loss don't use services. *International Journal of Geriatric Psychiatry. 20(6)* : 537-546.

Brown, R.(1978). Development of the first language in the human species. In J. K. Gardner (Ed.), *Readings in developmental psychology.* Boston: Little. Brown & Co. : 117-129.

Brown, D. & Brooks, L.(1985). Career Counseling as a Mental Health Intervention. *Professional Psychology: Research and Practice. 6* : 860−867.

Burchardt, T. J. et al.(1999). Social Exclusion in Britain 1991-1995. *Social Policy and* Administration. *33(3)* : 227-244.

__________ et al.(2002). Introduction. *Understanding Social Exclusion.* edited by J. Hills, J. Le Grand and D. Piachaud. Oxford: Oxford University Press : 1-12.

Burger, J. M.(1986). *Personality: Theory and Research. Belmont.* CA: Wadsworth Publishing Company.

Cattell, R. B.(1971). *Abilities: Their Structure, Growth, and Action.* Houghton Mifflin.

Chomsky, N.(1957). *Syntactic structures.* The Hague: Mouton.

__________(1968/2006). *Language and Mind* (3 edition). Cambridge University Press.

__________(1986). *Knowledge of language: Its nature, origin, and use.* New York: Praeger.

Colby, A. et al.(1980). *A longitudinal study of moral judgment* (Unpublished manuscript). MA. Cambridge: Harvard University.

Cole, M. & Cole, S.(1993). *The development of children* (2nd ed). New York: Scientific American Books.

Conway, J.(1997). *Men in Mid Life Crisis.* David C. Cook.

Craig, G. J. & Baucum, D.(2002). *Human Development.* Rue Education.

Crain, W.(2017). *Theories of Development: Concepts and Applications* (6th New edition). Routledge.

Crandell T. et al.(2011). *Human Development* (10th Edition). New York: McGraw-Hill Co. Inc.

Creswell, J. W.(2015). *Educatinal research: Planning, conducting, and evaluating quantitative and qualitative research* (4th ed.). New Jersey: Pearson India.

Dodge, K. A.(1980). Social cognition and children's aggressive behavior. *Child Development. 51* : 247-261.

Dollard, S. J. et al.(1939/1974). *Frustration and Aggression.* Yale University Press.

Dunphy, D. C.(1963). The Social Structure of Urban Adolescent Peer Groups. *Sociometry. 14* : 227-236.

Durkheim, E.(1897, 2012). *Le Suicide, a study in sociology.* Ulan Press.

Dworetzky, J. P.(1996). *Introduction to child development* (6 edition). Wadsworth Publishing;

Erikson, E. H. & Erikson, J. M.(1982/1997). *The Life Cycle Completed* (Extended Version). W. W. Norton & Company.

____________ & Coles, R.(2001). *The Erik Erikson Reader.* W. W. Norton & Company.

____________ and Coles R.(2001). *The Erik Erikson Reader.* W. W. Norton & Company.

____________ and Kakar, S.(1993). *Identity and Adulthood.* Oxford University Press.

____________(1950, 1993a). *Childhood and Society.* New York: W. W. Norton & Company.

____________(1959, 1994a). *Identity and the Life Cycle.* New York: W. W. Norton & Company.

____________(1962). *Young Man Luther.* Peter Smith Pub. Inc.

____________(1965, 1994b). *Identity: Youth and Crisis.* New York: W. W. Norton & Company.

____________(1970, 1993b). *Gandhi's Truth: On the Origins of Militant Nonviolence.* New York: W. W. Norton & Company.

____________(1974, 1979). *Dimensions of a New Identity.* New York: W. W. Norton & Company.

____________(1978). *Adulthood.* New York: W. W. Norton & Co Inc.

____________(1993c). *Young Man Luther: A Study in Psychoanalysis and History.* New York: W. W. Norton & Company.

____________, Joan, M. and Kivnick, Helen Q.(1994). *Vital Involvement in Old Age.* W. W. Norton & Company.

____________(1975). *Life History and Historical Moment.* NY: Norton.

Eron, L. D. et al.(1983). Age trend in development of aggression, sex, typing and related television habits. *Developmental Psychology. 19* : 1103-1119.

Freud, A.(1965). *Normality and Pathology in Childhood.* N.Y.: International Psychoanalytic press.

Freud, S.(1914/1957). *On the history of the psycho-analytic movement.* Standard edition (Vol. 14). London: Hogarth Press.

________(1920b/1967). *A general introduction to psychoanalysis.* New York: Washington Square Press.

________(1920a/1949). *An outline of psychoanalysis.* New York: Norton.

________(1923, 2013), *The Ego and the Id.* CreateSpace Independent Publishing Platform.

________(1927). *The Future of an Illusion.* Garden City. NY: Doubleday Anchor Books.

________(1964). Why War? In J. Strachey(Ed.), *Standard Edition of the Complete Psychological Works of Sigmund Freud* (Vol. 22). London: Hogarth Press.

________(1966). *Introductory Lectures on Psychoanalysis.* N.Y.: Norton.

Germain, C. B. & Gitterman, A.(1980). *The Life Model of Social Work Practice.* NY: Columbia University Press.

_____________(1973). An Ecological Perspective in Casework Practice. *Social Casework. 54(6)* : 323-331.

_____________(1987). Human Development in Contemporary Environments. *Social Service Review.* 565-580.

_____________(ed.)(1979). *Social Work Practice: People and Environments.* NY: Columbia University Press.

_____________(1978). Space an Ecological Variable in Social Work Practice. *Social Casework. 59(9)* : 519-522.

Giddens, A.(2009). *Sociology.* Cambridge: Polity Press.

Goldstein, H.(1982). Cognitive Approaches to Direct Practice. *Social Service Review. 56* : 541-555.

Gould, S. J.(1978). *Transformation, Growth and Change in Adult Life.* New York: Simon and Schuster.

Grossman, H. J.(Ed.)(1993). *Classification in Mental Retardation.* Washington, D.C.: American Association on Mental Deficiency.

Grossman, K. E. & Grossman, K.(1990). The wider concept of attachment in cross-cultural research. *Human Development. 33* : 31-47.

Hall, E.(1983). *Psychology today: An introduction* (5th ed.). New York: Random House.

Hansen, L. S. & Keierleber, D. L.(1978). Born free: A collaborative consultation model for career development and sex-role stereotyping. *Personnel and Guidance Journal. 56(7)* : 395-399.

Harlow, H. F. & Harlow, M. K.(1969). Effects of various mother-infant relationships on rhesus monkey behaviors. In B. M. Foss(Ed.), *Determinants of infant behavior* (Vol. 4). London: Methuen : 15-36.

Hartup, W. W.(1974). Aggression in childhood developmental perceptive. *American Psychologist. 29.*

_____________(1978). Peer interaction and behavioral development of the individual child. In Gardner, J. K.(Ed.), *Reading in Developmental Psychology.* Boston: Little, Br own & Co.

Havighurst, R. J.(1961). Successful aging. *The Gerontologist. 1* : 8-13.

_____________ et al.(1968). Disengagement and patterns of aging. In B. L. Neugarten (Ed.), *Middle age and aging.* Chicago. IL: University of Chicago

Helms, D. B. & Turner, J. S.(1976). *Exploring child behavior.* Philadelphia: W. B. Saunders Co.

Hjelle, L. A. & Ziegler, D. J.(1992). *Personality theories.* N.Y.: McGraw-Hill, INC.

Hoyt, K. B.(1974). *An introduction to career education.* U. S. Office of Education Policy Paper. Washington. DC: The Office.

Hughes, F. P. & Noppe, L. D.(1985). *Human development across the life span.* New York: West Publishing Co.

Huston, A. C. et al.(1989). Public Policy and Children's Television. *American Psychologist. 44* : 159-173.

Jones, C. L. et al.(1995). *The Future of the Family.* Englewood Cliffs. NJ: Prentice-Hall.

Kagan, J.(1994). *The Nature of the Child* (Tenth Anniversary Edition). NY: Basic Books.

Kail, R. V. & Cavanaugh, J. C.(2015). *Human Development: A Life-Span View* (7th Edition). Wadsworth Publishing.

Kohlberg, L. et al.(1983). *Moral stage: A current formulation and a response to critics.* Basel: Karger.

__________(1963). The development of children's orientations toward a moral order. Sequence in the development of moral thought. *Human Development. 6* : 11-33.

__________(1968). The child as a moral philosopher. *Psychology Today. 2(4)* : 25-30.

__________(1969). Stage and sequence: The cognitive-developmental approach to socialization. In D. A. Goslin (Ed.), *Handbook of socialization theory and research.* Chicago: Rand McNally.

__________(1970). Moral development and the education of adolescents. In R. F. Purnell (Ed.). *Adolescent and the American high school.* New York: Holt. Rinehart & Winston.

__________(1973). Continuities in childhood and adult moral development revisited. In P. Baltes & K. W. Schaie (Eds.). *Life-span developmental psychology : Personality and socialization.* New York: Academic.

__________(1976). Moral stages and moralization: The cognitive development approach. In T. Likona (Ed.). *Moral development and behavior: Theory, research, and social issues.* New York: Holt. Rinehart & Winston.

__________(1981). *The Philosophy of Moral Development: Moral Stages and the Idea of Justice* (1st edition). Harper & Row.

__________ & Ryncarz, R. A.(1990). Beyond justice reasoning: Moral development and consideration of a seventh stage. In C. N. Alexander & E. J. Langer (Eds.). *Higher stages of human development.* New York: Oxford University.

Kosnik, W. et. al.(1988). Visual change in daily Life Throughout Adulthood. *Journal of Geronthlogy. 43* : 63-70.

Küler-Ross, E.(1969). *On Death and Dying.* N.Y.: Macmillan.

Küller, J. A.(1996). Chronic Villus Sampling. In J. A. Kuller, N. C. Cheschier, & R. C. Cefalo (Eds.). *Prenatal Diagnosis and Reproductive Genetics.* St. Louis: Mosby : 145-158.

Levinson, D.(1986). *The Seasons of a Mans Life.* New York: Ballantine Books,

Markus, H. & Zajoni, R. B.(1985). The Cognitive Perspective in Social Psychology. In G. Lindzey & E. Aronson (cds.). *The Handbook of Social Psychology* (3rd ed.). N.J.: Erlbaum Associates : 137-230.

McDaniel, C.(1978). The practice of career guidance and counseling. *Inform. 7(1)* : 1-8.

Miller, P. H.(1983). *Theories of developmental psychology.* SanFrancisco. C. A.: W. H. Freeman & Co.

Monte, C. F.(1980). *Beneath the mask: An introduction to theories of personality* (2nd ed.). New York: Holt, Rinehart & Winston.

Nesselroade, J. R. & Bakes, P. B.(1974). Adolescent personality development and historical change : 1970-1972. *Monographs of the Society for Research in Child development. 39*(1, Serial no. 154).

Newman, B. M. & Newman, P. R.(2011). *Development Through Life: A Psychosocial Approach* (11 edition). Wadsworth Publishing.

Papalia, D. E. and Olds, S. W.(2008). *Human Development*(11th Edition). McGraw-Hill Humanities.

____________ et al.(2006). *A child's world: Infancy through adolescence.* NY: McGraw Hill.

Papalia, D. et al.(2003). *Child Development.* New York: McGraw-Hill.

Piaget, J. & Inhelder, B.(1956). *The child's conception of space.* London: Routledge & Kegan Paul.

_________(1932/1965). *The moral judgment of the child.* New York: Free Press.

_________(1954). *The construction of reality in the child.* New York: Basic Books.

_________(1962). *Play, dreams, and imitation in childhood.* New York: Norton.

_________(1963). *The Origins of Intelligence in Children.* New York: Norton,

_________(1973). *The Child and Reality: Problems of Genetic Psychology*. New York: Grossman Publishers.

_________(1985). *The Equilibration of Cognitive Structures: The Central Problem of Intellectual Development*. Chicago: University of Chicago Press.

Polan, E. U. and Taylor, R.(2015). *Journey Across the Life Span: Human Development and Health Promotion* (5 edition). F.A. Davis Company.

Raynor, J. O. & Entin, E. E.(1982). *Motivation, career striving, and aging*. New York: Hemisphere.

Salkind, N. J.(2004). *An Introduction to Theories of Human Development*. Sage Publications.

Santrock, J. W.(2015). *Essentials of Life-Span Development*(4th Edition). McGraw-Hill Education.

Schultz, D. & Schultz, S. E.(1994). *Theories of Personality* (5th ed.). Pacific Grove, CA : Brooks/ Cole Publishing Company.

_________(1977). *Growth Psychology: Models of the Healthy Personality*. New York: D. Van Nostrand Co. 정종진 역(1990). 『건강한 성격의 소유자란』. 서울: 그루.

Sen, A. K.(2000). Social Exclusion: Concept. Application. and Scrutiny. *Social Development Papers. 1* : 1-54.

Sheey, G.(2006). *Passages: Predictable Crises of Adult Life*. New York: Ballantine Books.

Silverman, R. E.(1982). *Psychology* (4th ed.). M.J.: Prentice-Hall Inc.

Sime, M.(1973). *A child's eye view: Piaget for young parents and teachers*. Thames and Hudson. 『피아제가 보여주는 아이들의 인지세계』. 문용린 역(2009). 서울: 학지사.

Skinner, B. F.(1938). *The behavior of organisms*. New York: Appleton-Century.

___________(1948). *Walden two*. New York: Macmillan.

___________(1953). *Science and human behavior*. New York : Macmillan.

___________(1954). The science of learning and the art of teaching. *Harvard Educational Review. 24* : 86-97.

___________(1958a). Teaching machines. *Science. 128* : 969-977.

___________(1958b). Intellectual Self-Management in Old Age. *American Psychologist. 38* : 239-244.

___________(1974). *About behaviorism*. New York: Vintage Books, A Division of Random House.

___________(1990). *Beyond Freedom and Dignity*. New York: Bantam Book.

___________(2015). *Beyond Freedom and Dignity*. Martino Fine Books.

Specht, R. & Craig, G. J.(1987). Human Development: A Social Work Perspective (2nd ed.). Englewood Cliffs. NJ: Prentice-Hall.

Turner, J. S. & Helms, D. B.(1983). *lifespan Development* (2nd ed.). New York: Holt, Rinehart & Winston.

Udry, J. R.(1971). *The Social Context of Marriage*(2nd edition). J. B. Lippincott Company.

Vygotsky, L. S.(1962). *Thought and language*. MA. Cambridge: MIT Press.

Warren, R. L.(1978). *The Community in America. Chicago*. ILL: Rand McNally 8l Company.

Wertsch, J. V. & Tulviste, P.(1992). L. S. Vygotsky and contemporary psychology. *Developmental psychology. 28* : 548-557.

Wolman, B. B.(Ed.)(1982). *Handbook of Developmental Psychology*. Englewood Cliffs. NJ : Prentice-Hall.

Wolpe, J.(1969). The Practice of Behavior Therapy. New York: Pergamon Press.

Zastrow, C. & Kirst-Ashman, K. K.(2012). *Understanding Human Behavior in the Social Environment* (9th ed.). Belmont: Brooks/Cole.

3. 기타

감사원(2013). 「감사결과보고서: 복지전달체계 운영실태」.
고용노동부(2016). 「2015년 고용형태별 근로실태 분석」.
교육부(2011a). “유치원 기본과정 내실화를 위한 인성교육 프로그램”.
______(2011b). “2011개정 유치원 교육과정”. 교육인적자원부 고시 제2007-153호.
대검찰청(2015). 「2014년 마약류 범죄백서」.
보건복지부(2014). 「2013 노인학대 현황보고서」.
__________(2005-2014). 「전국아동학대현황보고서」.
__________(2015). 「2015년 최저생계비」.
서울대학교병원 의학정보, 서울대학교병원: http://www.snuh.org/)
서울시민복지기준추진위원회(2012). 『서울시민 복지기준』. 서울: 서울시민복지기준추진위원회.
서울특별시 시사편찬위원회(2012). 『서울 사람들의 죽음, 그리고 삶』. 서울: 서울특별시 시사편찬위원회.
서울특별시(2013). 『서울통계연보(2013)』.
연합뉴스(2013.1.22.). 「국가별 노인부양비 전망」.
전국경제인연합회(2016.6.14.). 「보도자료」.
중앙선거관리위원회(2013). 『제18대 대통령 선거총람(2012. 12. 19 시행)』.
통계청(2005-2014). 「전국아동학대현황보고서」.
______(2011). 「장래인구추계: 2010-2060년」. 『보도자료』(2011.12.7).
______(2012). 「2012년 사회조사보고서」.
______(2013). 「2013년 사회조사보고서」.
______(2014a). 「2014 고령자 통계」. 『보도자료』(2014.9.29).
______(2014b). 「2014 고령자 통계표」.
______(2014c). 「2014년 사회조사결과」.
______(2015a). 「2015년 사회조사결과」.
______(2015b). 「가정폭력실태조사 통계조사보고서.
______(2015c). 「2014년 다문화 인구동태 통계」.
______(2015d). 「2015 고령자 통계」.
______(2016). 「2015 경제활동인구조사」.
______(2016a). 「2016 청소년 통계」.
______(2017). 「2017 고령자 통계」.
______(2017). 「2016년 사망원인통계」.

-용어 해설-

1) 타나토스(Thanatos): 타나토스('죽음'이란 뜻)는 그리스 신화에서 죽음이 의인화된 신으로 자주 언급은 되지만, 인격신(人格神)으로 등장하는 일은 거의 없다. 그의 라틴어 이름은 타나투스(Thanatus)인데, 로마 신화의 동격신은 모르스(Mors) 또는 레투스/레툼(Letus/Letum)이다. 프로이트는 자기보존적 본능과 성적 본능을 합한 삶의 본능을 에로스(Eros)라 했고, 공격적인 본능들로 구성되는 죽음의 본능을 타나토스(Thanatos)라 했다. 삶의 본능에서 성격발달에 가장 큰 영향력을 발휘하는 것이 성 본능이고 이것에 내재하는 정신적 에너지를 리비도(libido)라 한다. 삶의 본능은 생명을 유지 발전시키고, 자신과 타인을 사랑하며, 한 종족의 번창을 가져오게 한다. 죽음의 본능은 파괴의 본능이라고도 불렸다. 이것은 생물체가 무생물로 환원하려는 본능이다. 그래서 인간 자신을 사멸하고, 살아있는 동안 자신을 파괴하며, 처벌하며, 타인이나 환경을 파괴시키려고 서로 싸우며 공격하는 행동을 하게 된다. 이런 삶과 죽음의 본능들은 서로 중화를 이루기도 하고, 대체되기도 한다. 죽음에 관해 연구하는 사망학(Thanatology)의 어원도 바로 이 타나토스에서 나왔다.

2) 오이디푸스 콤플렉스(Oedipus complex): 남성이 부친을 증오하고 모친에 대해서 품는 무의식적인 성적 애착을 말한다. 프로이트에 따르면 3~6세 사이 남근기의 남자아이가 이성인 어머니에게 성적 애착을 느끼고, 어머니의 사랑을 독차지하기 위해 동성의 아버지를 경쟁자로 인식하여 적대시하는 심리현상을 오이디푸스 콤플렉스(Oedipus complex)라고 한다. 그리스 신화에 등장하는 테베(Thebes, 그리스 중부의 보이오티아에 있던 옛 도시)의 왕으로, 자기 아버지를 죽이고 어머니와 결혼한 '오이디푸스' 이야기에서 비롯되었다. 프로이트는 이러한 경향은 남근기에서 분명하게 나타나며 잠복기에서는 억압된다고 한다. '아버지처럼 자유롭게 어머니를 사랑하고 싶다'는 원망은 '아버지와 같이 되고 싶다'는 선망으로 변하여 부친과의 동일시가 이루어지며 여기에서 초자아가 형성된다. 프로이트에 따르면, 유아는 이 오이디푸스 콤플렉스를 극복하고서야 비로소 성인의 정상적인 성애가 발전하는 것이지만 이를 이상적으로 극복한다는 것은 매우 힘든 일이며, 일반적으로 신경증환자는 이 극복에 실패한 사람이라고 주장하였다. 그리고 이 콤플렉스는 때와 장소를 가리지 않고 보편적으로 존재하는 생물학적인 것이라고 생각하였다. 한편, 이와 반대적인 성향을 엘렉트라 콤플렉스(Electra complex)라 하는데, 여자아이가 무의식적으로 자신의 어머니를 경계하고 아버지를 좋아하는 경향을 나타내는 것이다. '엘렉트라'는 그리스 신화 속 아가멤논(Agamemnon, 미케네의 아트레우스 왕의 아들)과 클리템네스트라(Clytemnestra)의 딸이다.

3) 이디시어(Yiddish language): 중부 및 동부유럽 출신 유대인이 사용하는 언어를 말한다. 헤브라이문자로 표기하는 이디시어는 세계에서 가장 넓은 지역에 분포되어 있는 언어 가운데 하나로, 19세기에 이르러서는 유대인이 살고 있는 거의 모든 나라에서 찾아볼 수 있게 되었다. 헤브라이어 · 아람어와 함께 유대

역사상 가장 중요한 3대 문어이다. 연대가 밝혀진 가장 오래된 이디시어 문헌은 12세기의 것이지만, 학자들은 그 기원을 유대인들이 중부 유럽에서 독자적인 문화적 존재로 등장한 9세기경으로 보고 있다. 처음에는 2개의 언어 계통, 즉 셈어 성분과 게르만어 성분이 복잡하게 융합되어 형성되었고, 약간의 로망스제어 낱말도 일찍부터 이디시어에 나타났던 것 같다. 이디시어는 독일어 사용 지역에서 처음 생겨나 동부 유럽의 전역으로 퍼졌고, 이곳에서 슬라브어 성분을 받아들였다. 그뒤 18, 19세기에 일어난 신비주의적 하시디즘 운동에 자극을 받았고, 나중에는 다른 사회 · 교육 · 정치 운동이 이디시어의 발전을 촉진시켰다. 동부 유럽에서 세계 각지로 대거 이주한 유대인들을 통해 전세계로 퍼졌으며, 유대인들의 국제혼성어로서 전통적 역할이 더욱 확대되었다. 수백만 명에 이르는 이디시어 사용자들은 나치의 유대인 대학살에 희생되었다. 또한 소련에서는 이디시어 사용자를 공식적으로 억압했고, 근대 헤브라이어를 적극 보호하는 정책을 쓴 이스라엘도 최근까지 비공식적으로 반대 입장을 취했으며, 서방국가에 거주하는 많은 유대인들은 그 나라의 언어로 동화하여 이디시어 사용자수는 더욱 줄어들었다. 그럼에도 이 언어는 수많은 나라의 극단적 정통파 하시디즘 유대교도들과 컬럼비아대학 · 히브리대학 · 옥스퍼드대학 · 파리대학 등 주요 대학의 유대인 학생들이 사용한다.

4) 시오니즘(Zionism): 고대 유대인들이 고국 팔레스타인에 유대 민족국가를 건설하는 것을 목표로 한 유대 민족주의 운동을 말한다.

5) 하인츠의 딜레마(Heinz's dilemma): 남편 하인츠가 아픈 아내를 위해 약을 훔치는 일이 도덕적으로 올바른 일인가에 대한 물음으로, 사람들의 도덕성 발달수준을 확인하기 위한 문제이다. 연구 끝에 콜버그는 〈10세에서 16세까지 사고와 선택 유형 발달〉이라는 논문을 완성하게 되는데, 하인츠 딜레마는 그 연구 자료의 일부이다. 추후 콜버그는 아동의 도덕 인지 발달에 대해 집중적인 연구를 진행하여 도덕성 발달 단계를 제시하게 된다. 하인츠는 암에 걸린 아내를 치료하기 위해 약을 구하러 나선다. 어느 약사가 개발한 새로운 약만이 아내를 살릴 수가 있는데, 이 약의 원가는 200달러였다. 그런데 약사는 하인츠에게 2,000달러를 요구했다. 하인츠는 집과 재산을 팔고 주변 사람들에게 돈을 구하기 위해 최선을 다했지만 겨우 1,000달러밖에 마련하지 못했다. 하인츠는 약사에게 애원했으나 약사는 약을 싸게 팔수도, 외상을 줄 수도 없다며 거부했다. 절망에 빠진 하인츠는 결국 약국의 창고에 몰래 들어가 약을 훔친다. 콜버그는 위와 같은 이야기를 들려주고 다음과 같은 질문을 던졌다. '남편은 약을 훔쳤기 때문에 벌을 받아야 하는가?' '약사는 비싼 약값을 요구할 권리가 있는가?' '약사 때문에 아내가 죽게 되었다고 비난하는 것은 정당한가?' 만약 비난이 정당하다면 그리고 아내가 사회적으로 중요한 인물이었다면 약사를 더 무겁게 처벌해야 할까? 콜버그는 위 질문을 듣고 대답한 이유가 연령별로 달라지는 것을 관찰하고, 도덕성 발달을 3수준 6단계로 제시했다(이동귀, 2016 재인용).

6) 러시아혁명(Russian Revolution): 볼셰비키혁명이라고도 함. 1905년과 1917년에 러시아에서 일어난 혁명으로, 보통은 1917년의 혁명을 가리킨다. 러시아 혁명은 2월 혁명과 10월 혁명으로 구분된다. 2월 혁명: 제1차 세계대전의 장기화로, 제정 러시아의 여러 가지 모순이 표면화하여 제정은 붕괴되고 부르주아 민주주의 혁명이 성공하였다. 노동자 · 군사 대표인 소비에트와, 국회를 기반으로 한 임시정부가 성립, 그 뒤 노동자, 농민과 부르주아, 지주 등 양자에 대표되는 세력의 대립 항쟁이 계속되었다. 10월 혁명: 전쟁을 속행하는 임시 정부에 대하여, '빵과 평화'를 요구하는 대중을 볼셰비키(소비에트 내의 레닌을 중심으로 한 세력)가 주도하였다. 볼셰비키 세력을 확대하여 10월 말, 무장 봉기로써 임시 정부를 무너뜨리고 소비에트가 권력을 쥐는 인류 역사상 최초의 사회주의 정권을 수립하였다.

7) 렘수면(REM sleep): 빠른 눈운동수면, 급속안구운동수면, 렘수면, 렘(급속안구운동성)수면, 빠른 눈운동수면을 말한다. 뇌파가 빠르고, 전압이 낮으며, 심장박동수나 호흡과 같은 자율신경성 활동이 불규칙적인 수면의 시기. 이런 형의 수면은 꿈, 가벼운 불수의적 근육경련, 급속한 안구운동(REM)을 수반한다.

저/자/소/개

양철수

California Central University 사회복지상담학과 석사 · 박사(D.S.W. in Coun.)
서울사회복지대학원대학교 사회복지학 석사(D.S.W)
서울사회복지대학원대학교 지도교수
세한대학교 대학원 경영학과(복지경영) 박사과정
(주)동우크린케어 대표이사
〈저서〉 상담심리학, 상담이론과 실제, 사회복지개론, 인간행동과 사회환경
사회복지실천론, 사회복지행정론, 노인복지론

김명희

부경대학교 대학원 HRD전공 박사수료
대동대학교 간호학부 겸임조교수
한국통합교육 인재개발원 대표

김방

건국대학교 대학원 석사
건국대학교 대학원 문학박사
국제대학교 교수
민세 안재홍선생 기념사업회 이사
〈저서〉 UP 조직이해능력

김상희

선문대학교 자연치유통합의학대학원 석사
선문대학교 일반대학원 자연치유학과 박사(Ph.D cand.)
사) 세계자연건강포럼 부회장
건강식품연구원 대표
팜스웰 대표

김성은

신라대학교 대학원 사회복지전공 박사수료
신라대학교 외래교수
대동대학교 간호학부 겸임조교수
수영첨단인지브레인 원장

김천성

그리스도(KC)대학교 신학과
서울기독대학교 대학원 신학과 석사(Th.M, 구약학)
대한신학대학원대학교 신학과 박사(Th.D, 구약학)
대한신학대학원대학교 신학과 외래교수
한영신학대학원대학교 평생교육원 외래교수
칼빈신학상담연구원 대표

김희진

건국대학교 사회복지학과 학부 / 대학원 사회복지학과 석사
세한대학교 대학원 경영학과(복지경영) 박사과정
서울사회복지대학원대학교 평생교육원 외래교수
한마음복지센터장
〈저서〉 인간행동과 사회환경, 사회복지실천론, 노인복지론

문홍남

중앙신학대학원대학교 사회복지학과 박사(Ph.D)
군장대학교 현장실습지도교수 / 사회복지사 1급 나눔 교수
KC대학교 대학원 외래교수 / 서울사회복지대학원대학교 외래 교수
칼빈대학교 대학원 외래교수 / 미래정보연구소 서울남부지사 대표
〈저서〉 사회복지개론, 인간행동과 사회환경, 지역사회복지론, 사회복지실천론
노인복지론, 발달심리학, 상담심리학, 상담이론과 실제

인간발달

1판 1쇄 인쇄 — 2018년 8월 25일
1판 1쇄 발행 — 2018년 8월 30일

저 자 - 양철수 김명희 김 방 김상희
김성은 김천성 김희진 문홍남
발 행 인 - 강 철 원
발 행 처 - 양 성 원
주 소 - 경기도 파주시 검산로 173번길 29-20
전 화 - 031-946-3861(代)
팩 스 - 031-946-3864
이 메 일 - tnwpub@naver.com
홈페이지 - tnwpub.co.kr
출판등록 - 2015년 8월 31일 제 2015-000211 호

ISBN 979-11-6126-121-8

정가 20,000원